# LA GUERRE

HISTOIRE COMPLÈTE DES OPÉRATIONS MILITAIRES

# EN ORIENT ET DANS LA BALTIQUE

PENDANT LES ANNEES 1853, 1854, 1855 ET 1856

PRÉCÉDÉE D'UN

**APERÇU HISTORIQUE SUR LES RUSSES ET LES TURCS**

et suivie du texte complet

**DU TRAITÉ DE PAIX ET DE SES ANNEXES**

*OUVRAGE DONNANT*

sur tout ce qui s'est rattaché à la guerre d'Orient ainsi que sur les principaux personnages qui y ont figuré

**DES DETAILS AUTHENTIQUES**

à l'aide desquels chacun pourra suivre les péripéties de ce grand drame

PAR

M. JULES LADIMIR.

—

**Avec Portraits, Vues, Cartes, etc.**

Bakaloum.......
(LE PEUPLE TURC.)

TOME PREMIER

PARIS
A LA LIBRAIRIE POPULAIRE DES VILLES ET DES CAMPAGNES
8, RUE LARREY, 8.

—

1857

# AVANT-PROPOS

---

L'arsenal de la Russie en Orient, l'abri de sa flotte, la puissante forteresse dont les murs s'élevaient comme une menace perpétuelle contre l'empire ottoman, Sébastopol est tombé, et le bruit de sa chute a retenti dans le monde entier. C'est que chacun a compris la prestigieuse importance de cet événement. Dans sa proclamation, le généralissime de l'armée russe a déclaré qu'en évacuant la ville, il ne laissait aux alliés que des ruines sanglantes. Sans doute, autant que cela dépendait de lui, autant que les moments le lui permettaient, autant que s'étendaient ses moyens de destruction, il avait bien l'intention de ne laisser rien autre chose à l'ennemi victorieux; mais quoiqu'en se retirant il ait fait sauter des ouvrages fortifiés et d'immenses magasins de poudre, quoiqu'il ait détruit tout ce qui pouvait être brûlé dans l'espace de temps qui lui restait, lorsque les alliés sont entrés dans la ville, ils n'ont pas, au milieu de ces ruines ensanglantées, trouvé moins de 4,000 pièces de canon, nombre qui a été porté plus tard à 6,000, une énorme quantité de poudre, une quantité prodigieuse de boulets et d'obus, et un immense matériel nécessaire à la poursuite de la guerre.

Avec un peu de réflexion, que voit-on dans tout cela? N'est-ce pas une preuve de l'extrême importance que le gouvernement de la Russie attachait à cette forteresse de la puissance russe dans la mer Noire? Pourquoi toute cette accumulation de munitions de guerre, plus que suffisante pour la défense de la place? Pourquoi y avait-on amassé tout ce qui était nécessaire pour approvisionner de grandes armées et fournir de grandes flottes? C'est parce que les Russes comprenaient que Sébastopol était le boulevard de leur prépondérance en Orient; que de ce centre seul pouvait rayonner cette puissance irrésistible et colossale qui devait les mener à la conquête de Constantinople, et de ce siége de l'empire, leur permettre de régner, en grande partie, sur les destinées de l'Europe. Ces considérations sont une démonstration suffisante de la justesse des conceptions qui avaient fait choisir Sébastopol comme but des efforts des armées alliées. On sait que la pensée de l'expédition elle-même a trouvé des contradicteurs. En voyant tant de braves soldats si longtemps arrêtés sous les murs d'une forteresse, des esprits inquiets, impatients, irréfléchis, se sont demandé si d'autres champs de bataille n'auraient pas mieux servi leur ardeur. Ils ont prétendu que la France et l'Angleterre eussent dû envoyer leurs armées sur le continent, afin de balayer les Principautés, d'envahir la Bessarabie, de poursuivre l'armée russe vaincue et battant en retraite; car elle eût été infailliblement vaincue et contrainte de se retirer si nos armées avaient débarqué et que nous les eussions laissées poursuivre l'ennemi en retraite à travers les steppes et par delà les immenses déserts de la Russie méridionale.

Eh bien, quand nous aurions fait cela, quel résultat réel et positif eussions-nous obtenu qui eût été d'une importance égale à la prise de Sébastopol? Nous aurions battu armée sur armée; mais ces armées auraient été recrutées par des hordes sorties du Nord, et nous n'eussions gagné enfin que la possession d'immenses plaines d'où, en définitive, il nous eût fallu revenir sans avoir en nos mains les gages d'une future sécurité. On a beaucoup parlé du siége de Sébastopol et de la courageuse défense de la garnison qui gardait cette ville, et pourtant il est permis de dire, dans le sens propre du mot, qu'il n'y a pas eu de siége, et qu'aucune garnison n'a défendu Sébastopol. Une garnison signifie une force militaire relativement peu nombreuse qui, enfermée dans une ville ou forteresse murée, la défend contre une armée infiniment supérieure. Un siége veut dire l'opération conduite par une force supérieure investissant cette forteresse, interceptant ses communications avec les derrières de l'armée, la renfermant par des approches, faisant enfin une brèche dans les défenses, et amenant alors des troupes nombreuses qui écrasent la garnison.

Ce qui s'est passé en Crimée ne ressemble nullement à cela. Pendant douze longs mois nous avons lutté non-seulement contre une armée de même force que nous, et quelquefois numériquement supérieure à nos troupes, mais encore, on peut le dire sans exagération, nous avons lutté contre toutes les ressources militaires de ce vaste empire qui consacre la plus grande partie de son revenu à l'entretien d'une énorme armée sur pied, d'une armée qu'il dit être d'un million de soldats, mais qu'on peut évaluer à 6 ou 800,000 hommes.

La position neutre des puissances qui confinent à la frontière européenne de la Russie a laissé complétement libre dans son action, depuis la Baltique jusqu'à l'Euxin, presque toute cette force, ou du moins la plus grande partie. La Russie n'avait rien à craindre de l'Autriche; elle n'avait rien à redouter de la Prusse. Rien ne l'a donc empêchée d'envoyer ses troupes à la défense de Sébastopol et de jeter nos armées dans la mer, comme elle s'en était superbement vantée. Rien ne s'opposait à ce qu'elle envoyât division sur division, armée sur armée, la garnison de la Pologne, la garnison de Saint-Pétersbourg, tous les hommes enfin qu'elle pouvait nourrir dans une place si éloignée. Nul danger qui la menaçât sur la frontière ne l'empêchait de renforcer son armée de Crimée et de réparer par l'envoi de troupes fraîches les pertes essuyées dans les combats.

Nous le répétons, l'expédition contre Sébastopol n'a pas été ce qu'on appelle communément *un siége*, et nous n'avons pas vaincu ce que l'on appelle, en propres termes, *une garnison*. Nous avons, en Crimée, livré bataille à toutes les ressources militaires de la Russie et aux armées russes retranchées dans une position démesurément forte par nature, et rendue encore plus forte par toutes les ressources de l'art et toute l'habileté de la science. Pendant une lutte d'une année, dans laquelle ont eu lieu, de la part des troupes françaises et anglaises, de nombreux traits d'héroïsme qui vivront dans la mémoire de la postérité la plus reculée, nous avons combattu toutes les forces de la Russie, nous avons vaincu cette puissance, et nous avons remporté le prix pour lequel nous combattions.

Cet immense résultat a fait tomber cette croyance que la Russie était invincible chez elle; et que l'on remarque combien est éclatante cette preuve de la supériorité, de l'intelligence, de la combinaison et de la science sur la pure force physique. Tant que nous avons entretenu cette lutte sur le sol russe, à six cents lieues de notre pays, notre armée de Crimée s'est trouvée plus rapprochée de ses ressources naturelles, plus rapprochée au point de vue du temps et de la convenance, que l'armée russe occupant cependant son propre territoire. Quinze jours ou trois semaines sont tout ce qu'il faut pour le passage d'un transport de Marseille à Kamiesch. Lorsqu'il arrive, les munitions n'ont pas à souffrir de la perturbation des transports de terre. Les hommes eux-mêmes sont affranchis de la fatigue des longues marches. Les approvisionnements russes, au contraire, viennent dans de petites voitures à travers une vaste étendue de steppes; les troupes, à leur arrivée, sont harassées et fatiguées par de longues marches, ayant quelquefois manqué d'eau pendant plusieurs jours.

Un aussi éclatant succès ne pouvait être obtenu sans de grandes pertes de notre côté, et sans doute plus d'une famille est en proie à l'affliction. Mais ceux qui pleurent sur des parents tombés au champ de bataille ont du moins la satisfaction de savoir que ces hommes sont morts de la mort des héros et que leur mémoire vivra longtemps dans le souvenir de la patrie reconnaissante. On a coutume de dire que la guerre est la plus grande des calamités. Sans doute la guerre est une grande calamité; mais il est des maux plus funestes encore, ceux, par exemple, qui dérivent du succès d'une ambition envahissante, de la violence triomphante et du mauvais gouvernement des hommes. A toutes les époques, dans tous les siècles, dans tous les pays, les nations douées des qualités qui honorent la nature humaine ont compris que ces maux sont pires que la guerre, et plutôt que de les subir, elles n'ont pas hésité à se soumettre aux sacrifices qu'exige l'emploi de la force militaire. La France et l'Angleterre ont renouvelé ce noble exemple, et si les nations continentales réglaient leur marche simplement d'après leurs propres vues, d'après leurs propres sentiments, il est des pays, aujourd'hui retranchés dans une neutralité sans gloire, qui eussent participé à l'alliance occidentale, et se fussent honorés en rendant hommage à la cause de la justice et de la civilisation.

Toute guerre, à vrai dire, est une calamité; mais la marche de la guerre actuelle a rapproché aussi près que possible ses maux de la patrie, du moins autant que cela était compatible avec la nature des choses. Notre ennemi a vu ses arsenaux de la Baltique devenir la proie des flammes. Cette grande flotte de 28 ou 30 vaisseaux de ligne, pour laquelle s'étaient épuisés les trésors de l'État et avaient été recrutés des équipages, à qui pour les exercer on apprenait, même pendant les rigueurs de l'hiver, à monter des simulacres de mâts dans leurs casernes, cette flotte est restée ignominieusement cachée dans ses ports et ses bassins, sans oser affronter les escadres alliées. Jamais cependant ces escadres ne furent numériquement supérieures à l'escadre russe, nonobstant, sous d'autres rapports, leur supériorité, d'où dépend la victoire. Quand est venu le moment d'utiliser leurs vaisseaux, les Russes ont eu la mortification de voir que toutes leurs dépenses et toutes leurs peines avaient été superflues. Ils ont vu dans la Baltique l'humiliation attachée à un tel état de choses et leur commerce paralysé et considérablement réduit. Dans la mer Noire, ils ont vu la flotte qui récemment encore sillonnait les flots de l'Euxin, et dont le plus glorieux exploit fut le barbare outrage de Sinope, ils ont vu cette flotte non pas capturée en ligne de bataille, non pas vaincue après une brave résistance à des forces ennemies supérieures, mais coulée bas par les mains de son commandant, et ne laissant plus voir que le haut de ses mâts à fleur d'eau, comme pour témoigner de la dégradation à laquelle elle a été réduite!

Ce grand arsenal dont ils étaient si fiers et si jaloux en même temps, qu'il ne fut jamais permis à aucun étranger de pénétrer dans ses murs, ils l'ont vu, après avoir vainement tenté pendant un an de le défendre, exposé non-seulement aux regards, mais encore à l'occupation de l'ennemi.

Dans le silence qui suivit ce foudroiement, la voix de la raison, la voix de la justice, la voix de l'humanité parlèrent à la fois et furent heureusement entendues. Héritier de l'empire de Pierre le Grand, l'empereur Alexandre n'avait pas hérité des idées traditionnelles de ses prédécesseurs. Il abjura solennellement une politique définitivement vaincue, moins encore peut-être par les armes que par l'esprit de la civilisation. Le 30 mars 1814, l'Europe entière coalisée remportait contre la France et contre le premier des Napoléon une douloureuse victoire. Entrées dans Paris, les armées alliées proclamaient la déchéance de la dynastie napoléonienne et posaient les premiers fondements d'une organisation européenne constituée en défiance de notre patrie. Le 30 mars 1856, convoquées par un nouveau Napoléon, entraînées par l'ascendant de son peuple, les puissances de l'Europe envoient à Paris leurs représentants les plus illustres et, sur les bases pacifiques du droit, on y fonde les nouveaux rapports des Etats européens.

C'est au moment où sont obtenus de si grands résultats qu'on se tourne vers le passé pour voir à quel prix ils ont été conquis. On ne veut perdre aucun détail de la guerre mémorable qui a eu cette fin éclante. On n'oublie pas que ces avantages dont nous profiterons tous, c'est notre héroïque armée qui les a payés de ses souffrances et de son sang.

---

LA

# GUERRE D'ORIENT

## HISTOIRE COMPLÈTE

## DES OPÉRATIONS MILITAIRES EN ORIENT ET DANS LE NORD.

# I

Origine de la crise actuelle. — La question des Lieux-Saints. — La question du Protectorat. — Passage du Pruth. — Envahissement des provinces danubiennes. — Combat de Toprak-Kalé. — L'escadre franco-anglaise franchit les Dardanelles. — Bataille d'Oltenitza. — Prise du fort Saint-Nicolas. — Bataille de Tiflis.

Fidèle à la politique envahissante de ses ancêtres, l'empereur de Russie cherchait une occasion commode et à sa convenance d'humilier complètement la Turquie, en attendant qu'il pût la subjuguer. Une fois établis à Constantinople, qui est la clef de la Méditerranée, les Russes auraient menacé, avant un demi-siècle, de leurs flottes de la mer Noire, Alger et Toulon; de leurs flottes de la Baltique, le Hâvre et Cherbourg : nos enfants auraient assisté à une nouvelle invasion des barbares du Nord, chassant devant eux la civilisation et foulant aux pieds la liberté! L'affaire dite des *Lieux-Saints* et le *protectorat des Grecs*, qui en fut la suite, parurent au czar offrir cette occasion qu'il cherchait; il la saisit avec un empressement qui trahit malgré lui son ambition secrète.

Tout le monde sait qu'à Bethléem et à Jérusalem, c'est-à-dire aux lieux où le Sauveur est né, où il a souffert et où il est mort, la piété des chrétiens a fondé, depuis des siècles, des églises et des monastères. Depuis que l'Église d'Orient s'est séparée de l'Église d'Occident, il est survenu des rivalités et des luttes entre les chrétiens de la communion latine et les chrétiens de la communion grecque, soit au sujet de la garde des *Lieux-Saints*, soit au sujet des cérémonies qui s'y trouvaient célébrées. La France, dont l'autorité politique et morale en Orient est considérable depuis les Croisades, a toujours pris sous son patronage les pères des monastères latins. Ces pères avaient été les victimes d'empiétements successifs de la part des chrétiens de la communion grecque, et le gouvernement de Louis-Napoléon, alors président de la République française, obtint en leur faveur, il y a quatre ans, des réparations aussi justes que modérées.

L'empereur Nicolas, feignant de croire que les chrétiens de la communion grecque avaient été dépouillés au profit des chrétiens de la communion opposée, envoya, au mois de février 1852, le prince Menschikoff à Constantinople, avec la mission de rétablir les droits des pères grecs; mais il ne fut pas difficile au gouvernement français de démontrer jusqu'à l'évidence que les satisfactions qui lui avaient été accordées ne lésaient en rien les droits de personne. La cour de Saint-Pétersbourg, après examen, fut forcée de le reconnaître; et dès lors, si le prince Menschikoff n'avait eu réellement en vue que de faire rendre justice aux pères grecs de Terre-Sainte, sa mission eût été complètement terminée.

Il n'en fut pas ainsi, bien s'en faut. C'est alors que les véritables desseins de la Russie éclatèrent. Le prince Menschikoff demanda avec hauteur et menaces, pour le czar son maître, le droit de protectorat direct sur tous les sujets de l'empire turc appartenant à la communion grecque; et comme, parmi les sujets du sultan, dans la Turquie d'Europe, de onze à douze millions appartiennent à la communion grecque, tandis que trois ou quatre millions seulement appartiennent à l'islamisme, c'est, au fond, comme si l'empereur de Russie avait fait demander au sultan sa couronne.

Cette prétention du czar à protéger une si notable portion des sujets du sultan contre le sultan lui-même, prétention soutenue par une armée, était évidemment la même chose que l'asservissement de la Turquie par les Russes. Cette prétention était, d'ailleurs, d'autant moins justifiée, que l'Église grecque répandue en Turquie, sous l'autorité du patriarche de Constantinople, n'a pas consenti à la séparation de l'Église russe, dont le czar est le chef spirituel et temporel; que le gouvernement turc est beaucoup plus doux, beaucoup plus tolérant que le gouvernement moscovite à l'égard des cultes dissidents, témoin les catholiques de Pologne; et le clergé grec en masse, le patriarche en tête, repousse de toute son énergie la protection des Russes, dans lesquels, d'après la rigueur des canons, il serait tenté de ne voir que des schismatiques. Ainsi, l'ambition de l'empereur de Russie ne tarda pas à percer le voile religieux sous lequel il l'avait enveloppée. Être maître de Constantinople, s'y établir comme dans une forteresse inexpugnable, dominer sur la Méditerranée en même temps que sur la Baltique, envelopper l'Europe à la fois par le midi et par le nord, et préparer, dans un avenir plus ou moins prochain, la domination des Cosaques et des Baskirs sur tout l'Occident, soumis au plus honteux despotisme : voilà le but des Russes, but que l'empereur Napoléon signala dès le premier jour, et que toute l'Europe vit clairement après lui. Mal renseigné par ses ambassadeurs, le czar avait pensé que la France et l'Angleterre, séparées par d'anciennes rivalités, ne se réuniraient pas pour l'arrêter; et il était si habitué à inspirer les résolutions du Nord, qu'il n'avait pas cru pouvoir douter de leur concours. La suite de cet article prouvera qu'il se trompait complétement.

Passage du Pruth. Envahissement des Principautés danubiennes. — La Turquie ayant refusé d'admettre les propositions insolentes du czar, l'armée russe, rassemblée depuis quelques temps sur la frontière, passa le *Pruth*, fleuve qui sépare la Russie des provinces danubiennes, la *Moldavie* et la *Valachie*, et envahit ces provinces dépendantes de l'empire ottoman. Cet envahissement eut lieu le 2 juillet 1853. La Turquie rédigea une protestation contre cette violation du droit des gens, et en appela à toutes les puissances de l'Europe. Dès le commencement des menaçants préparatifs de guerre que la Russie faisait en Bessarabie et dans la province de Sébastopol, la France et l'Angleterre, agissant d'un commun accord, avaient chacune préparé une escadre pour protéger, au besoin par les armes, l'intégrité de l'empire ottoman, intégrité indispensable à la paix de l'Europe. Lorsque le prince Menschikoff eut quitté Constantinople en rompant toute relation diplomatique avec la Porte, ces escadres combinées reçurent l'ordre d'aller mouiller dans la baie de Besika, où elles arrivèrent vers le milieu de juin.

Combat de Toprak-Kalé. — Cependant des tentatives de conciliation étaient faites par la France et l'Angleterre d'un côté, de l'autre par l'Autriche qui avait en Servie un corps d'observation de 50,000 hommes. La Russie feignait de se prêter à ces négociations pour gagner du temps et continuer ses préparatifs, de manière à imposer tellement qu'elle pût obtenir ce qu'elle désirait par un bon traité, sans qu'il lui en coûtât un homme ni un écu, quitte à saisir un peu plus tard un prétexte pour exiger davantage, selon les recommandations de Pierre-le-Grand. En sa qualité d'aide de camp général du czar, le prince Menschikoff ordonna aux troupes russes du Caucase de se retirer de ce pays et de former sur les frontières un cordon spécial de surveillance. Profitant de ce mouvement de retraite et de la situation de la Russie vis-à-vis de la Porte, l'intrépide chef des montagnards, l'émir Schamyl, donna l'ordre à l'un de ses lieutenants, le naïd Mahommed-Bey, d'envahir la Gourie russe. L'attaque fut effectuée par les Circassiens dans la nuit du 27 au 28 juillet avec des forces extraordinaires dirigées contre l'importante forteresse russe de Toprak-Kalé, dont, après un combat acharné, les Circassiens s'emparèrent

Cette forteresse fut immédiatement démantelée par les troupes de Schamyl, qui se rendirent maîtresses de toutes les munitions qu'elle renfermait ainsi que de deux cents pièces de canon.

L'Émir Schamyl. — Le mont Caucase est une chaîne continue de montagnes de la plus grande élévation qui occupe entièrement l'espace de terre ou isthme compris entre la mer Noire et la mer Caspienne. Sa longueur est de deux cents lieues en ligne droite. Aux yeux des voyageurs qui viennent du nord, le Caucase présente de loin l'aspect d'une immense muraille aussi imposante par son étendue que par sa hauteur. Les pics du Caucase sont situés dans toute leur étendue en face des plaines russes; ils les dominent et sans cesse leurs peuplades guerrières les menacent de l'invasion. Dans ses conquêtes, dans sa course vers l'Orient, la Russie a rencontré là une barrière infranchissable, des ennemis qu'elle n'a jamais pu vaincre et dompter entièrement.

Depuis vingt ans les deux illustres chefs, Kasi-Molla et Schamyl, épuisent ou déciment les armées russes, qui paient chèrement leurs faibles conquêtes. Depuis 1834, Schamyl règne sur la plus grande partie des peuplades du Caucase. Il en est le chef suprême, le ro prophète. Grand général, chef audacieux, législateur habile, il a su réunir en un faisceau ces populations dispersées. Né en 1792, initié de bonne heure au fanatisme religieux et aux luttes de la guerre, il s'est révélé un jour soudainement à ces peuples étonnés. Aujourd'hui encore le cri de guerre des montagnards du Caucase : *Mahomet est le premier prophète d'Allah; Schamyl est le second!* sert de ralliement aux ennemis des Russes.

L'escadre anglo-française franchit les Dardanelles. — La Turquie ne restait pas inactive. L'*Irade* ou proclamation annonçant qu'on allait déployer l'étendard du Prophète fut lu dans toutes les mosquées. Alors l'enthousiasme longtemps comprimé éclata. De toutes parts des offres d'argent et d'hommes furent faites au sultan. Méhémet-Ali-Pacha, ministre de la guerre, fit don au gouvernement impérial de plusieurs chevaux de ses écuries. Son exemple trouva un grand nombre d'imitateurs. Des marchands fermèrent leurs boutiques, vendirent leurs biens, quittèrent leur famille, et coururent au *séraskiérat* ou ministère de la guerre pour se faire inscrire. Les *mollahs* ou prêtres turcs parcouraient les rues avec des étendards et de vieilles hallebardes; des bureaux furent ouverts pour les enrôlements; ils étaient assiégés. Tout se préparait pour une de ces guerres de nationalité que ne termine pas un combat insignifiant et qui ne cessent qu'après avoir amené un important résultat.

A la demande du sultan, les escadres combinées de la France et de l'Angleterre franchirent les Dardanelles. Le *Moniteur* du 27 octobre annonca l'événement en ces termes :

« Ainsi que l'ont fait connaître les documents officiels récemment publiés, la question ouverte depuis plusieurs mois à Constantinople vient d'entrer dans une phase nouvelle. La Porte a pensé qu'au point où en étaient les choses, elle devrait renoncer à la voie des négociations, et il ne paraît plus permis d'espérer qu'un conflit puisse être prévenu. Une déclaration de guerre n'est point un fait rare dans la vie des peuples, et ce n'est point la première fois que l'on voit les mêmes rivalités aux prises sur le même terrain. L'importance et la nature des intérêts impliqués dans le différend, en atteignant, plus directement peut-être que la France, les autres cabinets de l'Europe, ne sont que des raisons de plus à envisager avec calme cette évolution nouvelle des affaires l'Orient.

« La Porte ayant pensé que la guerre convenait seule à sa dignité, le gouvernement de Sa Majesté l'Empereur n'avait point à se départir de la ligne politique que dès le commencement il s'était tracée. Alors, comme en présence de l'occupation des principautés du Danube, il s'est rencontré dans les mêmes vues avec le gouvernement de Sa Majesté Britannique. Les deux cabinets ont prescrit à leurs escadres de franchir les Dardanelles, et en ce moment elles doivent avoir mouillé dans la mer de Marmara.

« La paix est l'intérêt permanent des peuples. Pénétré de cette pensée, à la veille d'occuper le trône où l'appelait le vœu du pays, l'Empereur a donné la solennelle assurance de concourir de tous ses efforts à la conservation de la paix dont l'Europe goûtait avec bonheur le bienfait. Mais cette paix manquerait évidemment de sa condition essentielle, si elle cessait d'avoir pour base l'équilibre nécessaire au maintien des droits et à la sécurité des intérêts de tous.

« Telles sont les considérations qui avaient décidé l'envoi de la flotte de Toulon à Salamine, et de Salamine à Besika. Telle est encore la pensée qui la guidera dans la nouvelle destination qu'elle a reçue; tel est le but que le gouvernement de l'Empereur ne perdra point de vue jusqu'à ce que la paix puisse se rasseoir sur les seuls fondements qui la rendent profitable et sûre. Une semblable entreprise était digne de réunir les pavillons des deux grands États de l'Occident, et de faire naître ainsi le beau spectacle d'une entente parfaite dans l'action comme dans les négociations. »

Le commandement des troupes turques, rassemblées au bord du Danube, qui sépare la Turquie, proprement dite, de la Moldavie et de la Valachie occupées par les Russes, fut confié au général Omer-Pacha. On avait fixé quinze jours comme délai au général Gortschakoff, commandant des troupes russes, pour qu'il eût à évacuer les principautés. Ces quinze jours s'étant écoulés sans amener de résultat, Omer-Pacha reçut l'ordre d'entrer dans la petite Valachie. En conséquence, du 16 au 17 octobre, les Turcs traversèrent le Danube en bateaux, près desquels nageaient les chevaux, occupèrent deux îles faisant partie de la Valachie et y élevèrent des batteries. L'occupation de ces îles fut regardée comme le commencement des hostilités. Les Turcs occupèrent ensuite une grande île près de la forteresse et se préparèrent à jeter un pont sur le second bras du Danube. Les Russes se retirèrent de la petite Valachie en emportant l'argent des caisses publiques et les fonds militaires de réserve; leurs forces militaires se concentrèrent entre Bucharest, Giurgewo et Oltenitza.

Bataille d'Oltenitza. — Le dimanche 23 octobre, les deux bateaux à vapeur russes *Pruth* et *Ordonnance*, suivis de huit chaloupes canonnières, forcèrent le passage du Danube et essuyèrent un feu très-vif de la forteresse turque d'*Isatcha*, située sur la rive droite du fleuve entre Reni et Ismaïl.

Dans cette affaire furent tués, du côté des Russes, le lieutenant-colonel commandant la flottille, trois officiers et douze matelots. Il y eut une cinquantaine de blessés. Jusqu'au commencement de novembre, les Turcs se fortifièrent dans leurs positions et firent leurs préparatifs pour effectuer le passage du second bras du Danube. Le 2 novembre, ils occupèrent, au nombre de 5,000 hommes, une île située entre Turtukaï et *Oltenitza*. Le lendemain 3, ils franchirent le petit bras et occupèrent la rive gauche. Le passage continuant, ils se trouvèrent au nombre de 9,000 hommes en présence de 21,000 Russes qui occupaient Oltenitza. Le 4, un combat s'engagea avec un grand acharnement de part et d'autre, les Turcs s'efforçant de s'emparer d'Oltenitza et les Russes de les rejeter dans le Danube. L'action commença avec l'aurore : on se battit bravement des deux côtés. Le général russe, baron de Plosen, fut tué dès le début de l'action. Voici le récit que fit de ce combat le *Moniteur :*

« Le gouvernement a reçu les informations suivantes sur la rencontre du 4, entre les Turcs et les Russes, à Oltenitza : C'est dans le triangle formé par l'Argis, le Danube et le village d'Oltenitza, qu'a eu lieu le combat meurtrier du 4 novembre. Les Turcs ne comptaient pas plus de 9,000 hommes. Ils occupaient le bâtiment de la Quarantaine, situé dans la plaine près du Danube et du village. Ce bâtiment et une vieille redoute furent fortifiés avec des matériaux transportés de Tourtoukaï. Les Turcs se sont servis avec un grand succès des batteries de cette forteresse. Ils lançaient à travers le Danube, large en cet endroit de deux cent soixante toises environ, des boulets et des bombes qui atteignaient les Russes jusqu'au pied du village situé sur une élévation. Le général Dannenberg, qui dirigeait les opérations, était à une petite distance du village avec son état-major. La perte des Russes est évaluée à 1,200 hommes tués ou blessés Presque tous les chefs de bataillon ont été blessés, ainsi que plusieurs colonels; la plupart des blessures étaient faites avec des balles coniques. »

PRISE DU FORT SAINT-NICOLAS. — Tandis que les Russes étaient ainsi vaincus en Europe, la guerre s'engageait en même temps en Asie, où les Turcs obtenaient aussi l'avantage. Dans la nuit du 15 au 16, ils attaquèrent et prirent le fort Saint-Nicolas ou Nicolaïeff. Ce fort renfermait un grand approvisionnement de vivres apportés à diverses époques. Des troupes qui occupaient ce poste, il ne parvint à se sauver que quelques miliciens et près de trente soldats avec trois officiers pour la plupart blessés. Le prince russe Georges Gourichi fut mortellement atteint. De leur côté, les Turcs eurent près de 1,000 hommes hors de combat. Les Russes firent, pour reprendre Nicolaïeff, cinq tentatives inutiles. Ce premier incident de la guerre d'Asie, cette capture d'un fort portant le nom du patron de leur empereur et de leur pays jeta parmi les soldats moscovites une terreur superstitieuse.

BATAILLE DE TIFLIS. — En même temps Schamyl, à qui les Turcs avaient pu faire passer de l'argent et des munitions, s'approchait de Tiflis jusqu'à la distance de neuf milles. Les Circassiens étaient au nombre de 20,000 hommes avec 60 pièces de canon. Le corps d'armée russe qui marcha à leur rencontre, sous le commandement du prince Woronzoff, comptait à peu près le même nombre de soldats. Les Russes furent d'abord battus sur tous les points; mais le prince ayant reçu un renfort de 15,000 hommes envoyés par les généraux Nertcroff et Barcotenski, le combat recommença et Schamyl fut contraint de se retirer dans ses montagnes, quoiqu'en tenant toujours tête à l'ennemi. Les Circassiens perdirent 2,000 hommes, les Russes avouèrent une perte de 5,000 hommes. Quelques jours après, 3,000 Circassiens des différentes tribus attaquèrent les Russes dans les défilés de Zakartola et les mirent en déroute.

A cette époque, l'ambassadeur français à Constantinople, M. de Lacour, fut remplacé par le général comte Baraguay-d'Hilliers. Voici les paroles prononcées par ce nouvel ambassadeur en remettant, le 19 décembre, ses lettres de créance au sultan :

« Sire,

« J'ai l'honneur de présenter à Votre Majesté les lettres de créance de Sa Majesté Impériale, mon auguste souverain, qui m'accréditent auprès de la Sublime-Porte en qualité d'ambassadeur. Dans les circonstances difficiles où se trouve le gouvernement ottoman, je suis heureux d'avoir été choisi par S. M. l'empereur Napoléon pour renouveler à S. M. I. le sultan l'assurance de son amitié. La France est la plus ancienne, la plus désintéressée des alliés de la Sublime-Porte. Sa sincérité ne saurait être mise en doute. *La France ne craint pas la guerre.* Fidèle à l'esprit de sa mission, révélée par l'empereur Napoléon lui-même, la France veut la paix, mais elle la veut durable, loyale, honorable pour elle et ses alliés. Dans ce but, S. M. l'empereur Napoléon, de concert avec sa puissante alliée, la souveraine de la Grande-Bretagne, a envoyé sa flotte en Orient. Confiant dans les assurances réitérées du cabinet de Saint-Pétersbourg, il espère encore que le différend qui s'est élevé entre la Sublime-Porte et la cour de Russie pourra s'aplanir ; que ce trouble passager, en posant nettement la question de l'intégrité de l'empire ottoman, ne fera qu'affermir une indépendance si précieuse à l'Europe entière et si nécessaire au maintien de la paix du monde. S. M. I. le sultan peut compter que S. M. l'empereur Napoléon, qui comprend si bien les besoins, les sentiments et la dignité de la France, *prêtera, dans ce but, sou appui* à S. M. I. le sultan, et je crois être ici le fidèle interprète de sa volonté en lui en donnant l'assurance.

« Je saisis cette occasion d'exprimer à Votre Majesté Impériale l'ardent désir de contribuer, de tous mes efforts, au maintien des vieilles et bonnes relations que la France a toujours entretenues avec la Sublime-Porte, et je mets aux pieds de Votre Majesté Impériale l'hommage de mon profond respect. »

Les deux affaires d'Oltenitza en Europe et du fort Saint-Nicolas ou Nicolaïeff en Asie sont les événements les plus importants de la guerre entre les Russes et les Turcs depuis le commencement de la campagne jusqu'à l'affaire de Sinope. Le reste consiste en combats partiels et en escarmouches dans lesquels les deux partis se sont à tour attribué l'avantage et que pour cette raison nous croyons tile de faire entrer dans le dre restreint qui nous est assigné.

Affaire de Sinope. — Destruction de la flotte turque. — Echec des Russes à Citade près de Kalafat. — Lettre de Napoléon III à l'empereur Nicolas. — Réponse du tzar. — Circulaire de M. Drouyn de Lhuys. — Déclarations de guerre à la Russie par la France et par l'Angleterre. — Insurrection de quelques populations grecques de l'empire ottoman. — Dispositions en France et en Angleterre pour l'envoé d'un corps d'armée en Turquie.

Le 30 novembre, l'amiral russe Nachimoff, à la tête de six vaisseaux de ligne, força l'entrée de la rade de Sinope et détruisit en une heure de combat sept frégates, deux corvettes, un bateau à vapeur et trois transports. La frégate la moins endommagée, que les Russes ramenaient à Sébastopol, dut être abandonnée à la mer, et Osman-Pacha, avec sa suite, transporté sur le vaisseau amiral. C'est un aide de camp du prince Menschikoff qui apporta, le 5 décembre, la nouvelle de ce désastre.

Sinope, autrefois le principal établissement naval de la Turquie, a perdu aujourd'hui son importance, les chantiers et les ateliers de construction de la flotte ottomane ayant été presque entièrement transportés à Constantinople et renfermés dans l'arsenal. La rade de Sinope n'est défendue que par des ouvrages peu importants et qui se composent d'une batterie de terre placée à la presqu'île de Boze-Tépé et d'un petit fort situé plus à l'intérieur. Les bâtiments turcs étaient à l'ancre dans la rade, où ils avaient cherché un refuge.

On conçoit dès lors que six vaisseaux de ligne, réunissant un total d'environ 650 bouches à feu, ont dû facilement pénétrer dans cette rade, qui est ouverte, et, en se plaçant à portée des bâtiments turcs, qui ne présentaient pas un total de plus de 100 canons, les écraser de leur artillerie, malgré le courage des marins turcs.

En marine, la force des vaisseaux et la puissance de l'artillerie sont décisives, surtout vis-à-vis de bâtiments de guerre aussi faibles que les navires turcs, et qui, se trouvant acculés dans une rade, ne pouvaient profiter des chances qu'offrent la mer et le vent.

Voici sur cette importante affaire des détails que, selon notre habitude de laisser au lecteur l'appréciation des faits en lui mettant les pièces sous les yeux, nous empruntons aux documents officiels publiés par l'une et l'autre nation belligérante.

L'*Invalide russe* du 12 décembre renfermait la note suivante :

« Le vice-amiral Nachimoff, en croisant le long des côtes de l'Anatolie, aperçut du large, dans la rade de Sinope, une division de navires de guerre turcs. Le lendemain, une violente tempête de l'ouest l'empêcha de se rapprocher de Sinope. Le bateau à vapeur de guerr *la Bessarabie* fut immédiatement expédié à Sébastopol pour annonce qu'il se trouvait des bâtiments ennemis dans la rade de Sinope.

« A la réception de cette nouvelle, trois vaisseaux de 120 canons, *la Ville-de-Paris*, *le Grand-Duc-Constantin* et le *Tri-Sviatitelia*, reçurent ordre de se diriger, sous le pavillon du contre-amiral Novossilsky, dans le méridien de Sinope et de rallier le vice-amiral Nachimoff. Sur ces entrefaites, le vice-amiral Nachimoff, avec trois vaisseaux et un brick, profitant d'un vent favorable, alla reconnaître la rade de Sinope, et s'assura de la disposition de la division navale ennemie, composée de 7 frégates, 1 sloop de guerre, 2 corvettes, 2 bâtiments de transport et 2 bateaux à vapeur.

« Ces bâtiments étaient mouillés en arc le long de la côte, avec leurs embossures frappées, afin de pouvoir se former en ligne, de quelque point que vînt le vent. Sur la côte, en face des intervalles des navires, on avait établi cinq batteries. Dans la nuit du 27 au 28 novembre, le contre-amiral Novossilsky rallia l'escadre avec sa division navale. Le vice-amiral Nachimoff annonça le même jour à l'escadre, par un ordre du jour, son intention, au premier vent favorable, d'attaquer l'ennemi en deux colonnes : celle de droite serait commandée par le vice-amiral Nachimoff, ayant son pavillon sur le vaisseau *l'Impératrice-Marie*, et suivi des vaisseaux *le Grand-Duc-Constantin* et le *Tchesmé*; la colonne de gauche, sous le commandement du contre-amiral Novossilsky, se composerait des vaisseaux *la Ville-de-Paris*, le *Tri-Sviatitelia* et le *Rostislaff*.

« Le 30, entre neuf et dix heures du matin, par une brise favorable d'est-nord-est, l'amiral signala ordre à l'escadre de faire son branle-bas de combat et de gouverner sur la rade de Sinope. Les vaisseaux des deux colonnes, toutes leurs bonnettes dehors, se rapprochèrent de l'ennemi, qui ne put être aperçu qu'à un demi-mille de distance en raison du brouillard et de la pluie. Le vice-amiral Nachimoff, s'étant rapproché jusqu'à une distance de près de [illegible] ou toises de deux frégates ennemies, sur l'une desquelles on voyait flotter un pavillon de vice-amiral et derrière la poupe de laquelle était établie sur la côte une batterie de 12 canons, jeta l'ancre et s'embossa.

« Le vaisseau *la Ville-de-Paris* jeta l'ancre en même temps; les autres vaisseaux, à mesure qu'ils arrivaient, allaient occuper les postes de combat qui leur avaient été assignés. A peine le vaisseau amiral eut-il laissé tomber son ancre, que l'ennemi ouvrit sur nos vaisseaux un feu terrible de toutes ses bordées et de ses batteries de terre : ses boulets occasionnèrent de grands dégâts dans nos espares; mais nos vaisseaux, s'étant immédiatement embossés, se mirent en mesure de riposter et eurent bientôt repris l'avantage. Foudroyés par eux, les navires turcs, criblés de boulets, faisant eau de toutes parts, ralentirent leur feu, et, après une énergique résistance, furent mis hors de combat. Une frégate à vapeur cherchait à se sauver par la fuite de la défaite générale. L'aide de camp général Korniloff arbora son pavillon sur *l'Odessa* et fit diriger sa course de manière à croiser celle de la frégate turque; mais celle-ci, ayant aperçu cette manœuvre, vira de bord et longea la côte. *L'Odessa* s'en étant rapproché à portée de canon, ouvrit le feu; toutefois, après avoir escarmouché pendant une heure, on se convainquit à regret que l'ennemi était meilleur marcheur, et que, malgré sa supériorité en force presque triple sur *l'Odessa*, il n'accepterait pas le combat, et ne songeait qu'à fuir.

« Lorsqu'il fut hors de portée de canon, l'aide de camp général Korniloff abandonna la chasse, et mit le cap sur Sinope pour rallier l'escadre du vice-amiral Nachimoff, se faisant suivre par *la Crimée* et *la Chersonèse*. Ces deux bateaux à vapeur reçurent l'ordre de remorquer immédiatement les vaisseaux qui se trouveraient sous le feu des batteries de terre, dans le cas où l'ennemi renouvellerait la canonnade dans la nuit. *L'Odessa* fut chargé d'aller amariner la frégate *la Damiette*, de 30 canons, qui avait le moins souffert de nos bordées, de l'éloigner de la côte; à bord de cette frégate, on trouva environ [illegible] hommes d'équipage et plus de 50 blessés. Son commandant et officiers l'avaient abandonnée dès le commencement de l'action en parant de toutes ses chaloupes, et avaient cherché leur sal[illegible] dans [illegible] fuite honteuse à la côte.

« Dans la soirée, les canons chargés des navires qui brûlaient, à mesure qu'ils étaient atteints par le feu, lançaient leurs boulets dans la rade, sans toutefois causer presque aucun dommage à nos navires. Enfin, lorsque le feu atteignit leurs saintes-barbes, ces bâtiments sautèrent, et leurs débris enflammés allèrent tomber sur la partie turque de la ville, qu'ils incendièrent; vers minuit, tout le quartier entouré d'un mur d'enceinte en pierre était la proie des flammes; le quartier de la ville habité par les Grecs avait été respecté par l'incendie.

« A la pointe du jour, sur douze navires qui composaient l'escadre turque, il ne restait dans la rade que la frégate *la Damiette* à la remorque de *l'Odessa*, le sloop de guerre et la corvette complétement désemparés sur un bas-fond, à la côte méridionale de la baie.

« Les embarcations de la frégate *le Kagoul* reçurent l'ordre d'incendier le sloop de guerre et la corvette. Les officiers envoyés pour exécuter cet ordre trouvèrent à bord du sloop Osman-Pacha, chef de l'escadre turque, blessé à la jambe droite, le commandant d'une frégate, celui de la corvette et 80 hommes d'équipage. Les chefs turcs et l'équipage furent faits prisonniers et conduits, les premiers à bord de *l'Odessa*, et les derniers à bord du *Tchesmé*. Le soir, la rade de Sinope ne contenait plus un seul navire turc. »

Voici maintenant le réçit du *Journal de Constantinople*.

« Les premiers détails ont été apportés à Constantinople par le bateau à vapeur *le Taïf;* nous y ajouterons ceux qui ont été recueillis par les deux frégates à vapeur de la flotte anglo-française la *Retribution* et *le Mogador*, envoyés à Sinope. Le combat dura encore plus d'une heure après le coucher du soleil; dans cette lutte désespérée, accablés par le nombre, les Ottomans combattirent jusqu'à la dernière goutte de leur sang et firent preuve d'une valeur, d'un dévouement au sultan, d'un patriotisme, d'une fidélité dont on trouve peu d'exemples dans l'histoire, et qui doivent rendre bien fier le sultan qui a su inspirer à tout son peuple de pareils sentiments, et à qui revient l'éternelle gloire de cette lutte admirable. Si l'escadre ottomane a péri, ça n'a pas été sans causer de grandes pertes à la flotte russe, qui dut passer la nuit et le lendemain dans le port pour réparer à la hâte les avaries considérables qu'elle avait reçues pendant le combat. Plusieurs de ses vaisseaux, complétement démâtés, ne purent sortir du port que remorqués par les bateaux à vapeur.

« Des bombes, jetées dans la ville par la flotte russe, avaient aussi incendié, pendant cette lutte, divers quartiers de Sinope.

« La *Retribution* et *le Mogador*, qui étaient partis pour Sinope avec plusieurs chirurgiens anglais et français, ont donné les premiers soins aux blessés; ils en ont transporté à Constantinople 110, dont 10 sont morts pendant la traversée.

« Quant à l'escadre russe, on ne peut connaître ses pertes; mais ses avaries apparentes ont été assez majeures pour que les vaisseaux se soient vus contraints d'appareiller en partie sous les basses voiles ou à la remorque des vapeurs, peu soucieux qu'ils étaient sans doute de séjourner plus longtemps à Sinope, de crainte de représailles : aussi le surlendemain matin, l'escadre russe quittait-elle ce point.

A la nouvelle de cet événement, dans lequel la flotte russe, contre toutes les lois de la guerre, avait continué d'écraser du feu de ses batteries des navires hors de combat, les gouvernements anglais et français ordonnèrent aux escadres combinées d'entrer dans la mer Noire. Cet ordre fut notifié à l'empereur de Russie et exécuté. Le czar était mis en même temps en demeure de se prononcer relativement à une note diplomatique. Cette note, rédigée par les quatre grandes puissances, la France, l'Angleterre, l'Autriche et la Prusse, en conférence à Vienne, avait été soumise à la Turquie qui, après quelques hésitations, y avait donné son adhésion. Elle contenait les bases d'un arrangement sauvegardant les intérêts et la dignité des deux puissances belligérantes. Le cabinet de Saint-Pétersbourg répondit à cette double notification d'une manière évasive, et donna l'ordre au commandant de sa flotte d'éviter avec soin d'engager une collision avec les escadres combinées et même de les rencontrer. Cependant il continuait d'immenses préparatifs de guerre, et agissait souterrainement par ses intrigues en Europe, en Asie, et jusqu'aux Indes, où il menaçait d'un échec la domination anglaise.

Les hostilités n'étaient pas interrompues, et les Turcs reprenaient l'avantage dans une bataille livrée à Citade, près de Kalafat. Voici la note publiée sur cet engagement par le *Journal de Constantinople* :

« Ismaïl-Pacha ayant appris la concentration des troupes russes dans la petite Valachie, et informé de l'approche d'un corps de 15,000 hommes venu de Crajova jusqu'au village de Tchétané (Citade), à trois heures et demie de marche de Kalafat, et où il avait commencé à se retrancher, voulut, par un coup hardi, empêcher l'ennemi de s'y fortifier. Les dispositions stratégiques prises par Ismaïl-Pacha ont été couronnées d'un plein succès, et ont en même temps empêché la concentration de l'armée russe dans une position aussi voisine de Kalafat.

« Afin de ne pas donner aux Russes le temps de réunir à Tchétané toutes les forces qui devaient agir contre Kalafat, ainsi qu'ils en avaient l'intention, Ismaïl-Pacha, laissant une petite garnison dans son quartier général, sortit avec Mustapha-Pacha, général de division, et Osman-Pacha, général de brigade, à la tête de 13 bataillons d'infanterie, de 3 régiments de cavalerie, et de 28 pièces de canon, pendant une des dernières nuits de la semaine passée, et tomba, à six heures du matin, à l'improviste sur les troupes russes.

« Les retranchements furent enlevés en un clin d'œil et les premiers bataillons russes culbutés. En même temps, Mustapha-Pacha, commandant l'aile gauche, qui avait occupé à l'avance un mamelon dominant les retranchements russes, prit l'ennemi en flanc et le rejeta dans les bois situés à la droite de Tchétané, où avaient pris également position, pendant la nuit, les tirailleurs et carabiniers ottomans.

« Les Russes firent de grands efforts pour résister à l'impétuosité de ces attaques simultanées; mais, décimés par les tirailleurs embusqués dans le bois, ils furent mis en complète déroute à onze heures du matin, et poursuivis pendant six heures l'épée dans les reins. La réserve russe, forte de 8,000 hommes, et qui n'était pas arrivée à temps sur le théâtre du combat, fut également culbutée par l'armée impériale, dont la réserve, commandée par le général de division Ahmed-Pacha, en donnant à l'instant voulu, assura la déroute de ce nfort important.

« C'est au moment même où la déroute des Russes était complète que Sami-Pacha a expédié un Tartare avec les nouvelles que nous relatons. La perte des Russes a été immense, mais on n'en connaît pas encore le chiffre exact; les troupes impériales ont beaucoup moins souffert. »

Pressé de donner une réponse catégorique à la note qui lui avait été remise, l'empereur Nicolas chargea ses ambassadeurs, M. Kisseleff à Paris et M. de Brunow à Londres, de demander aux gouvernements français et anglais si leur flotte combinée avait mission de protéger par les armes la Turquie contre toute agression maritime de la Russie. La réponse ayant été affirmative, les deux ambassadeurs, agissant d'après les ordres qu'ils avaient reçus, firent immédiatement leurs préparatifs de départ, et reprirent le chemin de Saint-Pétersbourg.

Dans cette circonstance, l'empereur des Français crut devoir faire une dernière tentative pour le maintien de la paix, et il écrivit à l'empereur de Russie une lettre autographe ainsi conçue :

Palais des Tuileries, le 29 janvier 1854.

« Sire,

« Le différend qui s'est élevé entre Votre Majesté et la Porte Ottomane en est venu à un tel point de gravité, que je crois devoir expliquer moi-même directement à Votre Majesté la part que la France a prise dans cette question, et les moyens que j'entrevois d'écarter les dangers qui menacent le repos de l'Europe.

« La note que Votre Majesté vient de faire remettre à mon gouvernement et à celui de la reine Victoria tend à établir que le système de pression adopté dès le début par les deux puissances maritimes a seul envenimé la question. Elle aurait, au contraire, ce me semble, continué à demeurer une question de cabinet, si l'occupation des Principautés ne l'avait transportée tout à coup du domaine de la discussion dans celui des faits.

« Cependant, les troupes de Votre Majesté une fois entrées en Valachie, nous n'en avons pas moins engagé la Porte à ne pas considérer cette occupation comme un cas de guerre, témoignant ainsi notre extrême désir de conciliation. Après m'être concerté avec l'Angleterre, l'Autriche et la Prusse, j'ai proposé à Votre Majesté une note destinée à donner une satisfaction commune, Votre Majesté l'a acceptée.

« Mais à peine étions-nous avertis de cette bonne nouvelle, que son ministre, par des commentaires explicatifs, en détruisait tout l'effet conciliant et nous empêchait par là d'insister à Constantinople sur son adoption pure et simple. De son côté, la Porte avait proposé au projet de note des modifications que les quatre puissances représentées à Vienne ne trouvèrent pas inacceptables; elles n'ont pas eu l'agrément de Votre Majesté.

« Alors la Porte, blessée dans sa dignité, menacée dans son indépendance, obérée par les efforts déjà faits pour opposer une armée à celle de Votre Majesté, a mieux aimé déclarer la guerre que de rester dans cet état d'incertitude et d'abaissement. Elle avait réclamé notre appui; sa cause nous paraissait juste; les escadres anglaise et française reçurent l'ordre de mouiller dans le Bosphore.

« Notre attitude vis-à-vis de la Turquie était protectrice, mais passive. Nous ne l'encouragions pas à la guerre. Nous faisions sans cesse parvenir aux oreilles du sultan des conseils de paix et de modération, persuadés que c'était le moyen d'arriver à un accord, et les quatre puissances s'entendirent de nouveau pour soumettre à Votre Majesté d'autres propositions.

« Votre Majesté, de son côté, montrant le calme qui naît de la conscience de sa force, s'était bornée à repousser, sur la rive gauche du Danube comme en Asie, les attaques des Turcs, et avec la modération digne du chef d'un grand empire, elle avait déclaré qu'elle se tiendrait sur la défensive. Jusque-là nous étions donc, je dois le dire, spectateurs intéressés, mais simples spectateurs de la lutte, lorsque l'affaire de Sinope vint nous forcer à prendre une position plus tranchée. La France et l'Angleterre n'avaient pas cru utile d'envoyer des troupes de débarquement au secours de la Turquie.

« Leur drapeau n'était donc pas engagé dans les conflits qui avaient lieu sur terre. Mais sur mer, c'était bien différent. Il y avait à l'entrée du Bosphore trois mille bouches à feu, dont la présence disait assez haut à la Turquie que les deux premières puissances maritimes ne permettraient pas de l'attaquer sur mer. L'événement de Sinope fut pour nous aussi blessant qu'inattendu; car peu importe que les Turcs aient voulu ou non faire passer des munitions de guerre sur le territoire russe.

« En fait, des vaisseaux russes sont venus attaquer des bâtiments turcs dans les eaux de la Turquie et mouillés tranquillement dans un port turc; ils les ont détruits, malgré l'assurance de ne pas faire une guerre agréssive, malgré le voisinage de nos escadres. Ce n'était plus notre politique qui recevait là un échec, c'était notre honneur militaire. Les coups de canon de Sinope ont retenti douloureusement dans le cœur de tous ceux qui, en Angleterre et en France, ont un vif sentiment de la dignité nationale. On s'est écrié d'un commun accord : Partout où nos canons peuvent atteindre, nos alliés doivent être respectés.

« De là l'ordre donné à nos escadres d'entrer dans la mer Noire, et d'empêcher par la force, s'il le fallait, le retour d'un semblable événement. De là la notification collective envoyée au cabinet de Saint-Pétersbourg pour lui annoncer que, si nous empêchions les Turcs de porter une guerre agressive sur les côtes appartenant à la Russie, nous protégerions le ravitaillement de leurs troupes sur leur propre territoire.

« Quant à la flotte russe, en lui interdisant la navigation de la mer Noire, nous la placions dans des conditions différentes, parce qu'il importait, pendant la durée de la guerre, de conserver un gage qui pût être l'équivalent des parties occupées du territoire turc, et faciliter la conclusion de la paix en devenant le titre d'un échange désirable.

« Voilà, Sire, la suite réelle et l'enchaînement des faits. Il est clair qu'arrivés à ce point, ils doivent amener promptement ou une entente définitive, ou une rupture décidée.

« Votre Majesté a donné tant de preuves de sa sollicitude pour le repos de l'Europe, elle y a contribué si puissamment par son influence bienfaisante contre l'esprit de désordre, que je ne saurais douter de sa résolution dans l'alternative qui se présente à son choix.

« Si Votre Majesté désire autant que moi une conclusion pacifique, quoi de plus simple que de déclarer qu'un armistice sera signé aujourd'hui, que les choses reprendront leur cours diplomatique, que toute hostilité cessera, et que toutes les forces belligérantes se retireront des lieux où des motifs de guerre les ont appelées?

« Ainsi les troupes russes abandonneraient les principautés et nos escadres la mer Noire. Votre Majesté préférant traiter directement avec la Turquie, elle nommerait un ambassadeur qui négocierait avec un plénipotentiaire du sultan une convention qui serait soumise à la conférence des quatre puissances.

« Que Votre Majesté adopte ce plan, sur lequel la reine d'Angleterre et moi sommes parfaitement d'accord, la tranquillité est rétablie et le monde satisfait. Rien, en effet, dans ce plan qui ne soit digne de Votre Majesté, rien qui puisse blesser son honneur. Mais si, par un motif difficile à comprendre, Votre Majesté opposait un refus, alors la France, comme l'Angleterre, serait obligée de laisser au sort des armes et aux hasards de la guerre ce qui pourrait être décidé aujourd'hui par la raison et par la justice.

« Que Votre Majesté ne pense pas que la moindre animosité puisse entrer dans mon cœur ; il n'éprouve d'autres sentiments que ceux exprimés par Votre Majesté elle-même dans sa lettre du 17 janvier 1853, lorsqu'elle m'écrivait : « Nos relations doivent être sincèrement amicales, reposer sur les mêmes intentions : maintien de « l'ordre, amour de la paix, respect aux traités et bienveillance réci« proque. » Ce programme est digne du souverain qui le traçait, et, je n'hésite pas à l'affirmer, j'y suis resté fidèle.

« Je prie Votre Majesté de croire à la sincérité de mes sentiments, et c'est dans ces sentiments que je suis,

« Sire,

« De Votre Majesté,

« Le bon ami,

« NAPOLÉON. »

A ce langage si digne et si conciliant à la fois, le tzar répondit par un refus positif d'accéder aux propositions d'arrangement. Désormais il fallait renoncer à toute espérance de paix et se préparer sérieusement à la guerre. Voulant mettre le pays tout entier en état de juger de quel côté était le bon droit, le gouvernement français fit publier tous les documents relatifs à cette grande affaire. Le *Moniteur* terminait ces communications par la note suivante en date du 22 février :

« En publiant les documents relatifs à la question d'Orient, le gouvernement a donné une nouvelle preuve de la loyauté de ses intentions. Le pouvoir qui a pour base la volonté nationale et pour seuls mobiles l'honneur et l'intérêt de la France, ne peut pas suivre cette politique tortueuse dont l'unique force consiste dans les intrigues et dans le mystère. Ses armes, à lui, sont la sincérité et la franchise. La lumière ne saurait jamais lui nuire ; aussi ne doit-il jamais laisser échapper l'occasion de prévenir les équivoques, d'avertir chacun de ce que réellement il doit espérer ou craindre.

« Dans la lutte qui a éclaté en Orient, la France, étroitement unie à l'Angleterre, s'est déclarée pour le bon droit et en faveur d'une cause qui est celle de toute l'Europe. L'indépendance des États serait en effet menacée si l'Europe permettait à la domination ou à l'influence russe de s'étendre indéfiniment. Cette vérité frappe tous les yeux : l'Autriche, malgré les liens d'amitié intime qui l'attachaient à la cour de Russie, se prononce chaque jour davantage pour la politique que nous défendons, et la Prusse, nous n'en doutons pas, conformera la sienne au vœu et à l'intérêt de toute l'Allemagne.

« Aussi ce conflit, dans lequel on peut dire que toutes les puissances du continent sont ouvertement ou tacitement engagées contre la Russie, n'offrirait-il aucun danger, s'il n'y avait à redouter des complications venant de l'esprit révolutionnaire, qui essayera peut-être en cette occasion de se montrer sur quelques points. C'est donc le devoir impérieux du gouvernement de déclarer loyalement à ceux qui voudraient profiter des circonstances présentes pour exciter des troubles soit en Grèce, soit en Italie, qu'ils se mettraient en opposition directe avec l'intérêt de la France. Car, comme nous le disions plus haut, jamais le gouvernement n'aura une politique à double face, et de même que, défendant l'intégrité de l'empire ottoman à Constantinople, il ne pourrait pas souffrir que cette intégrité fût violée par des agressions parties de la Grèce, de même il ne pourrait pas permettre, si les drapeaux de la France et de l'Autriche s'unissaient en Orient, qu'on cherchât à les diviser sur les Alpes. »

Le jour même où le *Moniteur* publiait cette note, le journal officiel de Saint-Pétersbourg contenait le document suivant :

***Bénédiction du métropolitain de Moscou au départ de la 16e division pour l'armée.***

« Enfants de notre souverain et père, enfants de notre mère la Russie, guerriers mes frères, le tzar, la patrie, la chrétienté, vous appellent au combat. Les prières de l'Église et de la patrie vous y accompagnent.

« Cet ennemi vaincu sous Catherine, sous Alexandre, sous Nicolas, provoque de nouveau la Russie, et vos compagnons d'armes ont déjà repris contre lui leur ancienne habitude de le vaincre et sur terre et sur mer.

« Et si, d'après les décrets de la Providence, vous aussi vous devez vous présenter devant lui, vous n'oublierez pas que vous combattez pour notre pieux souverain, pour notre chère patrie, contre les infidèles, contre les oppresseurs des peuples nos coreligionnaires, presque nos compatriotes, contre les profanateurs des saints lieux, objets de notre adoration, de la Nativité, de la Passion, de la Résurrection de notre Sauveur.

« Et maintenant plus que jamais gloire et bénédiction aux vainqueurs! bonheur et bénédiction à ceux qui offrent en sacrifice leur vie avec foi dans le Seigneur, avec amour pour leur souverain et leur patrie.

« L'Écriture a dit des anciens défenseurs de la patrie : « Par la foi tu vaincras les empires. » (Héb. XI, 33.) Voilà pourquoi nous vous accompagnons de nos prières et des bénédictions de l'Église. Le grand et antique intercesseur de la Russie, le bienheureux Serge, bénit jadis les cohortes victorieuses qui marchaient contre les oppresseurs de la patrie; sa sainte image précédait nos légions et sous le tzar Alexis, et sous Pierre le Grand, et enfin sous Alexandre, à cette époque mémorable de notre lutte contre vingt peuples divers. Que cette image du bienheureux Serge vous accompagne également, comme le signe de son intercession pour vous et de ses prières pour ceux qui sont forts devant le Seigneur !

« Gardez donc et portez avec vous ces paroles guerrières et triomphantes du prophète David : « En Dieu est le salut et la gloire. » (Ps. LXI, 8.)

En même temps lord Palmerston prononçait à Londres dans la Chambre des communes ces remarquables paroles; « Mon opinion est qu'une grande puissance comme l'Angleterre ou la France pourrait suffire à défendre la Turquie contre l'agression russe; je suis convaincu que si l'Angleterre ou la France prenait seule la défense de la Turquie, la Russie ne pourrait jamais arriver à ses fins. Lorsque ces deux nations sont unies, la cause de la Russie est désespérée.

« Nous avons des motifs de croire que, si la guerre continue, l'Autriche et la Prusse ne resteront pas spectatrices oisives de la lutte. Il faudrait que l'Autriche eût oublié toute sa politique traditionnelle, qu'elle fût aveugle sur ses intérêts, pour permettre l'agression de la Russie contre l'empire turc. Je dis donc que la Russie, isolée en Europe, n'aura pas un seul allié pour la soutenir dans son injustice, et je n'ai aucun doute sur l'issue de la lutte qui se prépare.

« C'est un noble spectacle de voir l'Angleterre et la France, deux pays qui depuis des siècles ont été en rivalité, agir aujourd'hui de concert, unis par des engagements réciproques, et n'ayant pour but de leurs efforts aucun avantage égoïste. C'est un noble spectacle de les voir debout, non pour la défense de leurs intérêts, mais pour celle de la liberté de l'Europe. C'est un magnifique spectacle que celui de ces flottes et de ces armées qui, jusqu'à ce jour, ne s'étaient rencontrées que pour se battre à outrance et qui aujourd'hui se rangent côte à côte, non pour faire des conquêtes ou pour opprimer le monde, mais pour défendre le droit contre la force, la justice contre l'iniquité. » (Bruyants applaudissements.)

Quelques jours plus tard, la lettre du tzar Nicolas à l'empereur des Français fut rendue publique par le *Journal de Saint-Pétersbourg* du 24 février.

Nous reproduisons ce document ainsi que le manifeste inséré dans l'*Abeille du Nord* du 23 :

**Réponse de S. M. l'Empereur.**

St-Pétersbourg, le 28 janvier (9 février 1854.

Sire,

Je ne saurais mieux répondre à Votre Majesté qu'en répétant, puisqu'elles m'appartiennent, les paroles par lesquelles Sa lettre se termine. « Nos relations doivent être sincèrement amicales et reposer sur les mêmes intentions : « maintien de l'ordre, amour de la paix, respect aux traités et bienveillance « réciproque. » En acceptant, dit-Elle, ce programme tel que je l'avais moi-même tracé, Elle affirme y être resté fidèle. J'ose croire, et ma conscience me le dit, que je ne m'en suis point écarté.

Car, dans l'affaire qui nous divise et dont l'origine ne vient pas de moi, j'ai toujours cherché à maintenir des relations bienveillantes avec la France, j'ai évité avec le plus grand soin de me rencontrer sur ce terrain avec les intérêts de la religion que Votre Majesté professe ; j'ai fait au maintien de la paix toutes les concessions de forme et de fond que mon honneur me rendait possibles, et, en réclamant pour mes coreligionnaires en Turquie la confirmation des droits et priviléges qui leur ont été acquis, depuis longtemps, au prix du sang russe, je n'ai demandé autre chose que ce qui découlait des traités.

Si la Porte avait été laissée à elle-même, le différend qui tient en suspens l'Europe eût été depuis longtemps aplani. Une influence fatale est seule venue se jeter à la traverse. En provoquant des soupçons gratuits, en exaltant le anatisme des Turcs, en égarant leur gouvernement sur mes intentions et la vraie portée de mes demandes, elle a fait prendre à la question des proportions si exagérées, que la guerre en a dû sortir.

Votre Majesté me permettra de ne point m'étendre trop en détail sur les circonstances exposées à son point de vue particulier, dont sa lettre présente l'enchaînement. Plusieurs actes de ma part, peu exactement appréciés, suivant moi, et plus d'un fait interverti, nécessiteraient pour être rétablis, tels au moins que je les conçois, de longs développements qui ne sont guère propres à entrer dans une correspondance de Souverain à Souverain.

C'est ainsi que Votre Majesté attribue à l'occupation des Principautés le tort d'avoir subitement transporté la question du domaine de la discussion dans celui des faits. Mais Elle perd de vue que cette occupation, purement éventuelle encore, a été devancée, et en grande partie amenée, par un fait antérieur fort grave, celui de l'apparition des flottes combinées dans le voisinage des Dardanelles, outre que déjà bien auparavant, quand l'Angleterre hésitait encore à prendre contre la Russie une attitude comminatoire, V. M. avait la première envoyé Sa flotte jusqu'à Salamine.

Cette démonstration blessante annonçait certes peu de confiance en moi. Elle devait encourager les Turcs, et paralyser d'avance le succès des négociations, en leur montrant la France et l'Angleterre prêtes à soutenir leur cause à tout événement. C'est encore ainsi que Votre Majesté attribue aux commentaires explicatifs de mon cabinet sur la Note de Vienne l'impossibilité où la France et l'Angleterre se sont trouvées d'en recommander l'adoptio à la Porte.

Mais Votre Majesté peut se rappeler que nos commentaires ont suivi, et non précédé la non-acceptation pure et simple de la Note, et je crois que les Puissances, pour peu qu'elles voulussent sérieusement la paix, étaient tenues à réclamer d'emblée cette adoption pure et simple, au lieu de permettre à la Porte de modifier ce que nous avions adopté sans changement.

D'ailleurs, si quelque point de nos commentaires avaient pu donner matière à difficultés, j'en ai offert à Olmutz une solution satisfaisante, qui a paru telle à l'Autriche et à la Prusse. Malheureusement, dans l'intervalle, une partie de la flotte anglo-française était déjà entrée dans les Dardanelles, sous prétexte d'y protéger la vie et les propriétés des nationaux anglais et français, et, pour l'y faire entrer tout entière, sans violer le traité de 1841, il a fallu que la guerre nous fût déclarée par le gouvernement ottoman.

Mon opinion est que si la France et l'Angleterre avaient voulu la paix comme moi, elles auraient dû empêcher à tout prix cette déclaration de guerre, ou, la guerre une fois déclarée, faire au moins en sorte qu'elle restât dans les limites étroites que je désirais lui tracer sur le Danube, afin que je ne fusse pas arraché de force au système purement défensif que je voulais suivre. Mais du moment qu'on a permis aux Turcs d'attaquer notre territoire asiatique, d'enlever un de nos postes-frontières (même avant le terme fixé pour l'ouverture des hostilités), de bloquer Akhattsyk, et de ravager la province d'Arménie; du moment qu'on a laissé la flotte turque libre de porter des troupes, des armes et des munitions de guerre sur nos côtes, pouvait-on raisonnablement espérer que Nous attendrions patiemment le résultat d'une pareille tentative? Ne devait-on pas supposer que Nous ferions tout pour la prévenir? L'affaire de Sinope s'en est suivie : elle a été la conséquence forcée de l'attitude adoptée par les deux Puissances, et l'événement ne pouvait certes leur paraître *inattendu*. J'avais déclaré vouloir rester sur la défensive, mais avant l'explosion de la guerre, tant que mon honneur et mes intérêts me le permettraient, tant qu'elle resterait dans de certaines bornes.

A-t-on fait ce qu'il fallait faire pour que ces bornes ne fussent pas dépassées? Si le rôle de spectateur, ou celui de médiateur même, ne suffisait pas à Votre Majesté, et qu'Elle voulût se faire l'auxiliaire armé de mes ennemis, alors, Sire, il eût été plus loyal et plus digne d'Elle de me le dire franchement d'avance en me déclarant la guerre. Chacun alors eût connu son rôle. Mais nous faire un crime après coup de ce qu'on n'a rien fait pour empêcher, est-ce un procédé équitable? Si les coups de canon de Sinope ont retenti douloureusement dans le cœur de tous ceux qui, en France et en Angleterre, ont le vif sentiment de la dignité nationale, Votre Majesté pense-t-elle que la présence menaçante à l'entrée du Bosphore des 3,000 bouches à feu dont elle parle, et le bruit de leur entrée dans la mer Noire, soient des faits restés sans écho dans le cœur de la nation dont j'ai à défendre l'honneur? J'apprends d'Elle pour la première fois (car les déclarations verbales qu'on m'a faites ici ne m'en avaient encore rien dit) que, tout en protégeant le ravitaillement des troupes turques sur leur propre territoire, les deux Puissances ont résolu de *nous interdire la navigation de la mer Noire*, c'est-à-dire apparemment le droit de ravitailler nos propres côtes. Je laisse à penser à Votre Majesté c'est là, comme Elle le dit, faciliter la conclusion de la paix, et si, ternative qu'on me pose, il m'est permis de discuter, d'examiner même un moment, ses propositions d'armistice, d'évacuation immédiate des principautés, et de négociation avec la Porte d'une convention qui serait soumise à une conférence des quatre cours. Vous-même, Sire, si Vous étiez à ma place accepteriez-Vous une pareille position ? Votre sentiment national pourrait-il Vous le permettre? Je répondrai hardiment que non. Accordez-moi donc à mon tour le droit de penser comme Vous-même. Quoi que Votre Majesté décide, ce n'est pas devant la menace que l'on me verra reculer. Ma confiance est en Dieu et dans mon droit, et la Russie, j'en suis garant, saura se montrer en 1854 ce qu'elle fut en 1812.

Si toutefois Votre Majesté, moins indifférente à mon honneur, en revient franchement à notre programme, si Elle me tend une main cordiale comme je le Lui offre en ce dernier moment, j'oublierai volontiers ce que le passé peut avoir eu de blessant pour moi. Alors, Sire, *mais alors seulement*, nous pourrons discuter, et peut-être nous entendre. Que Sa flotte se borne à empêcher les Turcs de porter de nouvelles forces sur le théâtre de la guerre; je promets volontiers qu'ils n'auront rien à craindre de mes tentatives. Qu'ils m'envoient un négociateur; je l'accueillerai comme il convient. Mes conditions sont connues à Vienne. C'est la seule base sur laquelle il me soit permis de discuter.

Je prie Votre Majesté de croire à la sincérité des sentiments avec lesquels je suis,

Sire,

de Votre Majesté, le bon ami,

NICOLAS.

---

Par la grâce de Dieu,

Nous, Nicolas Ier,

Empereur et autocrate de toutes les Russies, roi de Pologne, etc., etc., etc.

Faisons connaître à tous :

Nous avons déjà fait connaître à nos chers et fidèles sujets la cause de notre mésintelligence avec la Porte-Ottomane.

Depuis lors, malgré l'ouverture des hostilités, nous n'avons pas cessé de former, comme nous le faisons encore aujourd'hui, le désir sincère d'arrêter l'effusion du sang.

Nous avions même nourri l'espérance que la réflexion et le temps convaincraient le gouvernement turc de son erreur suggérée par de perfides insinuations dans lesquelles nos prétentions justes et fondées sur les traités ont été représentées comme un empiètement sur son indépendance, cachant des arrière-pensées de domination. Mais vaine a été jusqu'à présent notre attente. Les gouvernements anglais et français ont pris parti pour la Turquie, et la présence de leurs flottes, réunies à Constantinople, a principalement servi à l'encourager dans son obstination.

Enfin, les deux puissances occidentales, sans déclaration de guerre préalable, ont fait entrer leurs flottes dans la mer Noire, en proclamant la résolution de défendre les Turcs et d'entraver la libre navigation de nos vaisseaux de guerre dans la défense de notre littoral.

Après un mode d'agir aussi inouï dans les rapports des puissances civilisées, nous avons rappelé nos légations d'Angleterre et de France et interrompu toutes relations politiques avec ces puissances.

Et ainsi contre la Russie, combattant pour l'orthodoxie, se placent à côté des ennemis de la chrétienté l'Angleterre et la France !

Mais la Russie ne manquera pas à sa sainte vocation, et si sa frontière est envahie par l'ennemi, nous sommes prêts à lui faire tête avec l'énergie don nos ancêtres nous ont légué l'exemple. Ne sommes-nous pas aujourd'hu encore ce même peuple russe dont la vaillance est attestée par les fastes mémorables de l'année 1812? Que le Très-Haut nous aide à le prouver à l'œuvre. Dans cet espoir, combattant pour nos frères opprimés qui confessent la foi du Christ, la Russie n'aura qu'un cœur et une voix pour s'écrier :

« Dieu! notre Sauveur! qui avons-nous à craindre? Que le Christ ressus« cite et que ses ennemis se dispersent! »

Donné à Saint-Pétersbourg, le 9-21 jour de février de l'an de la naissance du Christ 1854, de notre règne le 29e.

L'original est signé de la main de Sa Majesté Impériale : (L. S.)

*Signé :* NICOLAS.

Imprimé à St-Pétersbourg, au Sénat, le 9/21 février 1854.

On ne pouvait donner de la publicité à de tels documents sans mettre les esprits en garde contre leur argumentation captieuse et les assertions mensongères qu'ils contenaient. Cette indispensable réfutation fut l'objet d'une dernière circulaire de M. Drouyn de Lhuys qui, en prononçant sur des preuves irréfragables la condamnation du factum de la Russie, vint clore d'une manière éclatante ce long débat dans lequel n'avaient cessé de briller la loyauté, le désintéressement, les nobles inspirations du gouvernement de S. M. Napoléon III. Après un tel langage la France pouvait jeter la plume et saisir l'épée :

## Circulaire

*Du ministre des affaires étrangères aux agents diplomatiques de l'Emper*

Paris, 5 mars 1852.

« Monsieur, vous connaissez aujourd'hui la réponse de l'empe Nicolas à la lettre de Sa Majesté Impériale, et vous avez lu égalemen manifeste que ce souverain vient d'adresser à son peuple.

« La publication de ces deux documents a détruit les dernières espérances que l'on pouvait mettre dans la sagesse du cabinet de Saint-Pétersbourg, et cette même main, qui s'était honorée par la fermeté avec laquelle elle avait fourni un appui à l'Europe ébranlée sur ses bases, ouvre elle-même la carrière aux passions et aux hasards. Le gouvernement de l'Empereur est profondément affligé de l'inutilité de ses efforts et de l'insuccès de sa modération; mais à la veille de la grande lutte qu'il n'avait pas appelée, et que le patriotisme de la nation française l'aidera à soutenir, c'est un besoin pour lui de décliner une fois encore la responsabilité des événements et de la laisser peser de tout son poids sur la puissance qui en aura à rendre compte devant l'histoire et devant Dieu. De hautes convenances, je le sais, rendent ma tâche difficile, mais je la remplirai avec la certitude de ne pas dire une parole qui ne me soit dictée par ma conscience elle-même.

« En s'adressant à l'empereur de Russie dans des termes où le plus grand esprit de conciliation s'alliait à la plus noble franchise, Sa Majesté Impériale avait voulu dégager de toutes ses obscurités la question qui tenait le monde en suspens entre la paix et la guerre, et tâcher de la régler sans qu'il en coûtât rien à la dignité de personne. Au lieu de rester dans les mêmes régions et d'accepter la main amie qui lui était tendue, S. M. l'empereur Nicolas a préféré revenir sur des faits que l'opinion publique a définitivement jugés, et se représenter comme ayant été en butte, dès l'origine d'une crise provoquée par son gouvernement, à une hostilité systématique et préconçue, qui devait fatalement amener les choses au point où elles en sont arrivées. Ce n'est pas ma voix, monsieur, c'est celle de l'Europe qui répond que jamais politique plus imprudente n'a rencontré à aucune époque d'adversaires plus calmes, plus patients dans leur résistance à des desseins que leur jugement condamnait, et que des intérêts de premier ordre leur imposaient le devoir de combattre.

« Je ne veux pas remonter à un passé complétement éclairci, les faits parlent assez haut; mais je dois répéter encore une fois qu'il n'est plus permis de chercher dans la revendication, aussi juste que limitée dans ses effets, des priviléges des Latins en Terre-Sainte, la cause de ce que nous voyons aujourd'hui. Cette question était réglée dès les premiers moments du séjour de M. le prince Menschikoff à Constantinople, et c'est celle que cet ambassadeur a soulevée lorsqu'il avait obtenu satisfaction sur l'autre, qui a mis le monde en éveil et réuni successivement tous les cabinets sous l'empire d'un même sentiment de prévoyance et d'un même désir de conciliation.

« Est-il besoin d'énumérer toutes les tentatives qu'une obstination invincible a seule fait échouer? Il n'est personne qui les ignore ; il n'est personne non plus qui ne sache que si des démonstrations matérielles se sont accomplies pendant la durée des négociations, il n'en est pas une seule qui n'ait été précédée d'un acte agressif de la part de la Russie.

« Je me bornerai à rappeler que, si l'escadre française, à la fin de mars, a mouillé dans la baie de Salamine, c'est que, depuis le mois de janvier, d'immenses rassemblements de troupes se formaient en Bessarabie ; que si les forces navales de la France et de l'Angleterre se sont rapprochées des Dardanelles où elles ne sont arrivées qu'à la fin de juin, c'est qu'une armée russe campait sur les bords du Pruth et que la résolution de lui faire franchir cette rivière était prise et officiellement annoncée dès le 31 mai ; que si nos flottes ont été plus tard à Constantinople, c'est que le canon grondait sur le Danube ; et qu'enfin, si elles sont entrées dans la mer Noire, c'est parce que, contrairement à la promesse de rester sur la défensive, des vaisseaux russes avaient quitté Sébastopol pour foudroyer des navires turcs à l'ancre dans le port de Sinope. Tous les pas que nous faisions d'accord avec l'Angleterre en Orient avaient la paix pour but, et nous ne voulions que nous interposer entre les parties belligérantes. Chaque jour, au contraire, la Russie s'a ouvertement vers la guerre.

« Assurément, s'il était deux puissances que leur passé et leurs relations les plus récentes dussent, dans un conflit qui menaçait de mettre la France et la Grande-Bretagne aux prises avec l'immense empire qui les avoisine, rendre à la fois indulgentes pour la Russie et attentives à nos mouvements, c'étaient la Prusse et l'Autriche. Vous savez, monsieur, que leurs principes se sont tout d'abord rencontrés avec les nôtres, et que l'Europe constituée en jury a prononcé solennellement son verdict sur des prétentions et sur des actes dont aucune apologie, de si haut qu'elle parte, ne peut plus maintenant transformer le caractère. Ainsi le débat n'est pas entre la France et l'Angleterre, accourues au secours de la porte, et la Russie; il est entre la Russie et tous les Etats qui ont le sentiment du droit, et dont l'opinion et les intérêts les rangeront du côté de la bonne cause.

« J'oppose donc avec confiance l'unanimité des grands cabinets à cette évocation des souvenirs de 1812 directement faite à un souverain qui venait d'essayer loyalement un suprême effort de conciliation. Toute la conduite de l'empereur Napoléon atteste assez que, s'il est fier de l'héritage de gloire que lui a laissé le chef de sa race, il n'a rien négligé pour que son avénement au trône fût un gage de paix et de repos pour le monde.

« Je ne dirai qu'un mot, monsieur, du manifeste par lequel S. M. l'empereur Nicolas annonce à ses peuples les résolutions qu'il a prises. Notre époque si tourmentée avait été du moins exempte d'un des maux qui ont le plus troublé le monde autrefois; je veux parler des guerres de religion. On fait entendre aux oreilles de la nation russe comme un écho de ces temps désastreux; on affecte d'opposer la croix au croissant, et l'on demande au fanatisme l'appui que l'on sait ne pouvoir pas réclamer de la raison.

La France et l'Angleterre n'ont pas à se défendre de l'imputation qu'on leur adresse; elles ne soutiennent pas l'islamisme contre l'orthodoxie grecque; elles vont protéger le territoire ottoman contre les convoitises de la Russie; elles y vont avec la conviction que la présence de leurs armées en Turquie fera tomber les préjugés déjà bien affaiblis qui séparent encore les différentes classes de sujets de la Sublime Porte, et qui ne pourraient renaître que si l'appel parti de St-Pétersbourg, en provoquant des haines de race et une explosion révolutionnaire, paralysait les généreuses intentions du sultan Abdul-Medjid.

« Pour nous, monsieur, nous croyons sincèrement, en prêtant notre appui à la Turquie, être plus utiles à la foi chrétienne que le gouvernement qui en fait l'instrument de son ambition temporelle. La Russie oublie trop, dans les reproches qu'elle fait aux autres, qu'elle est loin d'exercer dans son empire, à l'égard des sectes qui ne professent point le culte dominant, une tolérance égale à celle dont la Sublime Porte peut à bon droit s'honorer, et qu'avec moins de zèle apparent pour la religion grecque au delà de ses frontières, et plus de charité pour la religion catholique chez elle, elle obéirait mieux à la loi du Christ qu'elle invoque avec tant d'éclat.

« Recevez, etc,

« *Signé* : DROUYN DE LHUYS. »

Toutes ces communications furent closes par la déclaration de guerre à la Russie. Le Message de l'Empereur annonçant cette résolution fut lu, par le ministre d'État, au Corps Législatif et au Sénat, qui l'accueillirent avec enthousiasme. Une déclaration semblable, faite en Angleterre au nom de la Reine, devant le Parlement, y recevait un accueil analogue.

Cependant, comme l'avait prévu l'empereur Napoléon III, la Russie essayait de compliquer la situation en faisant naître des insurrections. Ses tentatives réussirent à soulever quelques-unes des populations grecques encore soumises à la domination ottomane; mais ces troubles, presque aussitôt réprimés, n'eurent pour résultat que de faire des victimes. Les hommes justes et sensés comprenaient que le moment était inopportun pour de semblables manifestations auxquelles, d'ailleurs, la Porte avait ôté tout prétexte en donnant à la religion, que comme toujours on mettait en jeu, toutes les garanties de protection désirables.

Là encore les espérances de la Russie furent déçues et, n'ayant pu réussir à gagner à sa cause l'Autriche et la Prusse, elle ne voyait pas sans terreur les immenses préparatifs qui se faisaient en France. En effet, les registres ouverts dans toutes les communes, pour les enrôlements volontaires, étaient assiégés par une jeunesse enthousiaste, et déjà de nombreuses offres patriotiques avaient été faites, lorsque le gouvernement fit insérer au *Moniteur* une note annonçant que ces dons ne seraient pas acceptés, l'État étant en mesure de faire face par lui-même à toutes les exigences de la situation.

Dans une lettre empreinte des plus nobles sentiments, le prince Napoléon demanda à l'Empereur, son cousin, du service dans l'armée, et exprima le désir d'être placé dans le poste le plus rapproché de l'ennemi. On s'empressa de satisfaire à ce vœu en donnant au prince un commandement.

L'armée d'Orient, fortement organisée et munie d'un matériel plus que suffisant pour parer à toutes les éventualités, fut placée sous les ordres du maréchal Leroy de Saint-Arnaud, ministre de la guerre.

Pour faire face à toutes les dépenses sans créer de nouvelles charges, sans augmenter les impôts, sans faire peser sur personne le poids des événements, le gouvernement eut recours à un emprunt de 250 millions. Là encore fut accomplie une heureuse innovation. Aux époques antérieures, l'État empruntait à des banquiers qui, en lui prêtant à un taux onéreux, réalisaient en peu de temps d'énormes bénéfices. Le gouvernement eut la pensée de faire profiter le public de ces bénéfices et de donner en même temps à cette mesure financière un caractère national, en appelant tout le monde à souscrire au nouvel emprunt, et en donnant même une préférence aux petits capitaux, la pensée fut comprise. Chacun se hâta de porter au trésor son argent. La somme fixée fut de beaucoup dépassée, et, selon qu'il avait été annoncé, on dut faire subir aux plus importantes demandes une notable réduction.

Cependant nos soldats étaient reçus comme des libérateurs à Constantinople. D'heure en heure s'évanouissent les préventions qui nous écartaient du sanctuaire du prophète. L'entrée des flottes dans les Dardanelles avait porté le dernier coup à l'exclusivisme musulman. Notre prise de possession de la mer Noire a fait le reste. Depuis que les pavillons de l'Occident protégent leur faiblesse, les Osmanlis ne voient plus en nous que des frères. Les témoignages de respect et de reconnaissance qu'ils nous prodiguent dépassent toute croyance. Au fond des campagnes comme à Stamboul, le vieux préjugé a fléchi. Tout Européen qui passe est un ami; les plus puissants comme les plus humbles lui tendent la main. Et comme l'exagération orientale ne perd jamais ses droits, la civilisation chrétienne, représentée par la France et l'Angleterre, a gagné d'un seul bond autant de terrain dans les esprits qu'elle en avait perdu peu à peu pendant les cent cinquante ans de la décadence. Il y a peu de jours encore le gouvernement recevait copie d'un firman par lequel il est décidé que les chrétiens pourront déposer en justice au civil et au criminel, concurremment avec les musulmans, devant tous les tribunaux de l'empire. C'est un privilége très-important accordé aux chrétiens, et avec cette circonstance digne de remarque qu'ils sont admis à déposer sans serment. L'usage du serment n'existe pas en Turquie, de sorte que le témoignage des chrétiens sera assimilé à celui des mahométans.

Tandis que le gouvernement turc faisait ainsi acte de tolérance, le zar agissait tout autrement. Un arrêté du général en chef de l'armée du Danube ordonnait la fermeture de tous les temples et de toutes les églises qui se trouvent dans les provinces danubiennes. Les seules chapelles du rit grec orthodoxe restaient autorisées.

Commencement de la campagne de 1854. — Passage du second bras du Danube par les Russes et leur invasion dans la Dobrutscha. — Avantage remporté par les Turcs près de Turtukaï. — Prise et incendie de la ville de Kustendji par les Russes. — Traité de la France et de l'Angleterre avec la Turquie. — Départ d'un convoi de troupes françaises du port de Toulon. — Premières hostilités entre les puissances occidentales et la Russie. — Importance des événements qui se préparent — Chant de guerre des Cosaques.

Le 23 mars, les Russes opérèrent le passage du Danube sur trois points différents : près de Braïla, en Valachie; près de Toultscha et vis-à-vis d'Ismaïl, en Bessarabie; et près de Galatz, en Moldavie. Leur force était de 40,000 hommes. Dès le 22, les batteries établies au-dessous de Braïla, dans les îles du Danube, ouvrirent un feu violent contre les retranchements turcs, au-dessus et au-dessous de la petite forteresse de Matschin. La canonnade dura toute la journée. Le 23, à sept heures du matin, les Russes recommencèrent le feu. A quatre heures de l'après-midi, six de leurs bataillons avec quatre pièces d'artillerie passèrent le fleuve sur quatorze grands bateaux, sous la protection de la flottille du Danube, pour atteindre la pointe de Gidzeh, au-dessous de Matschin, où ils prirent position, tandis que le corps du génie était occupé à jeter un pont sur le Danube. Ce pont fut achevé dans la soirée. Pendant la nuit, les Turcs, qui avaient tout fait pour défendre le passage, évacuèrent leurs retranchements. Les Russes avaient éprouvé de grandes pertes, et le général du génie Du-broski avait eu la jambe droite emportée.

Dans le même temps où les généraux Schilder et Kotzebue passaient ainsi le Danube près de Braïla, le même passage était effectué par le général Luders, près de Galatz, et par le général Uschakoff, près d'Ismaïl. Un pont construit près de Galatz étant achevé, vingt-six bataillons le traversèrent avec de la cavalerie et de l'artillerie. Le général Luders ne rencontra aucun obstacle; mais le général Uschakoff eut à vaincre une résistance opiniâtre. Dans cette affaire, les Turcs perdirent un colonel et 50 officiers; les Russes comptèrent 300 morts et un grand nombre de blessés.

N'ayant pas voulu étendre d'une manière qui pouvait être dangereuse en l'affaiblissant, leur ligne de défense, les Turcs avaient pour ainsi dire abandonné les positions le long du fleuve, depuis Rassova jusqu'aux embouchures, se bornant à avoir trois postes avancés et fortifiés sur leur front. Omer-Pacha, considérant avec raison que la véritable défense de la presqu'île dite *Tartarie de Dobrutscha* n'était pas sur les bords du Danube même, dans un pays marécageux, malsain et difficile, mais plus au sud, fit replier ses troupes pour prendre une forte position défensive en arrière de la ligne appelée le *Fossé de Trajan*. Située dans la partie la plus étroite de la Dobrutscha, cette ligne n'a pas plus de dix à douze lieues d'étendue. Elle s'appuie, à gauche, au Danube, à Tscherna-Woda, un peu au-dessus de Rassova ; à droite, à la mer et au pont de Kustendji. Le front est couvert par le fossé, par plusieurs lacs allongés et par des parties marécageuses présentant de grandes difficultés pour l'attaque. Le Fossé de Trajan rappelle les fameuses lignes de *Torres-Vedras*, en Portugal, en avant de Lisbonne, fortifiées en 1811 par les Anglais, et devant lesquelles vinrent échouer la bravoure de l'armée française et les talents du prince d'Essling. L'étendue de la ligne turque est la même : elle s'appuie, d'un côté, à un grand fleuve, de l'autre à la mer. Elle a de plus sur celle des Anglais l'avantage d'avoir sur son front un terrain marécageux, le plus grand obstacle naturel qui puisse être opposé à une armée ennemie.

Dans la Dobrutscha comme dans les provinces danubiennes, la présence des Russes fut le signal des violences et des exactions de toute nature.

Le 25 mars, une colonne russe, composée de six bataillons d'infanterie, d'un détachement de cavalerie et de huit canons, fit une reconnaissance sur l'île située vis-à-vis de Turtukaï et occupée par un corps de 1,000 hommes d'infanterie irrégulière avec un canon. Cette île est naturellement défendue par un bois et les Turcs y avaient aussi élevé d'excellentes fortifications. Les Russes croyaient que le nombre de ses défenseurs ne serait pas suffisant pour résister à leur feu; mais la garnison avait pris toutes ses mesures pour les bien recevoir. Le commandant de Turtukaï avait reçu, dans la nuit du 23 au 24, un renfort composé d'un bataillon et demi d'infanterie, d'une compagnie de tirailleurs et de trois canons, et était prêt au combat. Le 26, une colonne russe, forte de seize bataillons d'infanterie, d'un régiment de cavalerie et de vingt-quatre canons de tous calibres, se mit en mouvement pour s'emparer de l'île. Toute l'artillerie s'avança avec quatre bataillons sur le bord du bras du Danube qui sépare l'île de la rive gauche et dont la largeur est à peine de cent vingt pas. Le reste du corps russe était resté en arrière. Les Russes ouvrirent un feu général d'artillerie et d'infanterie avec le projet de faire taire l'artillerie ottomane et de jeter ensuite un pont pour atteindre l'île. Ce projet fut déjoué par les troupes ottomanes, qui causèrent des pertes cruelles aux assaillants. Les Russes néanmoins voulurent commencer la construction du pont sous le feu meurtrier de l'île, mais ils ne tardèrent pas à se convaincre que la position n'était pas tenable. Ils durent donc abandonner l'attaque et se retirer en grand désordre, après avoir perdu près de 2,500 hommes en tués, noyés ou blessés. Trois de leurs pièces furent démontées. Les troupes ottomanes, protégées par leur position, éprouvèrent beaucoup moins de pertes. Parmi les morts se trouva le commandant des troupes irrégulières, Abdullah-Bey, et parmi les blessés le lieutenant-colonel Ahmet-Bey.

Continuant vigoureusement leur mouvement en avant, les Russes avaient pris Matschin. Ils s'emparèrent aussi, le 14 avril, de Kustendji, et réduisirent en cendres cette malheureuse ville, l'un des ports marchands de la Turquie. Kustendji était situé en Bulgarie, sur la côte de la mer Noire, entre Kavarna et les bouches du Danube, c'est-à-dire à l'endroit où se termine la partie de la Bulgarie appelée la Dobrutscha. C'est à Kustendji qu'aboutissait, du côté de la mer, ce qu'on appelle le rempart, le mur ou le fossé de Trajan, bien qu'il n'y ait plus là ni rempart ni mur, mais un fossé en partie comblé, qui s'étend, comme nous l'avons dit, depuis le bord de la mer, près de Kustendji, jusqu'à Rassova.

Le peu de résistance que rencontraient les Russes de ce côté pr venait de ce que le général turc Omer-Pacha avait reçu ordre n'entreprendre aucune opération avant l'arrivée des troupes France et d'Angleterre. En effet, un traité définitif avait été con entre ces deux puissances et la Turquie. En voici le texte :

« S. M. la reine du royaume-uni de la Grande-Bretagne et de l'Irlande, et S. M. l'empereur des Français, ayant été invités par S. H. le sultan à repousser l'agression que S. M. l'empereur de toutes les Russies a dirigée contre le territoire de la Porte Ottomane, agression qui met en péril l'intégrité de l'empire ottoman et l'indépendance du trône du sultan, et LL. MM. étant intimement convaincues que l'existence de l'empire ottoman, dans ses limites actuelles, est essentielle à l'équilibre politique européen, et, en conséquence, LL. MM. ayant consenti à donner à S. H. le sultan le secours qu'elle leur avait demandé dans ce but, LL. MM. et S. H. le sultan ont jugé convenable de conclure un traité afin de fixer leurs vues d'après ce qui précède et de déterminer le mode et la manière dont elles fourniront au sultan le secours dont il s'agit. Dans ce but, LL. MM. ont nommé leurs plénipotentiaires (les ambassadeurs de France et d'Angleterre) et le sultan son ministre des affaires étrangères, qui, après s'être communiqué leurs pouvoirs respectifs trouvés parfaitement en règle, sont convenus de ce qui suit :

« Art. 1er. S. M. la reine de la Grande-Bretagne et S. M. l'empereur des Français ayant déjà donné l'ordre, sur le désir du sultan, à de fortes divisions de leurs flottes de se rendre à Constantinople, pour assurer au territoire et au pavillon ottomans la protection que pourraient exiger les circonstances, LL. MM. prennent, par le présent traité, l'engagement ultérieur de coopérer dans une plus grande extension avec S. H. le sultan à la protection du territoire ottoman en Europe et en Asie, contre l'agression de la Russie, en fournissant dans ce but, à S. H. le sultan, un nombre de troupes suffisant.

« Les troupes de débarquement seront envoyées par LL. MM. sur tels points du territoire ottoman qui paraîtraient convenables. S. H. le sultan s'engage à ce que les troupes françaises et anglaises de débarquement qui seraient envoyées par LL. MM. reçoivent le même accueil et soient traitées avec le même respect que les forces navales françaises et anglaises qui, depuis quelque temps, sont déjà employées dans les eaux de la Turquie.

« Art. 2. Les hautes parties contractantes s'engagent réciproquement à se communiquer, sans perte de temps, toute proposition que l'une d'elles recevrait directement ou indirectement de la part de l'empereur de Russie relativement à la cessation des hostilités, à un armistice ou à la paix. Et, en outre, S. H. le sultan s'engage à ne conclure aucun armistice et à n'entamer aucune négociation pour la paix, ou à ne conclure aucun préliminaire de paix avec la Russie, sans la connaissance et l'assentiment des autres hautes parties contractantes.

« Art. 3. Aussitôt que le but du traité actuel sera atteint par la conclusion du traité de paix, LL. MM. la reine d'Angleterre et l'empereur des Français prendront des mesures immédiates pour retirer leurs forces de terre et de mer qui ont été employées pour atteindre l'objet du traité actuel, et toutes les forteresses et positions sur le territoire ottoman qui seront occupées temporairement par les forces de l'Angleterre et de la France seront rendues aux autorités de la Sublime-Porte ottomane, dans l'espace de ..... jours, calculé d'après la date de l'échange des ratifications du traité qui aura mis fin à la guerre actuelle.

« Art. 4. Le présent traité sera ratifié et les ratifications échangées aussitôt que cela pourra avoir lieu, dans l'espace de ..... semaines, à compter du jour de la signature.

« Suivent les signatures.

« Le traité ci-dessus reste ouvert à la signature des autres puissances européennes. »

Précédemment, une convention d'alliance entre la France et l'Angleterre, relativement à la guerre d'Orient, avait été conclue à Londres, le 10 avril. L'Autriche et la Prusse s'étaient également liées par un traité, pour sauvegarder mutuellement celles de leurs provinces qui pouvaient se trouver exposées aux hostilités des Russes. Tous les autres États avaient pris des mesures et levé des troupes pour assurer leur neutralité, et il est à remarquer, comme un notable progrès des sentiments d'humanité, qu'aucune puissance ne consentit à délivrer des lettres de marque, en sorte que corsaires ni pirates ne purent profiter de l'état de guerre pour infester les mers et nuire aux affaires commerciales.

Aussitôt après la conclusion de ce traité avec la Turquie, la France avait fait partir pour l'Orient un convoi composé des vaisseaux suivants : le *Montebello*, l'*Alger*, la *Ville-de-Marseille*, le *Jean-Bart* : 5,400 hommes; — l'*Asmodée*, l'*Ulloa*, le *Labrador*, le *Coligny*, le *Météore*, la *Gorgone* : 3,450 hommes, 250 chevaux; — la *Mouette*, l'*Eclaireur*, le *Laplace*, l'*Infernal* : 1,495 hommes, 40 chevaux; — le *Caffarelli*, le *Véloce*, le *Brandon* : 1,130 hommes, 20 chevaux; — le *Napoléon*, le *Suffren* : 3,040 hommes; — le *Montezuma*, le *Panama*, l'*Albatros*, le *Canada*, le *Titan* : 4,633 hommes, 80 chevaux. En totalité, ce convoi, auquel se joignait le contingent du *Christophe-Colomb*, s'élevait à 20,078 hommes et 365 chevaux. 200 bâtiments du commerce avaient été nolisés à Marseille et chaque jour une partie d'entre eux mettait à la voile, emportant la cavalerie, l'artillerie, les munitions, vivres, objets de campement, etc.

Déjà les flottes alliées, mouillées à Beïcos, étaient entrées dans la mer Noire et en avaient reconnu toutes les côtes. Un vapeur anglais, la *Retribution*, avait même poussé l'audace jusqu'à s'introduire, à la faveur du brouillard, dans la rade de Sébastopol, où se trouvait la flotte moscovite. Les Russes brûlaient tous leurs forts sur le littoral, forts qui avaient pourtant coûté à construire des centaines de millions, et se retiraient dans l'intérieur. Ils s'étaient aussi efforcés d'augmenter les dangers de la navigation en supprimant toutes les bouées indicatives des endroits périlleux, et en éteignant les phares, qu'ils remplaçaient par des feux trompeurs. Ils avaient tendu dans les ports, les rades et les baies des chaînes de fer cachées sous l'eau. Les hostilités étaient déjà commencées sur mer entre la Russie et les puissances occidentales. Les Russes avaient coulé bas plusieurs vaisseaux marchands anglais, et les croiseurs de la Grande-Bretagne s'étaient emparés d'un certain nombre de navires russes.

ment d'Odessa. — Notice sur cette ville. — Perte de la frégate anglaise le *Tiger*. — Combats d'Usurguet et d'Ardaghan en Asie — Proclamation du maréchal Paskewitch. — Siége de Silistrie. — Défense héroïque des Turcs. — Bombardement. — Retraite des Russes. — Bataille de Giurgewo. — Combat d'Oltenitza. — Attaque de Soulina. — Mort du capitaine Parker. — Mort du duc d'Elchingen. — Reconnaissance de Cronstadt. — L'amiral Plumridge dans le golfe de Bothnie. — Bombardement de Bomarsund. — Allocution de l'empereur Napoléon III à l'armée expéditionnaire sous les ordres du général Baraguey-d'Hilliers. — Départ de ce corps de troupes. — Proclamation de l'amiral Parseval-Deschênes. — Composition de l'armée française en Orient. — Préparatifs pour une expédition contre la Crimée. — Importance des événements qui se préparent.

Dans la notice consacrée au vice-amiral Hamelin, nous avons dit comment les Russes avaient violé de la manière la plus flagrante le droit des gens en tirant sur un bâtiment, anglais, le *Furious*, portant le pavillon de parlementaire : cet acte de barbarie réclamait un prompt châtiment; il ne se fit pas attendre, et bientôt il retentit dans le monde entier. Les escadres anglaise et française, sous les ordres des amiraux Napier et Hamelin, s'embossèrent devant Odessa et ouvrirent contre les forts et la partie militaire de cette ville un feu terrible, accompagné d'une pluie continuelle de bombes et d'obus. Devant ces épouvantables décharges, les batteries ennemies, successivement démantelées, furent réduites au silence. Dans le port, les vaisseaux russes, en proie à la plus grande confusion, s'entre-choquaient comme des êtres animés que la terreur agite. Leurs mâts tombaient l'un après l'autre avec leurs agrès en lambeaux; quelques-uns, dont la carène était percée à jour, s'enfonçaient dans la mer, où ils disparaissaient; d'autres prenaient feu, faisaient explosion et jonchaient de leurs débris les bâtiments voisins. Enfin, les boulets ayant atteint l'arsenal et crevé les casemates, une bombe parvint jusqu'à la poudrière, qui sauta avec un bruit formidable et un immense jet de flamme semblable à l'éruption d'un volcan, emportant jusqu'au ciel les débris des bâtiments, du matériel, des canons, mêlés à des cadavres. A ce spectacle les équipages des deux flottes poussèrent des hurras. Les Anglais crièrent : *vive la Reine!* et les Français : *Vive l'Empereur!*

Le feu avait été dirigé avec une telle perfection, et toutes les mesures étaient si bien prises que les équipages n'éprouvèrent qu'une perte tout à fait insignifiante et que, selon les intentions généreuses de l'empereur des Français et de la reine Victoria, la partie commerciale de la ville n'eut aucunement à souffrir. Plusieurs navires de toutes les nations, chargés de blés et détenus dans le port marchand, profitèrent de l'action pour s'en échapper; il importait de ne pas détruire Odessa, cette cité florissante, bien souvent la nourrice de l'Europe, à laquelle elle transmettait les blés de la mer Noire.

Malheureusement une frégate anglaise, le *Tiger*, commandée par le lieutenant Reyer, échoua à la côte, par suite d'une fausse manœuvre, et son équipage, composé de 200 hommes, fut fait prisonnier. Les Russes profitèrent de cet événement dans lequel ils n'avaient eu aucune part pour s'attribuer des succès fabuleux. L'équipage de la malheureuse frégate fut promené dans les rues de Saint-Pétersbourg. Le lieutenant Reyer fut parfaitement accueilli par l'empereur Nicolas, qui lui rendit la liberté. A son retour en Angleterre, il dut passer par un conseil de guerre. Les prisonniers anglais furent plus tard échangés à Odessa contre des prisonniers russes faits en diverses rencontres par l'amiral Dundas.

Tandis que s'accomplissait le bombardement d'Odessa un combat se livrait en Asie près d'Usurguet, entre les Turcs et les Russes.

Ce combat fit le plus grand honneur aux Bachi-Bozouchs de Tchuruk-sou et de Batoum, car ils combattirent pendant dix heures contre les troupes régulières russes protégées par des redoutes et des positions militaires très-fortifiées.

En Europe s'accomplissaient sur terre des faits plus importants. Après avoir passé le Danube, les Russes commirent la grande faute d'éparpiller leurs forces dans une contrée marécageuse et sans ressources. De vifs dissentiments s'élevèrent à ce sujet entre le général Luders et le maréchal Paskewitch, qui blâma énergiquement ces opérations. Ce dernier essaya en vain d'appeler les habitants de la Bulgarie et des provinces circonvoisines à la guerre sainte, en leur adressant une proclamation propre à éveiller leurs sentiments de confraternité religieuse et politique.

La possession de Silistrie pouvait seule racheter les fautes des généraux. De la prise de cette place dépendait le sort de toute la campagne ; aussi le prince Paskewitch n'hésita pas à abandonner la ligne de l'Olta et à évacuer toute la petite Valachie, afin de concentrer ses troupes et de réunir sous les murs de Silistrie des forces imposantes.

tre sa détermination d'intervenir en foveur de la Turquie et ayant conclu avec cette puissance un traité que nous avons précédemment fait connaître, les Russes ne pouvaient plus songer sérieusement à prendre l'offensive : ils devaient borner leur espoir à se maintenir sur la défensive ; encore fallait-il qu'ils eussent Silistrie en leur pouvoir. La possession de cette place les rendait maîtres de tout le bas Danube, et leur permettait de garder leurs positions dans la Dobrudscha : menaçant les routes qui mènent à Varna et à Schumla, et libres de pénétrer à tout instant dans la Bulgarie, ils auraient tenu en échec l'armée d'Omer-Pacha en l'empêchant de s'éloigner des Balkans. La droite ainsi appuyée à Silistrie et au Danube, l'armée russe avait pour se couvrir le cours du Sereth et des autres rivières de Moldavie ; elle continuait d'occuper une moitié de la Valachie et toute la Moldavie et pouvait attendre dans ses lignes l'armée autrichienne, sans craindre de se trouver prise entre deux feux.

L'héroïque résistance de Silistrie fit avorter tous ces plans; les sorties continuelles que faisaient les Turcs causaient aux Russes de grandes pertes. Dans l'un des nombreux assauts qui furent donnés, le maréchal Paskewitch fut blessé à la jambe; dans un autre assaut, le général Luders reçut une blessure très-grave. Le général Gortschakoff fut également blessé. L'arrivée d'Omer-Pacha, et la présence des troupes alliées sur le territoire de cette contrée, contraignirent les Russes à lever le siége. Mais avant de se retirer, ils se vengèrent de cet échec en faisant subir à Silistrie un bombardement dont l'histoire n'offre pas d'exemple. Ce bombardement, qui dura trois jours et trois nuits, détruisit un grand nombre de mosquées, de minarets, de maisons. Il fit périr des femmes, des enfants, des vieillards, et au point de vue militaire, il était complétement inutile. La garnison entière de la ville et particulièrement les défenseurs du fort Arab-Tabia montrèrent un courage, une résignation, un dévouement admirables. Après ces sanglants adieux, les Russes s'éloignèrent, laissant devant Silistrie 15,000 cadavres. Beaucoup de leurs officiers généraux ou officiers supérieurs avaient été tués ou blessés. De son côté, la garnison turque comptait 3000 morts et un nombre à peu près égal de blessés. Le général anglais Bulder, de l'armée des Indes, qui se trouvait parmi les assiégés, avait été tué en conduisant une sortie.

Quand Omer-Pacha arriva, il trouva la ville délivrée; après quelques jours de repos bien nécessaire pour tout le monde, tant à Schoumla que dans un camp près de Rasgradt, le général turc dirigea les forces qu'il avait concentrées près de lui sur Roustchouck pour enlever aux Russes établis à Giurgewo et dans les deux îles qui se trouvent entre Roustchouck et cette place la possession du Danube en ce point, comme il l'avait fait à Silistrie. 100,000 hommes marchèrent sur Roustchouck. La bataille s'engagea le 12 à la pointe du jour, et dura jusqu'au 13 à la nuit. Dans tout cet intervalle, il n'y eut quelques instants de répit que dans la nuit du 12 au 13, et encore tira-t-on constamment des bombes et des boulets rouges de Routschouck sur les îles, et réciproquement. On se battit avec un acharnement sans pareil de part et d'autre pendant ces deux jours; plus de trente mille coups de canon et bombes furent tirés : c'était un chaos, un tapage infernal. Les Russes furent battus et mis en fuite avec une perte de 6,000 hommes dans cette seule bataille. Ils abandonnèrent d'abord les îles, faisant sauter derrière eux les ponts qui les ralliaient entre elles et à Giurgewo abandonnant leurs canons, qu'ils avaient encloués, et se repliant sur la place. Des vapeurs turcs étaient à l'ancre dans Routschouck, qui recevaient aussitôt l'infanterie et l'artillerie nécessaires à l'occupation des îles; ces vapeurs effectuèrent hardiment et heureusement leur mission, sous une grêle de boulets tirés par des gens déjà en déroute, et qui leur firent peu de mal : le feu continua toute la journée entre Giurgewo et les îles, et à la nuit, comme à Silistrie, les Russes battirent pleine retraite, sur la route de Bucharest, abandonnant leur camp et grand matériel. Le combat était engagé en même temps à Giurgewo et Oltenitza, où les Russes furent également battus, après avoir toutefois fait une résistance acharnée. A Routschouck, les Ottomans perdirent 2,000 hommes et eurent autant de blessés. Un général de division, Oman-Pacha, fut blessé très-grièvement d'un biscaïen; un autre général reçut une blessure analogue. Un colonel d'artillerie fut tué; trois autres colonels furent blessés. Cinquante autres officiers furent tués ou blessés. Un général anglais, conduisant une brigade turque, fut atteint d'une balle à l'épaule. Il n'en persista pas moins à rester à son poste, jusqu'à ce qu'une autre balle vint le frapper à la tête et le renverser sans vie.

Les Russes continuèrent leur mouvement de retraite, harcelés par les Turcs, et finirent par se concentrer sur le Sereth, de manière à faire face à la fois aux troupes d'Omer-Pacha, qui venait de faire sa jonction avec l'armée franco-anglaise, et aux forces allemandes qui eussent pu se réunir contre eux. En se retirant, les Russes brûlèrent la ville de Matchin, incendièrent un grand nombre de villages, coupèrent les récoltes et emmenèrent 3,000 familles bulgares.

Le capitaine de vaisseau anglais Parker, fils de l'amiral de ce nom, avait été chargé de s'emparer des batteries russes établies à l'embouchure du Danube, près de Sulina. Il se rendit dans la baie avec huit canots montés par des soldats. Le débarquement de ces troupes s'opéra sous le feu des batteries ennemies; au moment où le capitaine montait à l'escalade des murailles, il fut frappé mortellement d'une balle de carabine Minié. Sa mort accrut encore le courage de ses soldats, qui s'emparèrent du fort et brûlèrent le village de Sulina. Le corps du capitaine Parker fut rapporté à Constantinople sur le *Fire-Brand*, son vaisseau, et inhumé au cimetière du Grand Camp à Péra. La dépouille mortelle était accompagnée des officiers et matelots des vaisseaux français *le Napoléon* et *le Charlemagne* en station dans le Bosphore.

Vers le même temps, les Français faisaient une perte non moins regrettable, celle du duc d'Elchingen, petit-fils du maréchal Ney, succombant, à Constantinople, à une courte maladie.

A la suite du bombardement d'Odessa, les flottes alliées avaient fait une reconnaissance devant Cronstadt, ville très-fortifiée, regardée par les Russes comme imprenable, et couvrant Saint-Pétersbourg, avec laquelle elle fait corps pour ainsi dire, quoiqu'elle en soit séparée par une assez grande distance. Cependant la plus grande défense de Cronstadt consiste dans la circonstance qu'il y a en cet endroit très-peu d'eau; le pays qui avoisine Cronstadt est très-bas, mais il y a une grande quantité de sapins. Saint-Pétersbourg paraît dans un bas-fond et la Newa a l'air de l'envelopper. La force totale des amiraux alliés était de 63 bâtiments; à Cronstadt les Russes avaient 18 vaisseaux de ligne, 5 frégates, 6 corvettes, 6 bateaux à vapeur. 3 vaisseaux à trois ponts et 1 à deux ponts étaient embossés à l'entrée principale, entre les forts Menschikoff et Cronslot. Ces bâtiments n'osèrent se montrer, et les amiraux reconnurent l'impossibilité d'attaquer Cronstadt sans bateaux plats et sans troupes de débarquement.

Du 15 mai au 10 juin, l'amiral Plumridge, qui opérait dans le golfe de Bothnie, détruisit 46 navires russes à flot et en chantier, jaugeant ensemble 11,000 tonneaux. Cette expédition, qui ne coûta pas un seul homme aux Anglais, ne put s'accomplir sans de grandes difficultés; l'on eut à lutter contre les écueils sans nombre et contre les glaces flottantes qui persistèrent jusqu'au 30 mai. Tous les forts russes à la côte furent détruits.

Une frégate russe, le *Wladimir*, ayant, à l'aide d'une ruse et sous pavillon autrichien, parcouru les côtes de Turquie et coulé plusieurs bâtiments de transport, en emmenant les équipages prisonniers, on répondit à cette bravade par le bombardement de Bomarsund dans les îles d'Alan. Bomarsund avait une grande batterie casematée et trois tours sur des positions élevées; l'un de ses forts était défendu par 80 canons. Le bombardement fut exécuté le 21 juin par les vaisseaux anglais l'*Hecla*, l'*Odin* et le *Valouroux;* il dura 7 heures, et l'on lança une grande quantité de bombes d'ont l'effet fut terrible; on voyait des soldats russes sauter en l'air avec des débris de canon. L'attaque avait commencé à 5 heures du soir : à 7 heures, la batterie masquée était démontée et abandonnée; à 10 heures les magasins russes étaient en flammes. L'un des tambours de roue de l'*Hecla* fut traversé par un boulet; une bombe tombée sur le pont du même navire fut jetée à la mer par le midshipman Lucas avant d'avoir produit son effet. Quoique les Russes se fussent courageusement défendus, les Anglais perdirent peu de monde.

L'empereur Napoléon III, s'étant rendu au camp formé par ses ordres à Boulogne, passa, le 12 juillet, la revue de l'armée expéditionnaire sous les ordres du général Baraguey-d'Hilliers. Après la revue, l'Empereur adressa aux troupes la proclamation suivante :

« Soldats,

« La Russie nous ayant contraints à la guerre, la France a armé cinq cent mille de ses enfants. L'Angleterre a mis sur pied des forces considérables. Aujourd'hui nos flottes et nos armées, unies pour la même cause, vont dominer dans la Baltique comme dans la mer Noire. Je vous ai choisis pour porter les premiers nos aigles dans ces régions du Nord. Des vaisseaux anglais vont vous y transporter, fait unique dans l'histoire, qui prouve l'alliance intime des deux gouvernements, et la ferme résolution de ne reculer devant aucun sacrifice pour défendre le droit du plus faible, la liberté de l'Europe et l'honneur national!

« Allez, mes enfants! l'Europe attentive fait ouvertement ou en secret des vœux pour votre triomphe. La patrie, fière d'une lutte où elle ne menace que l'agresseur, vous accompagne de ses vœux ardents : et moi, que des devoirs impérieux retiennent encore loin des événements, j'aurai les yeux sur vous, et bientôt, en vous revoyant, je pourrai dire : Ils étaient les dignes fils des vainqueurs d'Austerlitz, d'Eylau, de Friedland, de la Moscowa. Allez! Dieu vous protége. »

Le défilé terminé, les troupes se mirent en route pour Calais, où l'embarquement eut lieu le 14.

Cette division se composait de deux brigades commandées par les généraux d'Hugues et Grésy. La première comprend le 12e bataillon de chasseurs à pied, le 2e régiment d'infanterie légère et le 3e régiment d'infanterie de ligne; la seconde, les 48e et 51e régiments d'infanterie de ligne. Le général de division du génie Niel faisait partie de l'expédition. L'artillerie était sous les ordres du lieutenant-colonel de Rochebouet, du 14e régiment d'artillerie à cheval.

L'escadre anglaise, destinée à emporter les troupes, était placée sous les ordres du commodore Grey, et composé du *Royal-William*, de 120 canons; de *l'Hannibal*, de 91, à hélice; du *Saint-Vincent*, de 101; de *l'Algiers*, de 91, à hélice; de trois frégates, et de corvettes, transports et avisos.

L'escadre française, destinée au transport de l'artillerie, du génie et du matériel, se composait de quatre vaisseaux, de 100 et 90 canons, de deux frégates, et de corvettes et avisos, dont les noms suivent : *le Tilsitt*, de 90 canons; *le St-Louis*, de 90; *la Cléopâtre*, frégate de 50; *la Syrène*, de 50; *l'Asmodée*, frégate à vapeur de 450 chevaux; *le Laplace*, corvette à vapeur de 400 chevaux; *la Reine-Hortense*, de 320 chevaux; *le Laborieux*, de 220 chev.; *le Cassini*, de 220 chev.; *le Goëland*, de 200 chev.; *le Cocyte*, de 160 chev.; *le Fulton*, de 160 chev., *l'Ariel*, de 120 chev., *le Daim*, de 120 chev., *le Corse*, de 120 chev., *le Favori*, *le Lévrier* et *le Myrmidon*, bâtiments à voiles, plus six chalands.

Les soldats qui composent cette armée d'expédition étaient satisfaits de partir pour aller, comme ils le disaient, châtier l'ogre russe. Le départ de tous les corps se fit aux cris mille fois répétés de : *Vive l'Empereur! Vive la France! Vive l'Angleterre!* Les chants de guerre n'étaient pas épargnés, et on voyait avec plaisir les officiers unir leur voix à celle des soldats. Le général Baraguey-d'Hilliers s'embarqua à bord de *la Reine-Hortense*, qui transportait dans la Baltique l'état-major général de l'expédition. La musique municipale ne voulut pas laisser partir le général Baraguey-d'Hilliers, sans lui faire ses adieux; elle se réunit sur le vaste quai de marée, pour donner une sérénade à l'illustre général au moment de son départ du port de Calais. Grâce à l'efficacité des dispositions prises, la sécurité fut tellement grande, que pas un seul accident n'arriva pendant l'embarquement de ces 10,000 hommes, et que chaque convoi de troupes fut transporté avec une rapidité extraordinaire. Les ressources qu'offre le port de Calais permirent de prendre des dispositions qui ont facilité cet embarquement, tout en assurant la plus prompte et la plus sûre exécution.

Le départ d'une seconde division eut lieu du même port vers la fin du mois d'août.

L'amiral Parseval-Deschênes signala l'arrivée de ce corps de troupes par un ordre du jour qui se terminait ainsi :

« Le brave général Baraguey d'Hilliers arrive à la tête de 10,000 hommes de nos vaillantes troupes.

« L'Empereur envoie ses aigles rejoindre nos vaisseaux pour montrer aux régions du Nord ce que peut la puissante volonté de la France armée pour une noble cause, le droit du plus faible et la liberté de l'Europe.

« La marine et l'armée sont depuis longtemps accoutumées à s'appuyer l'une sur l'autre, n'ayant d'autre rivalité que celle de bien faire.

« Qu'ils soient donc les bienvenus, nos frères d'armes de l'armée : notre concours loyal et entier les attend, et bientôt, devant l'ennemi, comme toujours, nous serons unis dans une même pensée, la gloire de la France, dans un même cri : *Vive l'Empereur!*

L'armée française en Orient, sous les ordres du maréchal Saint-Arnaud, se compose actuellement de 5 divisions d'infanterie, d'une brigade de la légion étrangère et d'une division à trois brigades de cavalerie. La 1re division d'infanterie est sous les ordres du général Canrobert; la 2e sous ceux du général Bosquet; la 3e sous le prince Napoléon; la 4e sous le général Forey; la 5e sous le général Levaillant. Les généraux de Lourmel, d'Aurel et Carbuccia commandent les autres corps de troupes. Le général en chef a concentré à Varna 60,000 hommes d'excellentes troupes d'infanterie française, 3,000 chevaux et 12 batteries de campagne. Ces troupes sont continuellement exercées; et le maréchal Saint-Arnaud a introduit des modifications importantes dans les manœuvres et l'ordre de bataille. De leur côté, les Anglais ont augmenté leurs forces terrestres et maritimes, et tout se prépare pour une grande expédition dont le but ne peut tarder à être dévoilé.

La création de l'escadre de l'Océan, que commande M. le vice-amiral Bruat, a été décidée dans les premiers jours de juillet 1853. Après avoir laborieusement concouru au transport des troupes et du matériel de l'armée d'Orient, emportant en dernier lieu, d'un seul coup, 10,000 hommes qu'elle conduit à Varna, elle vient d'entrer dans la mer Noire et elle accroît de 6 vaisseaux (dont 3 à vapeur ou mixtes) et 3 frégates ou corvettes à vapeur les forces navales qui opèrent dans ces parages.

Dans la prévision de l'orage qui menace de fondre sur lui, l'empereur Nicolas épuise ses États d'hommes et d'argent. Il a concentré aux environs de Saint-Pétersbourg un corps d'armée composé de :

| | bataillons. | escadrons. | pièces. |
|---|---|---|---|
| Garde | 24 | 77 1/2 | 70 |
| Grenadiers | 24 | 32 | 68 |
| Corps de Finlande | 16 | 6 | 24 |
| | 64 | 115 1/2 | 162 |

soit 60,000 baïonnettes, 20,000 sabres, et 162 pièces desservies par 5,193 artilleurs.

Avant même qu'il eût été possible à nos armées et à nos flottes de livrer une bataille qu'elles ont vainement offerte à la Russie sur les rivages du Danube et dans les ports de la mer Noire et de la Baltique, d'importants résultats ont été obtenus au profit de la cause du droit européen. Il faut bien s'imaginer que ce n'est pas en quelques jours que l'on peut réduire et dominer une puissance comme la Russie, qui se défend plus encore par son inertie et sa position topographique que par la force et le courage de ses armées. La Russie s'est résignée à l'humiliation de voir nos flottes défier ses pavillons et bloquer étroitement tous ses ports militaires et commerciaux; elle s'est résignée à la honte de fuir devant nos drapeaux aussitôt qu'ils se sont montrés sur les bords du Danube. C'est d'ailleurs l'usage et la stratégie habituelle de ce colosse, plus fantastique que réel, qui recule devant ceux qui marchent sur lui, n'accepte presque jamais une bataille rangée et compte toujours sur le temps et l'espace pour lasser la patience de ses ennemis, ou sur le feu et la neige pour lui servir d'auxiliaires. Tels on a vu les Russes dans la fatale campagne de 1812, tels on les retrouve aujourd'hui, subissant en silence ces défis que leur jettent chaque jour nos escadres et nos armées, et devant lesquels il serait impossible de retenir l'élan et le courage de nos soldats. Néanmoins, par suite des mesures énergiques qui viennent d'être prises pour frapper un grand coup, et qui menacent en premier lieu Sébastopol et cette superbe flotte qui craint tant les regards, il va falloir que le fantôme se montre, ou qu'il demande merci et qu'il incline aux pieds des alliés son drapeau et son pavillon avilis.

Aussi, quoi qu'il arrive, on peut dire que, dès aujourd'hui, le but principal est atteint : la Russie se voit condamnée à l'impuissance et son prestige est détruit. Les succès partiels qu'elle pourrait accidentellement obtenir ne changeraient rien à la situation. Nous sommes tout-puissants contre elle, elle est sans force contre nous. L'Angleterre et la France peuvent aujourd'hui se croiser les bras et attendre; le temps est pour elles contre leur ennemi, qui, chaque jour, fait un pas de plus vers sa ruine. Qu'est devenue la principale source de sa richesse, son commerce d'échange? Il est anéanti. Elle a besoin de nous vendre ses produits et d'acheter les nôtres; nous pouvons nous passer des siens, et le marché du reste du monde reste ouvert à notre industrie. Tandis que notre pavillon flotte triomphant d'un bout du monde à l'autre, celui de la Russie se blottit honteusement dans ses ports, et si quelqu'un de ses navires ose se montrer par surprise, c'est en se parant de nos couleurs. Toutes les mers lui sont fermées, non-seulement celles où elle prétendait régner en souveraine, la Baltique et la mer Noire, mais encore tous ces golfes, tous ces détroits qui semblaient lui appartenir en propre : les puissances alliées en ont les clefs, et les établissements que la Russie y a fondés à si grands frais, les navires que depuis si longtemps elle y construit, tout cela est sur le point d'être anéanti ou de passer en d'autres mains.

Que sont devenues les nombreuses forteresses dont la Russie avait emprisonné toute la côte du Caucase? Nos flottes n'ont eu qu'à se montrer pour forcer les Russes à les abandonner et à les détruire. Si Odessa n'est pas réduite en cendres, c'est parce que nos marins ne l'ont pas voulu; il a suffi d'un trait d'audace d'un navire anglais pour rendre libre l'embouchure du Danube, et bientôt, sans doute, l'Europe apprendra que, pour avoir été retenus par la prudence, les coups des puissances alliées n'en sont pas moins redoutables.

Le temps n'est pas bien éloigné où l'opinion commune croyait qu'il suffisait au Czar de marcher sur Constantinople pour y entrer en triomphe. Il a mis en ligne 300 mille soldats, depuis longtemps préparés pour réaliser ses rêves ambitieux; la Turquie n'avait à lui opposer ni généraux, ni armée, ni matériel de guerre. Elle a tout improvisé, et cet ennemi que la Russie croyait mort lui a résolûment tenu tête et l'a repoussée. Abandonnée à elle-même, la Turquie n'eût peut-être point tenté ce sublime effort; aussi reporte-t-elle une partie de sa gloire à ceux qui lui ont dit: « Résiste; nous sommes là pour te soutenir ou pour te venger. »

La seule barrière de la Turquie d'Asie et de la Perse contre la Russie, le Caucase, malgré le courage de ses intrépides montagnards et de leur chef héroïque, allait enfin tomber sous le coup du czar. La Perse devenait sa vassale; l'Asie entière s'ouvrait à ses hordes d'envahisseurs, et bientôt l'Europe à son tour voyait réaliser la menace prophétique de Sainte-Hélène. Il ne fallait pour cela qu'un instant de faiblesse de la part de l'Occident. Cette faiblesse, l'Occident ne s'en est pas rendu coupable. Appuyée sur la France et l'Angleterre, la civilisation s'est montrée dans tout l'éclat de sa puissance, et le fantôme de la barbarie s'est évanoui.

Quelle merveilleuse transformation! Cette proie que, depuis tant d'années, la Russie s'apprête à dévorer, lui échappe pour jamais; le Caucase et la Perse reprennent leur indépendance; la Turquie s'est réveillée de son long sommeil, un nouveau sang s'est infusé dans ses veines sous l'influence de la civilisation moderne, et bientôt cette nation de 34 millions d'hommes, qui occupe les plus magnifiques contrées du globe, offrira une nouvelle source de richesses aux nations qui l'ont ranimée en la défendant.

Quels précieux débouchés la guerre actuelle va ouvrir à notre commerce, à nos arts, à notre industrie! Quelle action bienfaisante nos marins et nos soldats, ces admirables missionnaires du génie de la France, vont exercer sur cet Orient qui ne nous avait pas vus depuis les croisades! Tout abonde dans ces contrées bénies du ciel; il n'y manque que l'activité de l'Occident pour tirer de la terre les minéraux, les métaux précieux qu'elle recèle et les fruits qu'elle ne demande qu'à produire. Ces cités opulentes, ces nombreuses populations que la civisation grecque et romaine y avait multipliées vont en quelque sorte sortir de leurs tombeaux. La civilisation moderne, avec les chemins de fer, la vapeur et l'électricité, qui bientôt mettra Constantinople en communication instantanée avec Paris et Londres, produira bien d'autres merveilles.

Prise de Bomarsund. — Débarquement en Crimée. — Bataille d'Alma. — Mort du maréchal de Saint-Arnaud. — Investissement de Sébastrpol.

Ainsi que nous l'avons dit, la forteresse de Bomarsund, dans les îles d'Aland, avait été bombardée le 21 juin par les vaisseaux anglais l'*Hecla*, l'*Odin* et le *Valourous*; mais ce bombardement n'était que le prélude d'un fait plus important. Il fut décidé que le fort serait attaqué et que l'on s'emparerait des îles d'Aland enlevées à la Suède par les trahisons de la Russie. Les troupes du corps expéditionnaire embarqué à Calais le 16 juillet et jours suivants devaient se réunir au nord de l'île de Gothland. Par le seul fait de la présence de toutes les forces navales dans la baie de Ledsund, située à l'extrémité sud de l'île d'Aland, il devenait difficile de cacher à l'ennemi le but que l'on se proposait; mais ces dispositions avaient l'avantage d'intercepter toute communication entre Aland et Abo, et privaient la place des secours que sans cela elle eût pu recevoir de la Finlande.

De concert avec les amiraux Napier et Parseval, le général en che Baraguey-d'Hilliers avait reconnu à l'avance les points les plus favorables du débarquement. L'île d'Aland est découpée dans la direc-ion nord et sud par des bras de mer qui s'enfoncent dans les terres et dans lesquels se jettent une multitude de lacs qui, joints entre eux par des ruisseaux de déversement, permettent d'isoler presque entiè-rement quelques points de l'île. Ainsi, en partant de Bomarsund, cette forteresse, située sur le bord de la mer, avait derrière elle un bras e mer et deux lacs ou marais qui en défendaient les approches. A cette première enceinte ou défense naturelle s'en joignait une seconde d'un rayon plus étendu, qui prenait de Castelhorn, allait ensuite à Sibv et se reliait à la mer par une langue de terre facile à garder.

Pour détourner l'attention de l'ennemi, le débarquement s'effect sur trois points différents. Les troupes furent mises à terre le 8 à tro heures du matin; à 9 heures, elles occupaient les premières position indiquées d'avance. Après bien des travaux et des fatigues, la route, dont les Russes avaient augmenté les difficultés naturelles en la couvrage d'abatis, fut déblayée par le génie et rendue praticable à l'artillerie. Alors tous nos corps se portèrent en avant, s'approchèrent de la place et en firent le complet investissement. Le feu de la marine avait contraint l'ennemi à abandonner les batteries et les redoutes qu'il avait préparées. Il tirailla sur les avant-postes anglo-français mais les mesures avaient été si bien prises que ses boulets et ses obus ne nous firent que peu de mal. Dans la nuit du 12, on ouvrit la tranchée au moyen de sacs à terre, et cette opération, toujours si délicate, coûta aux Français 12 hommes tués ou blessés. Le lieutenant Nolfe, du 12e bataillon de chasseurs à pied, fut au nombre des premiers. La tour du Sud, sur laquelle se concentraient nos efforts, couvrit nos soldats de son feu, mais les tirailleurs y répondirent avec tant de précision que les hommes sortis de la place furent obligés d'y chercher un refuge. Le 13, à trois heures du matin, une batterie de 4 pièces de 16 et de 4 mortiers, élevée et armée pendant la nuit par les Français, commença son feu. D'abord et jusqu'à midi la tour conserva sur nous l'avantage, mais à partir de cette heure son feu se ralentit; les embrasures étaient à peu près détruites, et les parements de la tour étaient disjoints; beaucoup de bombes étaient tombées sur la toiture; tout faisait donc espérer que, le lendemain, on pourrait lui donner l'assaut, lorsqu'à sept heures du soir elle arbora le drapeau blanc. Toutefois, après une suspension d'armes d'une heure, pendant laquelle on ne put s'entendre, le feu recommença. Mais ces derniers efforts de l'ennemi durent céder bientôt à la foudroyante précision de notre tir; la tour se tut de nouveau, et le lendemain matin deux officiers français, le sous-lieutenant Gigot, du 12e bataillon de chasseurs à pied, et le sous-lieutenant Gibon, du 51e de ligne, suivis d'hommes déterminés, pénétrèrent [illegible]olûment dans l'ouvrage. En voulant repousser cette attaque impré[illegible], le commandant russe fut atteint de deux coups de baïonnette, et 32 de ses soldats, qui n'avaient pu s'échapper, furent amenés au quartier général. Le 15 août, à 8 heures du matin, une nouvelle batterie de mortiers et d'obusiers jette force projectiles creux dans la place pendant que la flotte embossée envoie aussi sur Bomarsund les projectiles de quatre vaisseaux. *Le Léopard*, monté par l'amiral anglais Chads, tire avec des pièces dont le boulet plein, de 120 livres, fait éclater le granit. Le feu de l'ennemi couvrait comme d'une éruption volcanique la tour du Sud tombée au pouvoir des Français, ils furent obligés de la quitter sans avoir pu en retirer les poudres, et bientôt cette tour, sautant avec un bruit épouvantable, lança de tous côtés ses débris.

Le même jour, le général anglais Marry Jones tourna vers la tour du Nord les efforts de son artillerie, et vers quatre heures du soir il avait fait une large brèche à cette tour, qui ne tarda pas de capituler. Dans la nuit, la batterie de brèche fut établie à 380 mètres du corps de la place et l'on se préparait à l'armer. L'ennemi fit un dernier effort et ne cessa de lancer des bombes et de la mitraille qui tuèrent et blessèrent un certain nombre de soldats; mais au point du jour, il reconnut avec effroi et découragement que la marine s'était emparée de l'île de Presto et qu'il était enveloppé d'une ceinture de bouches à feu vomissant sans interruption un déluge de projectiles. Reconnaissant dès lors l'impossibilité d'une plus longue défense, le général russe Bodisco, vieillard à cheveux blancs et officier du plus grand mérite, qui commandait le fort, hissa le pavillon parlementaire et se rendit sans condition. A la suite de cette reddition, un grave désordre surgit dans les rangs de la garnison russe. Les plus irrités voulaient faire sauter la forteresse; mais l'attitude des soldats français leur imposa; l'ordre se rétablit. La garnison prisonnière défila devant les troupes françaises et anglaises réunies, et fut embarquée dans la soirée.

Deux mille quatre cents prisonniers, cent quatre-vingts pièces de canon, des approvisionnements considérables, tels furent les trophées de la victoire. L'intention de l'empereur Nicolas était de faire de Bomarsund un immense camp retranché dont l'abord eût présenté de grands obstacles et qui eût été une constante menace pour les États riverains de la Baltique. La destruction de cette forteresse a été pour la Russie une perte immense, non-seulement sous le rapport matériel, mais encore plus sous le rapport moral. En moins de huit jours, les armées alliées avaient détruit le prestige attaché à ces remparts de granit que le canon, disait-on, ne pouvait ébranler. Des récompenses furent décernées par l'Empereur à l'armée et à la flotte, qui avaient si bien soutenu l'honneur du drapeau et du pavillon; le général Baraguey-d'Hilliers fut créé maréchal de France et l'amiral Parseval-Deschênes fut élevé à la dignité de grand-croix de la Légion d'honneur.

Éprouvant de continuelles défaites dans les principautés danubiennes, sans cesse harcelée en Asie par Schamyl, la Russie obtint cependant de ce dernier côté, par surprise, un avantage important, par suite duquel, après la bataille de Kars, dans laquelle les Turcs furent défaits, la ville de Bayazid tomba en son pouvoir. En même temps elle enleva deux caravanes, l'une de trois mille chevaux, l'autre de six mille qui se dirigeaient vers la Perse; mais ces succès ne se soutinrent point et elle reçut de nouveaux échecs partout, jusque dans l'océan glacial arctique, où la frégate anglaise la *Miranda*, après sommation faite au gouverneur de lui livrer les marchandises et les bateaux qui se trouvaient dans le port de Kola, bombarda cette ville et incendia quatre-vingt-douze maisons, plusieurs églises et divers magasins.

Cependant des préparatifs considérables étaient faits pour une expédition en Crimée, dont le but principal était la prise de Sébastopol. Toutes les dispositions furent prises avec tant de soin que le débarquement, qui paraissait l'opération la plus difficile, fut opéré sans coup férir. L'armée alliée était pleine d'enthousiasme. La plus grande partie débarqua à Vieux-Fort et l'avant-garde, sous les ordres du prince Napoléon, aborda la côte près d'Eupatoria. A l'exception de Sébastopol, aucune place du littoral ne pouvait sérieusement empêcher un débarquement opéré sous la protection de 3,000 bouches à feu. L'amiral prince Menschikoff, qui avait été chargé de la défense de la Crimée, fut donc obligé de livrer les différents points de la côte à l'armée alliée. Le prince Napoléon transféra immédiatement son quartier général à Sak. Les détachements de Cosaques postés près de ce village n'avaient pas attendu l'arrivée des Français et s'étaient retirés sur la ville de Simféropol. Le 20 septembre, les troupes alliées rencontrèrent l'ennemi sur la rivière Alma. Il était fort de 50,000 hommes.

L'armée russe était en position sur les hauteurs qui dominent l'Alma; elle était forte de trois divisions d'infanterie, d'une division de cavalerie, de quatre brigades d'artillerie de campagne, dont deux à cheval, d'une batterie tirée du parc de réserve de siége et servant douze pièces de gros calibre, et enfin d'une brigade de chasseurs tirailleurs.

Dans les armées russes, les divisions d'infanterie sont à deux brigades, une d'infanterie de ligne et une d'infanterie légère; chaque brigade a deux régiments et chaque régiment *quatre* bataillons, dont deux de réserve. Le bataillon est de quatre compagnies; la première est composée moitié de grenadiers et moitié de chasseurs occupant les ailes dans l'ordre de bataille. La compagnie a un effectif de 260 hommes. Les quatre bataillons d'un régiment, les états-majors compris, donnent 4,190 hommes à l'effectif.

Ainsi donc les douze régiments d'infanterie de bataille et les chasseurs tirailleurs ne peuvent être évalués à moins de 45 à 50,000 combattants. La cavalerie était forte de cinq mille sabres, dont 3,000 dragons, cavalerie estimée en Russie. L'artillerie russe est endivisionnée; chaque division est de trois brigades, chaque brigade contient quatre batteries; il y a en outre une batterie de réserve dans chaque brigade. Or, comme chaque batterie sert huit bouches à feu, il s'ensuit que les seize batterie ennemies qui ont pris part à la bataille n'avaient pas moins de 110 à 120 pièces de canon ou obusiers.

Ces troupes occupaient d'excellentes positions. Leur gauche s'appuyait à une redoute de campagne et à des escarpements tels que le prince Menschikoff n'a pas cru devoir les faire occuper, les considérant comme infranchissables. Leur centre était formé sur un plateau mamelonné dominant complétement le cours de l'Alma et les berges accidentées par lesquelles la position pouvait être abordée. Leur droite était renforcée par une grande partie de leur cavalerie. Le front de ce champ de bataille défensive était hérissé de bouches à feu. L'armée russe à quelques lieues de Sébastopol, sa place de réserve, avait tous ses approvisionnements complets, et derrière elle deux autres positions formidables à occuper avant de se replier sous les forts qui dominent la place. Elle était donc dans les plus belles conditions pour repousser nos attaques.

L'armée alliée avait en ligne quatre divisions d'infanterie française, deux d'infanterie anglaise, et 10,000 Turcs; un régiment de cavalerie anglaise et les batteries divisionnaires, c'est-à-dire huit batteries françaises et cinq ou six batteries anglaises ou turques.

Les quatre divisions d'infanterie française, Canrobert, Bosquet, Napoléon et Forey, chacune à deux brigades de deux régiments, donnaient un total de neuf bataillons, dont un de chasseurs à pied, par division; c'est donc trente-deux bataillons d'infanterie de ligne et quatre de chasseurs, pouvant présenter un effectif de 30,000 hommes au plus. Si à ces forces on ajoute les 20,000 combattants anglais et turcs, on aura 50,000 hommes et 80 bouches à feu. Ainsi ces cinquante mille soldats avaient à lutter contre un nombre égal d'ennemis couverts par des positions formidables et ayant une artillerie supérieure en nombre.

Le 20 septembre au matin, les troupes alliées ayant pris les armes, s'avancèrent vers l'Alma, dont les cours sinueux devaient être franchis malgré les difficultés de terrain et les tirailleurs nombreux jetés par l'ennemi dans les jardins et derrière les haies et les arbres. Le plan du maréchal de Saint-Arnaud était d'opérer sur le centre de l'ennemi avec les deux divisions Napoléon et Canrobert, en leur faisant enlever la position russe, dès que les deux ailes de la ligne de bataille, formées, l'aile droite par la division Bosquet et les Turcs en réserve, l'aile gauche par les Anglais, auraient assez débordé les ailes de la ligne russe pour que l'ennemi ne pût échapper facilement. Malheureusement les Anglais étant un peu en arrière, l'attaque sur l'aile gauche des Russes par la division Bosquet précéda l'attaque des Anglais, ce qui donna moins d'ensemble aux deux opérations.

En marche dès le matin, l'armée alliée fut enveloppée vers neuf heures par un brouillard épais qui la força à s'arrêter. Vers onze heures, le brouillard s'étant dissipé, les troupes reprirent leur mouvement offensif. La division Bosquet opérant sur la droite des Russes et de façon à la tourner, arriva après les plus grandes difficultés à se loger avec une de ses brigades sur les hauteurs; mais la voyant isolée, le maréchal ordonna à l'intrépide général Canrobert de se porter sur le centre de l'ennemi avec sa division, pour faire une diversion utile au général Bosquet, et il le fit soutenir dans cette attaque périlleuse par une des deux brigades de la quatrième division (Forey) tenue en seconde ligne pour former la réserve avec les troupes turques. L'autre brigade (général de Lourmel) fut chargée d'appuyer le mouvement du général Bosquet.

Pendant que ces mouvements avaient lieu à la droite et au centre de la ligne française, la division Napoléon à la gauche de cette ligne, ayant à sa propre gauche lord Raglan et ses braves Anglais, abordait résolûment l'ennemi placé en face de lui. Ses tirailleurs délogeaient les tirailleurs russes ; son infanterie de marine et ses zouaves gravissaient la berge, et s'emparaient de vive force de la position, tuant les Russes sur place à coups de baïonnette. Les deux attaques sur le centre ayant réussi malgré le feu terrible des Russes, la manœuvre tournante du général Bosquet ayant eu également un plein succès, et les Anglais, longtemps inquiétés par la nombreuse cavalerie russe, ayant à leur tour abordé de front la position russe, que les Français commençaient à prendre à revers, le prince Menschikoff ne put empêcher une retraite qui eût été bien vite convertie en déroute complète, si l'armée française avait eu de la cavalerie.

Tel est l'ensemble des mouvements qui ont eu lieu dans cette belle bataille qui a duré quatre heures, et où l'orgueil du général russe a dû souffrir une rude atteinte, puisqu'il croyait sa positions inexpugnable, qu'il prétendait être en état de résister à 200 mille Français.

Après une journée de halte sur le champ de bataille de l'Alma, les armées alliées ont successivement franchi la Katcha et le Belbeck sans rencontrer l'ennemi, qui s'était réfugié dans les murs de Sébastopol. Rien ne l'avait arrêté dans sa retraite, ni le soin de relever ses blessés, ni les avantages topographiques d'un terrain qui lui permettait de s'établir et d'attendre nos troupes dans des retranchements en quelque sorte inexpugnables.

La bravoure et l'audace de nos soldats, abordant à la baïonnette des positions formidables, les pertes considérables qu'ils avaient fait essuyer aux Russes dans cette première rencontre de l'Alma, avaien jeté dans les rangs de ces derniers le trouble et la démoralisation N'osant accepter une seconde fois la bataille, ils se sont mis à l'abr de Sébastopol, en comblant l'entrée du port avec leurs propres vaisseaux pour en fermer l'accès à nos escadres. Cet acte de désespoir prouve, non moins que la retraite précipitée de l'ennemi, qu'il voit approcher le terme de sa puissance dans la mer Noire.

Cependant, à peine le récit de ces glorieux événements était-il parvenu à Paris, qu'une profonde affliction vint se mêler à la joie générale.

Après avoir rendu de si grands services, le héros de cette prodigieuse campagne avait succombé au moment où il venait d'acquérir d'impérissables titres à la reconnaissance du pays. Les navires qui nous apportaient ses bulletins si vaillants et si pleins d'une ardeur guerrière furent suivis de celui qui nous ramena son corps inanimé. Il décrivait la bataille comme il l'avait gagnée, du même souffle ardent et puissant, et c'était son dernier soupir. On savait le maréchal de Saint-Arnaud malade, affaibli, miné par de cruelles souffrances, mais qui eût pensé que la mort était là, si près, et qu'un homme pût à ce point la voir et l'oublier, ou plutôt lui commander d'attendre?

Il calculait ses approches, il sentait ses étreintes, à force de volonté il lui arrachait quelques jours, quelques heures. Quels jours et quelles heures! Les jours de l'arrivée en Crimée; les heures de la bataille de l'Alma! C'est au dernier terme d'une maladie de langueur, lorsque la vie fuyait de ce corps épuisé et secoué par des crises terribles, comme l'eau fuit d'une main tremblante; c'est dans cet état qu'il organisait cette expédition incomparable, qu'il en bravait les périls, qu'il en surmontait les obstacles, qu'il plantait son drapeau sur le sol ennemi, qu'il restait douze heures à cheval, qu'il donnait à la France une victoire, qu'il dictait ces ordres du jour et ces rapports aussi beaux que son triomphe, qu'il disposait l'investissement de Sébastopol, qu'il disait à ses soldats: Vous y serez bientôt!

Il s'arrête là, aux portes de Sébastopol menacé, au milieu de l'ennemi défait, comme s'il avait dit à la mort: Maintenant, tu peux venir.

# XVI

**L'armée passe sous le commandement du général Canrobert. — Investissement de Sébastopol. — Ouverture de la tranchée. — Bombardement par terre et par mer.**

Soit en réalité, soit par l'esprit et la pensée, tout Paris assista aux obsèques du maréchal de Saint-Arnaud, pompeusement célébrées aux frais de l'État, et les restes du grand homme de guerre, surpris par la mort dans son triomphe, allèrent s'abriter, pour le long sommeil, sous cette coupole des Invalides, qui recouvre tant de gloire. Une circonstance singulière signala ces remarquables funérailles. Un professeur au Gymnase militaire s'était rendu, pour voir le cortége, chez son fils, compositeur de musique, dont l'appartement avait un balcon sur le boulevard Beaumarchais. Dès que parut la tête du défilé, le professeur, qui avait été intimement lié avec l'illustre défunt, donna des signes de la plus vive émotion, et fut en proie à une sorte de fièvre. Ces symptômes devinrent d'instant en instant plus alarmants, et lorsque s'avança le char funèbre, l'ami du maréchal, pâle comme la tombe, s'affaissa sur un fauteuil placé à la hâte derrière lui. Il avait cessé d'exister.

Cependant, le commandement de l'armée, remis par le maréchal Saint-Arnaud au général Canrobert, était confirmé à ce dernier par un décret impérial. Ce choix fut accueilli avec enthousiasme par les troupes, qui connaissaient l'indomptable énergie, le brillant courage et la science stratégique du nouveau chef, mûri de bonne heure sur cette terre d'Afrique, pépinière d'habiles généraux. Sous son commandement, l'armée, retrempée par la victoire, entreprit immédiatement l'investissement de Sébastopol.

Au commencement d'octobre, le bruit s'était généralement répandu que le boulevard de la Russie dans la mer Noire était tombé par surprise entre les mains des alliés, avec ses canons, son arsenal, ses immenses approvisionnements, la flotte enfermée dans son port, et que la garnison, laissée libre de se retirer, avait préféré demeurer prisonnière. Quelque incroyable que fût cette nouvelle qui circula en Europe avec la rapidité d'une traînée de poudre, elle paraissait venir de sources si authentiques, elle répondait si bien au vœu général, qu'elle fut accueillie partout comme une suite merveilleuse de l'heureuse chance avec laquelle l'armée de la civilisation avait opéré en Crimée un débarquement des plus difficiles, délogé de positions en apparence inexpugnables une force de 50,000 hommes, appuyée par une formidable artillerie, et frappé de terreur, au seul aspect de ses drapeaux, l'ennemi démoralisé. Constantinople, exaltant de joie, s'illumina pendant huit jours; Marseille, la cité phocéenne, sentinelle penchée vers l'Orient pour en recueillir tous les bruits, répondit par des tressaillements à cet éclat d'allégresse; Paris lui-même s'émut, et Londres, par l'agitation de ses banquets et de ses meetings, montra la part que prenait l'Angleterre à ce gigantesque événement.

Pendant plusieurs jours, les canonniers des Invalides restèrent, mèche allumée, près de leurs pièces, attendant l'ordre d'y mettre le feu. Cet ordre ne vint pas, car aucune dépêche officielle ne confirma la grande nouvelle, et, en remontant à la source de tout ce bruit, on acquit la conviction que l'Europe entière avait été dupe d'une mystification imaginée par un Tartare obscur et resté inconnu.

C'est qu'en effet Sébastopol n'était pas une de ces villes qui se prennent en un jour, en une semaine, en un mois. Assise sur le roc, entourée de murailles de granit, présentant un front immense garni de 400 bouches à feu d'une énorme puissance, défendue par six forteresses pourvues chacune de 100 à 190 canons, renfermant une armée entière, ne pouvant être complètement investie et communiquant par conséquent avec le dehors, disposant des ressources considérables, en hommes et en munitions, de sa flotte sacrifiée comme inutile, correspondant avec une armée extérieure dont les continuelles attaques occupaient les assiégeants, elle était dans des conditions de résistance dont les siéges les plus mémorables de l'histoire n'offrent pas d'exemple et qui devaient faire de sa réduction un événement d'une incalculable portée. En 1793, la ville de Valenciennes supporta, pendant 42 jours et 42 nuits, un bombardement continu; 180,000 projectiles, dont 48,000 bombes, tombèrent dans son enceinte. Elle était assiégée par deux armées alliées. Le feu des Anglais était dirigé par le colonel Congrève, inventeur des fusées qui portent son nom; celui des Autrichiens, par le célèbre baron de Unterberger. L'armée de siége comptait 100,000 hommes, 344 canons et mortiers, tandis que la place n'était défendue que par 10,000 hommes et 170 canons. La nature du terrain était excellente; les impériaux avaient en abondance vivres et munitions; l'investissement était complet et cependant le duc d'York et ses alliés demeurèrent six semaines devant ces murs foudroyés et ne purent entrer dans la ville qu'à la suite d'une capitulation. Gaëte, en Italie, à laquelle, il est vrai, une ceinture de rochers formait un solide rempart, résista trois mois à une armée aguerrie, commandée par Masséna. Dans la citadelle d'Anvers, simple fort isolé, une poignée de Hollandais tint tête pendant cinquante jours à des forces considérables, pourvues d'un matériel puissant et d'excellents officiers du génie. Enfin, le siége de Silistrie, où l'ennemi ne put prendre même un seul des ouvrages extérieurs, prouve la force de résistance qu'ont des soldats braves — et les Russes le sont — derrière de bons retranchements.

Pour avoir une idée des ressources que les assiégés tirèrent de la flotte russe immobilisée, il faut savoir que cette flotte se composait de 17 vaisseaux de ligne, savoir : *Douze-Apôtres*, 120 canons; *Paris*, 120; *Trois-Saints*, 120; *Wladimir*, 120; *Grand-Duc-Constantin*, 120; *Swiatoslaw*, 100; *Rostislaw*, 100; *Uriel*, 84; *Chabrié*, 84; *Yagudiel*, 84; *Salathiel*, 84; *Trois-Patriarches*, 84; *Trosviatitalia*, 84; *Varna*, 84; *Gabriel*, 84; *Impératrice-Marie*, 84; *Tchesmé*, 80, plus 4 frégates, 5 corvettes ou bricks, 82 bâtiments de rang inférieur et 12 vapeurs; soit, en résumé, 108 bâtiments, représentant au moins 2,200 bouches à feu de tout calibre. L'armée de siége était composée de 60,000 Français, dont 3,000 hommes de cavalerie, de 30,000 Anglais et de 14,000 Turcs. Elle était appuyée par une flotte comprenant 25 vaisseaux de ligne français : *la Ville-de-Paris*, *le Mogador*, *le Napoléon*, *le Montézuma*, *le Charlemagne*, *le Vauban*, *le Montébello*, *le Henri IV*, *le Cacique*, *le Jean-Bart*, *l'Infernal*, *la Pomone*, *le Pluton*, *le Descartes* et *la Mouette;* 10 vaisseaux de ligne anglais, 29 frégates, corvettes, etc., à voiles ou à vapeur, dont 15 françaises et 14 anglaises, soit 54 bâtiments de guerre, auxquels furent réunis 6 vaisseaux turcs. Les approvisionnements par mer étaient assurés ; des bâtiments-hôpitaux se tenaient prêts à transporter à Constantinople malades et blessés; le service médical était merveilleusement organisé, et les aumôniers qui, avec leur chef, l'abbé Parabère, à cheval sur un canon, avaient suivi les zouaves à travers la mitraille sur les hauteurs inaccessibles de l'Alma, assuraient à ceux qui devaient trouver devant Sébastopol une mort glorieuse tous les secours de la religion.

Sur le Danube et en Asie, la guerre se bornait à de simples reconnaissances et à quelques escarmouches. Omer-Pacha avait suspendu sa marche agressive dans la Daorudscha. Tout se taisait pour être attentif au drame qui se jouait en Crimée.

Le 1er octobre, furent réglées d'une manière définitive les dispositions du siége. L'armée française fut chargée de la gauche et l'armée anglaise de la droite des attaques contre la place. L'armée française fut divisée en deux corps : l'un, d'observation, composé des 1re et 2e divisions, commandé par le général Bosquet, occupa les positions dominant les vallées de Balaclava et de la Tchernaya; il se reliait par sa gauche près d'Inkermann aux Anglais, et était destiné à protéger les opérations du siége contre les entreprises d'une armée de secours venant de l'intérieur de la Crimée.

L'autre corps, formé des 3e et 4e divisions, sous les ordres du général Forez, fut spécialement chargé des travaux du siége. La division turque était destinée à servir de réserve, selon le cas, à l'un ou l'autre de ces deux corps. La 4e division devant s'éloigner de la baie de Kamiesch pour prendre ses positions de siége, quatre bataillons appartenant aux 1re, 2e et 3e divisions françaises et à la division turque furent placés autour de cette baie pour assurer au besoin la sécurité de débarquement et pour fournir le service et les corvées nécessaires. Ces bataillons furent placés sous les ordres du lieutenant-colonel d'état-major Raoult. La 4e division vint prendre position à 3,000 mètres de la ville, appuyant sa gauche à la mer vers la petite baie de Strelitza, et sa droite à 3,200 mètres de là, à une grande construction dite la *Maison Blanche.*

L'armée anglaise opéra son mouvement de concentration vers la droite pour prendre ses positions définitives; elle appuya sa gauche, formée des divisions England, au grand ravin de Sébastopol, séparant les deux attaques française et anglaise, et sa droite, formée par la division Lacy-Evans, aux escarpements d'Inkermann. Le centre se composait des divisions Cathcart et duc de Cambridge, ayant en avant d'elles la division légère George Brown, et en arrière les grands parcs de l'artillerie et du génie, ainsi qu'un corps de cavalerie. Dans une des premières reconnaissances, un corps de 600 hommes de troupes russes fut battu et mis en fuite. Le capitaine de Dampierre, officier d'ordonnance du général Bosquet, s'étant égaré et jeté très-près de la place, fut fait prisonnier par un poste cosaque. Dans une autre reconnaissance le capitaine du génie Schmitz fut tué par un boulet.

Les reconnaissances et le feu ouvert sur elles ayant démontré que la place avait un armement considérable, composé de pièces de très-fort calibre et de grande portée, on fit débarquer de l'escadre, pour prendre part aux opérations du siége, 30 bouches à feu, dont vingt canons de 30 et dix obusiers de 22, ainsi que trente fuséens d'artillerie de marine; 1000 marins furent mis à terre avec ces pièces, 500 pour les servir et 500 pour les soutenir. Le capitaine de vaisseau Rigaud de Genouilly, de *la Ville-de-Paris*, en prit le commandement.

Après plusieurs petits combats dans lesquels les Russes eurent constamment le dessous, la tranchée fut ouverte le 9 octobre à 9 heures du soir, par 1600 travailleurs divisés en reprises. Favorisés par un vent violent et par l'obscurité que la lune empêchait toutefois d'être complète, ces travaux parurent ne pas être aperçus de l'ennemi et n'en furent nullement inquiétés. 936 mètres de boyaux ou gabionnades furent ouverts dans la nuit à une profondeur suffisante pour qu'au point du jour les hommes fussent à couvert. Le lieutenant-colonel d'état-major Raoult était major de tranchée; les colonels Lebœuf, de l'artillerie, et Trépier, du génie, étaient chargés, sous les ordres des généraux Thiry et Bizot, de la direction de leur arme.

Le lendemain, le feu de la place commença avec une vivacité extrême. Mal dirigé d'abord, il ne tarda pas à prendre plus de précision et continua pendant la nuit. Trois points se faisaient remarquer par leur puissance : le bastion du *Mât*, sur la droite; le bastion de la *Tour* au centre, et celui de la *Quarantaine* qui enfilait diverses parties des ouvrages des assiégeants. Plusieurs sorties commencèrent à inquiéter les travaux. Le 11, un bâtiment autrichien, chargé de vivres pour l'administration, fut poussé par le vent sous le feu de la place, qui l'accabla de projectiles. Il y échappa heureusement et vint s'échouer en arrière de la gauche de la 4e division. La marine le renfloua pendant la nuit sous la protection d'un bataillon du 74e de ligne. Le 14, le feu de la place, partant de tous les points ayant des vues sur les ouvrages français, fut d'une vivacité extrême. De une heure à deux de l'après-midi, il y eut environ 800 coups : canons, obusiers et mortiers. Les travaux furent forcément suspendus, néanmoins ce tir excessif n'occasionna que peu de pertes et de dégâts. Le 16, les batteries furent mises en état de faire feu. Le feu de la place était toujours très-vif. N'obtenant pas du tir de plein fouet et à ricochet l'effet qu'il s'en promettait, l'ennemi lui fit succéder un tir à bombes fréquent qui devint fort juste.

Le 17, à 6 heures du matin, au signal de trois bombes tirées coup sur coup par la batterie française n° 3, le feu est ouvert simultanément par toutes les batteries françaises et anglaises; 53 pièces du côté des Français et 73 du côté des Anglais; total 126 pièces. La place répondit aussitôt très-vivement de toutes les batteries ayant des vues sur les deux attaques et dont l'armement ne pouvait être évalué à moins de 250 pièces. Pendant vingt jours que les Russes avaient tiré sans qu'il fût possible de leur répondre, ils avaient tellement rectifié leur tir que dans plusieurs batteries anglaises et françaises les boulets ennemis entraient d'abord par les embrasures comme si on les jetait avec la main. Une pièce venait d'être mise en position lorsqu'un boulet l'atteint et la renverse. Elle est remplacée par une autre. Cette fois c'est dans la gueule même du canon que pénètre le projectile moscovite; mais comme il est d'un calibre trop fort, il n'y peut entrer qu'à moitié. La pièce si singulièrement enclouée est portée comme une curiosité dans la tente du général en chef. Dans le commencement les Russes poussaient la témérité jusqu'à tirer à découvert; mais les nombreux tirailleurs armés de carabines Minié, organisés sous le nom de *francs tireurs*, devaient bientôt les faire repentir de cette audace. Pendant trois heures, le feu continua avec la même vivacité de part et d'autre, sans qu'on pût encore constater aucun résultat, lorsqu'à 9 heures 1/2 une bombe, tombant sur le magasin à poudre de la batterie n° 4, le crève et le fait sauter. Malheureusement cette poudrière était l'une des plus importantes, et son explosion, accueillie par les hurrahs de l'ennemi qui redouble son feu, désorganise la batterie et tue ou blesse une centaine d'hommes. Trois quarts d'heure après, une caisse à gargousses fait explosion dans la batterie n° 1, servie par la marine. A 10 heures 1/2, les batteries françaises, sur lesquelles se concentre le feu de l'ennemi, ne pouvant, réduites à trois, répondre sans désavantage au canon de la place, cessent momentanément leur feu; celui des Anglais continue. Vers 3 heures de l'après-midi, un magasin très-considérable de la grande batterie russe dite du *Redan,* en face des Anglais, fait explosion, et n'y laisse que trois pièces en état de tirer. A 4 heures, un caisson de munitions saute en arrière de la batterie de droite des Anglais. C'est la quatrième explosion de cette brûlante journée.

Il avait été décidé, seulement la veille au soir, que les escadres feraient diversion en attaquant les batteries de la marine les plus extérieures, principalement la formidable batterie de la Quarantaine. Afin que tous les vaisseaux pussent prendre position, on avait déterminé une ligne courbe se dirigeant vers le nord nord-est; les bâtiments français au sud, deux vaisseaux turcs ensuite, puis les anglais. Les quinze vaisseaux français s'étaient placés sur deux lignes très-rapprochées pour laisser un espace suffisant aux marines alliées. A midi et demi, la bombarde *le Vautour*, embossée dans une petite crique, commença le feu, qui fut pour les Russes le signal du leur. Ils s'attachèrent à diriger leur tir vers un groupe très-compacte formé par *la Ville-de-Paris*, *le Valmy*, *le Friedland* et *le Jupiter*. Au milieu d'une grêle de boulets et d'obus qui pleuvaient sur les vaisseaux et dont beaucoup allaient tomber à cinq ou six cents mètres plus loin, *le Jupiter* seul fut préservé. *La Ville-de-Paris* reçut un grand nombre de boulets : un obus qui, après avoir traversé le pont de la dunette, éclata par-dessous, détruisit toutes les chambres et enleva le tiers des planches de la dunette avec tous ceux qui se trouvaient dessus; l'amiral Hamelin, le chef d'état-major, etc. L'amiral, par un hasard miraculeux, n'eut aucun mal; mais de ses quatre aides-de-camp, l'un, le capitaine Sommeillé, fut coupé en deux; un autre eut les deux jambes emportées; un aspirant égyptien fut tué. Ce vaisseau eut 10 hommes tués et 30 blessés; *le Valmy*, 4 tués et 30 blessés; *le Montébello*, 10 tués et 30 blessés; *le Friedland*, 11 tués et 35 blessés; *le Charlemagne*, 2 tués et 43 blessés. Les autres vaisseaux éprouvèrent moins de pertes. Parmi les vaisseaux anglais, *la Retribution* eut son grand mât coupé en deux. *L'Albion*, *le Sans-Pareil*, *l'Agamemnon*, *le Bellérophon*, vaisseau qui conduisit Napoléon à Sainte-Hélène, eurent un assez grand nombre de morts et de blessés. Les pertes étaient bien plus considérables du côté des Russes, dont les ouvrages étaient démantelés. Le but que se proposait la flotte dans cette attaque avait été atteint par l'extinction du feu des batteries de la Quarantaine qui gênait beaucoup les opérations françaises. Les batteries de mer se trouvaient réduites en silence; une partie de la garnison avait été occupée de ce côté, et cette heureuse diversion avait prêté à l'armée de terre une assistance matérielle et morale. Les Russes n'avaient pas fermé l'entrée du port de Sébastopol en y coulant cinq vaisseaux et deux frégates; les vaisseaux des escadres, après le premier feu essuyé, eussent pu donner dans les passes avec succès, venir s'échouer au fond du port et se mettre en communication avec l'armée; mais la mesure extrême prise par l'ennemi de sacrifier une partie de sa flotte eut pour résultat de retarder sa perte, et, après avoir accompli leur œuvre, les escadres retournèrent à leur mouillage.

Dans le précédent chapitre nous avons dit que ce qui empêchait la flotte alliée de communiquer avec l'armée, c'était l'obstacle formé par les cinq vaisseaux et les deux frégates que les Russes avaient coulés à l'entrée du port. La passe de Sébastopol a partout de 40 à 50 pieds de profondeur; généralement un vaisseau de ligne a en moyenne 25 pieds environ dans l'eau, et autant dehors. Les bâtiments coulés arrivaient donc au ras de l'eau, et pour passer il eût fallu d'abord attaquer cette digue sous-marine. La masse représentée par les cinq vaisseaux et les deux frégates équivalait à 21,700 tonneaux ou 21 millions 700,000 kilogrammes. Il est aisé de comprendre qu'il n'existe pas de machines capables de soulever un poids aussi considérable. Dans des circonstances analogues, on a donc ordinairement recours à la mine. Des charges de 50, de 100, de 1,000 kilogrammes de poudre sont enfermées dans des cylindres en fer forgé terminés en cône. Aux extrémités, deux ouvertures sont pratiquées, l'une pour introduire la poudre, l'autre pour recevoir un tube renfermant la charge d'amorce. Cette charge est formée par 85 grammes environ de poudre fine à laquelle le feu est porté ou par des fusées spéciales ou par des saucissons de mines, ou enfin à l'aide de l'électricité. Au moyen d'une batterie galvanique à courant constant, on produit à

150, à 200 mètres de distance l'ignition instantanée d'un fil de platine qui enflamme la charge de poudre. L'explosion des barils de fer, que des plongeurs ont convenablement logés dans le corps des navires, démolit quelquefois d'un seul coup cette sorte d'estacade, ou du moins ouvre des bordages qui rendent plus faciles les opérations ultérieures. La mer, passant par ces ouvertures, enlève la vase accumulée et les autres obstacles. Puis, à l'aide de *scaphandres* ou cloches à plongeurs, on retire les canons et les matériaux coulés à fond.

On voit qu'on ne pouvait songer pour le moment à débarrasser la passe de ces vaisseaux, dont on n'apercevait que les sommets des mâts et dont les Russes avaient utilisé le matériel pour armer leurs fortifications du côté de terre avec les gros canons servis par les marins. Les alliés, de leur côté, avaient à terre des batteries de marine servies par 1,600 matelots. Ainsi le siége de Sébastopol offre cet exemple, peut-être unique dans l'histoire militaire, d'officiers et marins quittant leur élément naturel, la *mer*, pour se livrer combat *sur terre* avec leur *artillerie navale*.

Les vaisseaux échoués obstruant la passe, le fort Constantin empêchant l'investissement au nord, la difficulté d'ouvrir des tranchées dans le roc vif, la puissance des bouches à feu ennemies, tout se réunissait pour accroître les difficultés sans cesse renaissantes devant les assiégeants. On ne se fait pas d'idée des opérations complexes qu'exige le siége d'une place importante. Pour nos lecteurs peu versés dans l'art militaire nous croyons devoir les résumer en quelques lignes.

Lorsqu'à la suite d'une opération de guerre quelconque, on a résolu le siége d'une place forte, on commence par la *resserrer*, c'est-à-dire qu'on s'en approche en rétrécissant le terrain dans le milieu duquel peuvent se mouvoir les défenseurs, où l'ennemi tient encore la campagne, absolument comme les chasseurs resserrent le repaire d'une bête fauve. On rassemble ensuite le matériel de siége : les *fascines*, fagots de bois destinés à soutenir les terres jetées en avant des tranchées; les *gabions*, paniers remplis de terre qu'on place debout pour former les batteries, garantir les travailleurs, dessiner les embrasures ; les *sacs à terre*, employés pour amortir les coups de la place, et dont on fait usage surtout sur les terrains rocailleux, quand la nature du sol empêche de faire des tranchées. On forme après cela les *parcs* ou emplacements à l'abri du feu de l'ennemi, et dans lesquels on réunit les bouches à feu de gros calibre, les boulets, bombes, obus, poudres, grenades, artifices. Une fois ces préliminaires terminés, lorsqu'on connaît parfaitement les abords de la place, lorsqu'on a un bon plan des ouvrages, qu'on n'ignore ni les côtés forts ni les côtés faibles, on combine le *plan d'attaque*. Mais quand sur toutes ces choses on n'a que d'imparfaites notions, il faut procéder plus lentement, et envoyer des *reconnaissances* pour protéger les officiers du génie, de l'artillerie et d'état-major chargés de s'approcher assez pour dessiner, apprécier, en un mot *reconnaître* les ouvrages avancés et le corps de place. A Sébastopol, on se trouvait dans ce dernier cas : la place n'était pas connue ; on ignorait si depuis quelques mois des fortifications n'avaient pas été entreprises ; il fallut donc procéder avec prudence. C'est dans une de ces reconnaissances, faite le 6 octobre par un bataillon du 19e de ligne, que le capitaine du génie Schmilt perdit noblement la vie ayant eu la cuisse emportée par un boulet parti de la place, tandis qu'il dessinait le terrain.

Nous avons supposé que rien n'entravait les travaux des assiégeants, mais il en est autrement. Une garnison nombreuse fait de fréquentes *sorties* de jour et de nuit, qu'il faut sans cesse combattre et ramener dans la ville. Au point où nous arrivons, les troupes de siége *investissent* la place, c'est-à-dire qu'elles rejettent les défenseurs, par la force s'il est nécessaire, dans l'intérieur des fortifications du corps de place ou des ouvrages avancés. L'investissement est plus ou moins complet. Lorsqu'on peut le compléter entièrement, les assiégés ne peuvent faire entrer dans leurs murs ni renforts ni munitions de guerre et de bouche. Nous avons dit que l'investissement de Sébastopol était incomplet. Seulement on avait pu couper l'aqueduc portant de l'eau à la ville, qui avait beaucoup à souffrir du manque de cet indispensable élément.

Après l'investissement, vient une des opérations les plus difficiles, l'*ouverture de la tranchée.* Lorsque la garnison d'une place est forte par le nombre et par le *moral* surtout, elle fait tout ce qu'elle peut pour découvrir de quel côté aura lieu l'ouverture de la tranchée et pour y mettre des obstacles, soit par le feu des pièces de ses ouvrages avancés et du corps de place, soit par des sorties combinées. L'ouverture de la tranchée se fait la nuit et à environ 5 ou 600 mètres de la place, à moins que les difficultés du terrain ne s'y opposent ; dans ce cas, on commence sur un point plus éloigné. Désignés d'avance dans les régiments, les travailleurs sont conduits en silence ; ils portent les outils nécessaires, pelles, pioches et fascines ; des détachements armés sont établis à proximité des travaux pour les soutenir contre les sorties. Les officiers du génie et d'état-major désignent aux hommes l'emplacement qu'ils doivent occuper et on procède à creuser la terre. Chaque travailleur s'enterre le plus promptement possible, plaçant devant lui, du côté de la place, sa fascine sur laquelle il jette les pelletées qu'il retire de l'excavation. Dès que la tranchée est faite de façon à garantir les travailleurs des boulets et obus, d'autres soldats viennent perfectionner les travaux.

La première parallèle achevée, on s'avance en zigzag vers la place ou les ouvrages avancés que l'on doit attaquer d'abord, en ayant soin de se défiler; c'est ce qu'on appelle *cheminer*. Ce cheminement se fait en garantissant les soldats du génie qui en sont chargés par un énorme gabion qu'ils poussent devant eux pour éviter les projectiles. C'est une opération très-dangereuse. De la première on passe ainsi à la seconde parallèle; puis, lorsqu'on juge être assez près de la place pour pouvoir agir efficacement par le tir, on établit des batteries dans la situation la plus favorable : c'est l'affaire de l'artillerie. Quelquefois on construit des batteries dès la première parallèle, surtout des batteries armées de mortiers qui lancent des bombes sur les ouvrages et sur la place. C'est habituellement pendant cette première période des opérations du siége que les défenseurs essaient de sortir pour ruiner les ouvrages, combler les tranchées, s'emparer des batteries, détruire le matériel, enclouer les pièces. Dans ces sorties, d'après le rapport même du général Menschikoff, la garnison russe perdit 500 hommes et plusieurs officiers supérieurs, notamment l'amiral Korniloff, chef de l'état-major à bord de l'escadre qui détruisit la flotte turque à Sinope et qui depuis commandait le fort Constantin. L'amiral Nachimoff, commandant de cette escadre, fut grièvement blessé.

Les batteries établies, le feu commence. Les ouvrages avancés ruinés et rendus inhabitables pour l'ennemi ou enlevés de vive force, on chemine sur le chemin couvert en s'approchant de plus en plus de la place. Quelquefois les défenseurs essaient des travaux souterrains ayant pour but de déboucher, sans être aperçus des assiégeants, au milieu de leurs travaux, mais il est rare que ces attaques réussissent. Quelquefois aussi les assiégés contre-minent dans la direction où ils entendent le bruit des travaux, et il s'engage sous terre de terribles combats. Une fois parvenu sur le *glacis* ou chemin couvert, l'assiégeant s'y établit fortement; c'est ce qu'on appelle *couronner* le chemin couvert; puis il y construit ses batteries de brèche, les arme, et, tout étant disposé, le feu de la place étant éteint soit parce que les bouches à feu en batterie sur les remparts ont été démontées, soit parce que les artilleurs ont été tués, il procède à la *brèche*. En quelques heures, surtout quand on possède, comme à Sébastopol, des moyens aussi prodigieux, des pièces d'un calibre aussi fort, on pratique, par l'éboulement des murs et des terres, une brèche assez large pour donner passage de front à une ou deux compagnies. La brèche, reconnue par les officiers du génie, étant déclarée praticable, on somme la place de se rendre, et si les défenseurs refusent, on dispose tout pour l'*assaut*.

Des troupes sont désignées pour cette rude opération. Les soldats s'empressent de se faire inscrire pour y prendre part, car ce grand péril est un grand honneur. D'autres troupes sont désignées pour les soutenir dans les boyaux de tranchée ; toute l'armée attaquante prend les armes. A un signal donné, les premières colonnes s'élancent au pas de course, opèrent la descente du fossé, gravissent la brèche et cherchent à se loger sur les remparts mêmes du corps de la place, soutenues ou remplacées par d'autres colonnes. Souvent on a encore à combattre l'ennemi qui, comme à Sébastopol, a élevé dans l'intérieur de la ville des fortifications nouvelles et s'est retranché jusque dans les maisons.

Tel est l'ensemble des opérations d'un siége régulier.. Souvent un siége dure fort longtemps. A ceux que nous avons précédemment cités, il faut ajouter Dantzig et Saragosse qui, sous l'Empire, se sont défendus de cinq à six mois. Si l'on songe à tous les soins qu'exigent ces opérations complexes, les approvisionnements de bouche et de munitions, le service sanitaire et chirurgical, on comprendra quels soins multipliés occupent un général en chef et quelle forte tête il lui faut pour ne pas être au-dessous d'une telle tâche! Heureusement l'armée assiégeante était, comme nous l'avons dit, pleine de confiance dans son chef. C'est ici l'occasion d'esquisser en quelques traits la vie du général de l'armée d'Orient.

Né en 1809 dans le département du Lot, à quelques lieues du village qui donna le jour à Murat, François Certain-Canrobert entra en novembre 1826 à l'école de Saint-Cyr, s'y distingua parmi les plus studieux élèves, en sortit en 1828 pour être placé comme sous-lieutenant au 47e de ligne, passa lieutenant le 20 juin 1832 et s'embarqua en 1835 pour l'Afrique, où, dans la province d'Oran, depuis la triste affaire de la Macta, Abd-el-Kader tenait nos armes en échec. Il prit part à l'expédition de Mascara, suivit les mouvements dirigés par les généraux Clauzel, d'Arlanges et Létang. La prise de Tlemcen, l'expédition du Chéliff, celle d'Harchgoun, de la Mina, le ravitaillement de Tlemcen, les combats de Sidi-Yacoub, de la Taffna, de la Sikkah révélèrent ses brillantes qualités militaires et lui valurent, le 26 avril 1837, le grade de capitaine. Passé la même année dans la province de Constantine, où le duc de Nemours et le général Damrémont se préparaient à laver un sanglant affront, il reçut, à l'assaut de cette place, un coup de feu à la jambe à côté du colonel Combes, vieux soldat de l'île d'Elbe dont il était officier d'ordonnance et qui fut lui-même mortellement blessé sur la brèche. Avant de quitter la vie, le colonel Combes recommanda le jeune capitaine au maréchal Vallée, comme un officier plein d'avenir.

Rentré en France en 1839 avec la croix, Canrobert fut chargé d'organiser pour la légion étrangère un bataillon tiré des bandes espagnoles refoulées avec Cabrera sur le territoire français. Grâce à sa persévérante activité, ces débris de guerre civile formèrent promptement une troupe capable de s'associer à nos combats. Au camp de Saint-Omer, en 1840, Canrobert rédige avec succès, par ordre du duc d'Orléans, un manuel militaire. En 1841, il retourne en Afrique avec le 6e bataillon de chasseurs à pied, et se signale au combat des cols de Mouzaïa et du Gontas, ainsi que dans la lutte opiniâtre contre les Beni-Menasser. Chef de bataillon au 15e léger le 22 mai 1842, il tient la campagne sur les rives du Cheliff à la tête du 5e bataillon de chasseurs, et, sous les ordres du général Gentil, prend part à l'affaire des Grottes, à celle des Sbéah et à plusieurs combats sur le Riou. En 1843, tantôt avec le 3e, tantôt avec le 5e bataillon de chasseurs, il accompagne le colonel Cavaignac dans l'expédition de l'Ouarensis, le général Bourjolly dans sa marche contre les Flittas, et dans le pays des Kabyles de Garboussa. Depuis deux ans officier de la Légion d'honneur, il est, en 1845, employé contre Bou-Maza par le colonel de Saint-Arnaud, succédant au colonel Cavaignac dans le commandement d'Orléansville. Les affaires de Bahl, d'Oued-Metmour, d'Oued-Gri, d'Oued-Senzig, le mettent brillamment en relief. Avec 250 baïonnettes, il tient tête à 4,000 hommes qui ne peuvent l'entamer. Lieutenant-colonel le 26 octobre, il se voit bloqué par des Kabyles dans la ville de Tenez, où il venait de remplacer le colonel Claparède, et se dégage par un coup hardi. En huit mois, il pacifie tout le pays soulevé, et, sur le terrain de ses conquêtes, il reçoit les épaulettes de colonel. Après avoir commandé le 2e de ligne, il passe, le 31 mars 1848, au 2e régiment de la légion étrangère et occupe Bathna. Mis par le général Herbillon à la tête d'une colonne chargée de châtier les montagnards de l'Aurès, il surprend l'ennemi au pied du Djebel-Chelia, le pousse l'épée dans les reins jusqu'à Kebech, dans l'Amar-Kraddou, et fait prisonnier le bey Ahmed. De retour à Bathna, il va prendre à Aumale le commandement du régiment de zouaves, et avec ces braves soumet les Kabyles et les tribus remuantes du Jurjura. En 1849, le choléra sévit sur les troupes qu'il conduit à Zaatcha. Il se multiplie, soigne les malades, encourage les blessés, relève le moral de tous, jette un renfort dans la ville de Bou-Sada bloquée, trompe l'ennemi qui lui barre le passage en annonçant qu'il porte avec lui la peste et qu'il la donnera à ses assaillants, attaque Zaatcha, monte le premier à l'assaut, voit périr à ses côtés 16 des 20 officiers et soldats qui l'ont suivi, s'empare de la ville, et reçoit en récompense sa nomination comme commandeur de la Légion d'honneur. Après le combat de Narah, il est élevé, le 13 janvier 1850, au grade de général de brigade, vient à Paris commander une brigade d'infanterie, est attaché en qualité d'aide de camp au président de la république, et nommé, le 14 janvier 1853, général de division. Trois mois après, il est appelé au commandement d'une division d'infanterie au camp d'Helfaut et désigné pour inspecter le 5e arrondissement de la même arme. Placé en dernier lieu à la tête de la 1re division d'infanterie de l'armée d'Orient, il y joua, depuis le commencement de la guerre, un rôle des plus actifs, soit en préparant la difficile opération du débarquement, soit en contribuant puissamment à la victoire de l'Alma, où il reçut une nouvelle blessure. Le maréchal Saint-Arnaud qui le connaissait bien, avait dans sa bravoure et ses talents une confiance absolue, et, avant son départ, le jeune général semblait lui-même pressentir, en se livrantau dépôt de la guerre à de profondes études sur le théâtre de l'expédition, qu'il lui était réservé de planter sur les murs de Sébastopol le drapeau de la France et de la civilisation.

A la suite de la chaude journée du 17 octobre, le général Canrobert adressa à l'amiral Hamelin la lettre suivante :

« Devant Sébastopol 18 octobre 1854.

« Mon cher amiral, en rentrant à mon bivouac, je m'empresse de vous adresser les remercîments de l'armée et le mien tout particulièrement, pour le vigoureux concours que vos vaisseaux lui ont prêté hier. Il ajoute à la dette que nous avons, d'ancienne date, contractée envers la flotte, et soyez sûr que, le cas échéant, tous s'empresseraient de l'acquitter.

« J'ai appris avec de vifs regrets que vous aviez perdu deux officiers de votre état-major, et qu'entre tous les vaisseaux qui ont fait des pertes, *la Ville-de-Paris* est celui qui a le plus souffert. C'est un honneur qui appartenait au vaisseau amiral, et je ne crains pas d'en féliciter vos officiers et votre équipage.

« Je ne terminerai pas cette lattre sans vous dire combien je suis satisfait de l'énergique conduite de vos marins à terre et de l'excellent esprit qui les anime.

« Recevez, etc. « *Signé :* CANROBERT. »

Pour donner une idée du bombardement de Sébastopol le 17 octobre, nous citerons ce fait que le vacarme était parfaitement entendu à Balaclava, éloignée de 56 kilomètres, et qu'un grand nombre de vitres furent brisées dans cette ville. Pendant la nuit, la pluie de boulets rouges, de fusées et d'obus, reflétée au loin dans la mer, offrait l'image de l'éruption d'un volcan. Près des remparts, la terre tremblait comme un drap qu'on secoue, et les boulets sifflaient en l'air comme des oiseaux de proie.

A la suite du bombardement, les travaux de siége continuèrent activement. Les francs tireurs commençaient à tuer avec leurs carabines Minié tous les artilleurs qui se montraient dans les batteries ennemies, en sorte que les Russes se virent obligés de faire servir leurs pièces par des soldats d'infanterie, et même plus tard par des forçats, dont, à l'aide de longues vues, on apercevait les têtes rases dans les embrasures. L'immense supériorité du tir des carabines des francs tireurs tient surtout à l'emploi d'un projectile allongé, rendu possible par deux modes différents de forcement, savoir : le forcement par *aplatissement*, par le choc de la baguette, et le forcement par *dilatation*, par l'action de la charge enflammée dans un creux réservé à la partie postérieure du projectile. Ce système est maintenant adopté en France pour l'armement des vingt bataillons de chasseurs à pied, les trois régiments de zouaves, pour l'infanterie de marine et pour les mousquetons de l'artillerie. Abattus par ce tir d'une étonnante précision, les Russes se gardaient bien de tirer à découvert; ils avaient, au contraire, établi des sortes de portières fermant leurs embrasures après chaque coup tiré ; mais cet obstacle n'arrêtait pas les francs tireurs. Calculant le temps que mettaient les artilleurs à charger, ils attendaient, l'arme au bras, que la portière s'ouvrît, et alors la tête ou le bras qui se montrait recevait immédiatement une balle. Cependant un vieux seigneur russe avait encore la témérité de faire traîner à bras, chaque jour, une pièce hors de l'enceinte, et de se donner le plaisir d'y mettre le feu lui-même; les servants tombaient à tout instant, mais il les remplaçait aussitôt. Comme il se couvrait d'un burnous blanc, afin de mieux attirer les regards, les Français le nommaient le *Singe blanc*. Un autre individu, placé en vigie au sommet d'un mât très-élevé pour pouvoir, de la ville, plonger dans les tranchées, était appelé le *Singe vert*. Ces deux personnages servaient de point de mire aux carabines. Les Russes faisaient travailler à leurs fortifications les femmes et les enfants ; on voyait les jeunes filles apporter des paniers remplis de terre : les Français avaient la galanterie de ne pas tirer sur ces travailleuses, et un motif d'humanité les portait aussi à épargner les enfants qu'on envoyait avec de petits tonnelets puiser de l'eau à un ruisseau hors de la ville. Précédemment, ils avaient accordé aux femmes et aux enfants l'autorisation de se retirer, et un grand nombre avait profité de cette permission pour fuir les horreurs du siége. Le général avait également fait demander au commandant de la place où étaient les hôpitaux, afin de les épargner. Malgré l'attention apportée à ne pas atteindre l'asile des malades et des blessés, les bombes mirent le feu à un grand hôpital, et 2,000 malheureux qui s'y trouvaient furent dévorés par les flammes. Il est juste de dire que, si les alliés déployaient en toute occasion ces procédés qui enlèvent à la guerre son cachet de barbarie, les officiers russes n'y étaient pas non plus complétetement étrangers. Le capitaine Duval de Dampierre, tombé, comme on l'a vu plus haut, au pouvoir de l'ennemi, ayant demandé à être conduit près d'un officier général russe, le pria de vouloir bien faire dire aux avant-postes français qu'il était prisonnier, mais sans blessures, afin de rassurer sa famille et ses amis. L'officier répondit avec courtoisie à M. de Dampierre qu'il avait pleine et entière confiance dans la loyauté des officiers francais, et qu'il n'hésitait pas à lui accorder l'autorisation d'aller lui-même donner de ses nouvelles à ses amis, à la condition qu'il s'engagerait à revenir immédiatement. M. de Dampierre accepta avec reconnaissance, et, peu d'heures après, il revenait dans les lignes des avant-postes russes dégager sa parole et reprendre sa captivité. Des deux côtés, du reste, les blessés et les prisonniers recevaient sans distinction de nation les mêmes soins et les mêmes égards.

Le 21 octobre, douzième jour de tranchée ouverte, l'assiégé fit une sortie pendant la nuit dans l'intention d'enclouer les batteries françaises; il pénétra dans les batteries 3 et 4. Déjà il avait encloué plusieurs pièces, lorsque les canonniers, sautant sur leurs armes, secondés par la garde de tranchée, et très-vigoureusement surtout par la 1re compagnie de voltigeurs du 74e, repoussèrent l'ennemi, qui laissa dans la tranchée bon nombre de morts et de blessés. Dans les combats qui eurent lieu le lendemain, les Anglais perdirent le lieutenant Ruthven et le lieutenant Greathead, deux braves officiers de marine. Le colonel Hood, des grenadiers de la garde, fut également frappé de mort. Le capitaine lord Dankellin, des gardes de Coldstream, fut fait prisonnier, et le duc de Saxe-Weimar reçut une blessure à la jambe.

Cependant, dans la crainte d'une éminente catastrophe, la Russie dirigeait vers la Crimée de nombreuses troupes pour faire diversion au siége en attaquant les armées alliées. Le 25 novembre, eut lieu une affaire importante que nous allons raconter avec quelques détails :

Les alliés occupaient entre Sébastopol et Balaclava une ligne très-fortement retranchée, formée par des collines naturelles. En bas de ces retranchements, et à peu près en droite ligne à travers la vallée, sont quatre monticules s'élevant successivement l'un plus haut que l'autre, et dont le dernier et le plus élevé, qui rejoint la chaîne de montagnes en face, est appelé mont Canrobert, parce que c'est là que le général français joignit le général anglais après la marche sur Balaclava. Chacun de ses monticules était occupé par les Turcs, parce qu'il n'y avait pas d'autres troupes disponibles Les Turcs avaient élevé quelques retranchements en terre, et sur chacune de ces positions étaient deux ou trois canons. C'étaient des gros canons de la flotte, que les Anglais avaient prêté aux Turcs, en ayant soin toutefois d'attacher à chaque redoute un artilleur anglais. Il était évident que Menschikoff et Gortschakoff avaient tâté cette route depuis quelques jours, et probablement quelques Cosaques étaient venus de nuit observer la faiblesse d'une position trop étendue pour que l'armée alliée pût la défendre, et occupée par leurs ennemis méprisés, les Turcs ; car en dépit de tous les échecs qu'ils ont éprouvés sur le Danube, les Russes continuent à avoir le plus ineffable mépris pour les champions du croissant.

Vers sept heures et demie du matin, un officier d'ordonnance arriva au quartier général prévenir qu'un fort parti de cavalerie russe, soutenu par de l'infanterie et de l'artillerie, était descendu dans la vallée, et avait déjà à peu près expulsé les Turcs de la redoute n° 1, c'est-à-dire la plus éloignée, celle du mont Canrobert, et que le feu était ouvert sur les trois autres redoutes, qui seraient bientôt prises si les Turcs ne les défendaient pas mieux. Le général Cathcart et le duc de Canbrige reçurent l'ordre de se mettre en mouvement avec leurs divisions, et en même temps le général Canrobert donna l'ordre au général Bosquet d'appuyer les Anglais dans la vallée avec de l'artillerie et 200 chasseurs d'Afrique. Le général Colin Campbell avait déjà rangé ses Highlanders en bataille sur la route de Balaclava. La cavalerie anglaise, commandée par lord Lucan, était en mouvement; les hommes avaient à peine eu le temps de se mettre en selle. Il était clair qu'il ne fallait pas compter sur l'infanterie ni sur l'artillerie turques. Tout ce qu'on avait raconté sur leur bravoure derrière des remparts prouve seulement combien les mêmes hommes sont différents dans des circonstances différentes. Quand les Russes avancèrent, les Turcs leur tirèrent quelques coups de feu, prirent peur en voyant la distance à laquelle étaient les renforts, regardèrent autour d'eux, firent quelques décharges, puis filèrent avec une agilité tout à fait incompatible avec les idées qu'on se forme vulgairemens sur l'attitude des Orientaux dans un champs de bataille. Mais les Turcs sur le Danube paraissaient des êtres très-différents des Turcs en Crimée, de même que les Russes de Sébastopol ne ressemblaient pas du tout aux Russes de Silistrie.

« Les Russes avançaient donc, précédés par une ligne régulière d'artillerie forte d'environ vingt pièces. Deux batteries d'artillerie légère étaient encore à un mille en avant; puis, en arrière et précédant l'infanterie, venaient d'énormes masses de cavalerie formant six carrés compactes, et faisant étinceler la vallée de l'éclat de leurs sabres, de leurs lances, et de leurs brillants uniformes. Ayant enlevé la redoute n° 1, les Russes donnèrent la chasse aux Turcs dans l'intervalle qui la séparait du n° 2. Du haut de la première redoute, ils tournèrent contre les Anglais leurs propres canons, et le régiment des montagnards fut obligé de se replier un peu plus loin. En même temps la cavalerie ennemie avançait rapidement sur la seconde redoute. « A notre inexprimable dégoût, dit un des acteurs de ce drame, nous vîmes les Turcs de la seconde redoute prendre la fuite à leur approche. Ils coururent en groupes épars vers la redoute n° 3 et du côté de Balaclava, mais les Cosaques allaient encore plus vite qu'eux, et le sabre et la lance se donnèrent du jeu dans la troupe en déroute. On entendait distinctement les cris des fuyards et des poursuivants. Les lanciers et la cavalerie légère des Russes avançaient en excellent ordre, et les éclaireurs se rassemblaient et reformaient des colonnes compactes. Puis arriva l'artillerie, et alors les artilleurs envahirent la seconde redoute abandonnée, et bientôt les canons du n° 2 envoyèrent des volées meurtrières aux défenseurs découragés du n° 3. Nous voyons répondre deux ou trois coups de canon, puis tout se tait. Les Turcs se sauvent en désordre du côté de la ville, tirant en se sauvant leurs coups de fusil sur l'ennemi. De nouveau, la colonne compacte de cavalerie s'ouvre et s'étend comme un éventail, et se transforme en éclaireurs; ils tombent sur les fuyards, les sabres brillent, et les pauvres Turcs jonchent la plaine. Il est clair que les Russes sont allés plus vite que nous. Les Turcs aussi sont allés trop vite, car ils n'ont pas tenu assez longtemps pour que nous pussions arriver à leur secours... »Les Turcs continuèrent ainsi leur marche jusqu'à ce qu'ils fussent arrivés à l'abri des Écossais, et alors ils se formèrent en compagnies sur leurs flancs. Les montagnards attendaient avec calme l'approche de l'ennemi. La cavalerie russe se rassemble et se resserre de nouveau, puis tout d'un coup fait une charge furieuse sur la ligne rouge des Écossais. A la distance de six cent mètres, les montagnards font feu; mais c'était de trop loin, et l'élan des Russes n'est pas arrêté. On attendait le choc avec anxiété, mais à la distance de cent cinquante mètres, les Écossais renouvellent un feu général de leurs carabines Minié, et jettent la terreur et la déroute dans les rangs de l'ennemi. Les Russes tournent et s'enfuient au galop; et les armées qui des hauteurs assistent à cette scène crient : *Bravo, Highlanders*. Le général Campbell, pour recevoir la charge, n'avait point jugé nécessaire de changer la disposition de ses rangs, qui, selon le système anglais, n'étaient que de deux hommes en profondeur.

« Maintenant allait venir la rencontre des deux cavaleries. Les Russes, visiblement un corps d'élite, avec leurs habits bleu clair brodés en argent. et soutenus par des dragons, avançaient au petit galop. Bientôt ils firent halte, leur première ligne était deux fois aussi longue, trois fois aussi profonde que celle des Anglais; en arrière était une seconde ligne pareille. Du haut des collines on pouvait, comme du haut d'un amphithéâtre, embrasser toute la scène. Lord Raglan, son état-major et son escorte, des groupes d'officiers, des généraux français, des zouaves et quelques corps d'infanterie française étaient là à regarder. Presque tous étaient descendus de cheval et s'étaient assis; on ne disait pas une parole. Les trompettes résonnèrent, et les Ecossais gris et les dragons d'Enniskillen chargèrent.

Tournant un peu à gauche pour défoncer la droite des Russes, les gris se précipitent en poussant un cri qui fait frissonner tous les cœurs, et au même instant y répond le cri des Enniskillen. Comme la foudre traverse le nuage, ainsi ils passent à travers les masses noires des Russes. Le choc ne dura qu'un instant. Il y eut un bruit d'acier et un miroitement de lames dans l'air, puis les gris et les rouges disparaissent au milieu des colonnes défoncées. Aussitôt on les voit sortir de l'autre côté, un peu diminués et rompus, et fondant sur la seconde ligne qui s'avance contre eux. Ce fut un moment terrible. On cria : « Dieu les protége! ils sont perdus! » Avec un indomptable élan, les nobles cœurs fondirent sur l'ennemi; c'était une bataille de héros. La première ligne des Russes, qui s'était ralliée, revenait sur eux pour les envelopper. Déjà les chevaux gris et les habits rouges apparaissaient de l'autre côté après avoir encore traversé la seconde ligne, lorsque, avec une force irrésistible, les dragons à leur tour fondent sur la première ligne, la traversent comme du carton, tombent sur la seconde ligne déjà rompue et la mettent en pleine déroute. Une acclamation d'enthousiasme jaillit de toutes les bouches ; officiers et soldats ôtent leurs chapeaux et les agitent en l'air, et sur tout l'amphithéâtre éclatent des salves répétées d'applaudissements. Lord Raglan envoie sur-le-champ féliciter le brigadier général Scarlet ; le vaillant vieil officier était radieux de joie en recevant ce message, et il dit à l'aide de camp : « Veuillez faire tous mes remercîments à Sa Seigneurie. » Il était onze heures, et le général Canrobert, avec son état-major, vint trouver lord Raglan et le félicita sur la magnifique charge de sa cavalerie. On croyait à une bataille générale dans la journée, et les deux généraux en chef tinrent conseil. Ce fut à cet instant qu'eut lieu un fatal épisode qui coûta bien cher à la cavalerie légère anglaise. Les Russes, en se retirant, avaient laissé de l'infanterie dans trois des redoutes qu'ils avaient prises, en abandonnant la quatrième. Ils avaient aussi placé des canons sur les hauteurs à leur gauche. Leur cavalerie joignait leurs réserves en six divisions compactes, derrière lesquelles étaient six bataillons d'infanterie et environ 30 canons. Les canons pris aux Turcs étaient des canons anglais, et naturellement on tenait à ne pas les laisser à l'ennemi. Un officier d'état-major, le capitaine Nolan, apporta à lord Lucan, qui commandait la cavalerie, l'ordre de les reprendre s'il était possible. C'est à cette occasion qu'il y eut un fatal malentendu. Le général ne comprit peut-être pas exactement l'ordre qui lui était envoyé, et crut qu'il fallait attaquer à tout hasard. Il trouva cet ordre insensé, mais il devait obéir. Il donna à son tour l'ordre à lord Cardigan de charger les canons. Pour arriver jusque-là, il y avait à faire un mille et demi à travers la plaine. La brigade, forte de 600 hommes, marche en avant en essuyant des volées de canon et de mousqueterie des redoutes. « Nous ne « pouvions, dit un témoin, en croire nos yeux. Est-ce que cette poignée « d'hommes allait réellement charger une armée rangée en bataille ? Hélas ! « ce n'était que trop vrai. » Du haut des collines, on les voyait marcher au-devant d'une mort certaine. A leur approche, les trente pièces d'artillerie russe vomissent un flot de flammes, de fumée et de fer ; les rangs sont décimés, les hommes tombent, les chevaux s'échappent. Mais les Anglais ne s'arrêtent pas, et, dans un élan irrésistible, ils arrivent jusque sur les pièces et sabrent tous les artilleurs. Au moment où, décimés et dispersés, ils faisaient leur retraite, ils sont pris en flanc par un régiment de lanciers, puis se trouvent au milieu d'un corps d'infanterie qui tire sur eux à bout portant. A peine se sont-ils fait un passage, qu'ils sont salués par le feu plus meurtrier encore des batteries. On ne comprend pas comment un seul homme put échapper à cette boucherie. Sur les 600 hommes il n'en revint que 180 ! »

Un officier, qui était de cette meurtrière affaire, écrivait une lettre dont voici quelques passages :

« Avant de partir, nous voyions clairement que c'était un coup désespéré ; ce fut pire encore que nous ne pensions. En face de nous étaient de la cavalerie et 9 canon ; pour y arriver, il nous fallait traverser la vallée ; des deux côtés, l'ennemi avait placé de l'artillerie et de l'infanterie avec des carabines Minié. Toutefois il [illegible] d'hésitation ; nos hommes partirent au galop, avec le feu devant eux et le feu sur leurs deux flancs qui renversait hommes et chevaux par douzaines. Pas un ne broncha. Nous allâmes tout droit; nous sabrâmes sur leurs pièces les artilleurs, qui avaient fait feu jusqu'à ce que nous fussions à sept ou huit mètres d'eux; puis nous continuâmes à travers une seconde ligne de cavalerie, que nous rejetâmes sur la troisième ligne. Mais là il nous fallut faire halte; les Russes se formèrent sur quatre en profondeur; nos hommes et nos chevaux brisés ne purent les entamer, d'autant plus que de la cavalerie toute fraîche venait nous prendre par derrière. Il nous fallut la traverser pour retourner à nos lignes, criblés en même temps par l'artillerie et la mousqueterie. Ce fut un cruel moment, quand, après avoir pris les canons et culbuté la cavalerie, je me retournai et vis que nous n'avions pour soutien que notre pauvre petite brigade presque anéantie. Et quand les Russes se formèrent sur une quadruple ligne, je vis que c'était fini, et je criai à nos hommes de se rallier.... »

Telle fut cette affaire du 25 octobre, dans laquelle les Anglais ont fait des pertes cruelles, mais qui les a couverts de gloire aux yeux des deux armées. Sur 600 hommes d'infanterie légère engagés, il en revint 200; il y eut 9 officiers tués, 21 blessés et 4 manquant à l'appel. Le 17e lanciers avait été presque complétement anéanti. Les pertes des Turcs furent considérables. Les Russes entonnèrent dans Sébastopol un grand *Te Deum* pour ce qu'ils appelaient leur victoire; mais leur joie ne fut pas de longue durée. Le lendemain, 26, ils voulurent faire une attaque sur la droite du corps de siége anglais. 7 à 8,000 hommes, avec 8 pièces, se présentèrent du côté d'Inkermann. Sir Evans était prêt à les recevoir. Les Anglais les laissèrent approcher à trente pas de leur batterie. Ce qui eut lieu ensuite fut terrible. L'action ne dura que quelques instants. Les Russes s'enfuirent en laissant sur le terrain 900 morts ou blessés; les Anglais n'eurent que 50 morts et une centaine de blessés. Les Russes fuyaient en pleine déroute vers la ville; alors une batterie anglaise, renforcée de 2 pièces de 68, prit en flanc cette masse de fuyards et chacun de ses boulets y fit une épouvantable trouée.

Les troupes russes, sans cesse grossies par des renforts, harcelaient sur tous les points les alliés en combinant leurs attaques avec les sorties de la garnison. Plusieurs attaques furent dirigées par eux contre Eupatoria. Depuis le débarquement de l'armée française en Crimée, la ville d'Eupatoria fournissait à l'armée de terre et à la flotte de grandes ressources; il était donc d'un véritable intérêt de conserver cette place. Eupatoria, plus connue sous le nom de Kozloff, est une ville du littoral occidental de la Crimée, et à gauche dans une baie largement échancrée qui porte le même nom. C'est, dans toute l'acception du terme, une ville turque. La plupart des rues sont étroites, salles et tortueuses; les maisons sont basses, en briques et en clayonnage, et n'ont d'ouvertures que sur des cours et des jardins.

Ses édifices se bornent à plusieurs bazars presque déserts, à quelques mosquées, une église orthodoxe, un palais du gouvernement. La ville est située sur un promontoire faisant saillie sur la mer. Elle était autrefois fortifiée, mais ses fortifications furent détruites par les Moscovites. Le voisinage d'Odessa porta un coup funeste au commerce d'Eupatoria, autrefois très-florissant; avant l'entrée des Russes dans la Crimée elle avait plus de 30,000 âmes; c'était, après Kaffa, la plu puissante cité de la presqu'île, et l'une des plus riches et des plus importantes places de la mer Noire. Le recensement fait en 1851 n'accuse plus que 8,200 âmes. La calle est magnifique. L'eau y est assez profonde jusqu'à un kilomètre du rivage, où le fond commence à décroître. A cette distance un homme peut gagner terre, n'ayant de l'eau que jusqu'à la ceinture. La ville était occupée par les Français sous les ordres du commandant Osmont, du corps d'état-major, et par les Anglais commandés par le capitaine de vaisseau Brock. Il y avait aussi quelques troupes turques. Des fortifications élevées à la hâte avaient fait de la ville un poste de campagne. Le 11 octobre, les Russes l'attaquèrent pour la première fois et furent repoussés. Le lendemain ils revinrent à la charge. Une division entière de cavalerie, composée d'un régiment de dragons, un régiment de lanciers et 4 régiments de cosaques réguliers, avec 4 pièces d'artillerie, vint se déployer à peu de distance de la ville, et l'artillerie, se mettant en batterie, commença une vive canonnade contre les ouvrages de défense. Ce fut contre la partie de l'enceinte défendue par les Français que fut dirigée l'attaque. Pour tenir tête à des forces aussi considérables, le commandant Osmont n'avait que deux compagnies du régiment d'infanterie de marine et la compagnie de débarquement de *l'Iéna*, venues pour renforcer la garnison avec 2 obusiers de montagne. Mais ces intrépides soldats ne se laissèrent ébranler ni par le feu de l'artillerie, ni par le nombre des ennemis couvrant toutes les hauteurs environnantes. Répondant à l'ennemi par des coups bien dirigés, protégés ensuite par une pièce anglaise qui vint jusque dans les moulins voisins de la ville pour contre-battre les pièces russes, ils arrêtèrent la marche des assaillants et les forcèrent à battre en retraite. Ainsi, par leur bonne contenance, quelques hommes résolus parvinrent à contraindre toute une division ennemie, armée d'artillerie, à renoncer à l'attaque d'une ville presque ouverte et protégée seulement par quelques ouvrages faits à la hâte.

Le 5, de grand matin, une armée russe, forte d'environ 40,000 hommes, dont 30,000 étaient des renforts arrivés la veille, sous le commandement du général Dannenberg et des grands-ducs Michel et Alexandre, profitant d'un brouillard des plus intenses, se porta à Inkermann sur les extrêmes limites anglaises et les attaqua avec vigueur.

Le général Cathcart réunit environ 8,000 hommes, qu'il opposa aux Russes, et depuis plus de deux heures cette poignée de braves luttait avec la plus héroïque intrépidité contre une armée si supérieure en nombre, lorsque des troupes françaises arrivèrent en toute hâte, et se joignant, dans un admirable élan de fraternisation, aux Anglais, opposèrent à l'ennemi un corps de 3,000 hommes environ, qui chargèrent, un contre cinq, les masses russes, et les repoussèrent avec la plus irrésistible impétuosité.

La brigade Monet arriva bientôt après, et son arrivée acheva la déroute des Russes, qui se retirèrent en désordre vers quatre heures de l'après-midi.

Pendant cet engagement, 8,000 hommes de la garnison de Sébastopol faisaient une sortie et attaquaient quelques compagnies de soutien des lignes françaises, qui ne se trouvaient plus alors qu'à 100 mètres de la place.

Le général de Lourmel se porta aussitôt, avec quelques bataillons, au secours de ces compagnies qui soutenaient avec intrépidité l'attaque, repoussa les Russes, et, les mettant en fuite, les poursuivit jusqu'à vingt pas du bastion de la Quarantaine.

Là une blessure mortelle le força à s'arrêter, et les Russes purent se réfugier dans la place.

Dans ces deux affaires, les Russes ont eu, entre tués et blessés, plus de 15,000 hommes hors de combat. Parmi les morts était le général Seymonoff. Les pertes des armées alliées s'élevèrent à environ 3,000 hommes, entre tués et blessés.

Les généraux anglais Georges Cathcart, Strangways et Goddie périrent sur le champ de bataille; les généraux Brown, Bentink, Bullan et Forens, furent blessés. Les alliés eurent 15 canons démontés,

Suite des batailles de Balaclava et d'Inkermann. — Bataille d'Indjédéré, en Asie. — Tempête du 14 novembre. — Perte de vaisseaux anglais et français. — Trait d'alliance entre l'Autriche, l'Angleterre et la France. — Hivernage des troupe alliées.

La bataille d'Inkermann et les conséquences graves qu'un succès de l'armée russe pouvait avoir pour le siége de Sébastopol méritent de sérieuses réflexions. Il ne s'agissait de rien moins pour les Russes que de faire lever de vive force le siége de Sébastopol : tel était l'ordre formel du czar, et ce plan fut au moment de réussir. Les Anglais, au nombre de 8,000 seulement pendant les premières heures, se sacrifièrent héroïquement au salut de la grande opération du siége, et les bataillons français accourus bientôt sur le théâtre du carnage décidèrent par leur fougueux élan la victoire que préparait l'admirable solidité des troupes anglaises. La combinaison des qualités particulières aux soldats de l'une et de l'autre nation, la noble émulation et la parfaite fraternité d'armes qui règnent entre eux paraissaient les avoir rendus invincibles.

Les généraux Menschikoff et Dannenberg, accompagnés des deux jeunes grands-ducs, faisaient avancer leurs épaisses colonnes par l'étroite vallée de la Tchernaïa, contre la droite des Anglais, à la petite pointe du jour et à la faveur d'un brouillard pluvieux. Le camp anglais s'appuie à une hauteur qui devenait la clef de la position. Si les Russes parvenaient à s'en emparer, ils descendaient comme un torrent sur le terrain du siége, coupaient les communications de l'armée assiégeante avec Balaclava, et prenaient à revers la ligne de circonvallation, pendant que le général Liprandi, pénétrant par la route de Balaclava, faisait sa jonction avec le reste de l'armée russe, entre cette ligne et celle des tranchées. Si cette grande et habile manœuvre réussissait, l'armée combinée, attaquée à dos, était forcée d'abandonner ses travaux de siége et de se faire jour au travers de l'armée ennemie pour regagner les deux ports de dépôt, Balaclava et la baie de Kamieh. Dès lors, chacune des deux armées alliées pouvait se trouver acculée à la mer.

Tel était le plan d'opération des Russes, comme ils en sont convenus eux-mêmes depuis, plan un peu ambitieux peut-être, mais savamment concerté à Saint-Pétersbourg, et, dit-on, par l'empereur Nicolas lui-même, qui envoyait deux de ses fils en Crimée pour en assurer l'exécution par tous les moyens imaginables.

Nous disions que le plan russe fut sur le point de réussir et qu'il se serait développé rapidement avec des conséquences désastreuses pour l'armée assiégeante sans la ténacité opiniâtre des troupes anglaises. Mais une faute avait été commise dans cette armée. Les ingénieurs anglais ou l'état-major avaient négligé de fortifier convenablement la hauteur qui couvre leur droite; il n'y avait là qu'une petite redoute pour deux canons seulement, et d'un relief insuffisant pour mettre une grand'garde à l'abri de l'escalade. Cette hauteur fut occupée facilement et dès le principe de l'action par les Russes.

Quelques mots sur la topographie du terrain feront comprendre comment l'occupation de cette hauteur a compromit cruellement les braves troupes anglaises et toute l'opération du siége pendant deux grandes heures, car les heures sont longues sous les balles et la mitraille. Devant la droite des Anglais s'étendait le marécage de la Tchernaïa; leur droite était dominée par la hauteur dont nous parlons. A la suite de cette hauteur, jusqu'auprès de Balaclava règne une ligne de monticules d'un escarpement inaccessible où étaient établies les redoutes et les autres fortifications de campagne destinées à couvrir le siége du côté de l'ennemi, et où campaient les deux divisions d'observation. Sur toute cette ligne, la hauteur du camp anglais était la seule accessible et surtout la seule où l'ennemi pût amener du canon.

Or elle n'était défendue sur son plateau que par une étroite redoute, avons-nous dit, redoute inachevée, insuffisante, dépourvue même de banquettes pour faire la fusillade par-dessus le parapet, de sorte que les Russes, quand ils vinrent l'attaquer, pouvaient se tenir en dehors contre l'épaulement, sans avoir un seul coup de fusil à craindre. Une fois maîtres de cette redoute impossible à défendre, les Russes y montèrent une nombreuse artillerie qui foudroya à volonté le camp anglais situé au bas, pendant que des colonnes serrées descendaient avec impétuosité jusque sur ce même camp. C'est alors que 8,000 Anglais soutinrent avec un courage désespéré, ou, pour mieux dire, avec une solidité inébranlable les assauts terribles et redoublés des masses russes que secondait une artillerie formidable. Après deux heures de cette lutte gigantesque, les Français, appelés des extrémités de la ligne, parurent à leur tour sur le flanc des Russes, et les chargèrent à la baïonnette, pendant que les Anglais les chargèrent de même avec la plus grande vigueur. La hauteur et sa redoute étaient ensuite attaquées par les alliés, énergiquement défendues par les Russes, prises et reprises trois fois, et reconquises enfin tout à fait.

En même temps que ces sanglants épisodes avaient lieu à l'extrême droite, la garnison exécutait contre l'extrême gauche des tranchées occupées par les Français une sortie très-vigoureuse qui fut repoussée d'une manière brillante par le brave de Lourmel, ce jeune général d'un si grand avenir, dont l'armée pleure aujourd'hui la mort. Cette sortie, combinée avec l'attaque de la droite, montre bien le plan des généraux russes. S'ils avaient pu passer sur le corps des Anglais et déborder ainsi en arrière des tranchées, il eût fallu évacuer la ligne des travaux et abandonner le matériel de siége. La gauche, voyant la droite en retraite, eût été contrainte de se retirer devant la sortie, tout en combattant. Liprandi venait alors se joindre au gros de l'armée russe sur ce terrain, comme nous l'avons dit plus haut.

Il n'y a pas lieu de penser toutefois que les Russes auraient pu accomplir leur projet de nous refouler sur la côte. L'armée combinée aurait pris position sur les grands coteaux qui s'élèvent en arrière des tranchées et où campaient les troupes françaises; là on eût disputé la bataille. Mais les travaux et le matériel de siége étaient forcément abandonnés pour le moment. Aussitôt la place faisait sortir plusieurs milliers de travailleurs tout prêts, armés de pelles et de pioches, qui auraient comblé les tranchées, démoli les batteries, et rasé en quelques heures le travail de vingt-deux jours.

Grâce à l'énergie des Anglais et à l'impétuosité des Français, une bataille qui pouvait embrasser un vaste terrain a été contenue, concentrée sur les pentes et le sommet d'une hauteur où les forces russes ne pouvaient se déployer, mais où le poids et l'impulsion de leurs masses compactes pouvaient sembler irrésistibles à des troupes moins vaillantes que les alliés. Dans les luttes corps à corps qui s'engagèrent à ce moment, il fallut en quelque sorte démolir homme par homme ces colonnes massives pour y faire brèche, les rompre et les forcer à la retraite. Les soldats russes se battirent aussi très-bien, mais, à vrai dire, passivement et sans intelligence. C'est ce dont conviennent eux-mêmes les officiers russes prisonniers. Les généraux russes et une partie des officiers entendent la guerre et la font très-bien; mais leurs soldats n'ont pas la mobilité, la rapide intelligence et l'élan des nôtres. Les généraux russes, pour suppléer à ce qui manque de ce côté à leurs soldats, font la guerre à coups d'hommes; ils les sacrifient par milliers, comme on l'a vu à Silistrie et à Inkermann. Un ordre impératif leur parvient de prendre Silistrie, de rejeter les Anglais et les Français dans la mer : dès lors les généraux russes ne ménagent rien, car la faveur du maître est tout à leurs yeux, et il leur faut le succès à tout prix.

Mais les attaques redoublées, le courage et tous les efforts des soldats russes à Silistrie et à Inkermann échouèrent malgré les généraux, malgré les deux princes, qui repartirent pour Odessa après avoir assisté à une sanglante défaite. Les forces déployées par les Russes dans la bataille ont été évaluées à environ 70,000 hommes, en y comprenant la division Liprandi qui menaçait la ligne de Balaclava, et la sortie exécutée par la garnison de Sébastopol sur la gauche des travaux. Il est avéré également que 18,000 hommes seulement de l'armée alliée se sont trouvés engagés contre les masses de l'ennemi, 15,000 Anglais et Français à la droite, et 3,000 Français à la gauche.

La perte des Russes a été évaluée au chiffre énorme de 15,000 hommes, ce qui paraîtrait incroyable sans la preuve que l'on a pu en acquérir par les 5,000 morts comptés et enterrés sur le champ de bataille par les alliés, ce chiffre comportant au moins 10,000 blessés Les Russes firent d'abord retraite en bon ordre et avec lenteur, emmenant toute leur artillerie, s'arrêtant souvent pour faire front et protégés par leurs batteries mobiles. Mais à partir des derniers mamelons jusqu'au pont de la Tchernaïa, qu'il fallait traverser, ils trouvèrent sur un terrain découvert, en prise à la mousqueterie de nos hommes, qui avaient gravi un mamelon à leur suite, et foudroyés par six batteries anglaises et françaises (36 pièces ou obusiers) vomissant la mort sur ces masses entassées dans un étroit espace. C'est là que les Russes perdirent le plus de monde. Leur retraite alors devint tumultueuse et désordonnée aux abords du pont. Outre le feu très-vif de mitraille et de mousqueterie qui les décimait cruellement, les queues de leurs colonnes désunies furent chargées sur la fin par les chasseurs d'Afrique, sabrant les traînards. Toutes ces circonstances expliquent les pertes énormes attribuées à l'ennemi.

Aussi depuis cette bataille les généraux russes ne voulaient plus rien hasarder contre une armée qui avait si bien constaté sa supériorité militaire, malgré son infériorité numérique.

Le journal des *Débats*, qui a fourni ces renseignements sur l'ensemble de la bataille, d'après les journaux anglais, en a donné des détails avec leurs particularités et même tout leur pittoresque. Bien que ces narrations n'ajoutent rien aux faits principaux, le lecteur nous saura gré de lui faire connaître ces terribles scènes de fureur corps à corps, cette boucherie à la baïonnette, ainsi que les monceaux hideux de cadavres gisant par milliers sur une terre sanglante. On se sent le cœur serré à de pareils tableaux. Mais que dire? c'est la guerre.

« Il avait plu presque sans interruption pendant la nuit, et le matin ne nous promettait pas la fin des averses qui étaient tombées pendant les vingt-quatre heures précédentes. Au point du jour, un brouillard épais couronnait les hauteurs et couvrait la vallée d'Inkermann. Les grand'gardes et les sentinelles avancées étaient transpercées, leurs armes étaient humides, en dépit de toutes les précautions. Le brouillard et la pluie étaient si épais que l'on pouvait à peine voir à six pieds devant soi. A quatre heures du matin, on entendit les cloches des églises de Sébastopol qui sonnaient, mais on est si habitué à les entendre, qu'on n'y fit pas attention. Pendant la nuit cependant, un sergent de la division légère, qui était de service aux avant-postes, avait cru entendre comme un bruit de roues dans la vallée, comme si des voitures essayaient de gravir les hauteurs sur lesquelles il était lui-même posté. Il rendit compte du fait au major Bunbury ; mais on supposa que le bruit qu'il avait entendu venait de chariots de munitions et d'arabas allant à Sébastopol par la route d'Inkermann.

« Personne n'imagina que des masses énormes de Russes essayaient à ce moment même d'escalader les hauteurs à pic qui dominent la vallée d'Inkermann, sur le flanc de la 2e division, que l'on n'avait pas encore songé à couvrir autrement. Tout était repos et sécurité. Quant aux troupes, endormies dans le camp, elles étaient bien loin de croire qu'un ennemi adroit et infatigable amenait en ce moment sur les hauteurs une artillerie formidable destinée à jouer sur les tentes aussitôt que les premiers rayons du jour permettraient de pointer les pièces.

« Il était un peu plus de cinq heures, ce matin, lorsque le brigadier-général Codrington visita, selon sa coutume, les gardes avancées de sa brigade de la division légère. On lui dit que tout allait bien, et le général eut un instant de conversation avec le capitaine Preytman, du 33e régiment, qui était de service, et dans laquelle il remarqua qu'il ne serait pas fort étonnant que les Russes profitassent de l'obscurité du matin pour attaquer notre position, en calculant comme ils le devaient faire sur les effets de la pluie qui devait naturellement engourdir notre vigilance et faire rater nos fusils. Le brigadier, qui a fait toutes ses preuves en tant qu'officier brave, résolu et intelligent, tourna alors la tête de son cheval pour rentrer dans son camp. Il avait à peine fait quelques pas qu'un feu de mousqueterie assez vif éclata dans le fond de la vallée sur la gauche des grand'gardes de la division légère. C'était là que se tenaient les postes avancés de la 2e division.

« Le général se retourna aussitôt du côté du feu, et, lorsqu'il eut reconnu d'où il venait, il se lança au galop pour aller réveiller lui-même sa division. Les Russes avançaient en force. Leurs grandes capotes grises les rendaient presque invisibles au milieu du brouillard, même à quelques pas de distance. Les sentinelles de la deuxième division avaient à peine signalé les masses d'infanterie qui avançaient, escaladant les hauteurs escarpées sur lesquelles nous étions établis, qu'un feu violent de mousqueterie les força à se replier, mais en défendant le terrain pas à pas et en soutenant leur feu aussi longtemps qu'il leur resta une cartouche pour répondre à l'ennemi. Les postes avancés de la division légère furent ensuite attaqués et obligés à leur tour de battre en retraite ; il n'y avait plus à douter qu'une sortie très considérable était dirigée sur la droite des positions occupées par les armées alliées, dans le but de les forcer à lever le siége, et, s'il était possible, de les rejeter dans la mer.

« En même temps que l'attaque commençait de ce côté, une démonstration était faite dans la vallée de Balaclava par l'infanterie, la cavalerie et l'artillerie réunies, afin d'attirer sur ce point l'attention des Français campés sur les hauteurs qui le dominent ; mais tout se borna à quelques coups de canon et de fusil qui ne produisirent aucun effet, et l'ennemi se contenta de déployer sa cavalerie en bataille soutenue par l'artillerie prête à attaquer les hauteurs et à couper la retraite à nos troupes si la grande attaque réussissait.

« Un télégraphe avait été placé sur les hauteurs d'Inkermann en rapport avec un autre qui occupait le sommet de la colline, centre des positions russes dans la vallée de Balaclava : c'était par là qu'on devait annoncer notre défaite à la cavalerie; de semblables mesures avaient été prises du côté de Sébastopol pour encourager en temps opportun la garnison à faire une sortie générale sur tous nos ouvrages. Tout ce qui pouvait enchaîner la victoire à leurs aigles, si toutefois ils en ont, avait eté mis en œuvre par les généraux russes.

« Le triste aspect de la matinée n'avait pas changé. Des averses de pluie tombaient à travers le brouillard et faisaient du terrain un marécage labouré par les boulets des Russes, qui, ayant sans doute calculé à l'avance la portée de leurs canons, tiraient avec la plus grande vivacité, mais aussi avec une certitude funeste à nos colonnes. Tandis que toute l'armée se mettait en mouvement, le duc de Cambridge ne restait pas en arrière et amenait en ligne la brigade des gardes, commandée par le brigadier Bentinck : tout ce qui lui restait en réalité de sa division, les Highlanders étant à Balaclava avec sir Colin Campbell. Ces magnifiques troupes s'élancèrent au front de bataille avec la plus admirable ardeur, à la droite de la 2e division, prenant position sur le sommet d'une élévation que de leur côté les Russes essayaient de gravir en masse et en aussi bon ordre que le terrain le permettait. La 3e division, commandée par sir Richard England, se forma en réserve, et une partie des régiments qui la composent, le 50e, le 28e et le 4e étaient engagés avec l'ennemi avant la fin de la bataille.

« Alors commença une des plus sanglantes mêlées qu'on ait vues depuis que le fléau de la guerre est déchaîné sur le monde. Des écrivains militaires ont mis en doute qu'aucune troupe ait jamais reçu une charge à la baïonnette; mais dans cette journée, la baïonnette a été souvent la seule arme employée. Nous avons aimé à nous persuader qu'aucun ennemi ne ferait face sans fléchir au soldat anglais faisant usage de son arme favorite, et qu'à Maïda seulement l'ennemi avait osé croiser la baïonnette avec lui : mais à la bataille d'Inkermann nous n'avons pas seulement fait des charges inutiles, nous n'avons pas seulement vu des chocs désespérés entre des masses d'hommes luttant avec la baïonnette, nous avons encore été obligés de résister baïonnette à baïonnette à des masses d'infanterie russe qui revenaient sans cesse à la charge et qui s'élançaient sur nos bataillons avec la fureur et la résolution la plus incroyable. La bataille d'Inkermann défie toute description. Ç'a été une série d'actes d'héroïsme terribles, de combats corps à corps, de ralliements découragés, d'attaques désespérées dans des ravins, dans des vallées, dans des broussailles, dans des trous cachés aux yeux des humains et d'où les vainqueurs, Russes ou Anglais, ne sortaient que pour se lancer de nouveau dans la mêlée, jusqu'au moment où notre ancienne supériorité si vigoureusement assaillie brilla d'un nouvel éclat par une nouvelle victoire jusqu'au moment où les bataillons du czar cédèrent devant notre solide courage et le chevaleresque élan des Français. Personne, en quelque endroit qu'il eût été placé, n'aurait pu voir même une faible partie des épisodes de cette glorieuse journée, car les vapeurs de l'atmosphère, les brouillards et la pluie obscurcissaient si profondément le ciel sur le point où la lutte s'est livrée, qu'il était impossible de rien discerner à quelques pas de soi. De plus, l'aspect irrégulier du sol, la pente rapide de la montagne du côté d'Inkermann, là où le combat a été le plus terrible, auraient empêché, même dans les circonstances les plus favorables, de voir plus que quelques détails insignifiants de l'horrible tragédie qui se jouait dans la vallée.

« A six heures, le quartier général était éveillé par des décharges répétées de mousqueterie sur la droite et par le bruit du canon. Lord Raglan recevait presque en même temps la nouvelle que l'ennemi avançait en force, et quelques minutes après sept heures il partait pour le champ de bataille, suivi de son état-major et accompagné de sir J. Burgoyne, du brigadier-général Strangways et de quelques aides de camp. Comme ils approchaient du lieu de l'action, l'augmentation du volume des sons qui parvenaient jusqu'à eux, le bruit incessant du canon, des carabines et de la mousqueterie, leur annonçaient que le combat éclatait dans toute sa fureur. Les obus des Russes, lancés avec une grande précision, éclataient en si grand nombre au milieu de nos troupes, qu'on eût dit de continuelles décharges d'artillerie, et leurs éclats allaient répandant la mort de tous les côtés. Une des premières choses que firent les Russes lorsqu'une éclaircie de brouillard leur permit de voir le camp de la 2ᵉ division, ce fut d'ouvrir sur les tentes un feu violent d'obus et de boulets, et l'on vit les tentes disparaître les unes après les autres, emportées par les explosions, déchirées en mille pièces, livrées aux vents du ciel, tandis que les hommes restés au camp et les malheureux chevaux attachés à des piquets dans nos lignes étaient ou tués ou mutilés. Le colonel Gambier avait reçu dès les premiers moments l'ordre de mettre en batterie sur une élévation du terrain deux pièces de 18 et de répondre avec elles au feu de l'ennemi que nos pièces légères ne réussissaient pas à atteindre. Tandis qu'il s'acquittait de cet ordre, en compagnie du capitaine Daguilar, il fut blessé et obligé de se retirer du feu.

« Le lieutenant-colonel Dickson prit alors sa place, et la conduite de cet officier, en dirigeant le feu de ces deux pièces, qui contribuèrent puissamment à décider du sort de la journée, lui a mérité l'admiration de l'armée. Mais déjà, avant que ces pièces fussent en position, l'ennemi et nous nous avions perdu beaucoup de monde. Les généraux ne pouvaient voir où ils allaient, et ils ne savaient pas où était l'ennemi ni d'où il venait, ni sur quel point il se dirigeait. Au milieu de l'obscurité du brouillard et de la pluie, il leur fallait conduire les soldats à travers des broussailles, des bouquets d'arbustes épineux qui rompaient nos rangs, qui faisaient jurer les soldats, et à chaque pas tombait un cadavre, ou un homme blessé par un ennemi dont la position n'était reconnaissable qu'aux éclairs de sa mousqueterie, ou à la direction des balles et des obus qu'il nous envoyait.

« Sir George Cathcart voyant ses hommes mis en désordre par le feu d'une colonne d'infanterie russe qui débordait sa position, tandis que des fractions des divers régiments qui composaient sa division soutenaient à grand'peine un combat inégal contre des forces supérieures, s'élança à cheval dans le ravin où ses soldats étaient engagés pour les rallier. Il reconnut alors que les Russes étaient les maîtres d'une hauteur située en arrière du flanc de sa division; mais son indomptable courage ne se troubla pas. Il s'élança à la tête de ses soldats, les encourageant du geste et de la voix, et comme un cri s'élevait pour annoncer que les munitions commençaient à manquer : « Eh bien! dit-il avec le plus grand sang-froid du monde, n'avez-vous pas vos baïonnettes? » Il conduisait ainsi ses soldats lorsqu'on lui fit remarquer qu'un fort détachement avait gagné le sommet d'une hauteur placée sur la droite et en arrière de sa division; mais il était impossible de savoir si c'étaient des amis ou des ennemis. Au même moment une décharge meurtrière vint résoudre le problème. Néanmoins il avançait toujours, encourageant son monde de la voix, et déjà il en avait conduit une partie à l'abri d'une élévation du terrain, lorsqu'une nouvelle décharge le fit tomber de son cheval auprès de la colonne russe. Les nôtres eurent à se frayer un chemin à travers une mer d'ennemis et firent d'effroyables pertes. Ils étaient entourés, assaillis de tous les côtés à coups de baïonnette; cependant ils parvinrent à s'ouvrir un chemin jusque sur la hauteur, au milieu d'un monceau de cadavres, mais en perdant eux-mêmes près de 500 hommes. Le corps de sir George Cathcart a été retrouvé depuis avec une balle dans la tête et trois coups de baïonnette dans le corps.

« Dans cette lutte, où les Russes se sont conduits avec la plus hideuse barbarie, où ils achevaient à coups de baïonnette les blessés tombés sur le champ de bataille, le colonel Swyney, du 63ᵉ, le lieutenant Dowling, du 20ᵉ, le major Wynne, le brigadier Goldie et une foule d'autres braves officiers trouvèrent la mort. Sur la droite le combat était également incertain et également meurtrier. Dans la division légère, le 88ᵉ s'avança si loin, qu'il était entouré et mis en désordre lorsque quatre compagnies du 77ᵉ, commandées par le major Straton, chargèrent les Russes, rompirent les rangs ennemis et dégagèrent leurs camarades. Dès le commencement de l'action il était évident que les Russes avaient reçu l'ordre de tirer sur les officiers montés. Sir George Brown fut frappé d'une balle qui lui traversa le bras et vint mourir sur une côte. J'ai vu avec douleur sa mâle et pâle figure qui ne voulait trahir aucune émotion, tandis que nous le portions dans une litière, ses cheveux blancs flottant au vent; je sentais que l'armée venait de perdre, pour quelque temps au moins, les services d'un brave soldat.

« Plus loin sur la droite, une mêlée, qui n'a peut-être jamais eu de pareille, s'était engagée entre les gardes et d'épaisses colonnes d'infanterie russe, cinq fois plus nombreuses peut-être que leurs adversaires. Les garde les avaient chargées et chassées devant eux lorsqu'ils s'aperçurent que le Russes les avaient débordés; pour comb e de malheur, on manquait de mu nitions, et l'on ne savait pas alors si les gens qu'on voyait sur les derrière étaient amis ou ennemis. Les gardes n'étaient soutenus par personne, il n'avaient pas de réserve; ils se battaient à la baïonnette contre l'ennemi qu leur disputait le terrain pied à pied, lorsque tout à coup une autre colonne russe montra sa tête loin derrière et sur leur droite. Au même instant un feu terrible de mitraille, accompagné de décharges de mousqueterie, décime leurs rangs. Du coup ils furent mis en désordre; ils avaient perdu douze officiers tués sur le champ de bataille; ils étaient réduits de moitié; ils se retiraient en suivant le fond du ravin, mais bientôt ils furent renforcés et firent payer cher leurs pertes à l'ennemi. Les Français étaient arrivés sur le terrain vers dix heures et avaient pris l'ennemi en flanc.

« Les Russes commencèrent à battre en retraite vers dix heures quarante minutes, ayant perdu environ 9,000 hommes tués ou blessés.

« Cependant la 2e division, qui occupait le centre de notre ligne de bataille, était serrée de très-près Le 41e régiment surtout avait été exposé à un feu terrible, et le 95e avait essuyé des décharges de mitraille et de mousqueterie si violentes qu'à deux heures il ne comptait plus que 64 hommes dans les rangs. De fait, toute la division rassemblée par le major Eman après la bataille ne se composait pas de plus de 300 hommes. Les régiments n'avaient pas porté leurs drapeaux au feu, néanmoins les officiers étaient frappés partout où ils se montraient, et il n'était pas besoin des drapeaux pour indiquer à l'ennemi le lieu où l'on pouvait les rencontrer. On m'a assuré cependant qu'un régiment avait apporté son drapeau sur le champ de bataille. Dans une si sanglante mêlée il y a eu certainement quelques désordres parmi les nôtres, mais il n'en pouvait être autrement. Quelques-uns ont montré un trop vif désir de s'éloigner du feu sous le prétexte de porter les blessés aux ambulances; c'est d'ailleurs très-positivement interdit par les règlements militaires. Un officier a été tué lorsqu'il courait après un certain nombre de ses hommes pour les empêcher de quitter le lieu du combat. J'ai vu moi-même à diverses reprises six et huit hommes porter une litière dans laquelle il n'y avait qu'un blessé. Du reste, nos ambulances furent de très-bonne heure remplies de blessés, et avant neuf heures elles évacuaient sur les camps des charges d'hommes tout couverts de sang.

« Vers neuf heures et demie, lord Raglan et son état-major avaient pris position sur une éminence, dans le vain espoir de pouvoir juger de là la bataille qui se livrait à leurs pieds; c'est là que le général Strangways fut blessé mortellement. Un obus vint éclater au milieu du groupe, dans le ventre du cheval du capitaine Somerset; un des éclats alla tuer le cheval du capitaine Gordon et ensuite fracasser la jambe du général Strangways; elle ne tenait plus au tronc que par un lambeau de chair. La figure du vieux général resta impassible, il dit seulement à voix basse et d'un ton calme: « Qui est-ce qui sera assez bon pour m'aider à descendre de cheval? » On lui rendit ce triste service, et on le porta à l'ambulance; mais le vieux héros n'avait pas assez de force pour supporter une opération; moins de deux heures [illegible], laissant [illegible] qui seront toujours chers à l'armée.

« Le combat engagé autour de la batterie dont j'ai parlé au commencement de cette lettre fut des plus sanglants. Il se trouva qu'il n'y avait pas de banquettes dans cette batterie et que les hommes qui étaient chargés de la défendre ne pouvaient pas y faire le coup de fusil avec l'ennemi. Les Russes lancèrent contre elle colonnes sur colonnes. Dès que l'une était rompue et rejetée en désordre, une autre la remplaçait. Pendant trois longues heures, 8 500 Anglais ont combattu contre un ennemi quatre fois supérieur en nombre. Aussi ne faut-il pas s'étonner s'ils durent quelquefois plier, mais ce ne fut que pour retourner à la charge. On ne saurait trop louer l'admirable dévouement des officiers qui savaient que les coups de l'ennemi s'adressaient spécialement à eux. A un certain moment, dans l'obscurité du matin, les Russes avancèrent jusque sur les canons des batteries commandées par les capitaines Wodehouse et Turner. Ne sachant à qui ils avaient affaire, nos canonniers hésitaient à tirer. Les Russes, les chargeant au pas de course, emportèrent tout devant eux, chassant les canonniers ou les tuant à coups de baïonnette et réussissant à enclouer plusieurs pièces. De là leurs colonnes gravissaient la hauteur, et pendant quelques instants le succès de la journée était compromis; mais les brigades Adams et Pennefather, soutenues par les gardes et par la 2e division, tout réduits qu'étaient ces corps, parvinrent à reprendre la position par des charges désespérées. Les décharges de la mousqueterie, le cliquetis de l'acier, le bruit du canon étaient étourdissants : les Russes hurlaient comme des démons. Ils avançaient, faisaient halte, reprenaient leur mouvement, recevaient et rendaient un feu terrible; mais la carabine Minié est la reine des armes, Inkermann l'a prouvé. Les régiments de la 4e division et les soldats de marine, armés du vieux fusil de munition *(old brown bess)*, ne produisaient rien sur les masses épaisses des Russes, tandis que les décharges des troupes armées de carabines couchaient les rangs par terre comme l'épée de l'ange exterminateur; ils tombaient comme les feuilles d'automne au souffle du vent du nord.

« Vers dix heures, un corps d'infanterie française se montra sur notre droite, nouvelle heureuse pour nos régiments accablés. Les zouaves arrivaient au pas de charge. L'artillerie française avait déjà ouvert un feu meurtrier sur l'aile droite des Russes. Trois bataillons des chasseurs d'Orléans accouraient, la figure animée d'un feu martial; ils étaient suivis d'un bataillon des tirailleurs algériens. Leurs clairons dominaient le tumulte de la bataille, et lorsque nous vîmes leur vive attaque sur le flanc de l'ennemi, nous sûmes que la victoire était à nous. Attaqués de front par les nôtres, rompus sur plusieurs points par l'impétuosité de nos charges, pris sur leur flanc par l'infanterie française, les Russes commencèrent à battre en retraite, et à midi ils étaient rejetés en désordre dans le fond de la vallée, où c'eût été folie de les poursuivre, car les routes étaient toutes couvertes par leur artillerie. Ils laissaient des monceaux de morts derrière eux. Longtemps avant qu'ils fussent en déroute, les chasseurs à cheval d'Afrique avaient fourni contre eux plusieurs charges des plus brillantes sur le terrain le plus difficile; l'ennemi avait perdu beaucoup de monde sous le sabre de ces intrépides cavaliers, et le résultat de cette foudroyante attaque soutenue par nos troupes avait été de nous rendre nos canons, encloués seulement avec des chevilles de bois, et qu'en très-peu de temps on avait remis en état de recommencer le feu. Notre cavalerie, le reste de la brigade légère, si maltraitée au combat du 25 octobre, avait été aussi remise en position, mais elle était trop faible pour rien entreprendre, et pendant qu'on la rangeait en bataille, elle perdit encore quelques hommes et plusieurs chevaux. Un officier, le cornette Cleveland, fut frappé d'un éclat d'obus dans le côté, et depuis il est mort. Avec les débris du 17e lanciers, il ne reste plus aujourd'hui que deux officiers, le capitaine Morgan et le cornette Wombwell.

« A midi, la bataille d'Inkermann paraissait être gagnée, mais le ciel, qui depuis une heure s'était éclairci, commença à s'obscurcir de nouveau; le brouillard et la pluie recommencèrent. Nous ne pouvions pas poursuivre l'ennemi, qui se retirait sous la protection de son artillerie, et nous nous contentions d'occuper le champ de bataille si chèrement gagné, lorsque les Russes, se trompant sur notre inaction, firent un retour offensif, revinrent avec leurs canons et rouvrirent sur nous un feu terrible.

« Alors le général Canrobert, qui depuis le matin n'avait pas quitté lord Raglan, donna l'ordre aux Français d'avancer et d'attaquer l'ennemi sur son flanc droit. Dans le mouvement que firent les Français, le général Canrobert fut admirablement servi par le général Bosquet, dont le dévouement est au-dessus de tout éloge. Dans son ardeur il avait laissé toute son escorte bien loin derrière lui. Le général Canrobert a été légèrement blessé, mais son entourage a été très-éprouvé. Cette nouvelle attaque a été si parfaitement exécutée que les Russes se retirèrent cette fois pour ne plus revenir, mais toujours couverts par leur formidable artillerie.

« Les Russes, vers dix heures, avaient fait une sortie sur les travaux de siége des Français et traversé deux parallèles avant qu'on pût les arrêter; mais ils furent ensuite ramenés avec de très-grandes pertes, et en se retirant ils firent sauter quelques mines dans l'intérieur du bastion du Mât, craignant évidemment que les Français ne tentassent d'entrer pêle-mêle avec eux dans la place en les poursuivant.

Croirait-on qu'au milieu de ces combats sanglants, de ces luttes acharnées, il y a place aussi pour des épisodes presque plaisants? Les zouaves se distinguent entre tous nos soldats par une manie étrange dont on ne connaît pas l'origine. Ils ont une espèce de ménagerie. Celui-ci a un chat, celui-là un chien, mais ce sont les chats qui dominent. Ces animaux domestiques, qui ne peuvent demeurer ordinairement que dans la maison dont ils connaissent de longue date tous les coins et recoins, passent leur vie sur le havresac des zouaves, qui montent la garde avec leurs chats, qui manœuvrent avec leurs chats et qui combattent avec eux. Familiarisés avec les soubresauts de leur maison sans cesse vacillante, ces chats exécutent aussi tranquillement leur *ronron* au milieu du bruit du canon et des décharges de la mousqueterie que s'ils étaient couchés sur un tapis devant le foyer brûlant d'un salon. L'intimité qui existe entre ces animaux et les zouaves est, à ce qu'il paraît, un grand sujet d'étonnement pour les prisonniers russes. La première pensée qui leur vient en voyant ces chats couchés sur les havresacs, c'est que les zouaves veulent se réserver des vivres frais et manger un jour ou l'autre leurs amis en gibelotte.

Parmi les relations fournies par des officiers français sur les évènements qui ont précédé et suivi le 5 novembre, celles qui suivent sont [illegible]alement propres à résumer la situation :

« Le 5 novembre, dès le point du jour, une vive canonnade se fit entendre du côté des positions anglaises. A la faveur de l'obscurité et du brouillard, l'armée russe, traversant le pont d'Inkerman, a gravi les pentes du plateau qui le domine, refoulé les avant-postes des Anglais, pénétré jusqu'à leur camp, que le canon et la fusillade ont ravagés d'une manière horrible.

« A la première nouvelle de cette attaque, le général en chef envoie au général Bosquet l'ordre de se porter avec sa division au secours de nos alliés, et au prince Napoléon, dont la division faisait partie de l'armée de siége, l'ordre de diriger sans retard sur le théâtre de l'action la brigade de Monet et une batterie d'artillerie. Le général en chef prévient en même temps le général Forey des événements qui se passent à l'armée d'observation, et qui font prévoir une sortie de la place.

« En arrivant sur les positions anglaises, le général Bosquet trouve nos alliés pris, mais non effrayés de la soudaineté de l'attaque. Les divisions Cambridge et Cathcart ont pris un ordre de bataille qu'elles conservent sous un feu épouvantable, avec cette admirable ténacité qui fait la gloire de l'armée anglaise.

« Cependant la lutte trop inégale ne peut se prolonger longtemps ; la division Cambridge a éprouvé des pertes énormes en reprenant à la baïonnette les redoutes enlevées par les Russes : le général Cathcart a été tué; un moment, le résultat de la journée a été l'objet des plus sinistres appréhensions. C'est alors que les bataillons français, accueillis par les hurrahs de nos alliés, se présentent devant les Russes, la division Bosquet et 40 pièces de canon en première ligne, la brigade de Monet et la cavalerie Morris en réserve.

« Pendant trois heures, les généraux Canrobert et Bosquet accomplissent en présence des deux armées des prodiges de valeur personnelle et d'opiniâtreté militaires. Les positions perdues sont reprises. Des régiments russes entiers, chargés à la baïonnette ou fusillés à bout portant, tourbillonnent et disparaissent. A midi, la marche de l'ennemi est arrêtée, et, bien qu'il tienne encore sur plusieurs points, la grandeur de ses pertes, l'élan et l'enthousiasme de nos troupes ne laissent guère de doute sur l'issue du combat. Cependant le général en chef envoie l'ordre au prince Napoléon de se diriger avec sa deuxième brigade et une batterie d'artillerie sur le lieu de l'action, dans le cas où le général Forey aurait repoussé la sortie des Russes, attendue depuis le matin, et se trouverait en mesure de couvrir le siége sans le concours de la 3e division détachée tout entière.

« C'est à huit heures du matin que cette sortie a eu lieu. Une colonne de 4,000 Russes, débouchant de la place, s'est jetée avec impétuosité sur un ouvrage de siége et a attaqué nos batteries de gauche. Nos lignes, défendues seulement par la garde de tranchée disséminée sur tout le long développement des parallèles, ont été envahies sur plusieurs points, malgré un combat corps à corps soutenu par quelques compagnie de la légion étrangère. C'est alors que le général Forey a porté la brigade du général de Lourmel en avant pour dégager les batteries de gauche. Cet intrépide officier, non content de déloger les Russes et d'en faire un grand carnage dans les tranchées, les a poursuivis, l'épée dans les reins, presque sous le canon de la place. Atteint d'une blessure mortelle, il n'a donné le signal de la retraite qu'après avoir vu le pont-levis de la ville se lever derrière les derniers Russes qui ont pu échapper à sa poursuite. Pendant ce temps, le prince Napoléon, avec la brigade Sol et six pièces de canon, s'était avancé dans la direction des anciennes batteries, pour inquiéter et menacer le flanc gauche de la colonne russe.

« Le feu de la place, attiré sur les bataillons démasqués, venait de démontrer l'efficacité de cette diversion, quand l'ordre parvenait à S. A. I. de mener sa brigade sur le champ de bataille de droite, et de réunir la 2e division à la seconde ligne, derrière la division Bosquet.

« A une heure, ce mouvement a reçu son entière exécution. En ce moment, les Russes sont en pleine retraite, sous la protection de leur nombreuse artillerie. La nôtre, composée de deux batteries de la 2e division, d'une batterie de la 1re, de deux batteries de la réserve et de la batterie Laurecq, de la 3e division, écrase les colonnes russes pendant qu'elles regagnent le fond de la vallée et le pont d'Inkermann. C'est là qu'au milieu d'une confusion inexprimable et sous un feu terrible, les masses russes se divisent en deux colonnes, dont l'une regagne la ville en traversant le pont, et l'autre disparaît dans la gorge qui conduit sur les hauteurs du fort du Nord.

« Telle a été la glorieuse et sanglante journée d'Inkermann. La reconnaissance hautement exprimée par les Anglais nous permet de proclamer la grandeur des services que leur a rendus l'armée française. Lord Ragland, au nom de son pays, en a remercié avec émotion le général Canrobert.

« Les pertes ont été nombreuses dans les armées alliées : les Anglais ont eu 2.600 hommes hors de combat, trois généraux tués, quatre blessés. Au combat de la droite, la perte des Français s'élève à 900 hommes, supportée en totalité par la 2e division, bien que la 3e division et la cavalerie du général Morris aient eu quelques hommes emportés par le canon. A la gauche, la sortie des Russes nous a coûté 500 hommes tués ou blessés dans les bataillons de garde de tranchée et dans la brigade de Lourmel. Quant aux Russes, leurs pertes sont énormes. Les redoutes reprises, les ravins du plateau, le fond de la vallée et les abords du pont d'Inkermann présentent le plus horrible spectacle que puisse offrir un champ de bataille. Le terrain est littéralement couvert des cadavres et des blessés que les Russes ont abandonnés dans leur retraite. L'évaluation la moins élevée du nombre de leurs morts le porte au chiffre de 4,000.

« Malgré ce grand succès, de graves pensées se mêlent à la joie de la victoire. L'effort puissant tenté par les Russes est celui d'une armée nombreuse, aguerrie, animée par la présence de ses princes et résolue à une résistance extrême. Il n'est guère possible de penser à enlever la place en présence de forces si considérables et avant de les avoir anéanties ou dispersées. C'est une campagne qui va s'ouvrir contre le prince Menschikoff : Sébastopol en sera le prix.

« Dans un conseil de guerre tenu le 7 novembre, les généraux en chef ont décidé que l'assaut serait ajourné ; que les armées alliées resteraient dans leurs lignes et y attendraient les renforts amenés de France et d'Angleterre. Cette décision, commandée par la nécessité, conforme à toutes les règles de la guerre, fait entrer l'expédition de Crimée dans une nouvelle phase, qui n'aura peut-être son dénouement qu'au printemps prochain. La France et l'Angleterre apprendront sans découragement et sans vaine appréhension, comme il convient à deux grandes nations sûres d'elles-mêmes, de leurs immenses ressources, du courage de leurs soldats, de la capacité des deux illustres chefs qu'elles ont choisis. Elles sauront attendre sans impatience un succès qui, pour avoir été retardé et disputé, n'en sera que plus glorieux et plus complet.

« Le prince Napoléon, alité presque constamment depuis quinze jours, n'a pu résister aux fatigues de la journée du 5, pendant laquelle il est resté onze heures à cheval, à la tête de sa division. Le 7, le général en chef lui a donné une permission de quelques jours pour aller à Constantinople rétablir une santé compromise par cette longue et pénible campagne.

On trouve aussi dans les relations anglaises quelques détails à ajouter à ce qu'on vient de lire :

Lorsque les Anglais, épuisés et décimés par leur résistance héroïque, aperçurent au loin les uniformes français, ils poussèrent de bruyantes acclamations auxquelles répondirent celles des troupes françaises. Le vieux général Brown, dans son enthousiasme, partit au galop au-devant des Français, et comme l'ordre de charger fut donné immédiatement, il se mit avec eux et chargea au premier rang.

Il paraît que dans les premiers moments de confusion les Anglais tirèrent les uns sur les autres. Ils avaient été attaqués à l'improviste et avaient encore les grandes capotes grises dans lesquelles ils avaient dormi. Les Russes, de leur côté, étaient vêtus de la même manière,

Les officiers anglais seuls, à cheval et avec leur uniforme rouge, servaient de point de mire à tous les coups de fusil. Aussi furent-ils tués en masse,

On a déjà dit qu'on avait pris un officier russe qui encourageait ses hommes à achever les blessés. Après l'action, cet officier avait passé devant une cour martiale, et avait été condamné à être pendu. Mais lord Raglan, pour éviter des représailles, fit mettre cet homme en lieu de sûreté, et écrivit au général en chef russe pour lui demander si on voulait faire une guerre de sauvages et de cannibales (1). Quand le général Cathcart tomba mortellement frappé, plusieurs hommes se précipitèrent sur lui et le criblèrent de coups de baïonnette. Le colonel Seymour, qui était auprès de lui, était descendu de cheval pour le relever, lorsqu'il reçut une balle qui lui cassa la jambe. Il tomba et fut haché en pièces.

C'est dans la petite redoute construite par les Anglais, et dans laquelle il y avait deux embrasures pour des canons, qu'eut lieu la mêlée la plus sanglante. Le régiment des gardes, rejeté dehors quatre fois, quatre fois reprit sa position à la baïonnette. Il paraît que le carnage fait à l'Alma n'était rien en comparaison. Les cadavres étaient littéralement amoncelés les uns sur les autres. Il y eut un moment où les Russes, environnant de toutes parts le régiment massacré des gardes, et l'écrasant sous leurs masses sans cesse renouvelées, le crurent perdu, et alors, dit-on, ils poussèrent un rugissement qui fut entendu du reste de l'armée russe, et qui se prolongea sur toutes les colonnes pendant plusieurs minutes. Les gardes tombaient sans broncher et sans lâcher pied, mais ils allaient être écrasés par le seul poids de forces immensément supérieures.

« En ce moment, dit un correspondant anglais, nos braves gens virent apparaître sur le haut de la colline les couleurs bien connues des zouaves, et avant que l'ennemi eût eu le temps de se reconnaître, ces brillants soldats étaient au milieu. Puis, marchant au pas de charge, arriva une colonne d'infanterie française, et les Russes, déjà fatigués par la mêlée terrible qu'ils venaient de soutenir, reculèrent, et le feu des Français fit un formidable ravage dans leurs rangs. »

Au commencement de l'action, l'obscurité était telle, qu'on ne reconnaissait le point de l'attaque qu'à la lueur des canons. On ne savait de quel côté l'ennemi attaquerait, et pendant quelque temps les Anglais eurent à supporter le feu de l'artillerie sans bouger. Ils savaient que quand viendrait l'assaut, l'artillerie s'arrêterait et serait remplacée par la mousqueterie. Jusque-là ils restaient l'arme au bras,

(1) Malheureusement c'est ce qui eut lieu. L'officier russe fut pendu et en représailles les Russes firent crucifier un officier anglais prisonnier.

attendant le combat corps à corps. Il vint bientôt. Aussitôt qu'ils eurent distinctement aperçu la redoute, les Russes se précipitèrent dessus avec fureur. Les Anglais les attendaient de pied ferme, et ne fire feu qu'à la distance de quatre ou cinq pas. Environ 200 Russes tombèrent sous cette décharge meurtrière, mais les autres ne s'arrêtèrent pas; ils étaient 40 contre 1.

« Je dois déclarer, dit un correspondant, qu'il est impossible de se battre plus brillamment que ne l'ont fait ces Russes. Ils semblaient insensibles à toute autre crainte que celle d'une charge à la baïonnette. Quand ils en voyaient venir une, ils se rompaient. »

Dans la batterie occupée par les gardes, il y a eu une affreuse mêlée corps à corps. On n'avait pas le temps de recharger les fusils, et on se battait à la baïonnette et à coups de crosse. Chaque fois que les Russes étaient repoussés, ils laissaient des monceaux de morts, et c'était par-dessus des piles de cadavres qu'ils revenaient à l'assaut. La hauteur du parapet empêchait les Anglais de faire feu; les Russes s'en aperçurent et ils se masquèrent au pied même du mur. De là, ramassant les armes de leurs soldats morts et des pierres, ils les jetaient sur les défenseurs de la batterie, qui, de leur côté, répondaient avec les mêmes armes. Ce nouveau genre de combat dura pendant près de dix minutes. De temps en temps, les Russes livraient des assauts désespérés aux embrasures, mais là ils trouvaient un rempart de baïonnettes, et les embrasures finirent par être comblées par des cadavres accumulés.

« Le résultat, dit un correspondant, était encore douteux. L'ennemi recueillait toutes ses forces pour un assaut définitif, lorsque Canrobert arriva avec des zouaves, de l'infanterie et de l'artillerie, et commença une attaque terrible sur le flanc droit des Russes. De ce moment, la partie fut décidée. Et cependant, bien que sous le feu des Français les Russes tombassent littéralement par bataillons, ils ne trahirent aucun symptôme de désordre. Au contraire ils se formèrent admirablement en ligne, changeant leur front pour recevoir l'attaque des Français, et étendant leur ligne pour reprendre l'assaut contre les Anglais. Mais à ce moment, sans ordres et sans garder de rangs, nos hommes se jetèrent sur eux avec furie en chargeant à la baïonnette. Ils les reçurent aussi à la baïonnette, et pendant cinq minutes, sept ou huit régiments se battirent avec frénésie dans une horrible mêlée. A la fin, l'ennemi plia et se retira, mais en ordre parfait. Les Français et les Anglais les poursuivaient, et l'artillerie vomissait sur eux des masses de fer. C'était un vrai carnage. Et pourtant ils se retiraient lentement, s'arrêtaient de temps en temps et faisaient des charges furieuses à la baïonnette. Leurs pertes à ce moment ont été énormes. »

Pour compléter enfin les documents relatifs à la bataille d'Inkermann, il nous reste à faire connaître les deux rapports suivants, adressés au ministre de la guerre par les généraux Forey et Bosquet, commandant les troupes françaises dans l'affaire du 5 novembre

Devant Sébastopol, le 7 novembre 1854.

ARMÉE D'ORIENT. — *Corps de siége.*

Mon général,

J'ai l'honneur de vous rendre compte que, le 5 novembre, à 9 heures du matin, la gauche de nos attaques contre Sébastopol a été assaillie par une colonne russe, composée des quatre bataillons formant le régiment de Minsk, d'un bataillon du régiment de Wolhynsk, et d'une certaine quantité d'hommes de bonne volonté qui s'étaient mis à la suite. Cette colonne, forte de plus de 5,000 hommes, soutenue par une batterie d'artillerie, sortit par le bastion de la Quarantaine, et suivit le ravin situé à la gauche de nos lignes. Sa marche, favorisée par un épais brouillard, n'a pu être arrêtée tout d'abord; elle est tombee en force sur les batteries nos 1 et 2, où elle est parvenue. Les servants de ces batteries ont été contraints de se retirer vers les bataillons du 39e et du 19e de ligne et sur quatre compagnies de la légion étrangère, chargées de la garde des tranchées. Ces bataillons ou fractions de bataillon ont dû aussi se reployer sous l'effort de la colonne russe; mais ils ont vivement repris l'offensive lorsque deux compagnies du 19e bataillon de chasseurs en réserve au Clocheton, et quatre compagnies de la légion étrangère venant de la maison des Carrières, sont arrivées sur le lieu du combat.

Le général de la Motte-Rouge, qui occupait son poste de tranchée dans la 1re parallèle, se porta rapidement, avec quelques compagnies du 20e léger, sur les points attaqués. Lorsqu'il parvint aux batteries nos 1 et 2, elles étaient déjà évacuées par l'ennemi, qui était rejeté sur le revers du ravin, à très-petite distance de la tranchée. A la voix du général, nos soldats franchirent la 1re enceinte de défense avec ardeur, poursuivirent l'ennemi et le soumirent à un feu meurtrier; ils s'arrêtèrent à la hauteur de la maison dite *du Rivage*, prenant position derrière des murs, d'où ils continuèrent leur feu.

Pendant que ces événements se passaient, et au premier bruit de la fusillade, je montai à cheval et je pris les dispositions suivantes : j'ordonnai au général de Lourmel de se porter directement sur la maison brûlée, et au général d'Aurelle de marcher en avant de son front sur la route de Sébastopol qui longe la mer.

S. A. I. le prince Napoléon eut pour instructions de tenir sa division sous les armes, et elle s'avança jusqu'à la maison du Clocheton pour appuyer ma droite pendant que l'effort se faisait à gauche.

La division Levaillant, ayant pris la place des brigades de Lourmel et d'Aurelle au moment de leur départ, se porta en avant de leur front en colonnes serrées par brigade. Le général Levaillant se tenait de sa personne à 500 mètres au delà de cette ligne, pour juger du moment où son concours serait nécessaire.

Je me mis moi-même à la tête du 5e bataillon de chasseurs et de mon artillerie, et je suivis le ravin des Carrières, perpendiculaire à la route de Sébastopol, pour couper la retraite à l'ennemi dans le cas où il se serait avancé au delà des batteries nos 1 et 2.

Telles sont les dispositions générales que je pris pour me mettre en mesure de parer à tout événement du côté du corps de siége. J'étais vivement attaqué, j'entendais le feu dans la direction d'Inkermann, je savais que vous y étiez fortement engagé; mais, ne pouvant juger de quel côté se ferait le plus violent effort, je devais m'avancer au combat avec mes premières lignes, soutenues par toutes mes réserves.

La brigade de Lourmel, conduite avec une ardeur indicible par son chef, culbuta en avant d'elle l'ennemi aussitôt qu'elle se trouva en sa présence. Deux bataillons du 26e de ligne poursuivirent avec acharnement les Russes, qui se retirèrent en désordre. Ce fut alors que le général de la Motte Rouge, voyant arriver le général de Lourmel à la hauteur de la baie de la Quarantaine, où il était en position, le suivit dans son mouvement offensif. Nos troupes, stimulées par l'ardeur du succès, parvinrent à peu de distance des murailles de la place, poussant devant elles la masse des Russes, pendant que la section d'artillerie commandée par le lieutenant de La Hitte lançait des obus et des boulets sur eux.

J'avais pris position, avec le 5e bataillon de chasseurs, sur le flanc droit du général de la Motte-Rouge et à la hauteur de la Quarantaine.

Jugeant que la poursuite faite à l'ennemi était poussée beaucoup trop loin, j'envoyai le chef d'escadron Dauvergne et le capitaine d'état-major Colson pour porter l'ordre aux généraux de se mettre immédiatement en retraite. On eut beaucoup de peine à faire prononcer ce mouvement, tant l'ardeur des chefs et des soldats était grande. Cette retraite était soutenue par la position que j'occupais, à droite, avec le 5e bataillon de chasseurs, au centre, par le reste de la brigade de Lourmel échelonnée, et, à gauche, par le général d'Aurelle. Cet officier général avait appuyé jusque sur le bord de la mer, et s'était emparé de vive force, au milieu d'une masse de projectiles lancés par les bastions de la place, des bâtiments de la Quarantaine, qu'il occupa avec le 1er bataillon du 74e de ligne. Il avait laissé en seconde ligne, dans une position dominante, le colonel Beuret avec deux bataillons prêts à toute éventualité.

L'occupation de ces bâtiments fut très-utile: elle protégea efficacement la retraite de la brigade de Lourmel, et je ne saurais trop insister sur cette disposition prise par le général d'Aurelle, car elle a mis fin à la fusillade acharnée des Russes qui, s'étant reportés en avant, bordaient de nouveau le revers (nord) de la baie de la Quarantaine. Le feu du 74e, dirigé à coups sûrs, les a déterminés à battre en retraite une seconde fois, et les a forcés à rentrer dans la place. C'est sur ce revers (nord) que je voulais arrêter la poursuite de l'ennemi si poussé par une ardeur guerrière que je déplore, le brave général de Lourmel n'eût pas entraîné ses troupes au delà. Dans cette poursuite, grièvement blessé par une balle qui lui avait traversé la poitrine, il remit le commandement au colonel Niol, qui fut obligé d'effectuer la retraite sous le feu le plus violent de toutes les batteries de la place, mouvement qiu ne se termina qu'en arrière du ravin de la Quarantaine.

Nos pertes ont été très-sensibles; mais je ne crois pas être au-dessous de la vérité en portant à environ 1,200 le nombre des Russes morts ou mis hors de combat.

L'ennemi n'a obtenu aucun résultat en compensation de ses pertes ; car les tranchées sont intactes, et, sur les huit pièces enclouées, six ont repris leur feu immédiatement, et les deux autres tirent aujourd'hui.

Je ne saurais donner trop d'éloges aux troupes engagées le 5 novembre. J'ai été parfaitement secondé par tout le monde, généraux, officiers et soldats. Les officiers de mon état-major, depuis le commencement du siége, et en particulier dans la journée du 5, n'ont cessé de se faire remarquer par leur bravoure et leur sang-froid.

M. le général d'Aurelle a fait preuve d'une haute intelligence militaire dans cette journée.

M. le général de Lourmel, qui, blessé très-grièvement, n'a remis son commandement que lorsque ses forces ont été épuisées, a fait l'admiration de tous. Il vient de succomber à sa blessure. Je ne puis vous exprimer la douleur dans laquelle me plonge ce malheur; l'armée perd en lui un général dont la bravoure chevaleresque ne connaissait aucun obstacle, et un chef auquel semblaient réservées de hautes destinées (1).

(1) On lira avec un vif et douloureux intérêt les détails qui suivent sur les derniers moments du général de Lourmel. Nous trouvons ces détails dans une lettre écrite par un officier qui a pris part à l'affaire du 5 novembre :

« La brigade française allait enlever les batteries russes, lorsque le général de Lourmel, qui la commandait, reçut à dix pas une balle qui, passant entre la deuxième et la troisième côte, vint sortir par l'omoplate en faisant un trou de sa dimension. Le général ne pâlit pas, il resta à cheval et continua à donner des ordres avec le sang-froid qui le caractérisait sur le champ de bataille; il sut commander à tel point à la douleur, que le commandant d'Auvergne, aide de camp du général de division [illegible], qui venait à toute bride, de la part de son chef, le prévenir de faire cesser la [illegible], ne [illegible] qu'il fût blessé. Le général de Lourmel donna

Vous remarquerez, mon général, par le nombre des officiers mis hors de combat, qu'ils sont l'objet particulier des coups de l'ennemi. Les officiers français en sont d'autant plus fiers qu'ils ne déguisent pas leur qualité, comme ceux de l'ennemi, sous une capote de soldat.

Je suis avec respect, etc.

*Le général commandant le corps de siége,*

FOREY.

---

Devant Sébastopol, le 7 novembre 1854.

ARMÉE D'ORIENT. — CORPS D'OBSERVATION.

*Rapport sur le combat d'Inkermann du 5 novembre 1854, adressé au général en chef de l'armée d'Orient.*

Le 5 novembre, à la pointe du jour, l'ennemi s'est montré en position sur trois points de nos lignes, savoir : 1° de ce côté-ci des ponts d'Inkermann, en face de la droite des Anglais; 2° dans la plaine de la Tchornaïa, menaçant la redoute anglaise; 3° en face du télégraphe.

Il s'était rendu dans ces positions à la faveur de la nuit et d'un

lui-même les ordres nécessaires pour faire exécuter ce mouvement, puis se tournant vers son aide de camp, il lui dit : « Je suis blessé. »

« Il perdait beaucoup de sang; on lui disait de descendre de cheval, il refusait; mais il fallut cependant qu'il suivît ce conseil. On le transporta à quelques pas sous une grêle de balles et de boulets partis de la place. Là on voulut le panser; il s'y opposa, et après une heure et demie de marche, pendant laquelle il continua à donner toujours ses ordres avec le plus grand calme, on parvint à la petite maison qu'il occupait dans le camp. Les chirurgiens, prévenus du malheur qui venait d'arriver, attendaient le général. Il se déshabilla, se coucha, et on reconnut que la blessure était de la plus terrible gravité : le poumon était traversé. On ne comprenait pas qu'il eût pu conserver assez de force morale pour dompter la douleur physique.

« La nouvelle de la blessure mortelle du général se répandit bientôt dans l'armée, et fut reçue avec les plus douloureux regrets. De Lourmel était connu, apprécié, aimé de tout le monde et adoré des soldats sous ses ordres. On l'avait surnommé le *Bayard de l'armée*, à cause de sa brillante valeur. Pendant tout le temps qu'avait duré l'épidémie à Varna, on l'avait vu sans cesse encourageant, soignant les malades, remontant, par sa gaieté et son exemple, le moral des hommes; aussi avait-il perdu peu de monde dans sa brigade.

« Malgré les préoccupations résultant de la bataille sanglante qui venait d'être livrée à Inkermann, on venait à tout instant s'informer s'il restait quelque espoir de conserver des jours aussi précieux. Un instant on espéra : de Lourmel seul vit bien qu'il était perdu, il fit demander un prêtre disant à ceux qui cherchaient à le rassurer : « Il faut toujours être prévoyant. » La journée fut assez bonne, mais, la nuit une crise violente se déclara.

« Le 6, cependant, vers onze heures du matin, le blessé allait mieux, on ne perdait pas tout espoir; mais vers deux heures, il se fit un épanchement de sang dans la poitrine, et chacun comprit qu'il n'y avait plus de remède. Sentant approcher son dernier moment, le général prit la main de son aide de camp, et la lui serrant avec calme : « Dites que mes dernières pensées ont été pour Mme de Lourmel, pour ma mère, et pour l'Empereur et la France. » Et il expira en héros chrétien, sans laisser apercevoir sur son noble visage la plus légère trace de douleur. »

uillard épais, et il ouvrit son feu vers six heures et demie devant Inkermann et devant le télégraphe.

Je fis prendre les armes au corps d'observation tout entier, faisant appuyer l'infanterie vers le télégraphe, et je me portai de ma personne au delà du moulin. Le général Bourbaki me suivait avec un bataillon du 7e léger, un bataillon du 6e de ligne, quatre compagnies de chasseurs à pied et les deux batteries à cheval.

Là, je rencontrai les deux généraux anglais sir George Brown et sir George Cathcart réunis.

Je leur offris mon concours, leur annonçant que j'étais suivi par les troupes que je viens de désigner et par d'autres que je pourrais tirer des lignes, si l'attaque sérieuse était devant les Anglais. Ils me remercièrent et m'assurèrent qu'ils avaient des réserves pour le moment, mais qu'ils n'avaient personne vers leur droite en arrière de la redoute anglaise, et qu'ils me priaient de les garantir de ce côté, ce que je fis à l'instant. J'allai alors vérifier par moi-même ce que pouvaient valoir les deux attaques par la Tchornaïa et la plaine de Balaclava, en face du télégraphe : c'étaient évidemment de fausses attaques.

J'étais à examiner celle du télégraphe, lorsque des officiers anglais vinrent m'avertir que le feu devenait sérieux à leur droite; le colonel Styl surtout me donna de bons renseignements, et je fis repartir à l'instant le général Bourbaki vers la droite anglaise. Je donnai en même temps des ordres pour qu'un bataillon de zouaves et un bataillon des tirailleurs algériens marchassent dans la même direction. Enfin, peu après, le général d'Autemarre recevait l'ordre de marcher sur la même attaque avec un bataillon de zouaves et les deux bataillons du 50e.

Les deux batteries de la 2e division avaient été dirigées, dès la pointe du jour, sur le télégraphe; j'en envoyai une à la droite anglaise se joindre aux deux batteries à cheval déjà en mouvement.

Je rejoignis les premières troupes menées par le général Bourbaki, comme elles allaient entrer en ligne. Tout le terrain en avant de la droite anglaise était évacué, et il n'y avait d'occupé que l'arête qui précède à vingt pas le premier rang de tentes.

Je n'hésitai pas à lancer mes deux bataillons en avant avec les quatre compagnies de chasseurs à pied, qui chargèrent l'ennemi très-bravement et arrivèrent près de la petite redoute en avant à droite.

A l'arrivée du bataillon des zouaves (commandant Dubos) et des tirailleurs algériens, je poussai la charge de nouveau et la menai jusqu'à la crête qui domine le ravin de la route.

Je comptais que les Anglais pourraient appuyer ma gauche au delà de la route; mais ils en furent empêchés : l'ennemi le tourna par la route, et je fus un moment comme entouré. Les zouaves du commandant Dubos traversèrent en arrière les têtes de colonnes qui nous tournaient et les arrêtèrent net. Je dus rectifier ma ligne un instant, pour reprendre ensuite la charge, qui, cette fois encore, réussit à merveille. Mais l'ennemi, écrasé par le feu des canons anglais et français que j'avais fait réunir sur la crête en arrière de ma gauche, prit chasse définitivement pour ne plus résister qu'en fuyant.

Dans ces rencontres à la baïonnette, notre champ de bataille a été jonché de cadavres : c'était une vraie boucherie; plusieurs officiers y ont eu leurs chevaux tués.

Le 7e léger, commandé par le chef de bataillon Vaissier, a été d'une bravoure chaude et brillante qui mérite une mention particulière, de même que l'adresse et l'entrain des chasseurs à pied du 3e bataillon.

Le bataillon du 6e de ligne a chargé très-brillamment et a bien vengé la mort de son brave colonel, M. de Camas, tombé dans les rangs ennemis.

Le bataillon de zouaves du commandant Dubos a manœuvré avec cette intelligence, cette bravoure à toute épreuve qui ne s'émeut même pas quand l'ennemi vous entoure.

Les tirailleurs algériens, à travers les broussailles, sautaient agiles comme des panthères. Cette journée leur fait honneur, ainsi qu'à leur colonel de Wimpfen.

L'autre bataillon de zouaves et les deux du 50e nous ont vigoureusement appuyés sans avoir eu à charger l'ennemi.

Pendant ce combat, les deux batteries à cheval du commandant La Boussinière et la batterie de la 2e division conduites par le commandant de Barral ont eu à supporter un rude duel avec l'artillerie russe, qui se composait de pièces de position de 24 et de 30 et d'un nombre considérable de pièces de campagne. Nos batteries, aidées par une batterie anglaise de 9, ont eu l'honneur d'éteindre le feu russe et de le réduire absolument au silence. Ce combat d'artillerie a été dirigé par le brave colonel Forgeot, qui m'a rendu dans cette journée de grands services.

Enfin, au moment où s'éteignait le feu russe, j'ai fait mener jusque sur la dernière crête une batterie divisionnaire appuyée par deux bataillons, qui a pu couvrir d'obus et de boulets les ponts d'Inkermann, par lesquels s'écoulaient dans le plus grand désordre les troupes russes, que nous avons eu la joie de voir s'enfuir en pleine déroute. Mais cette déroute était protégée par les marais d'Inkermann, que nous ne pûmes malheureusement traverser, car notre cavalerie aurait eu là une belle fin de journée à conquérir.

La brigade du général Monet, arrivée en deuxième réserve, n'a pas eu occasion de donner; elle a cependant éprouvé des pertes par les coups de canon de l'ennemi, dont les pièces avaient des portées extrêmes.

Devant le télégraphe, nous n'avons eu qu'une canonnade sans blessés; mais j'éprouve un vrai plaisir à exprimer ici à quel point le détachement de marins du capitaine de Cautenson a bien servi ses bonnes pièces de 30, qui ont tenu la ligne ennemie fort loin et lui ont fait éprouver des pertes sensibles.

J'ai remercié les généraux d'Autemarre et Bourbaki, qui ont si vaillamment mené leurs troupes, et le colonel de Cissey, mon chef d'état-major, qui m'a secondé de tout cœur. Je voudrais pouvoir citer tous les braves qui ont si bien combattu à Inkermann, mais ce serait citer tout le monde.

*Le général de division commandant le corps d'observation.*

BOSQUET.

L'Empereur Napoléon, dans une lettre adressée le 21 novembre au général Canrobert pour donner à nos soldats de justes éloges et de nobles félicitations sur leur dévouement et leur constance intrépide, dit qu'il connaissait parfaitement les difficultés renaissantes qu'ils avaient à craindre dans cette nouvelle phase du siége de Sébastopol. Mais il leur annonçait en même temps que d'importants renforts partaient pour aller partager leurs travaux, leurs périls et leur gloire.

Voici cette lettre :

« Palais de Saint-Cloud, le 24 novembre 1854.

« Général,

« Votre rapport sur la victoire d'Inkermann m'a profondément ému. Exprimez en mon nom à l'armée toute ma satisfaction pour le courage qu'elle a déployé, pour son énergie à supporter les fatigues et les privations, pour sa chaleureuse cordialité envers nos alliés. Remerciez les généraux, les officiers, les soldats de leur vaillante conduite. Dites-leur que je sympathise vivement à leurs maux, aux pertes cruelles qu'ils ont faites, et que ma sollicitude la plus constante sera d'en adoucir l'amertume.

« Après la brillante victoire de l'Alma, j'avais espéré un moment que l'armée ennemie en déroute n'aurait pas réparé si promptement ses pertes, et que Sébastopol serait bientôt tombé sous nos coups; mais la défense opiniâtre de cette ville et les renforts arrivés à l'armée russe arrêtent un moment le cours de nos succès. Je vous applaudis d'avoir résisté à l'impatience des troupes demandant l'assaut dans des conditions qui auraient entraîné des pertes trop considérables.

« Les gouvernements anglais et français veillent avec une ardente attention sur leur armée d'Orient. Déjà des bateaux à vapeur franchissent les mers pour vous porter des renforts considérables. Ce surcroît de secours va doubler vos forces et vous permettre de prendre l'offensive. Une diversion puissante va s'opérer en Bessarabie, et je reçois l'assurance que de jour en jour, à l'étranger, l'opinion publique nous est de plus en plus favorable. Si l'Europe a vu sans crainte nos aigles, si longtemps bannies, se déployer avec

7

tant d'éclat, c'est qu'elle sait bien que nous combattons seulement pour son indépendance. Si la France a repris le rang qui lui est dû, et si la victoire est encore venue illustrer nos drapeaux, c'est, je le déclare avec fierté, au patriotisme et à l'indomptable bravoure de l'armée que je le dois.

« J'envoie le général de Montebello, l'un de mes aides de camp, pour porter à l'armée les récompenses qu'elle a si bien méritées.

« Sur ce, général, je prie Dieu qu'il vous ait en sa sainte garde

« NAPOLÉON. »

En même temps que quatre divisions nouvelles de 11,000 hommes chacune étaient en effet réunies sur le pied de guerre et mises en marche avec leur artillerie, les troupes du génie, leur matériel d'administration, d'ambulance et de transport, on expédiait d'Angleterre une division de 8 à 9,000 hommes. On engageait des volontaires de la milice pour les former en régiments destinés à laisser disponibles pour l'armée d'Orient les régiments de ligne en garnison dans quelques villes d'Angleterre ainsi que dans les places de la Méditerranée, Gibraltar, Malte et Corfou. L'armée alliée pouvait donc être portée dans quelque temps à 90,000 hommes. Et d'ici là on pouvait croire que les excellentes troupes des deux nations,si vigoureusement aguerries par cette rude campagne, et dont le moral était exalté par la victoire, sauraient comme auparavant repousser les attaques de l'ennemi.

Sur un autre point, la marine franco-anglaise obtenait aussi des succès constatés par les nouvelles suivantes reçues de San-Francisco.

« La frégate française *la Forte*, la corvette *l'Eurydice* et le brick *l'Obligado* sont arrivés hier soir à San Francisco avec des nouvelles importantes de Petropolowski, qu'ils ont quitté le 7 septembre.

« Nous avons reçu hier soir la visite d'un témoin oculaire du combat, officier à bord de *la Forte*, qui nous a donné sur ce combat de nombreux renseignements.

« Les navires de guerre anglais et français étaient partis des îles Sandwich le 25 juillet, se dirigeant sur Petropolowski, ainsi que nous l'avions annoncé. La saison avancée faisait craindre de nombreux obstacles. Cette crainte s'est réalisée, la côte nord était déjà couverte de brouillards épais qui retardaient beaucoup la marche des navires et les obligeaient à naviguer avec la plus grande prudence, la brume était telle que les officiers pouvaient à peine distinguer les signaux à deux longueurs de navire, et que *l'Eurydice* ne put naviguer de conserve avec l'escadre; on ne la retrouva qu'à Petropolowski.

« Les navires arrivèrent en vue de Petropolowski dans les derniers jours du mois d'août et après avoir essuyé d'assez mauvais temps. La saison ne permettant aucun délai et on se prépara de suite à l'action. La place présentait des obstacles auxquels on était loin de s'attendre; on comptait attaquer avec des forces supérieures une place peu défendue et peu fortifiée; on se trouvait en présence d'une forteresse redoutable, défendue par huit forts détachés contenant plus de 129 canons et 1,200 hommes.

« Petropolowski est situé dans le fond d'une baie très-étroite et de peu de longueur. Les abords de cette baie sont hérissés de nombreuses batteries; pour arriver en vue de la ville, il faut éteindre trois de ces batteries. La nature a encore fortifié cette place d'une manière redoutable : au milieu de la baie au fond de laquelle se trouve Petropolowski, s'élève un banc de sable qui ne laisse aux navires qu'un espace étroit et resserré, et qui, à peu de distance au dehors, dérobe à la vue la forteresse principale.

« Le 30 août, les six navires de guerre, anglais et français, dont les noms suivent, se trouvaient en présence de Petropolowski :

« Navires français : *la Forte*, de 60 canons; *l'Eurydice*, de 28 canons, et *l'Obligado*, de 12 canons;

« Navires anglais : *la Pique*, de 40 canons; *le Président*, de 50 canons, et *Virago*, de 6 canons.

« Au moment d'engager le combat, une triste nouvelle se répandit dans la flotte : l'amiral Price, commandant des forces anglaises, venait de tomber frappé d'une balle en chargeant ses pistolets : la balle lui avait traversé le cœur. La consternation se répandit parmi les équipages. L'amiral Price était aimé et respecté de tous; son courage, son sang-froid, sa bienveillance et les nombreuses preuves d'intrépidité qu'il avait données en plusieurs occasions difficiles lui avaient concilié le respect universel. Cette mort funeste, à la veille d'un combat, lui enlevait l'occasion de se distinguer, et privait l'escadre l'un de ses meilleurs officiers. C'est le matin même du jour fixé pour le combat que l'amiral Price expirait à son bord. Par respect pour sa mémoire, l'attaque fut ajournée au lendemain.

« Le 31 août, le combat s'engagea. La frégate russe *Aurora*, de 40 canons, et la *Dwina* étaient embossées derrière le banc de sable, en avant de Petropolowski; les navires alliés concentrèrent leurs feux sur les trois forts avancés; ils se trouvaient alors à 1,600 mètres environ de la ville, mais ils ne pouvaient s'engager dans la passe étroite et dangereuse dont nous venons de parler sans avoir auparavant fait taire ces batteries détachées. Deux cent cinquante pièces de canon tonnaient de part et d'autre; des boulets perdus dépassaient le banc de sable et venaient tomber sur les forts et les navires; après une canonnade assez vive, les trois batteries étaient éteintes, les canonniers russes étaient morts ou avaient déserté leurs pièces; on encloua les canons, et tranquilles de ce côté, les navires se rapprochèrent de la ville.

« Le lendemain, on ouvrit un feu très-vif sur ce point et sur les navires russes; l'*Aurora* eut son grand mât emporté, les boulets la criblaient de toutes parts; l'ordre de débarquer fut donné, et, sous la direction d'un pilote américain qui avait représenté les environs de la ville comme d'un accès peu difficile et peu boisés, les troupes s'élancèrent vers la plage et s'avancèrent vers la redoute principale.

« Mais soit erreur, soit trahison, on se trouva engagé dans d'épaisses broussailles qui arrêtaient à chaque pas la marche des soldats et fournissaient aux tirailleurs russes un abri sûr et presque impénétrable. La similitude des costumes jetait la confusion dans les rangs de nos soldats, qui craignaient, en visant sur les uniformes rouges, de tirer sur leurs frères d'armes.

« Exposées à un feu auquel elles ne pouvaient répondre, les troupes le soutinrent avec la plus grande intrépidité et dirigèrent leurs attaques sur le fort le plus proche. Après un combat acharné de part et d'autre, les Russes furent défaits, les canons encloués, le fort démoli et 43 hommes faits prisonniers. Craignant d'exposer plus longtemps les troupes à un feu meurtrier, on ordonna le rembarquement. On ne pouvait, à moins de consentir à une perte considérable, tenter de s'emparer de Petropolowski; il fallait, pour réduire la place, recourir à un siége régulier; le temps pressait, la saison avancée ne permettait aucun retard. On dut abandonner un champ bataille sur lequel on laissait comme trophées cinq batteries foudroyées, maisons et des magasins de munitions en flammes, un fort démoli et plus cent cadavres russes. Nous laissions aussi, nous, de vaillants soldats ce sol ennemi. Morts à sept mille lieues de leur patrie, sur une terre inconnue, sous un ciel étranger, ils seront pleurés de nos compatriotes comme ils l'ont été de leurs vaillants frères d'armes.

« Mais avant de partir on devait venger leur perte. Au moment de lever l'ancre, le transport de guerre russe *Sitka* de 12 canons et de 700 tonneaux, arrivait dans la rade, chargé de munitions de guerre et de nombreuses provisions de bouche, dont la rareté se faisait vivement sentir dans Petropolowski. Entouré par les forces ennemies, le *Sitka* dut se rendre et fut emmené par la division anglaise à Vancouver. Peu après, la goëlette du gouverneur tombait au pouvoir des alliés avec 30 hommes d'équipage; ne pouvant la remorquer, on la brûla en pleine mer. A bord du *Sitka* se trouvaient plusieurs négociants russes, qui, avec l'équipage, furent emmenés prisonniers; le nombre total des prisonniers monte à 60; parmi eux se trouvent un colonel et un capitaine de navire. »

Tandis que ces choses se passaient en Europe, d'autres événements avaient lieu en Asie. Au mois de février 1854, Zarif-Moustapha-Pacha, nommé *muchir* (général de division), reçut le commandement en chef de l'armée de Kars. Il trouva cette armée ou plutôt ses débris mourant de faim, de froid, de misère et de maladie. Le 20 novembre 1853, dans une bataille dite de Guédikler, cette armée, qui faisait campagne pour la première fois, avait éprouvé de grandes pertes et se trouvait complétement démoralisée. Dirigeant toute son attention, toutes ses ressources vers le Danube, le gouvernement ottoman avait abandonné à elle-même son armée d'Asie. L'incapacité, pour ne pas dire plus, de son chef Achmet-Pacha avait fait le reste. Les 26,000 hommes qu'après la bataille de Guédikler Achmet-Pacha confina dans le bourg en ruine de Kars eurent à souffrir toutes les misères d'un hiver long et rigoureux. Ces malheureux en haillons, presque sans bois, entassés dans des masures et mal nourris, virent périr de maladie et d'épuisement 8 à 10,000 des leurs. Dès que le gouvernement, un peu tranquille du côté du Danube, put s'occuper de l'armée d'Asie, il rappela Achmet-Pacha et nomma à sa place Zarif-Moustapha. Cet habile général répara le mal. Grâce à son énergie, à son activité, l'armée se trouva de nouveau, en juin 1854, forte de 30,000 hommes de troupes régulières et de quelques milliers de Bachi-Bouzouks. Le 1er août, le muchir apprit que le corps russe d'Erivan venait de battre, près de Bagazid, un corps d'observation; il se prépara à la bataille, et il pensa d'abord à se rendre maître de Karadag et des positions au pied de cette colline. Plusieurs reconnaissances opérées vers un autre point (Perguet) par le comte de Meffray, officier français détaché à l'armée d'Asie en qualité de colonel d'état-major, premier aide de camp du muchir, firent une heureuse diversion qui permit aux Turcs d'occuper les positions convoitées, et la bataille d'Ingédéré vint déjouer les plans du général Bebutoff. Les Russes laissèrent sur le champ de bataille 4,000 morts et 8,000 blessés. Leur beau corps des dragons du Caucase, fort de 3,600 hommes qui s'étaient battus en héros, fut presque entièrement détruit. Quelques jours après cette sanglante affaire, voulant délivrer le territoire turc de la présence de l'ennemi, Zarif-Mustapha-Pacha envoya quatre régiments de cavalerie occuper des avant-postes près du camp russe. A la vue de cette colonne, les Russes levèrent si précipitamment leur camp qu'ils abandonnèrent aux Turcs une partie de leurs tentes, leur provision de bois, chose rare et précieuse en ce pays, leur pain, leurs provisions et jusqu'aux papiers du général Bebutoff. Ils allèrent se réfugier sous le canon de la forteresse de Gumvi. C'est ainsi que cette armée, qui semblait condamnée à l'impuissance, sut conserver intactes les frontières de l'empire ottoman en Asie. La tâche qui reste à remplir, en 1855, à l'armée turque d'Asie est donc bien simple et bien facile : *Profiter de la campagne de* 1854.

Le 14 novembre, une affreuse tempête vint bouleverser la rade d'Eupatoria. Depuis de longues années on n'avait pas vu semblable tourmente. La toiture de l'ancien monastère de Saint-Georges fut emportée, des arbres séculaires arrachés et dispersés comme de la paille, les tentes des soldats enlevées, déchirées, réduites en pièces; les tranchées s'emplirent d'eau, tous les travaux furent considérablement endommagés. Dans la rade étaient mouillés 45 navires. Dès 9 heures du matin commencèrent les sinistres. Poussés par le vent du sud et chassant sur leurs ancres, 7 bricks du commerce vinrent successivement se jeter à la côte contre la ville; deux d'entre eux, un grec et un turc, se brisèrent en échouant, mais les équipages furent sauvés, grâce aux efforts des matelots et des soldats français dirigés par le commandant de la place et des officiers du vaisseau *le Henri IV*. Vers onze heures, le vent tourna subitement et se mit à souffler de l'ouest avec une nouvelle violence. Ce changement fut extrêmement nuisible aux navires ;5 trois-mâts anglais, de ces beaux navires servant au transport des troupes, et un steamer, *le Prince*, furent jetés à la côte à l'est de la ville. Heurtée par un de ces trois-mâts, la corvette à vapeur *le Pluton* ne put résister au choc et dut échouer à son tour. Après une lutte bien soutenue contre la tempête, le petit vapeur *la Ville-de-Perpignan* fut lancé à la côte à pleine vapeur. Enfin, à 6 heures du soir, le beau vaisseau *le Henri IV*, de 100 canons, après avoir eu ses quatre chaînes brisées, ne put résister à la rage de la mer et fut jeté à la côte. Dans la nuit, un vaisseau turc se perdit également. Pendant que la petite garnison d'Eupatoria assistait à ces naufrages et cherchait à sauver les équipages, une nouvelle complication vint aggraver sa position ; les Russes vinrent l'attaquer avec 7 à 800 hommes et 14 pièces d'artillerie. Ayant mis leurs pièces en batterie à 600 mètres de la place, ils ouvrirent un feu des plus violents ; mais, grâce aux travaux exécutés depuis l'occupation française, la ville était en état de se défendre. Les batteries établies dans l'enceinte ripostèrent au feu de l'ennemi. Pendant une heure, engagement fut très-vif ; mais les pièces françaises, placées derrière les épaulements, eurent à la fin l'avantage et forcèrent les Russes à se retirer. De son côté, *le Henri IV* avait à se défendre contre des nuées de Cosaques accourus à la vue du désastre comme des nuées de corbeaux que toute ruine attire ; mais l'équipage, complet à bord, s'était préparé à cette attaque, et de foudroyantes bordées dispersèrent ces hommes de proie dont les cadavres sillonnèrent la plage. La mer, houleuse jusque dans le port de Sébastopol, déplaça l'un des navires coulés dans la passe, et les Russes, craignant de voir la flotte alliée pénétrer par cette brèche, coulèrent à l'entrée du port un nouveau vaisseau, *le Rotislaw*. Ils avaient eu de leur côté beaucoup à souffrir de la tempête. Les Anglais eurent encore à déplorer la perte d'un bateau à vapeur dans la baie de Chersonèse et de huit transports, vides pour la plupart, à l'embouchure de la Katcha. Tous les navires échoués furent brûlés, de crainte qu'ils ne tombassent entre les mains de l'ennemi. Une belle frégate égyptienne, amenant à Constantinople des troupes envoyées par le pacha gouverneur, fit naufrage et se perdit malheureusement corps et biens.

Ces désastres, en partie réparés et considérablement atténués par le dévouement des officiers, des soldats et des marins, et par les prévoyantes mesures du gouvernement, furent largement compensés par un événement de la plus haute importance, l'accession franche et complète de l'Autriche à la politique des puissances alliées. Le 2 décembre, fut conclu entre l'Autriche d'une part, la France et l'Angleterre de l'autre, un traité d'alliance dont voici les principales dispositions :

Art. 1er. Les parties contractantes s'engagent à ne pas entrer en arrangement avec la Russie, sans en avoir préalablement délibéré en commun.

Art. 2. L'Autriche s'oblige à défendre les principautés danubiennes contre tout retour des Russes. Les armées anglaise et française seront libres d'entrer dans les principautés, si elles le jugent convenable.

Art. 3. En cas de guerre entre l'Autriche et la Russie, la France et l'Angleterre promettent de conclure un traité offensif et défensif avec l'Autriche.

Art. 4. Dans ce dernier cas, aucune proposition de paix émanant de la Russie ne serait accueillie sans que les puissances alliées fussent arrivées à une entente commune.

Art. 5. Si la paix n'est pas rétablie d'ici au 1er janvier 1855, les trois puissances alliées délibéreront sur les moyens les plus efficaces pour atteindre le but qu'elles se proposent en contractant leur alliance.

Art. 6. Le présent traité sera communiqué à la Prusse, sa coopération étant désirable.

Par cette alliance se trouvaient déjoués tous les plans, toutes les profondes machinations de la Russie qui, suivant la maxime : *Diviser pour régner*, comptait sur l'hostilité des peuples de l'Europe entre eux, sur les complications qu'elle avait toujours pris à tâche de susciter dans leurs relations internationales pour graviter vers la monarchie universelle et cosaquer à son aise l'Europe et l'Asie. Aussi le désappointement fut-il grand à Saint-Pétersbourg, tandis qu'en France et en Angleterre, la confiance augmentait. Le parlement, ouvert le 12 décembre par la reine d'Angleterre, vota toutes les mesures demandées pour pousser la guerre avec vigueur, et notamment un bill pour la formation de régiments étrangers à la solde de l'Angleterre, bill qu'avait vivement combattu l'opposition. Dans son discours d'ouverture de la session du sénat et du corps législatif, le 26 décembre, trois mois avant l'époque habituelle, l'empereur Napoléon III put constater ce résultat, déjà établi par le tableau des importations, des exportations et du produit des contributions indirectes publié par *le Moniteur* que, malgré la guerre, le mouvement industriel et commercial ne s'était pas ralenti en France, et que les nations se préparaient avec ardeur au grand concours pacifique de l'Exposition de 1855. Les chambres françaises s'empressèrent de répondre à l'appel qui leur était fait et de voter une levée de 150,000 hommes et un nouvel emprunt de 500 millions pour faire face aux nécessités de la situation.

Par un sentiment de dignité nationale, le gouvernement avait refusé des sommes considérables qui lui étaient offertes pour les blessés ; mais il avait accepté les nombreux dons en nature destinés à l'armée, et des souscriptions patriotiques avaient eu pour résultat l'envoi de confortables et gracieuses étrennes, pour le 1er janvier 1855, aux braves enfants de la patrie, combattant avec tant de courage et de gloire à 600 lieues de leurs foyers. Complétée par des renforts successifs, pourvue pour l'hiver de tous les objets d'habillement et de baraquement désirables, amplement fournie de vivres sains, fortifiée par des lignes de circonvallation (1) inabordables, l'armée

(1) On appelle *lignes de circonvallation* des retranchements faits par les assiégeants d'une place dans le but d'empêcher les armées ennemies qui tiennent la campagne de se jeter sur leurs travaux pour opérer une diversion en faveur des assiégés, et *lignes de contrevallation* les ouvrages exécutés pour mettre les travaux du corps de place à l'abri des sorties de la garnison. Les lignes des alliés ont un développement de plusieurs kilomètres ; mais c'est surtout vers les deux extrémités, du côté de la rampe d'Inkermann, à leur gauche, et du côté de Balaclava, à leur droite, que les alliés ont accumulé le plus d'obstacles artificiels. Une grande partie des ouvrages sont fermés à la gorge, et l'on a eu soin de ménager des passages couverts

pleine du souvenir de ses victoires, attendait avec impatience les grandes opérations agressives fixées au mois de mars prochain.

Il en coûte plus à des soldats français de différer le combat que d'affronter des périls trop grands. La patriotique décision par laquelle le conseil de guerre a ajourné l'assaut de Sébastopol, a dû paraître à ses auteurs un pénible devoir.

L'attention du gouvernement ottoman fut en ce moment fortement attirée par la situation de son armée d'Asie. Ces troupes, ou plutôt leurs débris, périssaient de faim, de froid, de misère et de maladie. Les nouvelles recrues, faisant campagne pour la première fois, avaient éprouvé de grandes pertes dans une bataille dite de *Guédikler*, et se trouvaient dans la plus grande démoralisation. Alors qu'elle dirigeait sur le Danube toute sa sollicitude, la Porte avait en quelque sorte abandonné à elle-même cette armée lointaine. L'incapacité, pour ne pas dire plus, du général Achmet-Pacha avait fait le reste. 10,000 hommes sans pain, sans vêtements, étaient morts d'épuisement et de maladie. A la fin on s'occupa de ces malheureux. Achmet-Pacha fut rappelé, et Zarif-Pacha nommé à sa place. Le nouveau général sut remédier à tout, gagna la bataille d'*Injédéré*, où les Russes eurent 4,000 hommes tués et 8,000 blessés, et sut maintenir l'intégrité du territoire ottoman. Dans le courant de décembre 1854, les Russes, forts de 2,000 hommes d'infanterie et de 300 cavaliers, firent une tentative sur *Redout-Kalé*. Cette tentative fut vigoureusement repoussée, après quelques coups de canon, par la garnison de la place, appuyée de 650 hommes que le *Mansour*, corvette à vapeur tunisienne arrivée le matin même sur la rade, avait immédiatement débarqués. La division russe qui occupait les environs de Bajazid évacua complétement le territoire turc et se retira à Erivan. Par suite de cette retraite, le chemin de la Perse se trouva entièrement dégagé, et le commerce d'Erzeroum commença à reprendre. La concentration des troupes turques à *Toprak-Kalé* était la cause de ce mouvement des Russes. Avant de se retirer, ils avaient ruiné le pays qu'ils occupaient et brûlé les villages.

Par suite de l'évacuation de la Moldavie et de la Valachie par les Russes, l'armée turque du Danube et son habile général en chef, Omer-Pacha, se trouvaient disponibles. Il était d'abord question de

par des traverses, par lesquels il est possible à des troupes formées en colonne d'opérer un mouvement offensif) sur un ennemi désorganisé à la suite d'une attaque infructueuse. Renonçant à attaquer ces formidables retranchements, craignant d'être coupés de Pérékop par l'armée d'Omer-Pacha, qui vient d'y être envoyé, manquant d'ailleurs, selon toute probabilité, de vivres et de munitions, les Russes ont opéré un mouvement rétrograde en faisant sauter le pont d'Inkermann.

les employer à des opérations en Bessarabie, et l'on s'attendait à des événements importants de ce côté. Un changement apporté dans les plans sembla soulever quelque dissentiment, et le bruit courut un moment qu'Omer-Pacha ne consentait pas à se rendre à l'opinion des autres généraux. Cependant son patriotisme éclairé l'emporta sur toute autre considération, et le héros de la Turquie, investi par un firman spécial du Sultan du commandemant en chef des troupes turques destinées à opérer en Crimée, s'embarqua dans les derniers jours de décembre, et, après avoir rejoint l'armée alliée, établit son quartier général à Eupatoria.

La Porte, du reste, avait un nouveau motif de sécurité. Un traité ayant pour but principal de sauvegarder son territoire venait d'être conclu, à la date du 2 décembre, entre l'Autriche d'une part, la France et l'Angleterre de l'autre. Les parties contractantes s'engageaient à n'entrer dans aucun arrangement avec la Russie avant d'en avoir délibéré en commun. L'Autriche s'obligeait à défendre contre tout retour des Russes, les principautés danubiennes dont l'accès devait rester libre aux armées françaises et anglaises. La France et l'Angleterre promettaient de conclure un traité offensif et défensif avec l'Autriche dans le cas où cette dernière puissance serait en guerre avec la Russie. Dans ce dernier cas, aucune proposition de paix émanant de la Russie ne devait être accueillie sans que les puissances alliées fussent arrivées à une entente commune. Enfin, si au 1er janvier 1855 la paix n'était pas rétablie, les trois puissances devaient délibérer sur les moyens les plus efficaces pour atteindre le but qu'elles se proposaient en contractant leur alliance.

L'arrivée d'Omer-Pacha en Crimée, avec une troupe d'élite de 15,000 Turcs, était d'un puissant secours pour l'armée alliée qui, du reste, recevait de nombreux renforts. En France, on avait fait une nouvelle levée de 150,000 hommes et un emprunt national de 500 millions. Des mesures analogues étaient prises en Angleterre. Les travaux de siége continuaient avec activité, incidentés dans la nuit du 28 décembre par une attaque des Russes faite sur les lignes françaises et dans laquelle l'ennemi fut repoussé avec de grandes pertes, et, le 29, par une brillante reconnaissance que fit le général Bosquet avec 25,000 hommes dans la vallée de la Tchernaïa. Le froid commençait à se faire rigoureusement sentir; mais, dès le commencement de janvier 1855, les cargaisons de vivres, de vêtements et d'objets de campement, étrennes patriotiques de la France à ses enfants combattant loin d'elle, arrivaient au camp devant Sébastopol. Les sympathies dont cette brave armée se trouvait l'objet étaient pour elle un puissant encouragement au milieu de ses travaux et de ses souffrances, héroïquement supportées. Tout le monde avait les yeux sur la Crimée; chacun dévorait avec avidité les récits de l'expédition, les moindres détails se rattachant aux opérations militaires ou à la vie du soldat. Dans les plus humbles villages de France, on voyait souvent la population rassemblée autour d'un homme à cheval, muni d'un gros livre d'images coloriées à l'aide duquel il expliquait aux paysans, dans leur naïf langage, tout ce qui se passait là-bas, là-bas où chaque famille avait un fils, un parent, un ami. Sachant qu'il excitait ainsi l'intérêt, le soldat combattait et travaillait avec le même courage. A la fin de janvier, les parallèles étaient poussées jusque sous les murs de la place; les batteries nouvellement construites étaient armées et prêtes à faire feu.

La France fut alors douloureusement émue par une sinistre nouvelle. Dans la nuit du 26 février, au milieu d'une épouvantable tempête, l'une de ses plus belles frégates, la *Sémillante*, commandée par le capitaine Jugan et portant 694 matelots ou passagers, dont 393 soldats, s'était brisée contre un écueil sur les côtes de Sardaigne et avait été engloutie sans qu'un seul homme eût pu échapper à cette affreuse catastrophe.

Tous les esprits, tous les cœurs en France étaient encore sous la douloureuse impression de la perte cruelle faite par la patrie, quand une autre nouvelle imprévue vint retentir ainsi qu'un glas funèbre au sein de l'Europe étonnée. Ces mots « l'empereur Nicolas est mort » produisirent plus d'émotion que n'en avaient autrefois causé les grandes paroles de Bossuet.

Depuis quelque temps, l'empereur de Russie était atteint d'une forte grippe qu'il avait gagnée en s'exposant aux intempéries. D'une incomparable activité, il était toujours à cheval, s'occupant de l'ensemble et des détails de la guerre, dressant le plan des opérations, inspectant les moindres corps de troupes, surveillant les approvisionnements, réchauffant le zèle de tout le monde. Malgré les instances de sa famille, il refusait de prendre les plus vulgaires précautions et de se soigner. Sa maladie acquit bientôt un caractère de gravité. Vers le 18 février, son médecin, le docteur Mandt, demanda la permission d'appeler d'autres médecins. L'Empereur prit la chose en plaisantant et consentit à ce qu'il fît venir le docteur Karrell. Peu à peu l'état du malade empira au point que le 22 les médecins le conjurèrent de garder la chambre. Il ne voulut pas entendre parler de cette réclusion nécessaire. Le mal empira rapidement, et, le 2 mars, à midi, le czar Nicolas, qui, jusqu'à ce moment avait conservé le plus grand calme et la plus grande lucidité d'esprit, rendit paisiblement le dernier soupir.

Né le 6 juillet 1796, l'empereur Nicolas Ier, Paulowitch, était le troisième fils de Paul Ier et le huitième souverain de la dynastie des Holstein-Gotorps, qui sont de race allemande, ce qui explique les nombreuses alliances de la famille impériale de Russie avec l'Allemagne et les hésitations de la Prusse et de l'Autriche à se prononcer d'une manière hostile contre le tzar. Il avait épousé, le 18 juillet 1817, la fille aînée du roi de Prusse, la princesse Marie, aujourd'hui l'impératrice Alexandra Fœdorowna, dont il eut sept enfants, sur lesquels six sont encore vivants. Il avait succédé à Alexandre, son frère, le 1er décembre 1825, avait été couronné à Moscou le 3 septembre 1826, et à Varsovie, comme roi de Pologne, le 24 mai 1829.

Le sceptre des autocrates passa sans opposition aux mains du fils aîné de l'Empereur, le grand-duc Alexandre, âgé de 37 ans, prince recommandable par ses excellentes qualités et la douceur de son caractère n'excluant pas cependant une grande fermeté. On avait fondé sur ce changement de souverain des espérances de paix; mais elles furent bientôt dissipées, et les proclamations, puis les actes du nouveau tzar, prouvèrent qu'il s'attachait à continuer la politique de son père. Il confirma néanmoins les pouvoirs du plénipotentiaire envoyé par l'empereur Nicolas au congrès à Vienne pour discuter les bases d'un traité; mais, malgré ces conférences, qui ne devaient pas aboutir, les opérations militaires se continuaient en Crimée avec une activité nouvelle.

La manière dont les Turcs fortifiaient Eupatoria inspirait aux Russes de vives inquiétudes. Ils résolurent de faire une tentative pour reprendre cette ville. Dans la nuit du 16 au 17 février, à la faveur de l'obscurité, ils établirent autour de la place, dont les travaux d'enceinte n'étaient pas achevés, une sorte de parallèle non continue formée de levées de terre destinées à couvrir leur artillerie et leurs tirailleurs. Le 17, à cinq heures du matin, 80 pièces ouvraient leur feu. Derrière cette artillerie étaient massés 25,000 hommes d'infanterie commandés par le général Krouleff. Les Russes avaient aussi 400 chevaux.

Ce feu terrible fit sauter cinq fourgons turcs de munitions, démonta plusieurs canons et causa de grandes pertes parmi les troupes resserrées dans des rues étroites et exposées à la grêle des projectiles qui battaient d'enfilade la ville entière. Après cette canonnade d'environ deux heures, les Russes prirent leurs dispositions pour donner l'assaut vers le nord-est où l'armement de la place en artillerie était le plus faible. Cinq bataillons d'infanterie, munis des matériaux nécessaires pour le franchissement des fossés et l'escalade, s'avancèrent jusqu'à 400 mètres, protégés par les pans de murs d'un ancien cimetière, puis deux de ces bataillons furent lancés en avant. Cette colonne arriva jusqu'à 20 metres du fossé; mais, reçue par une vive fusillade, elle battit en retraite. Ramenée une seconde fois à l'attaque, elle fut vigoureusement repoussée par un bataillon turc qui, sortant de la place, l'aborda franchement à la baïonnette et la mit en déroute pendant que la petite cavalerie ottomane la chargeait en flanc. Cette colonne laissa 150 morts au milieu du cimetière.

Dans l'intervalle, la canonnade avait continué sur toute la ligne. Le feu de l'ennemi se concentrait particulièrement sur la couronne dite *des Moulins,* où furent tués, en faisant brillamment leur devoir, le général égyptien Sélim-Pacha et le colonel égyptien Rusten-Bey. A dix heures la retraite des Russes se prononça et devint définitive. Les pertes de l'armée moscovite furent évaluées à 5 ou 600 hommes tués et 2,000 blessés. La petite garnison française d'environ 200 hommes appartenant au 3e régiment d'infanterie de marine et à la flotte (équipage du *Henri IV*) figura honorablement dans cette belle défense, sous les ordres de son commandant, le chef d'escadron Osmont. Les Français eurent 4 hommes tués et 8 blessés parmi lesquels le lieutenant de vaisseau de Las-Cases, qui dirigeait le feu des batteries de marine. Les vapeurs en rade et notamment la corvette *le Véloce,* commandée par le capitaine Dufour de Mont-Luis, concoururent puissamment, par un tir bien dirigé, au succès de cette brillante affaire.

En même temps que l'armée ottomane inaugurait ainsi d'une manière remarquable ses opérations en Crimée, les Français avançaient non sans difficultés les travaux du siége. Les batteries établies en avant de la tour Malakoff par les Russes, profitant habilement de la faute qu'on avait faite de ne pas s'emparer dès le principe des positions intermédiaires, incommodaient vivement les travailleurs. Dans le mois de février et au commencement de mars, presque toutes les nuits, il y eut des combats acharnés dans lesquels furen prises et reprises les embuscades élevées par les Russes.

Dans la nuit du 22 au 23 mars, ils attaquèrent avec des force proportionnellement considérables la tranchée de droite devant le mamelon qui précède la tour Malakoff, dont ils avaient décidé de s'emparer à tout prix, voulant s'en servir contre les assiégeants. Deux fortes colonnes russes, faisant ensemble une dizaine de mille hommes, se portèrent en avant pour attaquer la parallèle et la tête de sape. Une lutte acharnée, qui dura plusieurs heures, commença lutte dans laquelle on se battit à coups de feu, à coups de baïonnette, à coups de crosse et même à coups de pierre. Trois fois l'ennemi lâcha pied, trois fois il revint à la charge. Enfin il paraissait disposé à la retraite, lorsque tout à coup il se précipita vers sa droite, avec des cris sauvages, pour franchir le ravin de Karabelnia. Il venait sans doute d'être informé que la portion de droite de la parallèle anglaise, qui se relie avec celle des Français, n'était pas suffisamment occupée. Il put en effet y pénétrer; mais il ne tarda pas à en être chassé par les Anglais, qui accoururent et l'attaquèrent avec leur bravoure ordinaire.

Les Russes se retirèrent définitivement, laissant le terrain en avant des tranchées couvert de leurs morts. On en comptait environ 600, auxquels il faut joindre tous ceux qu'ils avaient emportés suivant leur habitude. On peut estimer à 1,200 ou 1,500, au moins, le nombre d'hommes mis de leur côté hors de combat. Les alliés eurent environ 400 hommes tués ou blessés; on eut à regretter la perte du chef de bataillon du génie Dumas, frappé en pleine poitrine d'un coup de baïonnette, à la tête de la sape, et celle de quatre officiers d'infanterie morts bravement. Le colonel Jannin, du 1er de zouaves, eut la joue traversée d'une balle et deux fortes contusions à la tête, résultat de coups de pierre. Les corps qui prirent la part la plus active à ce combat sont le 3e de zouaves, bien digne de la réputation de ces braves troupes, et le 82e de ligne. L'affaire de la nuit du 22 au 23 a, sous plusieurs rapports, de l'analogie avec la bataillle d'Inkermann, bien qu'elle n'ait pas eu les mêmes proportions. Les colonnes russes renfermaient plusieurs bataillons composés d'hommes de bonne volonté, a qui l'on avait fait accroire qu'ils allaient porter le coup décisif. Il y avait aussi des marins et des Grecs : ce ne furent pas ceux qui eurent le moins à souffrir.

La nuit suivante ce fut au tour des Français d'attaquer. Dans ce but les dispositions suivantes avaient été prises : un détachement du génie et un détachement d'artillerie, deux bataillons du 2e de zouaves, colonel Cler, et un bataillon du 4e régiment de marine, commandant Mermier, ayant à leur tête le général de brigade de Monet, devaient envahir l'ouvrage élevé par les Russes en avant de la droite des lignes françaises. Deux bataillons des 6e et 10e de ligne (lieutenant-colonel Dubos) formaient la réserve. L'ensemble était commandé par le général de division Mayran et enfin l'opération était surveillée et dirigée par le général Bosquet, commandant du 2e corps.

L'ouvrage russe était précédé de plusieurs embuscades présentant au milieu de l'obscurité de la nuit des obstacles dont il était difficile d'apprécier la disposition et la force. Les troupes chargées de l'attaque les abordèrent avec vigueur et les culbutèrent, et, pendant que les bataillons qui marchaient à gauche et au centre franchissaient ces obstacles, les zouaves, conduits par le colonel Cler, et ayant à leur tête le général de Monet, déjà blessé quatre fois, pénétraient dans l'ouvrage sous un feu très-vif de mousqueterie, et se jetaient sur l'infanterie russe qui s'y trouvait massée. Cette infanterie céda le terrain après une lutte courte, mais violente, à laquelle prirent une brillante part le détachement du génie commandé par le capitaine Valesque et celui de l'artillerie commandé par le lieutenant Delafosse. Les zouaves se montrèrent de la plus grande intrépidité; malheureusement une colonne d'infanterie de marine se trompa de route et s'égara. Les zouaves croyant se diriger vers cette colonne se trouvèrent à l'improviste devant une masse compacte de 6,000 Russes qu'ils percèrent d'outre en outre, mais au prix de pertes regrettables. De son côté l'ennemi eut une quantité énorme de morts et de blessés, ce qui s'explique par cette circonstance que sa flotte lançait une pluie de projectiles sur la mêlée, éclairée par des pots-à-feu, et que ces projectiles atteignaient principalement les Russes qui se trouvaient dans leur direction. Ne pouvant songer à s'établir sur un point menacé de tous côtés par l'artillerie ennemie, les Français se retirèrent après avoir une fois de plus prouvé leur supériorité dans l'action.

Outre la mort du chef de bataillon du génie Dumas, officier supérieur plein de mérite et d'avenir, tué, comme nous l'avons dit, à coups de baïonnette après avoir été déjà blessé en tête des travaux d'attaque, on signala l'absence du chef de bataillon Banor, du 3e de zouaves, qui disparut et qu'on suppose avoir été tué.

Voici le résumé des pertes éprouvées par les 1,000 zouaves formant la partie principale de cette colonne redoutable qui culbuta si rudement des forces d'une grande supériorité numérique : MM. Daquirot, Doux, capitaines; Bartel, lieutenant, et Sevestre, sous-lieutenant, tués; Sagre, capitaine, mort des suites de ses blessures; Pierre, capitaine adjudant-major, tombé vivant au pouvoir des Russes; 13 officiers blessés, rapportés au bivouac; 62 sous-officiers et soldats tués, et 13 blessés laissés sur le champ de bataille; 124 blessés, rentrés ou rapportés au bivouac. La perte des Russes s'élevait à 12 ou 1,500 hommes.

Dans le cours de cette nuit eut lieu un regrettable événement. Le médecin français Leblanc, attaché au service médical du 9e régiment d'infanterie anglaise, occupait une tente près des huttes d'hôpital de ce régiment. Il se livrait à la lecture lorsque tout à coup, entendant le bruit du combat, il se leva, laissant sa chandelle allumée, son livre ouvert, et sortit. Le docteur Leblanc avait la vue courte. Dans l'obscurité il se trompa de chemin et se présenta devant la ligne du 18e régiment français établie près de la tour d'observation vers l'attaque de gauche. Bien qu'on lui eût crié trois fois qui vive? il ne répondit pas. La sentinelle fit feu, et il fut tué sur le coup.

État des défenses de Sébastopol en avril 1855. — Second bombardement. — Remplacement du général Canrobert par le général Pélissier. — Affaire des 22 et 23 mai. — Expédition de la mer d'Azof. — Débarquement à Balaclava d'un corps d'armée fourni par le gouvernement piémontais. — Particularités sur ce qui se passe aujourd'hui en Russie. — Proclamation du général Pélissier. — Effectif des armées et des flottes des divers États de l'Europe. — Armée turque d'Asie.

Depuis quelque temps les alliés faisaient de grands préparatifs pour un nouveau bombardement et les Russes, de leur côté, complétaient leurs moyens de défense. Nous avons déjà fait connaître les points principaux des fortifications. A la description que nous en avons donnée nous croyons devoir ajouter quelques mots qui aideront à l'intelligence des nouvelles opérations.

L'extrémité du bastion du Mât aboutit à un mur crénelé de 200 mètres de long, qui conduit à l'endroit où le ravin du Port rejoint le ravin du village des marins de Sébastopol. Derrière ce village, situé à l'extrémité du Port des vaisseaux, se trouve une batterie importante appelée batterie des Casernes, qui fait un feu très nourri et qui soutient puissamment cette zone de la défense. La batterie des Casernes est en arrière du village, mais en avant du faubourg de la Marine. En dehors du bastion du Mât et du bastion Central et du côté de l'attaque, s'étend une ligne de défenses accessoires qui, avec les contours qu'elle décrit, peut avoir 6 ou 700 mètres de développement. Sa largeur est difficile à apprécier, mais elle part de l'escarpe et semble avoir environ de 50 à 75 mètres. Elle se compose d'abattis, de chevaux de frise, de petits piquets ou piquets allemands, de trous de loup, de chausse-trapes, de palanques et de fraises. Les obstacles que présentent ces défenses accessoires n'ont pas la même importance qu'autrefois ; on ne doit pas les négliger, et toutes les mesures sont prises pour les enlever lorsque le moment sera venu. En dedans du bastion du Mât, à 380 mètres de l'angle du saillant et à 160 mètres de son côté gauche, se trouve la seconde ligne de défense des Russes, qui, en cet endroit, se compose d'une série de batteries dites batteries hautes du boulevard et batteries de la berge droite du ravin central. Cet ouvrage présente, en raccourci, la forme du bastion du Mât. On ne connaît pas encore son armement ; mais, d'après ses dispositions, il doit être important. Il est dans la direction de la partie principale et bâtie de la ville, qu'il domine. Dans l'espace compris entre la première et la seconde enceinte, on a démasqué récemment des batteries destinées à lancer des feux courbes. C'est aussi à la partie gauche du bastion du Mât que se trouve le quartier des Casernes, particulièrement affecté aux troupes et à la garnison de la ville. Plusieurs de ces casernes, construites sur le plan le plus avancé, ont été détruites par les projectiles.

Les défenses, de même que les attaques de la droite, commencent au ravin du Port et arrivent jusqu'à la rive gauche de la Tchernaïa. Le point capital de ces défenses est la célèbre tour Malakoff, dont l'armement est évalué à 100 pièces. Jusqu'à la rive gauche de la Tchernaïa et jusqu'à Inkermann, il existe d'autres travaux portant à 550 pièces environ l'armement des ouvrages du côté de la terre.

Le 9 avril, lundi de Pâques, à cinq heures précises du matin, le feu s'ouvrit sur toute la ligne des alliés contre Sébastopol. Il faisait une tempête épouvantable, et les éclats de la foudre se mêlaient au bruit de l'artillerie. A l'attaque de gauche, de la Quarantaine au bastion du Mât, 300 canons et mortiers français foudroyaient la place, et, vu l'extrême proximité des ouvrages, y causaient d'affreux dégâts. C'était au bastion du Mât et au bastion Central que se concentraient tous les efforts. A l'attaque de gauche, du ravin dit *des Anglais* à celui de la Carabemaïa, les Anglais faisaient un feu d'enfer. Les Russes répondaient, mais sans causer un grand dommage. Seulement la batterie n° 28 eut beaucoup à souffrir et le lieutenant Brillant y fut coupé en deux par un boulet. Dans un combat de nuit, qui précéda le bombardement, le commandant du génie Saint-Laurent avait été tué d'une balle reçue au front. Le 10, les batteries continuent leur feu avec les mêmes avantages. Les dégâts produits au bastion Central, aux batteries de seconde ligne qui s'y relient, et au bastion du Mât, sont de plus en plus apparents. Le 11 avril, dans la soirée, trois embuscades russes qui eussent gêné les travaux que devait faire exécuter le génie sont enlevées. Les Russes s'avancent en nombre pour les reprendre; ils sont forcés de se retirer devant un feu nourri de mousqueterie. Dès le point du jour, les batteries du Carénage avaient repris leur feu avec activité. Après trois heures de lutte, les ouvrages Valhynie et Sélinghinsk sont réduits au silence.

Le feu de la première enceinte est sensiblement moins vif que la veille; les Russes tirent, au contraire, davantage des batteries intérieures de la ville. Une bombe, tombée en arrière du bastion de la Quarantaine, y produit l'explosion d'un amas considérable de projectiles creux. A la suite de cette explosion, le feu de la place est très-vif pendant deux heures. Le tir des batteries françaises, régulièrement dirigé, est très-bon ; les embrasures des ouvrages enn mis sont fortement dégradées ; la passerelle du fort Paul, dont quatre bateaux ont été coulés, est touchée plusieurs fois, et les assiégés ne peuvent rétablir cette communication, à l'aide de planches et de cordes, que pour des hommes isolés seulement. Deux divisions turques de l'armée d'Omer-Pacha, transportées d'Eupatoria à Kamiesch, viennent dans cette journée s'installer au col de Balaclava, sur les positions françaises. Le généralissime Omer-Pacha s'y établit en personne.

L'ennemi ayant rétabli ses embuscades, il fallut l'en déloger. Il fit une sortie et tomba à l'improviste sur un bataillon du 46ᵉ de ligne qui gardait les travailleurs. La compagnie de voltigeurs, qui chargea l'ennemi à la baïonnette avec un entrain admirable et sans tirer un seul coup de fusil, eut beaucoup à souffrir. En faisant une reconnaissance, le général de division du génie Bizot fut mortellement blessé, et le 15 il rendait le dernier soupir. Ce brave officier, dont la carrière militaire remonte à 1813, s'était distingué en mille circonstances et avait conquis tous ses grades à la pointe de son épée. Général de brigade le 10 mai 1852, il fut investi, le 1er août suivant, du commandement supérieur du génie en Algérie, fonctions qu'il exerça jusqu'au 23 octobre de la même année, époque à laquelle il fut placé à la tête de l'Ecole polytechnique. Appelé à commander le génie à l'armée d'Orient, le 15 avril 1854, le général Bizot s'embarqua pour Gallipoli le 1er mai. Dès le commencement du siége de Sébastopol, chargé de la direction des nombreux et pénibles travaux de son arme, il sut, dans ces importantes fonctions, déployer les plus brillantes qualités ; son calme, sa fermeté d'esprit, son habileté, son courage, souvent téméraire, l'avaient haut placé dans l'estime de l'armée. L'Empereur lui avait décerné, le 24 janvier dernier, la croix de commandeur de la Légion d'honneur, et venait de l'élever au grade de général de division, le 12 avril ; le général ne put jouir de la récompense qu'il avait si justement acquise, mais qui devint pour sa famille un titre de gloire et une consolation. Les obsèques du général Bizot furent célébrées le 16 ; tous les généraux français, anglais et turcs, y assistaient. L'amiral Bruat s'y était rendu avec tout son état-major. Lord Raglan, le général Canrobert et Omer-Pacha marchaient derrière le cercueil. Venaient ensuite les généraux Bosquet, Pélissier, Mayran, Dulac, etc., etc. Les coins du poêle étaient tenus par les généraux de Martimprey, Lafont de Villiers, le général de division Niel et un général d'artillerie. Les généraux Niel, Pélissier et Canrobert prirent successivement la parole et retracèrent avec chaleur les titres de leur compagnon d'armes à l'estime et aux regrets de l'armée.

Le général Bizot n'était âgé que de cinquante-neuf ans; doué d'une grande énergie et d'une santé robuste, il pouvait encore fournir une longue carrière. L'arme du génie perd en lui une de ses lumières, la France un de ses héroïques enfants.

Dans la nuit du 12 au 13 il y eut de très-vifs engagements. Les Russes, qui avaient encore rétabli leurs embuscades, ne cessaient d'inonder les travailleurs de projectiles creux. Trois fois la garde de tranchée s'élance en avant, enlève les embuscades et les détruit, trois fois les Russes viennent les rétablir et s'y loger de nouveau. Les Français eurent 54 hommes tués et 87 blessés. La perte de l'ennemi fut beaucoup plus considérable, et l'on resta maître du terrain, ce qui permit d'achever la 4e parallèle. Dans la soirée du 15, on fit jouer une mine renfermant une quantité prodigieuse de poudre (25,000 kil.). L'explosion produisit dans la place une espèce de terreur panique. Une vive canonnade s'engagea sur toute la ligne. La mousqueterie se faisait entendre bien fournie du côté des Russes. Tout le monde dut prendre les armes et sortir des abris, car on croyait évidemment à un assaut. Au milieu de tout ce va et vient, le feu des Français, bien dirigé à la faveur de la lumière des détonations, occasionna de véritables ravages. Quant à l'ennemi, il dirigeait son feu en arrière, dans la pensée sans doute que des colonnes d'assaut s'y trouvaient formées. Les pertes furent minimes. L'explosion de la mine produisit un vaste entonnoir dont on couronna le bord du côté du bastion du Mât. L'attaque n'était plus qu'à 60 mètres de ce bastion. L'établissement n'étant pas assez solide la première nuit, et l'entonnoir n'ayant point de communication ouverte avec la 3e parallèle, on ne l'occupa pas immédiatement. La nuit suivante, on perfectionna le logement, et bien que la communication avec la 3e parallèle ne fut pas complétement terminée encore, on put laisser en avant un certain nombre d'hommes. Dans cette même nuit, une bombe éclata sur un magasin de poudre anglais qui fit explosion, tua un homme, en blessa deux d'une façon très-grave et sept moins grièvement.

Le 17, les Russes firent une reconnaissance, avec quatre escadrons, en arrière des murs de Balaclava. Le régiment de cavalerie anglais, attendu des Indes, arriva le même jour au camp britannique. Ce régiment compte près de 700 chevaux arabes excellents, et les cavaliers sont tous de vieux soldats aguerris. Trois régiments d'infanterie venant du même pays étaient également attendus.

Le 19, une reconnaissance fut poussée du côté de Tchegoun, avec douze bataillons turcs d'Omer-Pacha, qui y était en personne, 1,500 chevaux français, anglais et turcs et de l'artillerie. Elle ne rencontra que des Cosaques qui se rallièrent en arrière sur un mamelon, d'où quelques coups de fusil suffirent à les déloger. Ils repassèrent bien vite la Tchernaïa. Le passage de ce cours d'eau ne présenterait pas de difficultés quand on voudrait le franchir. Les Russes y avaient bien fait des ouvrages défensifs, mais ce n'étaient pas des obstacles sérieux. Leur ligne de défense réelle se trouvait sur les hauteurs de Mackensie, qu'ils avaient fortifiées, ainsi que les gorges qui mènent sur ces hauteurs.

Sur toute la ligne d'attaque, aussi bien au centre qu'à la gauche et à la droite, on s'efforçait, par des cheminements, de s'approcher de plus en plus des fortifications de la place. En avant des bastions des casernes et de l'arsenal, les Anglais avaient commencé des travaux considérables. Les embuscades russes en face de l'approche séparée des tranchées avancées, à l'extrême droite, furent emportées avec une grande bravoure par un détachement anglais, sous les ordres du colonel Egerton. L'impétuosité de ces troupes triompha d'une opiniâtre résistance. L'embuscade, qu'il importait de conserver, fut, sans perdre un instant, reliée à l'approche britannique. Au bout de trois heures environ, l'ennemi fit une très-forte canonnade et un feu très-vif de mousquerie sur l'avant-poste de l'embuscade. Le détachement s'y retira; il la défendit et s'y maintint avec succès. Mais ce brillant exploit ne put s'accomplir sans une grande perte d'hommes : le colonel Egerton fut tué ainsi que le capitaine Lemprière. Cinq officiers furent blessés, dont trois dangereusement.

La nuit suivante, l'ennemi voyant que ni la fusillade de ses embuscades ni la grêle de projectiles creux dont il inonde les intrépides travailleurs ne pouvaient les arrêter dans leur cheminement, tente de détruire, dans une vigoureuse sortie, les ouvrages commencés. Une forte colonne, partie du bastion le plus voisin du ravin du Carénage, s'avance silencieusement dans l'obscurité pour venir surprendre les Anglais; mais ils étaient sur leurs gardes: tapis immobiles contre l'épaulement de la tranchée, ils attendaient l'ennemi. Avec un sang-froid tout britannique, ils le laissent s'approcher jusqu'au pied du revêtement. Les Russes, parvenus si près et croyant ne pas avoir été aperçus, annoncent alors leur présence par une décharge générale, et se précipitent sur la tranchée en poussant leurs cris ou plutôt leurs hurlements habituels. Un feu de peloton à bout portant et bien nourri, suivi de hurras retentissants, est la réponse des Anglais. Étonnés d'être ainsi reçus, les Russes ne peuvent pénétrer dans les ouvrages. Quiconque parvient à gravir le parapet est immédiatement rejeté à coups de baïonnette. Forcé de reculer, l'ennemi cependant ne se retire pas encore et commence une vive fusillade qui dure plus d'une heure. Enfin les Russes battent en retraite, il est vrai, sans être poursuivis. Quitter les retranchements eût été une haute imprudence de la part des Anglais, tant la disparité du nombre était grande. D'ailleurs, l'essentiel était de rester en possession des ouvrages commencés et d'empêcher les Russes de les détruire. Tel fut précisément le résultat de ce chaud et brillant engagement. Mais ce ne fut pas sans pertes sensibles pour les Anglais, qui eurent 70 hommes tués et un nombre bien plus considérable de blessés. Quant aux pertes de l'ennemi, elles furent énormes, et le matin suivant le ravin était encore rempli de cadavres moscovites.

A l'attaque de droite, s'effectuent aussi divers engagements pour déloger l'ennemi des embuscades qu'il a rétablies partout. Comme toujours, elles sont enlevées à la baïonnette avec un admirable élan; mais quelques instants après elles sont refaites. Malgré une fusillade meurtrière, on continue toujours à s'avancer vers le mamelon Vert et même vers la tour Malakoff, dont le feu, ainsi que celui du Phare et des ouvrages Blancs, paraît augmenter à mesure que celui des Français diminue par suite du nombre restreint de coups à tirer par 24 heures, auquel on a limité les batteries. Au centre et à la gauche le feu des alliés s'est considérablement ralenti, toujours pour la même raison. On craint d'épuiser trop vite les munitions, qu'il a fallu plusieurs mois pour accumuler. Mais l'ennemi profite de cette quasi-cessation du feu pour réparer les ravages faits dans ses fortifications et réarmer ses batteries. Dans l'après-midi, un lieutenant de vaisseau, commandant à l'attaque de droite une des batteries de la marine, est atteint au ventre par une balle qui lui traverse les intestins. Son état est désespéré. C'est un des plus jeunes et des plus brillants officiers de la marine française.

Pendant toute la nuit du 21 au 22, la fusillade est très-vive à l'attaque de gauche et les coups de canon se succèdent rapidement. On fait jouer plusieurs mines dans le Cimetière, entre le bastion Central et celui de la Quarantaine, afin de rapprocher encore de la muraille crénelée les nouveaux ouvrages. Malheureusement ces mines ne produisent pas leur effet du côté où elles devaient agir : l'explosion se fait plus vers les troupes françaises que contre l'ennemi, et les décombres projetés tuent et blessent plusieurs soldats. On se me immédiatement à travailler dans les déblais, malgré la fusillade e. la mitraille. Les ouvrages avancent beaucoup. Là aussi on aura bientôt une 4e parallèle complète, à moins de 150 mètres de la muraille crénelée. A l'angle de cette muraille et du flanc gauche du bastion Central, il y a maintenant une brèche ouverte qu'on estime avoir une étendue d'environ 150 mètres. Toutes les maisons voisines sont démantelées et percées à jour. Comme toutes les nuits, six vaisseaux et frégates à vapeur anglais et français vont successivement lancer quelques bordées contre les forts à l'entrée du port. La frégate française le *Mogador*, après avoir envoyé à cinq encâblures (1,000 mètres) 24 coups de canon au fort de la Quarantaine, reçoi- deux boulets russes en plein bois; un autre boulet perce de part en part un des tuyaux de dégagement de la vapeur. Deux hommes sont tués; trois sont blessés. Le *Berthollet* et le *Cacique* reçoivent chacun un boulet dans la coque.

Antérieurement, à 9 heures du soir, il s'est fait un grand mouvement à Kamiesch. Omer-Pacha y est arrivé, escorté d'un piquet de lanciers. De longues files de chevaux de bât chargés de tentes, de bagages, et conduits par des soldats le sac sur le dos, le fusil en bandoulière, descendent lentement la route qui conduit au port. On dit que le général en chef turc s'embarque pour Eupatoria ; mais ce train d'équipage qui le suit n'est pas pour un seul état-major, que que nombreux qu'il puisse être. A dix heures les chevaux de bât et les charrettes, chargés de bagages, ne cessent d'arriver. Ils encombrent toute la plage. Évidemment c'est le bagage tout au moins d'une grande partie de l'armée turque. On commence à entrevoir les masses sombres des bataillons qui suivent silencieusement en colonne les dernières voitures. A onze heures, Omer-Pacha s'embarque avec son état-major. Des chalands à tous les débarcadères se remplissent de troupes ottomanes et les portent à bord des vapeurs français, anglais et turcs qui chauffent prêts à partir. On prétend que la nouvelle est arrivée dans la soirée qu'Eupatoria est sérieusement menacée. De là le mouvement de l'armée turque, ou au moins d'une grande partie, quittant subitement son camp près de Balaclava pour venir s'embarquer de nuit à Kamiesch.

Depuis ce moment les embarquements de troupes turques ne cessent pas. Le matin du lundi 23 avril, il y a encore 2 à 3 mille hommes qui attendent leur tour et aussi quelques bagages ; mais l'opération est à peu près terminée. Ismaïl-Pacha surveille tout et donne des ordres pour tout activer. Il se tient près du débarcadère en face de la maison du commandant de place. C'est un homme d'une taille peu élevée, mais vigoureusement constitué. Ses traits bronzés ont une grande expression d'énergie et d'audace. A midi, l'embarquement des Turcs est terminé. Ismaïl-Pacha vient lui-même de se rendre à bord. Comme le temps est calme, on pense que toute la flottille sera arrivée avant le soir à Eupatoria. Il paraît qu'Omer-Pacha restera définitivement à Eupatoria avec la majeure partie de l'armée ottomane. Pourquoi alors avoir fait venir, il y a dix jours à peine, toutes ces mêmes troupes pour les rembarquer et les reconduire d'où elles venaient? Est-ce un mouvement stratégique se rattachant à quelque grand plan ultérieur? C'est ce que nous saurons d'ici à peu de temps. Les troupes embarquées se montent à 6,000 hommes. Le reste de la division ottomane n'a pas quitté son camp de Balaclava. Ménékli-Pacha en a pris le commandement.

Au siége, la nuit se passe dans le plus grand calme. Le canon ne se fait entendre que de loin en loin. Le matin il en est de même. L'ennemi ne semble pas plus désireux que les alliés de continuer le feu. On dirait que des deux côtés on est dans une sorte d'attente. Cependant personne ne compte sur la paix. Mais si les Russes ne tirent pas beaucoup, ils travaillent énormément. En parcourant l'attaque de gauche et celle des Anglais, on est étonné de la rapidité avec laquelle l'ennemi a réparé les grands ravages faits dans ses ouvrages de défense. Ainsi l'énorme brèche visible à l'angle de la muraille crénelée, près du bastion Central, n'existe presque plus; des sacs à terre empilés s'élèvent comme des moellons jusqu'aux deux tiers de la hauteur du reste de la muraille sur toute l'étendue de cette brèche. Les fortifications en terre qui terminent les défenses de la place du côté de la Quarantaine, le bastion de la Quarantaine lui-même, le bastion Central et celui du Mât, dont les faces, les parapets, les embrasures, ne paraissent plus qu'un amas de ruines et dont les batteries étaient en partie éteintes, sont maintenant en état de recommencer le feu. Au premier aspect, leur extérieur semble dans le même état que les jours précédents; seulement, en examinant attentivement avec la lunette, on reconnaît qu'au milieu des terrassements éboulés ou démantelés, l'ennemi a pratiqué des ouvertures qui lui tiennent lieu d'embrasures; il en est de même des batteries des Casernes et de l'Arsenal, opposées à l'attaque anglaise. Chaque jour de nouveaux renforts arrivent aux Russes. On aperçoit sur les hauteurs du nord de la ville des tentes formant de vastes carrés. Dans la forêt d'Inkermann et à l'entrée des gorges des montagnes de Vofouska, près de Balaclava, on découvre avec la lunette des campements considérables qui n'existaient pas il y a quinze jours. Évidemment l'ennemi agglomère ses forces pour tâcher de tenir les alliés enfermés dans le triangle de sept à huit lieues carrées qu'ils occupent en Crimée. Peut-être est-ce dans le but de l'inquiéter sur ses derrières et de l'obliger à distraire une partie de ses forces, qu'on vient de faire retourner Omer-Pacha à Eupatoria? Cela paraît plus probable que la nécessité d'un retour subit pour la défense de cette petite place, occupée encore par près de 25 mille hommes, et maintenant suffisamment fortifiée pour être à l'abri de toute espèce de coup de main. Dans l'après-midi, entre 3 et 4 heures, l'ennemi a hissé un drapeau blanc sur le fort Constantin, à l'entrée du port. Ce drapeau y reste près de vingt minutes. Pendant ce temps, les batteries de la place ne cessent pas de tirer, et, bien entendu, celles des alliés leur répondent. On ne sait ce que cela veut dire, d'autant plus que le mât placé un peu à gauche du bastion de la Quarantaine et où l'on met ordinairement le pavillon parlementaire, n'en porte aucun.

Pendant toute la nuit du 23 au 24 avril, on entend une fusillade des plus vives et une violente canonnade, principalement à l'attaque de gauche. A onze heures du soir, les Russes font jouer en avant du bastion du Mât une mine pour pénétrer dans les entonnoirs de la place d'armes, obtenue huit jours auparavant au moyen de la mine, et où l'on construit une formidable batterie de brèche à 60 mètres du bastion. A une telle distance, si les fortifications de l'ennemi étaient en maçonnerie, le résultat serait inmanquable, mais battre en brèche dans des terrassements, qu'en adviendra-t-il? La mine des Russes ne produit aucun effet. Une seconde, qui fait explosion à minuit, a un peu plus de succès, sans causer de pertes sensibles en hommes; mais la troisième que l'ennemi fait jouer à trois heures du matin, fait beaucoup souffrir les assiégeants. Cependant les Russes ne peuvent pénétrer dans les ouvrages français. Ils trouvent dans les baïonnettes des intrépides soldats une infranchissable barrière.

Dans la nuit du 24 le feu se concentre vers la tour Malakoff; on attaque les embuscades élevées contre la quatrième parallèle. Les Français en restent maîtres après une lutte acharnée. On établit deux batteries sur la quatrième parallèle. Presque toute l'aile gauche de l'armée reste silencieuse.

Le matin du 25, une très-forte reconnaissance française et anglaise descend dans la vallée de la Tchernaïa. Les troupes embarquées la veille avaient emporté quatre jours de vivres. On apprend qu'Omer-Pacha, aussitôt après son retour à Eupatoria, a fait faire une reconnaissance qui a été poussée jusqu'au village de Sack, défendu par de nombreuses troupes d'infanterie et de cavalerie, et que les Russes se sont refusés à tout engagement.

Le 26, le général en chef passe la revue des quatre divisions françaises du deuxième corps d'armée. Le 27, le premier corps à son tour est passé en revue par le général Canrobert. Dans la nuit du 27 au 28, la canonnade et la fusillade reprennent avec une grande vivacité. Le 29, les Russes envoient un parlementaire à Omer-Pacha pour le prier de laisser sortir d'Eupatoria plusieurs familles; cette permission est accordée à quelques personnes seulement. Depuis le combat du 17, si glorieux pour les armes alliées, une animation extraordinaire règne dans la ville d'Eupatoria; chaque jour de nouveaux régiments de l'armée ottomane débarquent, amenés de Varna par des navires de guerre français, anglais et turcs, et bientôt l'effectif des troupes placées sous le commandement du généralissime Omer-Pacha sera au complet. La campagne, où l'armée ennemie avant l'affaire se montrait avec audace, est aujourd'hui déserte. On aperçoit encore, sur le sommet des tertres placés dans la direction de Simphéropol, les vedettes russes qui veillent, et dans les plis de terrain à travers lesquels serpente la route, des convois d'arabas qui s'éloignent emportant les malades, les blessés et le matériel de l'ennemi. On voit aussi fréquemment, la nuit, à travers les plaines silencieuses et couvertes de neige qui entourent Eupatoria, un vaste incendie se produire et se propager. Ce sont des détachements ou des corps russes qui, obligés de se replier, et fidèles à leur système de tout détruire sur leur passage, incendient les villages et les fermes tartares où ils avaient établi leurs campements et trouvé un abri précieux pendant les jours les plus pénibles d'un rigoureux hiver. Le matin, des groupes de familles sans pain, sans vêtements, sans ressources, victimes de l'incendie de la nuit et de l'inutile barbarie des Russes, arrivent en ville et augmentent le nombre des Tartares qui viennent sans cesse demander à la générosité des alliés protection et abri. L'ensemble de ces dispositions paraît indiquer que les Russes se retirent vers l'espace compris entre la place et Simphéropol. Un corps nombreux de cavalerie reste seul à portée de la ville pour l'observer.

En parcourant l'armée ottomane d'Eupatoria, on reconnaît facilement les vieilles bandes du Danube et de Silistrie. Elle est bien vêtue, bien armée, bien nourrie. Le soldat turc porte comme vêtement, indépendamment de son pantalon et de sa veste en drap bleu ordinaire, un paletot en peau de mouton sans manches, des jambières très-chaudes et une excellente capote grise, avec un capuchon séparé. La plupart d'entre eux ont pour chaussures des morceaux de peaux de bœuf en forme de sandales, qui leur entourent les pieds et qu'ils préfèrent aux souliers. Ils les fixent au moyen de courroies qui les maintiennent solidement. L'armée d'Eupatoria se compose, en très-grande partie, d'une classe d'individus appelés *rédifs :* ce sont des hommes ayant déjà fait campagne, et qui, d'après les lois de leur pays, peuvent être encore appelés sous les drapeaux; ce sont d'anciens soldats possédant l'habitude de la guerre. Ils sont sobres, patients, habitués à la fatigue, aux privations, et industrieux pour les travaux et les détails de la vie militaire. Les Turcs ont parmi leurs troupes plusieurs bataillons de tirailleurs armés de carabines à tige données par la France : ils s'en servent avec beaucoup d'adresse. Ils portent une tunique semblable à celle des chasseurs à pied français, et ont pour coiffure une toque verte très-épaisse, bordée d'une peau de mouton noire, comme les bonnets tartares. Cette coiffure constitue un essai nouveau : il est question de l'adopter pour toute l'armée ottomane, en remplacement de la calotte rouge ou fez, incapable de préserver la tête des soldats contre les coups de sabre ou de baïonnette. Les Egyptiens sont regardés comme les meilleurs soldats de l'armée d'Eupatoria. Ils avaient la même réputation pendant la campagne du Danube, et on a vu qu'ils ont soutenu, presque en entier, le poids de la célèbre défense de Silistrie. Ils ont la figure beaucoup plus foncée que les soldats turcs; leur costume est le même pendant l'hiver, mais l'été ils portent la veste blanche, au lieu de la veste bleue. Comme ils parlent arabe et qu'ils n'ont pas la même langue que les Turcs, ils ont peu de rapports avec ces derniers et vivent entre eux. On ne les appelle dans le pays et dans l'armée que les Arabes. Leur manière de combattre se rapproche beaucoup de celle de ces peuples guerriers, au courage et à l'énergie desquels ils joignent l'intelligence de la discipline. Les soldats français leur inspirent une estime toute particulière, et ils cherchent sans cesse à les imiter. Les Egyptiens étaient commandés par un homme qui possédait leur confiance absolue, et qui laisse d'unanimes regrets : Sélim-Pacha, mort bravement, comme nous l'avons dit, dans la journée du 17 février.

Le général Canrobert avait résolu d'enlever de vive force un ouvrage de contre-approche que l'ennemi avait enlevé en avant des attaques de gauche. Cet ouvrage avait des proportions considérables. Il se composait de deux lignes brisées, séparées par un intervalle de 40 mètres, et dont les extrémités s'appuyaient à des obstacles naturels du terrain; il était en communication avec la lunette du bastion Central par une tranchée profonde, et déjà il avait reçu un armement particulier de neuf mortiers à bras, dont le tir incommodait sérieusement les travaux du siége. Cette position avancée était pour l'ennemi d'une très-grande importance; de là, il aurait peut-être ruiné par son artillerie l'une des batteries récemment achevée, ainsi que les travaux qui l'entouraient, et il aurait battu d'enfilade les attaques françaises sur le bastion du Mât. Il fallait donc empêcher les Russes de s'établir définitivement dans cette place d'armes, et l'attaque en fut résolue dès que les travaux eurent pris assez de relief pour couvrir les soldats des feux de la place, du moins en partie. D'après les ordres du général en chef, le général Pélissier prépara les dispositions générales de l'attaque, dont l'exécution fut confiée au général de division de Salles, secondé par les généraux Bazaine, de la Motterouge, Rivet, et le major de tranchée lieutenant-colonel Raoult. Le 1er mai, à dix heures du soir, et au moment où la lune, éclairant très-vivement, permettait d'opérer avec ordre, les troupes, disposées en trois colonnes, quittaient les parallèles. La colonne de gauche, composée de six compagnies de la légion étrangère (1<sup>er</sup> régiment, colonel Viénot), de huit compagnies du 43<sup>e</sup>, commandant Becquet de Sonnay, et de dix compagnies du 79<sup>e</sup> de ligne, colonel Grenier, avait mission de tourner par sa droite l'ouvrage, qui était défendu par plusieurs bataillons. Conduites avec beaucoup d'habileté et de vigueur par le général Bazaine, ces troupes abordèrent l'ennemi avec un irrésistible élan. Le colonel Viénot enleva la légion étrangère avec une remarquable énergie. Une balle atteignit ce brave officier qui périt, l'épée à la main, en avant de ses soldats.

La colonne du centre, aux ordres du général de la Motterouge, se composait de deux bataillons du 46<sup>e</sup> de ligne, commandés par le colonel Gault. L'un de ces bataillons, dirigé par le colonel lui-même, se porta sans tirer un coup de fusil sur l'ouvrage, qu'il aborda de front, et se précipita résolument à la baïonnette sur l'ennemi. L'autre bataillon, le suivant de près, franchit immédiatement la première enceinte, et enfin le régiment tout entier se porta sur la seconde, qu'il enleva également avec une vaillance dont son colonel donnait le premier l'exemple. Le 98<sup>e</sup> de ligne, marchant à l'appui du 46<sup>e</sup>, se lança à son tour sur l'ennemi et fit de brillantes preuves sous les ordres du colonel de Brégeot. Enfin, la colonne de droite, formée d'une compagnie du 9<sup>e</sup> bataillon de chasseurs à pied, capitaine de Villermain, officier d'une grande bravoure, et de deux compagnies du 42<sup>e</sup>, capitaine Ragon, enleva l'ouvrage par sa gauche.

Chassé de partout et poursuivi à la baïonnette, l'ennemi abandonna l'ouvrage et se retira en désordre dans la place, semant de cadavres le terrain qu'il parcourait, et laissant entre les mains du vainqueur des prisonniers et des armes; ses pertes furent très-considérables, et l'on s'empara de neuf mortiers portatifs trouvés en batterie. Dès que l'ouvrage fut occupé, l'œuvre du génie commença pour retourner les parapets, dérober la position aux vues de la place, et enfin la relier par une communication avec la parallèle en arrière. Ces travaux furent exécutés ainsi qu'il avait été convenu d'avance, mais sous un feu d'artillerie comme aucune place n'en a certainement jamais fourni. Les officiers du génie, et surtout le lieutenant-colonel Guérin qui les dirigeait, montrèrent un calme, une énergie et une habileté qui furent admirés de tous. Ils furent secondés avec le plus grand dévouement par les sous-officiers, les sapeurs et les travailleurs des divers corps, parmi lesquels ceux du 14<sup>e</sup> régiment d'infanterie méritent d'être signalés.

A peine les Russes étaient-ils rentrés dans la place, qu'une violente canonnade partait de tous les points de la fortification. Le travailleurs à l'œuvre. les troupes, les tranchées en arrière, furent couverts de projectiles de toute sorte; mais l'artillerie française, dirigée très-habilement par le général Lebeuf, ouvrit le feu de celles des batteries qui avaient des vues sur les attaques. Le travail put ainsi continuer jusqu'au jour, et la possession de l'ouvrage fut définitivement acquise aux assiégeants. Le lendemain, 2 mai, à trois heures de l'après-midi, une colonne russe d'environ 3,000 hommes fit brusquement une sortie sur l'ouvrage que l'on venait de conquérir, et dont les défenses étaient encore fort imparfaites. Il était alors gardé par deux compagnies d'élite du 2e régiment de la légion étrangère, par une compagnie d'élite du 43e, par un faible bataillon du 46e, et un bataillon plus faible encore du 98e; ces deux bataillons, restés de service de jour, avaient fait des pertes sensibles dans le combat de la nuit précédente. Les assaillants commencèrent un feu de mousqueterie très-vif, et les plus hardis, escaladant le parapet, se jetèrent dans l'ouvrage, où ils furent tués ou faits prisonniers. Pendant que la légion étrangère, le 98e et le 46e, énergiquement conduits par le lieutenant-colonel Martineau-Deschesnez, repoussaient l'ennemi, deux compagnies du 1er régiment de voltigeurs de la garde impériale, en réserve dans la deuxième parallèle, en franchirent résolument le parapet, entraînés par leur chef, le capitaine Genty, et se jetèrent à travers champs sur l'ennemi, menaçant son flanc droit. Une compagnie du 10e bataillon de chasseurs à pied et deux compagnies du 80e d'infanterie de ligne, aux ordres du chef de bataillon de Courson, se joignirent à ce mouvement plein d'initiative. Un bataillon du 43e de ligne, commandant Jeanningros, arrêta une autre colonne russe qui tentait de descendre du bastion du Mât. L'artillerie de la place ne cessa de protéger par un feu très-vif les efforts des assaillants; mais celui des batteries d'attaque s'ouvrit à son tour, et, après une lutte persistante, domina le feu de l'ennemi. Enfin, à la suite de plusieurs tentatives d'assaut restées impuissantes, les Russes se décidèrent à la retraite, abandonnant sur le terrain un grand nombre de morts.

Cette brillante affaire consacra l'établissement des troupes françaises dans l'ouvrage conquis. Leurs pertes des vingt-quatre heures s'élevèrent à 11 officiers tués, parmi lesquels figurent le regrettable colonel Viénot et le commandant Jullien, du 46e, officier supérieur que sa bravoure avait fait distinguer dans l'armée. On compta en tout 22 officiers blessés, 158 hommes de troupe tués et 600 blessés. Une courte suspension d'armes, dont les conditions avaient été préalablement réglées entre le gouverneur de Sébastopol, général comte Osten-Sacken, et le général Canrobert, eut lieu, le 3 mai, pour rendre les derniers devoirs aux morts. Ce succès fit avancer d'un seul bond de 150 mètres les assiégeants vers le bastion Central, et exerça une grande influence sur le moral des deux armées.

A la suite de cette glorieuse affaire, le général Canrobert, dont la santé était gravement compromise, qui avait reçu plusieurs blessures, et qui souffrait surtout d'une ophtalmie, dut quitter le commandement en chef, remis avec l'agrément de l'Empereur au général Pélissier. Le général Canrobert avait demandé à rester au siége à la tête d'une simple division. D'après l'ordre de l'Empereur il prit la place du général Pélissier comme commandant du premier corps d'armée. Le général Pélissier, nouveau chef de l'armée d'Orient, est né à Maromme, arrondissement de Rouen (Seine-Inférieure), le 6 novembre 1794. Sa carrière militaire remonte au 12 juin 1814. En 1815 il fut attaché, avec rang de sous-lieutenant, à l'artillerie de la maison du roi. Il se distingua en mainte occasion, et chacun de ses grades fut la récompense d'une action d'éclat. Chef d'état-major, le 31 décembre 1839, de la 3e division des troupes à Alger, sous le commandement du général de Schramm, et le 24 novembre 1840, de la division d'Oran; nommé colonel et sous-chef d'état-major de l'armée d'Algérie le 8 juillet 1842; commandeur de la Légion-d'Honneur le 6 août 1843; maréchal-de-camp le 22 avril 1846; commandeur de l'ordre de Léopold le 20 janvier 1847; commandant de la division d'Oran le 31 octobre 1848; général de division le 15 avril 1850, le général Pélissier remplit six fois les fonctions d'inspecteur-général des 17e, 18e, 20e et 24e arrondissements d'infanterie pour 1848, 1849, 1850, 1852, 1853 et 1854, et exerça trois fois, en 1850, 1851 et 1854, les fonctions de gouverneur général de l'Algérie par intérim. Il commandait la division d'Oran, lorsqu'il fut nommé, le 10 janvier 1855, commandant du 1er corps à l'armée d'Orient. Pendant les quinze années qu'il passa sans interruption, depuis 1840, en Algérie, le général Pélissier prit part à presque toutes les opérations militaires importantes qui s'y accomplirent. Il est peu de généraux qui aient servi d'une manière aussi active que lui, et montré plus d'habileté dans la conduite des troupes. Cité maintes fois à l'ordre de l'armée pour son intrépidité, son coup d'œil, son élan, sa résolution; blessé d'une balle à l'épaule au bois des Oliviers le 15 juin 1840, et d'une balle au bras droit, dans la campagne de Mascara en 1842, il commanda souvent avec distinction des colonnes devant l'ennemi. Dans le commandement de la subdivision de Mostaganem pendant trois ans, dans celui de la division d'Oran pendant six années, comme dans le gouvernement général intérimaire de l'Algérie, partout, d'après le témoignage unanime des gouverneurs généraux sous les ordres desquels il s'est trouvé, il a donné des preuves d'un remarquable talent d'organisateur et d'administrateur, uni à un mérite supérieur et à une rare énergie. La prise de Laghouat a dignement couronné, par un des plus brillants faits d'armes, sa carrière militaire en Afrique. Le général Pélissier a été nommé grand-officier de la Légion-d'Honneur le 10 décembre 1851, et grand'croix le 24 décembre 1853 : il a été décoré de la médaille le 15 août 1852.

Depuis les journées des 1er et 2 mai, le feu de l'attaque et celui de la défense furent plus calmes. Cependant, dans la nuit du 12 au 13, les Russes firent une sortie sur les batteries de siége du côté du fort de la Quarantaine. Les soldats les virent venir et les attendirent à bout portant. Lorsqu'ils arrivèrent sur les ouvrages on les accueillit par une vive fusillade, puis on se jeta sur eux. Si le combat ne fut pas long, il fut très-vif. Il y eut une effroyable mêlée à la baïonnette. Les Russes se retirèrent en abandonnant un grand nombre de cadavres. Ils s'étaient battus avec acharnement et avaient causé aux soldats français des pertes assez sensibles.

Dans la nuit du 12 et pendant la journé du dimanche 13 mai, le feu est fort vif aux abords des bastions Central et du Mât. L'ennemi, inquiet des progrès des ouvrages des assiégeants qui, chaque jour, l'enserrent plus étroitement dans un réseau infranchissable, s'est mis à concentrer toute la puissance de son artillerie sur ceux qui lui paraissent les plus menaçants. Depuis vingt-quatre heures, il ne cesse de couvrir de mitraille les intrépides travailleurs, mais sans pouvoir arrêter leur ardeur. Les deux grandes batteries de brèche, que l'on construit dans les places d'armes en avant du saillant des bastions Central et du Mât, s'achèvent rapidement. Dans la nuit du 13 au 14 la canonnade et la fusillade sont d'une violence extrême. Quoique la pluie eût cessé, le temps était très-obscur; aussi s'attendait-on à quelque sortie des Russes. Elle ne manqua pas. A onze heures de la nuit, une colonne ennemie fort nombreuse se glisse le long du ravin dit des Anglais et se jette vigoureusement sur l'extrême gauche de leurs tranchées; mais ceux-ci étaient bien préparés. En effet, ils reçurent les Russes par des feux de deux rangs si bien nourris que l'ennemi ne put pénétrer dans les ouvrages. Pendant ce vif engagement, les Russes tentaient une autre sortie sur l'extrême gauche, dans le Cimetière, entre le bastion Central et celui de la Quarantaine. Malgré le feu incessant des batteries de la place, qui balayaient avec de la mitraille les parapets de leurs tranchées, les soldats français ne craignirent pas alors de se découvrir, et, tirant à coup sûr dans la colonne russe qui s'avançait au pas de course, l'arrêtèrent court. La fusillade s'engagea de part et d'autre, mais elle ne dura pas longtemps, car les Russes ne tardèrent pas à battre en retraite, pour revenir, il est vrai, quelque temps après, tenter un nouvel effort. Cette fois, ils échouèrent encore plus complétement. En vain plusieurs de leurs officiers se portent en avant pour entraîner leurs soldats : les Russes restent immobiles. Ils n'osent aborder à la baïonnette l'infanterie française. C'est que ces troupiers sont des lions; rien ne saurait rendre l'élan avec lequel, au commandement de : En avant! à la baïonnette! ils franchissent, sous la mitraille, les parapets des tranchées, et avec quelle fougue, quelle fureur ils se jettent sur les bataillons russes. Après le moindre engagement à l'arme blanche, presque toutes les baïonnettes dans les compagnies sont faussées ou tordues, tant les coups portés l'ont été avec vigueur. La plupart des cadavres abandonnés par l'ennemi sont percés d'outre en outre. On parle beaucoup d'un mouvement décisif en avant. Il s'agirait définitivement de traverser la Tchernaïa et de faire, coûte que coûte, une trouée dans l'armée extérieure russe, forcer ses formidables positions, la couper en deux, la battre, l'anéantir, puis investir complétement Sébastopol et attaquer à la fois la place par le nord et le sud.

Dans la nuit du 14 au 15 une vive canonnade se fait entendre aux points principaux de l'attaque de gauche où le feu s'est localisé. Le 15 on commence à apercevoir un grand mouvement des troupes vers le pont d'Inkermann sur la Tchernaïa, et un autre mouvement du côté de Balaclava.

Depuis ce moment, chaque jour, presque chaque heure, apporte la nouvelle d'un brillant succès. Dans les nuits du 22 au 23 et du 23 au 24, les Russes sont chassés des ouvrages formidables qu'ils occupaient auprès du bastion Central. Les Français s'y établissent. Dans ces luttes terribles, l'ennemi a 6.000 hommes tués ou blessés. Le 25 un armistice est conclu pour enterrer les morts. Le 26 l'armée alliée occupe les rives de la Tchernaïa et rejette l'ennemi vers la montagne. Le 27 elle s'empare de *Kertch* et de *Iénikalé*. Les défenseurs de ces deux places font sauter les magasins et les batteries et incendient les bateaux à vapeur. On s'empare d'un grand nombre de navires marchands et de plusieurs vaisseaux russes de 50 canons. La flottille des alliés occupe la mer d'Azoff : 14 vapeurs français et anglais la parcourent. Les bâtiments de commerce tombés en leur pouvoir sont au nombre de 30, tous richement chargés. Les Russes ont brûlé 30 autres bâtiments marchands et 3 de leurs vapeurs de guerre. Leurs magasins, qu'ils ont incendiés, renfermaient des approvisionnements considérables ; les fortifications qu'ils ont fait sauter leur avaient coûté des millions. L'importance de ces résultats n'a pas besoin d'être démontrée. La ligne de la Tchernaïa fait faire un pas immense vers l'investissement de Sébastopol. L'armée russe se trouve rejetée à une distance beaucoup plus grande de la ville assiégée; elle est obligée de rester sur la défensive, pendant que les opérations offensives vont la harceler sans relâche et la contraindre peut-être à une grande et décisive bataille. L'occupation de Kertch et d'Iénikalé, en mettant au pouvoir des alliées la mer d'Azoff, prive désormais les Russes de leurs principaux centres de ravitaillement. Kertsch surtout était un magasin abondamment pourvu, d'où l'armée du général Gortschakoff tirait ses approvisionnements les plus essentiels. Cette armée ne peut plus désormais recevoir ses munitions que par Pérécop, voie très-longue, très-coûteuse et très-difficile suivant l'état de la température. Ce triple succès est donc aussi considérable au point de vue matériel qu'au point de vue moral. L'armée alliée possède maintenant sur le territoire russe Eupatoria, Kamiesch, Balaclava, trois positions fortifiées par la nature et par l'art de façon à constituer trois Gibraltars inexpugnables. Elle vient de s'établir à Kertch et à Iénikalé, deux places qui seront bientôt mises en état de défense, et pourront défier les attaques des Russes, si on leur laisse toutefois assez de temps et de loisir, chose douteuse, pour prendre l'offensive sur un point quelconque. Toute la flotte moscovite peut être considérée comme anéantie. A chaque instant les Russes se voient condamnés à de nouveaux suicides; après leur marine à voiles, c'est leur marine à vapeur qu'ils viennent de détruire de leurs propres mains. La mer Noire était aux alliés sans contestation, sans obstacle. La mer d'Azoff leur est désormais soumise. De toutes ces mers dont les tzars avaient rêvé la domination exclusive le pavillon russe a fui, n'osant se montrer devant les escadres alliées et s'honorer, sinon par la victoire, du moins par la lutte. Après la boucherie de Sinope, la Russie a abandonné les eaux de l'Euxin devant les couleurs de la France et de l'Angleterre. Elle-même a reconnu à la face du monde qu'elle n'est point une puissance maritime capable de disputer l'approche de ses rivages, mais seulement une informe puissance continentale, qui périrait étouffée dans son immense étendue, pour peu qu'on lui fermât pendant quelques années les deux issues par lesquelles elle respire l'air vivifiant de l'occident, le Sund et les Dardanelles. Déjà elle doit se repentir de la fin de non-recevoir mise en avant par elle pour empêcher les conférences de Vienne d'aboutir à la conclusion de la paix. Bientôt pour arrêter les coups funestes portés à sa puissance, elle se verra dans la nécessité de solliciter l'ouverture d'un nouveau congrès.

C'est le 19 mai qu'était partie de Kamiesch la flottille expéditionnaire qui obtint sur les côtes orientales de la Crimée de si beaux résultats. Ce brillant et heureux coup de main avait été préparé par une reconnaissance faite dans les premiers jours du mois : « Le 2 mai, à quatre heures du soir, raconte un officier d'infanterie de marine, notre brave petit régiment se mit en marche, composé d'un millier d'hommes, commandés par notre colonel M. de Cendrecourt. A sept heures, nous arrivions à Kamiesch ; et ces trois heures de marche, loin d'avoir fatigué nos hommes, semblaient les avoir mis en appétit. Nous avons bivouaqué sur la plage, et le 3, à sept heures du matin, « *attrape à embarquer* sur *le Jean-Bart,* » comme disent les matelots. Je ne vous parle pas en détail de la composition du corps expéditionnaire, dont le commandement était aux mains du général d'Autemarre, et comprenait, avec notre régiment, le 17e chasseurs, le 1er de zouaves, le 50e de ligne, le 14e de ligne et le 21e de ligne, plus trois batteries d'artillerie et une compagnie du génie. Je ne vous dis rien non plus de la destination réelle ou supposée de l'expédition. Je puis seulement constater avec un certain plaisir que, si je ne me trompe étrangement, et à en juger par les différentes versions françaises, anglaises, russes et autres qui nous arrivent, personne n'a su la véritable portée de cette opération. Le temps était magnifique, quoique un peu brumeux. 2 vaisseaux français, *le Montebello* et *le Jean-Bart,* 6 vaisseaux anglais, 32 frégates, corvettes ou avisos, tous à vapeur, français et anglais, nous attendaient au mouillage. En quelques heures à peine, nos 10,000 hommes étaient embarqués, et cela avec un ordre, une régularité admirables ; pas une hésitation, pas un accident. Le 3, à cinq heures du soir, la colonne s'est mise en marche, *le Montebello* en tête. Le 4, nous avons reconnu Kaffa, à quinze ou vingt lieues de la côte, et assez près, par conséquent, pour distinguer le sommet du mont *Tchadir-Dagh,* qui s'élève dans l'ouest de Kaffa, à 15 ou 18,000 mètres au-dessus du niveau de la mer. Dans toute cette partie de la Crimée, la côte m'a paru abrupte et très-élevée. Vers cinq heures, le brouillard a augmenté d'épaisseur et d'intensité ; il a duré jusqu'au lendemain matin. De quart d'heure en quart d'heure, les sonneries partaient du vaisseau amiral et étaient répétées par les autres bâtiments qui entonnaient les marches des régiments embarqués à chaque bord. Cette musique en pareil lieu et au milieu de ce brouillard qui faisait tout disparaître à nos yeux, produisait un effet des plus singuliers. Le moyen était fort ingénieux pour rappeler à chaque bâtiment sa distance et sa direction. Il a parfaitement réussi. A six heures, le 5 mai, nous étions par le travers de Kertsch ; nous avons doublé cette position, et continuant notre route, nous avons longé la côte sud de la Crimée, laquelle est garnie, depuis Aloutchi jusqu'à Balaclava, d'un rempart élevé, formé par la chaîne du mont Yaïla. On voit aussi sur ses pentes, du côté de la mer, de fort belles habitations que la guerre a épargnées; puis, les blanches collines de nos campements paraissaient bientôt, et le même jour notre division mouillait à Kamiesch; nous débarquions, et, deux heures après, nous avions repris possession de notre camp sous Sébastopol. »

C'est le 24 mai, jour anniversaire de la naissance de la reine Victoria, que les troupes alliées ont pris possession de Kertsch. Cette ville, qui s'élève à l'extrémité orientale de la Crimée, est située sur la rive occidentale du détroit qui porte son nom, et qui établit la communication entre la mer Noire et la mer d'Azof. Ce détroit est désigné aussi par le nom de Bosphore cimmérien. Iénikalé est situé sur la même rive, plus au nord. Kertsch est l'ancienne *Panticapée*, capitale du royaume de Bosphore et de Pont, au temps de Mithridate. Elle fut plusieurs fois détruite. Kertsch s'est élevé, à la suite des siècles, sur le même emplacement, au fond d'une anse profonde où viennent mourir, en s'écartant, les eaux du Bosphore cimmérien. La ville se déploie en forme de croissant sur la côte septentrionale, vers l'occident de la baie et sur les plateaux qui l'entourent. Un seul point domine cet ensemble : c'est la fin d'un rameau de mamelons qui vient se terminer justement au-dessus de la ville par un monticule plus considérable que les autres. C'est le mont *Mithridate*, sur lequel était élevée l'acropole de l'ancienne Panticapée. Un tumulus, couvert de grosses roches, en forme le point culminant. Au pied du tumulus, un rocher, partagé par une large échancrure assez semblable à une chaise curule, porte le nom de *Siége de Mithridate*. C'est de cet endroit, d'après la tradition, que le célèbre roi de Pont venait contempler cette flotte innombrable, la terreur des Romains.

Le climat, quoique froid en hiver, est sain et agréable dans cette saison. Le pays environnant, appelé par les Russes le district de *Kertsch-Enikolsk*, est d'une fertilité verdoyante partout où il est cultivé; il est séparé de Kaffa par une plaine d'environ 60 milles, qui présente quelques ondulations, et qui s'étend de la mer d'Azof à la mer Noire.

Iénikalé ressemble à ces cités désertes et qui tombent en ruines sur les bords de la mer Rouge. C'est le même aspect morne et sans vie. Les remparts de la forteresse, les masures de la ville, les roches escarpées, la mer immobile, tout concourt à l'illusion. La population de Iénikalé se compose entièrement de Grecs et de Tartares. On trouve dans les environs un grand nombre d'antiquités et des sources d'eaux minérales et bourbeuses. Du haut de la colline escarpée sur laquelle la ville est bâtie, on admire la vue de Kertsch et son golfe. Ce panorama rappelle de loin celui de la baie de Naples. La distance de Iénikalé à Kertsch est d'environ quinze kilomètres. On les franchit à travers un steppe accidenté et verdoyant.

Kertsch est complétement bâti en pierres. Les maisons en sont belles. Elle contient une population de 10,000 habitants. Ce n'était plus qu'une ville turque de peu d'importance lorsqu'elle fut cédée par la Porte à la Russie, en 1774. Mais elle devait bientôt recouvrer une partie de son ancienne splendeur. Ce fut, il est vrai, au détriment de Théodosie, l'ancienne Kaffa. Le centre du commerce qui se faisait à Théodosie a été transporté, par le gouvernement russe, à Kertsch, où tous les bâtiments destinés pour la mer d'Azof doivent faire une quarantaine de quatre jours. Les plus grands attendent que des gabares amènent leur cargaison de Tangarog ou de Rostof; ceux dont le tirant d'eau est moindre traversent la barre et vont charger à Tangarog. A leur retour, ils sont obligés de transborder à Iénikalé la moitié de leur cargaison dans des allèges, et de descendre à travers les bas-fonds du détroit jusqu'à Kertsch pour y recharger. Malgré ces difficultés, le commerce de Kertsch et de la mer d'Azof s'est accru rapidement, et, en 1851, il n'est pas entré dans la mer d'Azof moins de 1,000 navires. De ce détroit dépendent toutes les exportations de la vallée du Don et du Volga. Il n'y a pas d'exagération à dire que l'occupation de Kertsch se fera sentir dans l'intérieur de la Russie, même jusqu'à Kasan, jusqu'à Nijni-Nowgorod.

Les conséquences pratiques de la prise de Kertsch sont de rendre très-difficile, sinon tout à fait impossible, le ravitaillement de l'ennemi. Le blé, les vivres, les provisions de toute espèce, venus de la Russie méridionale, étaient chargés par de nombreux caboteurs dans les ports d'Azof sur le Don, de Tangarog et de Mariapol sur la mer d'Azof, et transportés en cinquante ou soixante heures à Kertsch, d'où ils étaient expédiés vers l'intérieur par la route stratégique de Kertsch à Simphéropol. En même temps, mais seulement dans la belle saison, de nombreuses caravanes, se dirigeant par la flèche d'Arabat, entre la mer d'Azof et le Sivach ou mer Putride, pouvaient gagner Kertsch par terre ou se diriger d'Arabat sur l'intérieur de la presqu'île. Aujourd'hui le pavillon du tzar a cessé de flotter dans ces parages; les caboteurs russes sont capturés, coulés ou brûlés. La mer d'Azof appartient aux puissances alliées qui, par cela même, interdisent aux Russes la route d'Arabat. En effet, la pointe septentrionale de la flèche d'Arabat est séparée de la pointe méridionale du continent russe par le détroit et le port d'Iénitchi. Ce détroit, qui n'a pas plus de cent vingt mètres et qui fait communiquer la mer d'Azof avec le Sivach est comme un fossé profond qu'il faut franchir pour s'engager sur la flèche d'Arabat. Un seul vapeur français ou anglais placé en station dans l'excellente rade de Iénitchi coupe aux Russes cette communication précieuse qui leur rendait de si grands services en temps de guerre, de nos jours comme au siècle dernier. Il ne leur reste donc que la route de terre, qui, de Tangarog se dirige de l'est à l'ouest par Mariapol, Grand-Karatchaï, Togourck et Pérékop; mais cette route est longue, mal entretenue, souvent impraticable, et d'ailleurs il dépend des alliés de la couper à Mariapol et à Tangarog, dont les ports, quoique peu profonds, ne sont pas inaccessibles aux plus légers bâtiments de la flotille alliée. Désormais sont perdues pour les défenseurs de la Crimée les immenses ressources de la Russie méridionale.

Dans le rapide récit que nous venons d'écrire tout d'une haleine, nous n'avons pas fait entrer les épisodes et les détails qui eussent entravé la marche de l'action et empêché d'en saisir l'ensemble. Cependant ces détails ont aussi un grand intérêt et servent de corollaire à l'exposé des événements dont ils facilitent la compréhension. Nous avons cru devoir les rassembler en un faisceau qui présentera simultanément à l'esprit les différents aspects de la vie militaire dans cette mémorable campagne.

Parlons d'abord du port français de Kamiesch qui, en ce moment, mérite particulièrement l'attention. Depuis la fin de l'hiver, Kamiesch a tellement changé d'aspect, qu'une personne qui l'aurait quitté a cette époque, ne pourrait le reconnaître aujourd'hui. A l'ancien bazar qui déployait dans le fond de la baie, sur un terrain couvert de boue et de neige, ses deux rangées de tentes infectes et misérables, a succédé un grand bourg avec ses rues et ses places bien distribuées. On peut citer notamment les rues *Napoléon*, *de Lourmel*, *de la Gloire*, *des Turcs*; les places *de la Marine* et *du Commerce*. Les boutiques s'y sont élevées comme par enchantement, et, quoique les marchands paient patente, il y en a de toute espèce: des horlogers, tailleurs, cordonniers, parfumeurs et même des perruquiers; il y a aussi des papetiers, mais qui vendent des éperons, des pistolets, des sabres, un peu de tout, excepté du papier. Les cafés et les restaurants ne manquent pas non plus, mais pour aborder ces derniers il faut avoir la bourse bien garnie: un déjeuner assez médiocre ne coûte pas moins de 20 francs par tête (vin non compris). Pour faire la police, les gendarmes suppléent aux sergents de ville, et leur tâche n'est pas des moins fatigantes, surtout le dimanche. Les rues des principales villes de France ne sont pas plus animées: c'est un pêle-mêle singulièrement pittoresque et qui plairait fort à un peintre. Les chevaux se heurtent avec les chameaux, les *arabas* avec les fourgons de cantine, les mulets avec les ânes. La diversité des costumes français, anglais, turcs et tartares, donne à la foule qui se presse devant les boutiques un aspect des plus curieux, sans parler de la diversité des langues. Chacun fait son marché suivant son goût ou plutôt suivant ses moyens : fantassins et cavaliers, officiers et soldats, chasseurs, zouaves, infanterie de marine, dragons, hussards, tout ce monde s'est transformé en *ménagères* et s'approvisionne de vin, viande, saucissons, lard, harengs, salade, légumes, le tout.... non au plus juste prix. Au milieu de ce tohu-bohu d'uniformes, l'œil rencontre quelques cantinières et quelques hardies Françaises qui n'ont pas craint de venir s'établir à *Kamiesch-Ville*. Au reste, si, ce qu'à Dieu ne plaise, le siége doit durer encore quelque temps, ce ne sera plus un bourg, mais une véritable ville. Aux alentours, l'animation est la même. Ce n'est qu'une allée et venue continuelle du camp à Kamiesch : tantôt de longues files de mulets chargés de biscuits, d'immenses convois du train des équipages charroyant des fourrages ou des liquides, des divisions entières de fourgons d'artillerie transportant aux batteries des bombes, des obus, des boulets, des grappes de mitraille ; tantôt des convois de blessés sur des cacolets ou des litières, des détachements de toute arme envoyés en corvée à la plage. Tout cela chemine sous un soleil ardent, sans rencontrer le moindre ombrage sur ce terrain blanc, poudreux, dénué de toute verdure.

D'après ce qui vient d'être dit, qu'on ne croie pas que Kamiesch soit simplement un grand marché forain ; les établissements militaires sont nombreux et ne laissent rien à désirer : direction du port, bureau des mouvements, direction militaire, bureau du trésor, agence des postes, caserne de gendarmerie, bureaux et magasins de campement, caserne de sapeurs-pompiers (de la ville de Paris), direction des baraques, direction des parcs, hôpital, immense chantier, toute une ville militaire, en bois il est vrai, mais au grand complet. Le port contient en ce moment plus de 400 bâtiments de commerce et une assez grande quantité de bâtiments de guerre. Il serait impossible de se figurer l'animation qui règne sur la rade et dans le port, où quelquefois en un seul jour on voit entrer ou sortir quatre-vingts navires. Entre autres travaux si rapidement exécutés, il faut citer le magnifique aqueduc construit sous la direction de M. Albert, lieutenant de vaisseau, et qui conduit au camp une eau pure et abondante.

Quant à la baie de *Kazatch*, la sœur jumelle de Kamiesch et occupée par les Anglais, elle contient aussi une assez grande quantité de navires et quelques établissements militaires ; mais on n'y voit que quelques boutiques éparses au fond de la baie ; le quartier général du commerce anglais est à Balaclava. Il existe à Kamiesch-Ville, au-dessus des établissements militaires, un camp qui ne manque pas d'originalité : c'est celui des portefaix turcs et bulgares. Les fortifications de Kamiesch marchent rapidement; deux bataillons, sous la direction du génie, sont actuellement occupés à ce travail. Les ouvrages de défense doivent, dit-on, consister en sept bastions ou redoutes, placés chacun sur un des points culminants du grand ravin qui de la baie de la Strénistza remonte jusqu'à la route du quartier général, et sur ceux du plateau qui s'étend de cette route à la mer. Ces redoutes seront reliées par un fossé à revêtement, et présenteront un espace retranché de 3 à 4 kilomètres, ayant pour centre le phare de Chersonèse, avec la mer à droite et à gauche. La baie de Kamiesch a l'avantage d'être plus spacieuse et plus commode que celle de Balaclava; mais elle offre aussi l'inconvénient d'être complétement exposée au vent du nord, et, par les gros temps, la mer cause quelquefois de grands dégâts parmi les vaisseaux qui y sont rassemblés. La convenance de fortifier la baie de Kamiesch avait été reconnue depuis longtemps déjà, et, dès les premiers jours de 1855, l'Empereur avait appelé, sur cet objet important, l'attention du général en chef; mais les rigueurs de la saison et les exigences plus pressantes du siége n'avaient pas permis de commencer ce grand travail aussitôt qu'on l'eût désiré. Comme nous venons de le dire, grâce à l'arrivée des nombreux renforts reçus par l'armée alliée, il est aujourd'hui poussé très-activement et sera bientôt terminé. Kamiesch est, dès à présent, un port français dont l'importance doit grandir en même temps que les opérations de la guerre de Crimée. Il était donc essentiel de s'en assurer la possession par des ouvrages défensifs qui ne pussent laisser désormais à l'ennemi aucune possibilité de la disputer. Cette curieuse particularité d'une place créée dans le voisinage immédiat d'une ville assiégée, et pendant le siége même, n'est pas sans précédents; et l'un des plus remarquables est, sans contredit, la construction de Santa-Fé par Ferdinand et Isabelle pendant qu'ils assiégeaient Grenade, en 1491. A en croire Madoz, Santa-Fé fut bâtie en quatre-vingts jours. Dans l'*Histoire d'Espagne* de John Bigland, on lit ce qui suit : « Les Maures se flattaient encore que l'approche de l'hiver obligerait les chrétiens à lever le siége; les mesures qu'ils virent prendre leur ôtèrent ce dernier espoir. Ferdinand, pour garantir ses soldats des rigueurs de la saison, fit construire solidement, avec des pierres et de la boue, un vaste camp de baraques couvert de tuiles; le camp prit en peu de temps l'aspect d'une ville entourée de remparts et de fossés. La promptitude avec laquelle cette construction fut achevée, son étendue et son importance, prouvèrent au peuple de Grenade la persévérance des Castillans. »

Le chemin de fer de Balaclava au camp anglais est d'une grande ressource pour l'armée britannique. Voici quelle est l'origine de ce chemin : un député ayant dit au sein du parlement que, si on n'établissait pas un pareil chemin, le siége de Sébastopol risquait de durer dix ans comme le siége de Troie, un entrepreneur se présenta et dit : « Je me charge de réaliser ce chemin avec mes ouvriers. Je ne demande rien que de rentrer dans mes déboursés. » Celui qui parlait ainsi était M. Morton Peto, qui possède une fortune personnelle de vingt-cinq à trente millions acquise par son intelligence des affaires. Pris au mot, M. Peto expédia immédiatement ses hommes et ses rails et le chemin de fer fut établi. En récompense, l'entrepreneur a été créé baronnet, et il s'appellera désormais sir Samuel Morton Peto. Tandis qu'un industriel agissait avec ce désintéressement, d'autres personnes riches s'empressaient, en Angleterre, d'offrir des dons pour l'armée d'Orient, et la double souscription ouverte par un seul journal, le *Times*, pour les soldats blessés et pour les veuves ou les orphelins de l'armée de Crimée, s'éleva à près de vingt-cinq millions de francs.

Le télégraphe électrique sous-marin est d'une importance bien plus grande que le chemin de fer de Balaclava. La communication est établie entre la Crimée et Paris et Londres. Comme un double fil va du quartier général aux tranchées, l'officier de service pendant la nuit peut annoncer simultanément une sortie au général Pélissier ou à lord Raglan, et au ministre de la guerre à Paris ou au premier ministre anglais dans Downines-Street. Voici comment a été conduite l'opération de la pose de ce télégraphe : c'est le capitaine Spratt, du *Spitfire*, qui a dirigé très-habilement tous les travaux. Le fil, de la longueur de 377 milles, a été mis à bord de l'*Argus*, assisté du *Terrible*. Le capitaine Spratt, sur le *Spitfire*, surveillait habilement l'exécution. Les navires ont quitté le cap Kaliacra, le 10 avril, dans l'après-midi, et ils ont laissé couler le câble dans 70 brasses; ils ont dépassé Sébastopol, le 12 au soir, et ont amené le câble électrique au monastère Saint-Georges, le 13 au matin. Le placement de 301 milles de câbles sous-marins s'est fai sans le moindre accident. Ce télégraphe sous-marin a 200 milles de longueur de plus que tout autre existant.

Le fil de Kaliacra à Varna (distance de 20 milles) sera posé très-incessamment. Les messages du quartier général allié parviennent à Paris ou à Londres en quatre heures; lorsque le travail sera terminé complétement, ils parviendront en moins d'une seconde.

Le gouvernement de Sardaigne, jaloux de s'unir aux puissances occidentales dans l'œuvre qu'elles poursuivent, ayant déclaré la guerre à la Russie, a voulu concourir à l'expédition de Crimée par un contingent de 20,000 hommes sous les ordres du général de la Marmora. La première partie du contingent est arrivée le 10 mai à Balaclava, elle comprenait 4,000 hommes. Le général de la Marmora et deux aides de camp, ainsi que le colonel G. Cadogan débarquèrent les premiers et furent reçus par le général Airey et le colonel Steele, secrétaire militaire. Le général était venu à bord du bâtiment sarde le *Governolo* ; il fut conduit aux hauteurs qui dominent Balaclava, et de là au quartier général, où il resta quelque temps, et il retourna à Balaclava. D'après tout ce qu'on avait dit d'eux, ces officiers attiraient sur eux l'attention empressée de ceux qui les voyaient. Le général avait une tunique bleue, avec une écharpe sur l'épaule droite et un képi assez semblable à ceux de l'état-major français ; deux médailles brillaient sur sa poitrine, et il portait un pantalon gris. C'est un homme d'un aspect fort agréable, et qui paraît fort jeune pour un général. Sa taille est d'environ six pieds. Les deux aides de camp sont de très-beaux hommes et fort bien faits. Ils parlent couramment le français. Les troupes débarquèrent le lendemain, et un lieu de campement leur fut assigné par lord Raglan, entre le quartier général et Balaclava. Le colonel G. Cadogan a été spécialement attaché aux troupes sardes. L'artillerie qui accompagne l'expédition est à Constantinople, et le *Jura* a reçu l'ordre d'aller la prendre à bord.

On procède toujours à Marseille, avec la plus grande activité, aux embarquements de troupes et de matériel de guerre. Jamais il n'y a eu au port de la Joliette un mouvement plus considérable. Cette célérité est du reste devenue indispensable pour éviter l'encombrement que ne manquerait pas de produire l'énorme quantité de munitions et d'approvisionnements de tout genre qui arrivent chaque jour. D'après le *Courrier de Marseille*, on n'évalue pas à moins de 300 mille kilogrammes, le chiffre du matériel que l'on embarque journellement. L'importance de ces opérations s'est élevée pendant le mois de mars à 9,000 tonneaux et pendant celui d'avril à 10,000 tonneaux, soit 10 millions de kil. Les transports à vapeur du Rhône, de la compagnie Deloutte, ont descendu à eux seuls, en deux jours et demi, de Lyon à Valence, plus de 500,000 kil. de poudre et environ 300,000 kil. de matériel, soit en canons, mortiers de gros calibres, obus, biscaïens, bombes du poids de 76 kil., cartouches, dons à l'armée, conserves et presses à fourrage pesant 4,800 kil., que l'on a dû descendre jusqu'à Arles, la grue de Valence n'étant pas assez forte pour les soulever. Plus de trente navires à voiles terminent leur chargement, qui consiste en baraques, fourrages, vins et marchandises diverses. Dix-neuf de ces navires ont déjà pris la mer. On débarquait, le 28 mai au matin, sur les quais de la Joliette, deux batteries d'artillerie complètes prêtes à être embarquées sur le transport à voiles *l'Anatolie*, ainsi que des crèches, des mangeoires, des baraques, des bombes et 100 caisses environ de pioches, pelles et effets de campement adressés à l'intendance militaire devant Sébastopol. Au nombre des bâtiments de guerre préparés pour être envoyés dans la Baltique, tant par la France que par l'Angleterre, figurent en première ligne, pour le service qu'on en attend, les *batteries flottantes*, que nous allons faire connaître en quelques mots.

Trois choses sont à considérer dans la batterie flottante : ses formes ou son gabarit, ses moyens de défense et ses moyens d'attaque. Qu'on se figure une frégate presque sans bastingages, sans gaillard d'avant, sans dunette, à murailles droites, tronquée horizontalement à quelques pieds au-dessous de sa ligne de flottaison, on aura une idée à peu près exacte d'une batterie flottante. C'est un bâtiment plat sous quille, d'environ cinquante mètres de longueur, large à proportion, haut sur l'eau de l'élévation d'une batterie, calant au plus 2 mètres 50, apte, par conséquent à être mouillé au pied d'une forteresse. Pourvue d'une légère mâture et d'une hélice, la batterie flottante navigue à la voile et à la vapeur. Ce n'est point un navire de marche : sa machine est faible, suffisante toutefois pour lui faire traverser l'Océan sous la surveillance et la protection d'une escadre. Une fois au feu, elle n'a plus à manœuvrer ; au besoin un remorqueur l'y conduit, un remorqueur l'en retire. A la mer, elle a un équipage insignifiant; ce n'est qu'à l'heure du combat que les vaisseaux lui desservent le nombre d'hommes qui complète son armement. La principale défense des batteries flottantes, ce sont leurs murailles à l'épreuve du boulet, de l'obus, de la bombe. Les murailles, en effet, depuis la crète jusqu'à 0m 80 sous la flottaison, sont partout recouvertes de plaques de fer forgé en forme de bordages : plaques longitudinales, épaisses de dix centimètres et ajustées à la membrure par des boulons qui la traversent et reçoivent en dedans un écrou.

Quant au pont, dont les formes fuyantes ne prêtent pas prise au boulet, il est protégé, s'il le faut, contre la bombe, par un blindage. Les plaques de fer de revêtement, à une portée de 400 mètres, sont impénétrables au boulet massif ; à cette distance ce boulet s'y brise, à plus forte raison le boulet creux. Donc, tout ce qui est abrité par la muraille, couvert par le pont de la batterie flottante, tout cela est complétement hors d'atteinte. Or, c'est le cas du personnel entier, de tout le matériel, tant de combat que de manœuvre : personne sur le pont ni dans la mâture, la roue du gouvernail à l'intérieur, l'hélice immergée, la machine plus enveloppée que tout le reste. Une batterie flottante, quand elle vient de s'embosser, ne saurait être mieux comparée qu'à une tortue hermétiquement close entre sa double carapace ; la tête et les membres sont inaccessibles ; la carapace résiste aux chocs les plus violents. Les projectiles entrant par les sabords sont les seuls qu'on doive craindre : le nombre en est forcément très-petit, comme on doit le comprendre. Tels sont les moyens de défense d'une batterie flottante : elle échappe complétement ou résiste victorieusement. Pour attaquer, elle porte 16 canons de gros calibre, canons de 50. Elle lance à volonté des boulets pleins ou des boulets creux. Percée de 24 sabords, c'est-à-dire de 12 sabords de chaque côté, elle a la faculté, en reportant au besoin d'un bord sur l'autre, quatre de ses pièces, d'envoyer une bordée de 12 coups. C'est une énorme puissance offensive. En effet, outre le calibre et la nature des projectiles, premièrement la batterie flottante se ménagera toujours un tir à courte portée, grâce à son faible tirant d'eau ; et secondement, la sécurité parfaite de ses artilleurs, dans leurs casemates doublées de fer, leur permettra d'arriver à une précision et une rapidité de tir impossible sur nos vaisseaux, que le boulet ou la bombe de l'ennemi traverse de part en part. La destination des batteries flottantes est spécialement d'aller canonner, jusqu'à démolition, les forts bâtis le long d'une côte ou à l'entrée d'une rade. Grâce à elles, les combats d'artillerie de marine, d'une part, et d'artillerie de terre de l'autre, ne seront plus désormais la lutte d'une muraille de bois contre une muraille de granit, mais la lutte des murailles de pierre contre les murailles de fer.

Toutes les troupes transportées arrivent en Crimée pleines d'ardeur et d'enthousiasme, ce qui ne contribue pas peu à augmenter la confiance et l'entrain de l'armée. Pour fêter les nouveaux venus, le soldat oublie bien vite ses fatigues et ses dangers. Aux revues la tenue des troupes est superbe. Les guenilles disparaissent comme par enchantement pour faire place à l'uniforme soigné et brillant. A la première revue, celle du 1er corps, figuraient les zouaves, les tirailleurs, les grenadiers, les voltigeurs et l'artillerie de la garde. Chaque division de l'armée de siége avait son artillerie montée et attelée ; les chevaux étaient tous plein de vigueur et de bonne apparence. On eût dit de beaux régiments en garnison des villes de France défilant la parade. L'état-major du général en chef était nombreux et escorté par un peloton de hussards et un de dragons. Une calèche et des amazones anglaises, avec un grand nombre d'officiers de la même nation, assistaient en amateurs à cette revue, où le général, en vertu du décret impérial qui lui donne l'autorisation de récompenser sur le champ de bataille même les actes de courage et de dévouement, distribua environ trois décorations ou médailles par régiment. La revue avait lieu sur le plateau en arrière de la 4e division, et un soleil superbe éclairait ce magnifique tableau.

Malgré l'héroïque défense des assiégés, les travaux du siége n'ont cessé de marcher d'un mouvement continu et assuré. On est arrivé partout tellement près de la place que, dans certains endroits, tels qu'à la 4e parallèle, 30 à 40 mètres séparent seulement de l'ennemi. La 4e parallèle est entièrement terminée, ainsi que les divers travaux qui viennent y aboutir; toutes les attaques et les batteries sont parfaitement reliées les unes aux autres par des boyaux de communication et des tranchées. Le Cimetière est maintenant compris dans les travaux d'attaque et les embuscades russes, qui le défendaient, sont enlevées. Une tranchée passe aujourd'hui sur leur emplacement, et va s'appuyer sur l'extrémité du Cimetière. De ce point à l'extrême gauche, plusieurs batteries nouvelles ont été construites; elles sont formidables et très-bien placées. On arme en ce moment la 41e. Du côté de la droite, c'est-à-dire de la 4e parallèle au ravin des Anglais, les travaux sont également terminés.

La quatrième parallèle peut maintenant abriter les troupes. Voici la topographie de cet endroit de la place, l'un des plus intéressants : du côté des Russes s'avance une longue courtine à angles saillants et rentrants, composée d'un mur crénelé et de deux bastions, le bastion n° 6 et le bastion Central : au pied de ces ouvrages le terrain descend et forme ravin ; puis il remonte du côté des ouvrages français. Les Russes occupaient cette crête, où ils avaient établi des embuscades. Le Cimetière avec sa chapelle part de là et descend dans le ravin. Sa forme est carrée; il y a deux entrées, une grande et une petite. La troisième parallèle passait sur l'arrière du Cimetière. C'est sur ce point que dans la nuit du 13 au 14 avril eut lieu la magnifique attaque du commandant Grémion, ayant sous ses ordres le 2e bataillon du 98e. Nous avons, dans son ordre de date, donné sur ce combat quelques détails succincts; mais cette affaire est trop belle et fait trop d'honneur au régiment pour n'y pas revenir. L'ordre avait été transmis par le général en chef au colonel du 98e de faire enlever les six embuscades russes placées sur la crête du ravin que nous venons de décrire et dont le feu incessant gênait les travailleurs. L'ordre était non-seulement d'en débusquer l'ennemi, mais de s'y maintenir à quelque prix que ce fût. A cet effet, chaque compagnie eut son embuscade à attaquer, désignée d'avance, et comme un fort bataillon ennemi se trouvait en arrière des embuscades, et à l'abri sur la pente du ravin, les voltigeurs et la sixième compagnie devaient, pendant que les autres se ruaient sur les embuscades, se porter sur l'avant du Cimetière, afin d'empêcher le bataillon russe de se lancer entre la dernière embuscade de gauche et le mur du Cimetière pour couper les compagnies d'attaque. Une compagnie du 9e chasseurs à pied et une du 14e de ligne étaient placées sur l'arrière du Cimetière pour rendre le même office. La réserve se composait d'une compagnie du 9e chasseurs à pied. Vigoureusement conduit par son commandant, ce brave bataillon s'empara intrépidement des embuscades après en avoir chassé les Russes, dans une lutte corps à corps. Deux fois le bataillon russe revint à la charge pour reprendre ses positions. Forcé la première fois de reculer malgré ses hourras, il fut si vigoureusement ramené à la seconde, qu'il disparut pour ne plus revenir. Dans cette lutte, les troupes françaises déployèrent un courage inouï : des soldats criblés de blessures continuèrent de faire tête à l'ennemi jusqu'à ce qu'il eût été entièrement chassé. Il y aurait presque autant de traits de courage à signaler qu'il y a eu d'hommes engagés dans ce combat. Après l'enlèvement des embuscades, contraint de rester couché sur le terrain pour empêcher l'ennemi de revenir, ce brave bataillon dut éprouver des pertes sensibles. Sur quatre cents hommes, cent dix-neuf furent tués ou blessés, plus huit officiers, parmi lesquels il faut citer malheureusement la mort de deux jeunes et vaillants capitaines, MM. Bouzaiche et Marrast, tombés glorieusement à la tête de leurs hommes.

Ce combat fut tellement brillant, qu'indépendamment d'un ordre du jour des plus honorables du général en chef, onze décorations et dix-neuf médailles furent données. Depuis, deux décorations et une médaille ont été encore accordées; en tout treize décorations et vingt médailles. Aucun régiment de l'armée ne peut revendiquer une plus belle page, d'autant plus que, pendant que le 2e bataillon exécutait cette magnifique affaire, le 1er bataillon, de son côté, envoyait une partie de son effectif coopérer à la réussite d'une opération semblable à la droite de l'ouvrage désigné à cause de sa forme sous le nom du T, tandis que le reste, sous les ordres du capitaine Lafon, travaillait à ouvrir un boyau dans la quatrième parallèle, où seize hommes encore furent mis hors de combat. Les Russes éprouvèrent des pertes considérables : ils laissèrent sur le terrain plus de trois cents morts, des blessés et des prisonniers, entre autres deux officiers supérieurs et un commandant; plusieurs officiers subalternes restèrent aussi sur le champ de bataille. Voici comment on s'établit dans ces ouvrages enlevés à l'ennemi : les bataillons massés dans la tranchée font une irruption subite, tirent peu et emportent tout à la baïonnette; à leur suite marchent des travailleurs armés de pelles et de pioches, le fusil en bandoulière, et avec eux, des sapeurs et mineurs du génie. Les défenseurs une fois expulsés, il faut se loger soi-même dans les travaux. Pendant que les bataillons tiennent l'ennemi en échec, les travailleurs et les sapeurs s'occupent immédiatement de retourner l'ouvrage contre l'assiégé, en conservant de son travail tout ce qu'ils peuvent en garder et en lui donnant la forme et la direction d'une tranchée de siége. Les travailleurs restent alors exposés à la mitraille et à la fusillade sans avoir, comme les bataillons d'attaque, la possibilité de répondre au feu de l'ennemi et la satisfaction de l'aborder à la baïonnette. Les officiers du génie sont admirables dans ces occasions par leur sang-froid tout géométrique, indiquant le travail à faire, traçant au cordeau avec leurs sous-officiers la direction à suivre pour se défiler du feu de la place, actifs et courageux, mais aussi imperturbables que s'ils travaillaient sur le polygone.

Dans l'attaque faite par le 1er bataillon sur la droite du T, les compagnies de chasseurs chargées de l'enlèvement des embuscades russes agirent de concert avec deux compagnies de grenadiers de la 2e légion étrangère. Comme leurs compagnons du 2e bataillon, ceux-ci se maintinrent sous la mitraille dans les positions enlevées, pour empêcher les Russes de s'y réinstaller. On vit plus d'un grenadier de cette brave légion, pouvant à peine se soutenir, refuser le secours de ses camarades pour se retirer du feu, en leur disant : « Vous êtes plus nécessaires ici; si je n'arrive pas dans une heure, ce sera dans deux. » Un sergent de grenadiers (le brave Tresco, comme on l'appelle), ayant reçu plusieurs blessures, électrisa encore ses hommes par des paroles énergiques, et ce ne fut qu'épuisé par la perte de sang qu'il tomba en criant : « Tenez bon, mes amis, et montrons-nous dignes de la France! » Ce sous-officier, qui a eu dans le temps une brillante fortune et dont le père occupe une haute position en Prusse, fut décoré de la croix de la Légion d'honneur. — Eh bien ! mon brave Tresco, lui demande son capitaine, êtes-vous satisfait ? — Oh ! lui répond-il, en embrassant le ruban qu'il vient de recevoir, c'est aujourd'hui le plus beau jour de ma vie ; je demande à Dieu qu'il m'envoie l'occasion de prouver à la France que je suis digne de compter au nombre de ses chevaliers ! » Malgré ses blessures, jamais il ne voulut cesser de faire son service, disant qu'un chevalier doit aller jusqu'au bout et mourir sur la brèche. Comme on lui demandait s'il n'aimerait pas mieux cent mille francs : — j'en ai dépensé, répondit-il, le double, on m'en offrirait le triple que rien pour moi ne vaudrait le titre de chevalier français ; mon père en l'apprenant sera aussi heureux que moi et oubliera bien des choses. »

Ce ne sont pas du reste les traits d'héroïsme qui font défaut dans l'armée française. Chaque jour, pour ainsi dire, on en a plusieurs à mentionner. Le feu se déclare dans un magasin de munitions. S'il atteint les poudres, le magasin sautera; des hommes seront tués ou blessés. Sans souci du danger, deux soldats de marine pénètrent dans le bâtiment, en enlèvent tous les sacs de poudre et sauvent ainsi la vie à leurs camarades. Tous deux, pour ce fait, reçurent la croix et furent mis à l'ordre du jour. Le lendemain, une bombe tombe dans une tranchée. Elle va occasionner de grands ravages parmi les soldats qui sont là rassemblés. L'un d'eux la saisit et la lance par dessus le parapet où elle éclate sans faire de mal à personne. Ce trait de courage et de sang-froid lui vaut la médaille militaire. Un autre soldat, voyant un obus prêt à éclater, se précipite à terre, se couche dessus tout de son long et par le poids de son corps étouffe le feu de la mèche. Les Russes avaient placé en avant de leurs embuscades un *pannion*, sorte de mât surmonté d'un drapeau, afin de s'en servir comme de point de mire pour rectifier leur feu qui devenait ainsi d'une justesse très-meurtrière. L'officier de service en cet endroit demande, pour aller arracher ce pannion, un homme de bonne volonté. Il s'en présente dix. L'un d'eux, choisi au hasard, s'avance en s'abritant comme il peut derrière les pierres, sous une grêle de mitraille, arrache le pannion, et, à travers mille morts, accourt se jeter avec son trophée entre les bras de son officier.

Du reste, les boulets russes n'empêchent pas les troupes de se livrer à de fréquentes distractions. Les Anglais ont organisé des courses élégantes comme à Epsom et à New-Market. Le 2e régiment de zouaves a établi un théâtre. La salle est une vaste tente décorée de la façon la plus ingénieuse et la plus pittoresque. Les décorations sont peintes avec de l'ocre jaune et rouge que fournit le sol, du cirage, du blanc de buffleterie, de la poudre délayée. Le reste est à l'avenant. On a tiré de tout un très-bon parti. L'orchestre est composé de l'excellente musique du régiment. Les acteurs sont bons. Seulement, les rôles de femmes, remplis par de jeunes troupiers imberbes, laissent quelquefois à désirer. Dernièrement on a donné, au bénéfice des soldats français prisonniers à Sébastopol, une représentation composée des *Anglaises pour rire*, d'un autre vaudeville et d'une pièce intitulée le *Retour de Crimée*, due à la collaboration de deux officiers qui, sous le feu des canons, aiguisaient les pointes de leurs couplets; le tout entremêlé d'intermèdes comiques. Pas n'est besoin de dire qu'on riait aux éclats. Seulement de temps à autre un ordre arrivait et l'on voyait sortir des spectateurs. C'étaient des soldats de telle ou telle compagnie commandés pour aller au feu.

On s'amuse beaucoup des singularités des soldats turcs avec lesquels du reste on se trouve dans les termes de la plus parfaite cordialité. Ils ont, entre autres, une étrange manière de présenter le compte des chevaux morts : c'est oriental, mais satisfaisant. Un des hommes préposés à la garde des chevaux vint rendre ses comptes à l'officier d'administration chargé de cette partie du service. La première chose qu'il fit fut d'exhiber un grand sac, qui fut porté dans l'appartement du fonctionnaire par deux hommes : « Deux cents de vos chevaux sont morts, dit le Turc ; regardez, en voici la preuve. » Et, sur un signe de sa main, les hommes répandirent sur le plancher le contenu du sac, et quatre cents oreilles de cheval, de toutes formes et de toutes grandeurs, se trouvèrent entassées sous les yeux de l'officier étonné.

Dans les moments de trève les soldats alliés et russes qui se trouvent rapprochés fraternisent et échangent de bons procédés. Il y a entre eux une sorte de joute pour la justesse du tir. Tout le monde connaît les petits moulins que l'on met au bout des arbres fruitiers pour effrayer les oiseaux ; un soldat du 46e, qui s'était amusé à en fabriquer un, s'avisa de le camper au bout d'une perche et de le planter au haut du revêtement de la 4e parallèle, en face la ligne des tirailleurs russes. Le lendemain, ces derniers arborent un moulin semblable, et des deux côtés on s'amuse à tirer sur le moulin. Le matin du premier jour, celui des Russes est descendu. Toute la journée et celle du lendemain, ils ont vainement tiré sur celui du 46e, sans pouvoir l'atteindre ; maintenant, il y en a une quinzaine dans les ouvrages du 46e et du 98e, et les Russes de leur côté n'en ont pas remis. De temps à autre des soldats se mettent à leurs créneaux, préparés à faire feu, un autre prend une casquette, la place au bout d'une baïonnette et la promène de manière à ce qu'elle paraisse au-dessus du remblai : aussitôt les Russes de tirer dessus : alors les hommes à l'affût envoient immédiatement leurs balles dans les créneaux qui ont fait feu.

Voici un trait d'un autre genre : un officier russe est blessé et fait prisonnier par un soldat auquel il avait enlevé trois doigts d'un coup de sabre. Le soldat se met tranquillement à conduire son officier, qui avait un coup de baïonnette dans le ventre, à l'ambulance la plus voisine : — « Eh! là-dedans, dit-il en entrant, y a-t-il moyen de se faire panser? — Qu'avez-vous? mon garçon, dit un chirurgien. — Pardon, major, c'est pas moi qu'est le plus pressé, c'est le vieux barbu qu'est là que j'ai un peu pincé par le bas. » On les panse tous les deux ; ils se couchent à côté l'un de l'autre, se soignant mutuellement. Tout cela est historique.

Un officier français, blessé à l'attaque des embuscades, a fait preuve d'une grande présence d'esprit. Renversé par un coup de baïonnette au moment où il se précipitait seul à la gorge d'une des embuscades, plusieurs soldats russes le piquent avec leurs baïonnettes pour voir s'il est mort, l'un d'eux même le retourne avec sa baïonnette; dans ce moment, ses soldats arrivent, attaquent vivement, distraient les Russes qui l'abandonnent; il se traîne, reçoit encore une balle à la nuque et finit par rejoindre ses hommes.

Le 20, le cri : Au bœuf! se fait entendre sur toute la ligne des tranchées, en face de la brèche du mur de gauche du bastion Central; tout le monde regarde, voire même les Russes, qui hasardent le nez en dehors de leurs embuscades. C'est un bœuf qui vient de filer de Sébastopol par la brèche et exécute à lui tout seul une charge à fond de train sur un bataillon du 5e léger. On le laisse approcher, on le tue, et pendant la nuit on est allé le dépecer, à la grande satisfaction des troupiers enchantés de manger des beefteaks russes. Narguant le danger, les soldats jouent dans les tranchées aux cartes, au bouchon, au cochonnet avec des biscaïens, aux billes avec des balles. Parfois un projectile dérange le jeu, mais on n'y fait pas attention, et après avoir réparé le désordre, on recommence la partie.

La question de la salubrité des camps occupés depuis plus de huit mois par les troupes de l'armée de Crimée, a constamment éveillé la sollicitude du ministre de la guerre et du général commandant en chef. L'hiver n'était pas terminé que déjà, d'après les instructions ministérielles, l'intendance militaire et le service de santé avisaient de concert aux moyens de conjurer les dangers que faisaient redouter, pour l'état sanitaire des troupes, le changement de saison et l'occupation prolongée des mêmes emplacements.

Indépendamment de l'alimentation et de l'hygiène, qui ont été l'objet de soins tout particuliers, des mesures ont été prescrites à l'effet d'assurer l'abandon des habitations souterraines, le déplacement et l'aération des tentes, la propreté des camps et de leurs abords, et partout ces mesures ont été rigoureusement appliquées. Des quantités considérables de sulfate de fer, de chlorure de chaux, sont journellement employées, et toutes les précautions sont prises pour en renouveler l'approvisionnement en temps utile. Le service du génie a fait construire des fours à chaux qui satisfont dans les plus larges proportions à tous les besoins.

Une incessante surveillance s'exerce sur l'enfouissement des issues et des cadavres d'animaux, et, par une récente circulaire, le général en chef a rappelé les officiers généraux, les chefs de corps et de service à l'exécution des ordres précédemment donnés à cet égard.

Aujourd'hui toutes les troupes habitent de grandes tentes; chaque corps a une infirmerie sous baraque, destinée à recevoir les hommes atteints d'affections légères, et à éviter l'encombrement des ambulances. Dans ces dernières, des baraques bien aérées, et convenablement placées ont partout remplacé les tentes. Les résultats obtenus prouvent que ces diverses précautions n'ont pas été prises inutilement.

L'état sanitaire est aussi bon qu'il était possible de l'espérer. Le nombre des hommes entrés aux ambulances, qui avait été de 7,585 pendant le mois de mars, s'est réduit en avril à 5,600, tandis que celui des sorties après guérison s'est élevé de 1,064 à 1,399. Et cependant, par suite des opérations du siége, les ambulances ont reçu, pendant le mois d'avril, un nombre d'hommes blessés par le feu de l'ennemi plus considérable que celui du mois précédent. L'amélioration s'est accrue encore dans le mois de mai. L'armée de Crimée se trouve donc dans de bonnes dispositions pour accomplir la mission qui lui est confiée. L'histoire, du reste, nous offre plus d'une exemple de situations analogues, et dans lesquelles des troupes françaises ont, comme aujourd'hui, supporté courageusement et avec la même discipline des épreuves encore plus rudes et plus prolongées.

En 1704, le siége de Verrue, commencé le 14 octobre par le duc de Vendôme, se prolongea jusqu'au 10 juin 1705. Voici ce que dit Musset-Pathay, dans son *Dictionnaire des siéges*, sur les souffrances éprouvées par les assiégeants pendant cet hiver rigoureux :

« Il fallut braver un ennemi bien plus terrible encore : l'hiver avec tous ses frimas! Le froid tuait les soldats; les neiges les engloutissaient, les étouffaient. La terre, glacée jusqu'au fond de ses entrailles, se refusait aux coups des travailleurs. Il fallait employer la flamme pour creuser des tranchées nouvelles. Pendant près de deux mois que durèrent les rigueurs de cette triste saison, on n'entendit pas une seule plainte, on ne vit pas un seul trait d'impatience. »

Pendant le rude hiver de 1794-1795, deux armées françaises devant les places de Luxembourg et de Mayence ne furent pas soumises à de moindres épreuves. La première armée, commandée par le général Moreau, arriva sous les murs de Luxembourg le 21 novembre 1794; la place ne capitula que le 7 juin 1795. Voici ce qu'on trouve à ce sujet dans les *Victoires et Conquêtes :*

« Tout manquait à l'armée française, et, pendant cet hiver rigoureux, elle avait également à souffrir du froid et de la faim. L'administration des vivres n'avait que des moyens très-bornés : les farines ne pouvaient arriver au camp, faute de moyens de transport et par la difficulté des chemins... Les jours où les convois n'arrivaient pas, les malheureux soldats, pressés par la faim, se répandaient dans les villages voisins, de telle sorte que souvent il ne se trouvait au camp que la moitié des troupes du siége... Pour les officiers, à cette pénurie se joignait encore la difficulté de se procurer les objets de première nécessité avec un papier-monnaie dont la dépréciation devenait chaque jour plus considérable. »

Enfin, à Mayence, le blocus, commencé le 25 octobre 1794, ne fut levé que le 29 octobre 1795. L'armée française, forte de 30,000 hommes, sucessivement sous les ordres des généraux Kléber et Shaal, construisit cette grande ligne de contrevallation qui n'avait pas moins de quatre lieues d'étendue. Voici ce que rapporte le maréchal Gouvion Saint-Cyr dans ses *Mémoires* :

« Kléber forma son armée de siége en trois attaques ; mais il lui fut impossible de la pourvoir des vivres et des fourrages nécessaires pour la subsistance des hommes et des chevaux. La disette occasionna bientôt des maladies graves, et l'armée s'affaiblit tous les jours avec une progression effrayante. Ces maladies provenaient des racines de toute espèce que les soldats étaient obligés de substituer aux plantes légumineuses qui étaient consommées; racines qu'ils déterraient avec leurs baïonnettes, et parmi lesquelles il s'en trouvait de vénéneuses qui causaient aux uns la mort et aux autres le délire. La plaine qui environne Mayence était devenue impraticable à cheval pendant la nuit, à cause de la quantité de trous que les soldats avaient creusés pour trouver ces racines. La manutention pour l'attaque du centre se trouvait établie à Alzey, distant de cinq lieues seulement de nos camps; eh bien! les caissons de pain mettaient de six à sept jours pour faire le trajet, et ils étaient attelés de douze, seize et vingt chevaux. On finit par être obligé d'employer à ces transports ceux de l'artillerie, qui ne tardèrent pas à succomber. Alors tous les services furent entièrement désorganisés. Survint un hiver terrible, le plus rigoureux du siècle! Le froid excessif gelait les membres de nos soldats qui ne pouvaient se procurer du bois.

« Dans le courant d'une si longue guerre, ajoute Gouvion Saint-Cyr, j'ai eu souvent occasion de voir nos troupes souffrir de grandes privations; mais, si elles ont été pénibles, elles n'ont jamais eu la même durée; je n'en excepte pas même la campagne de Russie. Devant Mayence le froid fut plus vif et plus prolongé que celui qu'on éprouva jusqu'au passage de la Bérésina. L'armée devant Mayence fut réduite, mais ce qui en restait se trouvait sous tous les rapports dans l'ordre et en état de continuer la guerre. Elle a souffert sans murmurer, avec une constance héroïque tous les genres de privations pendant huit mois consécutifs. Sa discipline est restée intacte. »

Malgré toutes ces difficultés, Vendôme prit Verrue, les armées de la République s'emparèrent de Luxembourg, et les troupes françaises ont tenu pendant vingt ans garnison à Mayence.

Nous avons mentionné le beau fait d'armes qui, dans la nuit du 1er au 2 mai, a eu pour résultat la prise d'un ouvrage important élevé par les Russes, entre la dernière tranchée française et le bastion Central. Parmi les traits de courage signalés pendant cette nuit et la journée du lendemain, en voici un dont l'auteur est un de jeunes sous-lieutenants des voltigeurs de la garde dont cette affaire était le début au siége. Le 2 mai, à huit heures du matin, arrivent au clocheton, pour prendre le service de tranchée, deux compagnies de voltigeurs de la garde, sous les ordres du capitaine Genty; à dix heures, elles se rendent dans la troisième parallèle, entre les batteries 39 et 40, à 200 mètres environs de la place d'armes enlevée à l'ennemi; ce jour-là, les Russes, furieux de leur perte de la veille, ouvrent un feu plus terrible que jamais; leurs boulets enlèvent à chaque instant des morceaux de l'épaulement, et leurs bombes se succèdent avec une rapidité extrême et une justesse étonnante. Sur ces entrefaites, le colonel Martineau Deschesnez réunit les officiers de cette réserve; il leur fait voir, à travers un petit créneau en sacs à terre, la position de l'ouvrage occupé par les troupes françaises, et leur explique ce qu'ils auront à faire dans le cas, habilement prévu, d'une sortie de l'ennemi. Dès cet instant, les officiers étudient de leur mieux le terrain qu'ils auront à franchir sous les feux des bastions du Centre, du Mât et de la Quarantaine; calmes, ils attendent le signal du combat. A quatre heures de l'après-midi, au moment où l'on apporte le repas du soir aux hommes de garde, le factionnaire à l'avancée signale une longue colonne russe, et presque aussitôt une vive fusillade et le bruit du canon disent assez haut aux compagnies de la garde que l'heure d'entrer en action est arrivée. Les yeux du jeune sous-lieutenant de Moncets se portent sur ceux du capitaine Genty, qui crie immédiatement: « Aux armes! et en avant les voltigeurs! » A cet appel énergique, le sous-lieutenant de Moncets s'élance hors de la tranchée, suivi de ses braves soldats auxquels il trace le chemin qui conduit à l'ennemi; et voilà cette intrépide colonne, lancée à travers champs avec une audace inouïe au milieu des projectiles de fer et de plomb qui sillonnent la terre dans tous les sens; elle arrive ainsi au premier parapet, où elle trouve des compagnies du 28e de ligne; mais le bruit de la mousqueterie, qui se fait entendre à cent pas, lui fait comprendre qu'il faut encore pousser en avant, et, de nouveau à découvert, elle court, sous la conduite de son chef, jusqu'au deuxième et dernier parapet, où se passe toute l'action.

En chemin, le sous-lieutenant de Moncets rencontre le lieutenant Cambot qui, blessé de trois coups de mitraille, s'est appuyé derrière un petit gabion isolé ; il lui crie en passant : « Courage, mon ami, nous allons vous venger ! » Cette promesse, il allait bientôt la tenir ; et, quelques secondes après, ces dignes soldats de la garde se trouvent mêlés aux braves défenseurs de l'ouvrage (légion étrangère, 98e, 28e et 5e bataillon de chasseurs à pied). Les Russes étaient massés derrière le parapet, séparés des troupes par un masque en terre de 2 mètres de largeur, sur 3 et demi de hauteur ; on ne voyait que la pointe de leurs baïonnettes. Malheur à celui qui voulait gravir la pente ! Il était frappé, soit par les balles qui venaient du bastion, soit par celles des forcenés qui hurlaient à deux pas des soldats. Toutefois, ne pouvant se servir de leurs fusils d'une manière efficace, les Russes se mettent à lancer d'énormes pierres de dix à quinze livres ; les Français, de leur côté, en font autant ; mais, tout en continuant ce combat d'un nouveau genre, l'ennemi démolissait l'épaulement peu à peu, et ses baïonnettes montaient sensiblement ; le sous-lieutenant de Moncets s'en aperçoit, il regarde le capitaine Genty, qui, la figure couverte de sang, excite les soldats à monter sur le parapet. Le jeune officier comprend aussitôt le rôle qui lui est destiné, et il s'apprête à donner l'exemple du plus beau dévoûment lorsqu'il reçoit une pierre sur le coude gauche, une autre sur la jambe et une troisième à l'épaule, mais rien ne l'arrête ; beau d'énergie, il s'élance sur la pente. A peine est-il à découvert, qu'il reçoit un éclat d'obus qui lance son képi à dix pas de lui, et le fait fléchir sous l'impression d'une vive douleur à la tête. Instantanément cependant il se relève comme un ressort, et, saisissant son sabre à deux mains, il franchit le parapet et tombe au milieu des ennemis ; mais il n'est pas seul, les voltigeurs, témoins de sa belle action, sont à côté de lui ; quelques soldats des autres corps sont entraînés et marchent à sa suite. Les Russes, étonnés de tant d'audace, cèdent le terrain, et, sur bien des points à la fois, s'engage alors une lutte terrible corps à corps. Le sous-lieutenant de Moncets, dont le bras s'est fait rudement sentir dans cette affreuse mêlée, aperçoit sur sa gauche un voltigeur aux prises avec deux Russes ; il court le dégager ; d'un coup de sabre vigoureusement appliqué sur le crâne, il met un des deux adversaires hors de combat ; le voltigeur abat le second d'un coup de baïonnette. Ce fait accompli, il charge de nouveau le gros de la colonne ennemie, à la tête de tous les braves qui l'ont suivi ; dans cette poursuite sans relâche jusque sous le bastion Central, il voit encore, en avant de lui, un soldat du

98ᵉ entraîné par les Russes et menacé de coups de baïonnette ; plus grand que le péril auquel il va s'exposer, il vole à son secours, a le bonheur de le dégager, et le ramène au milieu des siens. Dès ce moment, la fuite de l'ennemi était rapide et complète. M. de Moncets juge la position avec sang-froid et intelligence ; il rallie tout son monde et rentre dans l'ouvrage où il reçoit les félicitations des nombreux témoins de son héroïque conduite.

Le général s'empressa de placer sur la poitrine de ce brave officier le signe de l'honneur mérité d'une manière si éclatante. Depuis la dernière opération dont nous avons précédemment donné les détails, il ne s'est rien passé de bien important devant Sébastopol. Les Russes ont complétement renoncé à reprendre les travaux de contre-approche qui leur ont été enlevés et dans lesquels on s'est fortifié. Ils se bornent à tirer, surtout pendant la nuit, sur les tranchées. Leur ardeur pour réparer les dégâts que leur a causés le dernier bombardement est infatigable. Ils ont augmenté la batterie placée en avant du saillant du bastion Central, et ont établi sur le haut des ruines de la tour une forte embuscade en pierre et en sacs à terre crénelée, et de laquelle ils font un feu constant sur les travailleurs des entonnoirs et de la quatrième parallèle. Ils ont renouvelé leur palissade en plusieurs endroits ; mais, malgré tous ces travaux, tout leur front d'attaque paraît singulièrement endommagé. Tous les faubourgs en arrière du bastion Central et du bastion du Mât sont détruits, et quelques maisons de la ville proprement dite ainsi que le théâtre qui occupait le versant sud du mamelon de Sébastopol sont brûlés. Les vaisseaux sont toujours à la même place, c'est-à-dire près de l'Amirauté. Les prisonniers faits dans les combats de la nuit du 13 au 14 mai présentaient l'aspect le plus sordide ; leurs vêtements tombaient en lambeaux et leurs armes étaient mal soignées. Quelques-uns cependant portaient des capotes françaises enlevées à des cadavres ; aux contre-épaulettes françaises ils avaient substitué la contre-épaulette russe avec le numéro de leur régiment. Pour qu'ils se servent d'uniformes qui les exposent à se faire tuer par leurs camarades, il faut bien qu'il y ait manque absolu de vêtements. On conçoit que ces privations, jointes aux fatigues du siége, soient de nature à décourager les soldats russes. Cependant ils ont aussi leur genre de gaîté. Ils avaient exposé, comme une enseigne de foire, dans le fond de la baie de l'Arsenal, un tableau monstre représentant un zouave passé à la baïonnette par deux Russes. A ce tableau a succédé un autre divertissement. Ils fabriquent des cerfs-volants aux couleurs de la France et de l'Angleterre et les enlèvent dans la ville. Une bombe française a dernièrement atteint un de ces cerfs-volants.

Si l'ennemi montre beaucoup d'activité pour réparer ses ouvrages, le génie français déploie une ardeur admirable. De nouvelles batteries s'élèvent, chaque jour, comme par magie, et sont approvisionnées à un chiffre fabuleux. Kamiesch offre l'aspect le plus animé; deux nouvelles divisions d'infanterie sont arrivées au camp de Maslak. Une brigade de la cavalerie et une de la garde ont récemment débarqué. Les Anglais reçoivent toujours des renforts; leur cavalerie commence à devenir nombreuse; elle a un magnifique aspect, surtout les beaux régiments qui viennent de l'Inde. Balaclava présente la même animation par suite du débarquement du corps piémontais. Ce sont de superbes soldats, d'une excellente constitution, conduits par des officiers très-instruits. Leur matériel est tout neuf et très-beau; leur artillerie est remarquable. Ce seront de très-utiles auxiliaires.

Les vedettes russes sont toujours en avant de Balaclava, échelonnées sur la ligne des anciennes redoutes turques, depuis le village de Camara jusqu'au mamelon plus élevé où la cavalerie anglaise a ses grand'-gardes. Ces vedettes, généralement de Cosaques, aussitôt qu'elles aperçoivent un mouvement de leur côté, se replient en toute hâte sur des postes intermédiaires. Le bétail et les chevaux anglais paissent paisiblement dans la plaine, et les hommes vont faire du bois jusque sur le flanc des montagnes de Camara. Les Anglais sont occupés à combler le fond du port, qui n'était qu'un marais infect, et dont l'emplacement leur sera d'une grande utilité pour l'établissement de magasins. Malheureusement, dans l'hiver, ils ont enterré, à l'extrémité de ce marais, beaucoup de leurs morts, qui exhalent une odeur putride. Ils seront obligés d'exhausser le terrain et d'y répandre de la chaux en grande quantité. La ville commerçante anglaise et les bazars sont loin de valoir ceux de Kamiesch; les prix y sont doubles, et il est difficile d'y trouver le nécessaire. Il arrive tous les jours à l'armée une grande quantité de buffles et d'arabas avec leurs conducteurs tartares ou bulgares. Quoique ces immenses convois marchent très-lentement et que le poids porté par chacun des arabas soit peu de chose, ils ne rendent pas moins d'immenses services et diminuent beaucoup les fatigues du train. Ce genre de transport est surtout très-économique dans ce sens que le conducteur fait lui-même à son arabas et en peu de temps les réparations que peut nécessiter la rupture ou l'usure; il n'entre dans ces voitures aucun morceau de fer, tout est bois, même les essieux.

Toutes les troupes de la garde sont campées à côté de l'état-major général. Elles occupent un vaste plateau un peu en arrière de la ligne qui irait du quartier général français à celui de lord Raglan.

La garde fait le service des tranchées comme les autres troupes, ainsi que les corvées de toute nature. Il y a en ce moment dans la baie de Karatch plusieurs jolis yachts anglais, dont les propriétaires sont ou des officiers dans l'armée anglaise ou des amateurs venant visiter le siége. Les Anglais ont déjà une certaine quantité de canonnières à hélice. Tous ces petits navires marchent en général très-bien et font un service des plus actifs sur les côtes de Crimée qu'elles bloquent rigoureusement.

Après ces détails sur l'armée des alliés et sur les sentiments qui animent les soldats des diverses nations dont elle est composée, il ne sera pas moins intéressant de jeter un coup d'œil sur les ennemis que l'on combat, et de connaître ce qui se passe, en ce moment critique, au cœur de la sainte Russie.

Le gouvernement moscovite affecte depuis quelque temps une tolérance exceptionnelle. Tous les journaux français, même le *Charivari* avec ses caricatures représentant sous la figure et les costumes les plus grotesques l'armée russe et ses officiers, sont reçus à Saint-Pétersbourg dans tous les cafés. Cependant la censure ne dort que d'un œil. De temps à autre les feuilles politiques arrivent avec un grattage au doigt mouillé, suffisant pour rendre illisible le passage redouté, mais ne trouant pas le papier. Les gazettes locales racontent les faits à leur mode. C'est toujours pour accomplir un mouvement stratégique que les Russes se retirent, bien entendu après avoir battu les ennemis. Malgré la guerre, la physionomie de la capitale est restée à peu près la même. Le train de vie ordinaire se continue. Comme autrefois, les négociants français et allemands font leur voyage de Paris, en rapportant des marchandises, des modes et une foule d'objets que l'on vend plus cher que jamais. Le petit commerce ne souffre pas d'une manière grave de l'état de guerre, et pour faire sa cour à l'Empereur, la noblesse n'a cessé pendant tout l'hiver de donner des fêtes, des bals, des soirées, des raouts, et d'assister aux spectacles et aux concerts. La mort presque subite de l'empereur Nicolas est venue seule interrompre ces fêtes qu'elle a remplacées par un deuil public décrété pour six mois.

L'aristocratie paraît être animée d'un bon esprit pour Alexandre II. Elle semble avoir oublié ses rancunes contre la famille des Romanoff qui l'a si longtemps et si rudement châtiée, et contre laquelle elle conspirait depuis 1816. Elle s'impose des sacrifices énormes en hommes et en argent. On cite parmi les plus puissants et les plus généreux le prince Cheremetieff, qui a donné deux millions et demi de roubles assignats (2,750,000 fr.) et vingt mille serfs habillés, équipés, armés et nourris jusqu'à leur arrivée aux bords du Danube. Ce seigneur possède, outre des salines, des fabriques d'étoffes précieuses, des raffineries de sucre, des mines d'or, d'argent, de fer, de cuivre, etc., environ cent vingt-cinq mille esclaves mâles, ce qui, en comptant les serves, représente la population d'un des plus populeux départements français. Après lui, viennent les princes Yousoupoff et Strogonoff, qui ont aussi donné plusieurs millions de roubles et fourni plusieurs milliers de soldats équipés et armés. M. Demidoff a fait verser par son comptoir deux millions et demi de roubles dans les caisses du trésor ; M. Yakowloff a fait remettre au ministère des finances un bon de dix millions. M. Yakowleff n'a pas d'esclaves, mais il est propriétaire des plus riches mines de fer, de cuivre et d'or de la Russie. Sa fortune est, dit-on, de plus de cent cinquante millions, et la Banque refuse de recevoir de lui, en dépôt, plus de quarante millions. Mais ces sacrifices ne suffiront pas, et le trésor, malgré les efforts du gouvernement, est à sec. Si la guerre se prolonge un an ou deux encore, la noblesse sera ruinée, et la Russie succombera sous le poids de la plus horrible misère. Toutes les villes de l'empire sont veuves de leurs garnisons. Les colonies militaires du Volkoff sont désertes, les soixante-dix mille grenadiers qu'elles contenaient sont partis, soit pour la Pologne, soit pour la Crimée, soit pour la Baltique.

Il n'y a plus à Saint-Pétersbourg ni bateliers ni cochers ; les uns ont eté enrôlés dans la marine, les autres ont été faits soldats sans plus d'explications. Les seigneurs et les bourgeois ont dû même se dessaisir de leurs cochers et de leurs hommes de peine. Il ne reste plus que des éclopés et des sourds : les borgnes ont déjà été enlevés. Faute de bras, il a été très-difficile pendant l'hiver aux habitants de faire leurs provisions de bois et de glace. Les courses dans la ville sont devenues fort pénibles et fort coûteuses. Ce qui se faisait avant la guerre pour quelques kopeks, se paie aujourd'hui un rouble et demi et deux roubles, et encore ne trouve pas qui veut un véhicule convenable. La Néwa, autrefois si coquettement animée et parée de ses deux ou trois mille navires portant les couleurs de leur nation, est aujourd'hui déserte. Elle passe au milieu de la capitale comme à travers une ville assiégée. On ne rencontre plus que des barques descendant ou remontant le fleuve et portant des projectiles de guerre sur différents points de la côte du golfe. En un mot, Pétersbourg est, en apparence, aussi désert qu'en été, alors que tout le monde est retiré dans les îles. La circulation dans les rues, sur les marchés et sur les places publiques est silencieuse ; on dirait un pays peuplé de sourds-muets ; tout a un aspect sombre et lugubre ; on sent que ce peuple n'est pas libre, qu'il est gêné dans ses allures. A voir le silence et l'air inquiet de cette multitude, on pourrait se figurer qu'elle revient d'une exécution ou qu'elle se rend à un enterrement. La Néwa elle-même coule avec une grande rapidité et sans bruit ; ses eaux sont profondes, d'une couleur sinistre, miroitante comme l'œil d'un serpent. On croirait qu'elle se hâte de traverser une ville maudite et de passer devant cette forteresse qui suinte le sang humain. Il est difficile de surprendre deux ou plusieurs Russes marchant ensemble et se livrant à une causerie amicale. On se regarde et on se tait. Il semble que le knout, agent invisible, circule dans l'air et que chacun craigne pour ses épaules. Vous n'entendez même pas, comme partout ailleurs, les cris des marchands ambulants annonçant leur passage. La discipline se fait sentir à chaque pas. On n'entend que les cochers criant : Gare! avec la monotonie du croassement des corneilles. Cet isolement et ce silence au milieu d'une ville peuplée de 400,000 âmes donnent froid au cœur et jettent dans l'esprit une terreur indéfinissable.

On a fait une *presse* de matelots dans toutes les localités maritimes. On a mis tout en œuvre pour arracher de leurs foyers les pêcheurs et les marins finlandais, que leur constitution semblait garantir contre la violence d'un procédé aussi sauvage. Les anciens marins congédiés ont été rappelés. Et comme il était impossible à l'État de les habiller et de les équiper, on leur a donné pour uniforme une jaquette en drap de la forme d'un paletot-sac, et on les a coiffés d'un chapeau-tromblon, bas de forme, à rebords larges et relevés, et portant par devant une énorme *croix blanche, la croix du croisé contre le païen.* Tous les abords de Saint-Pétersbourg sont défendus par des ouvrages formidables ; l'extrémité de la pointe du Vasilios-troff et les rives du fleuve à son entrée dans le golfe sont couvertes de fortifications et de batteries. La fonderie Clark a presque disparu derrière des remparts de terre élevés à la hâte. Tous les points du golfe de Kronstadt susceptibles de permettre et de faciliter un débarquement, ont été fortifiés et armés. En un mot, ce golfe de Kronstadt n'est plus, des deux côtés, qu'une colossale et fabuleuse enceinte hérissée de canons, gardée par quarante mille homme des meilleures troupes, et protégée d'ailleurs par quarante mille marins montés sur des chaloupes canonnières échelonnées le long du rivage. Ces chaloupes canonnières sont de grandes barques à fond presque plat, empruntées à la navigation fluviale, et sur lesquelles on a placé à chaque bout une pièce de canon à pivot, d'un calibre énorme. La défense est faite sur un pied formidable. La flotte est désarmée et dégrée entièrement, et l'on est prêt à répéter devant Kronstadt le même sacrifice que devant Sébastopol, en coulant tous les navires non-seulement dans les passes balisées, mais encore dans tous les endroits où une chaloupe canonnière pourrait passer. L'ordre est d'encombrer tous les passages dès que les flottes alliées se présenteront. Les mêmes préparatifs se font à Revel et à Swéaborg. Des navires chargés de pierres sont prêts à être coulés.

Bien qu'on ait dit que Kronstadt était imprenable, et que l'empereur défunt l'ait cru, on est néanmoins si peu rassuré qu'on est disposé à anéantir les flottes russes, à perdre en un jour, en une heure, le fruit d'un siècle et demi de travaux incessants. A Saint-Pétersbourg, on a une peur horrible de ces chaloupes canonnières et de ces batteries flottantes monstrueuses qui achèvent en ce moment de se construire dans les chantiers français ainsi que dans ceux de la Grande-Bretagne, et dont nous avons donné plus haut la description. On les redoute comme étant les seuls bâtiments qui puissent s'approcher de Kronstadt, brûler la ville et les arsenaux, prendre les batteries à revers, et même arriver jusque sous Pétersbourg.

On s'occupe très-activement de poser une ligne de postes télégraphiques tout le long de la côte, entre Saint-Pétersbourg, Riga et Abo. Ces postes sont faits en forme de pigeonnier et élevés sur quatre poutres. Ils serviront à signaler d'un point à un autre les mouvements des flottes alliées, et à renseigner le gouvernement sur leur marche et leurs dispositions. Les principaux *fiords* (canaux à travers les îles) de la rive finlandaise sont déjà encombrés. Par mesure de précaution, le gouvernement a défendu aux Français de se rendre aux îles : à Kaminiostroff, à Christowsky, à Strogonoff-Sadou, à Nowodereveny, en un mot partout où il y a des postes de soldats. On répond de leur vie à Pétersbourg, mais on ne pourrait efficacement veiller sur eux hors de la ville, et on veut prévenir tout accident. Aux yeux du soldat russe, le Français ou l'Anglais n'est pas seulement un ennemi, c'est encore un païen, et c'est un acte méritoire de le tuer. On a eu à déplorer quelques accidents de ce genre. Cependant les ordres les plus sévères ont été donnés pour que les Français fussent respectés. Les Anglais ont dû quitter la ville et les fabriques de l'empire; il ne reste plus en Russie un seul contre-maître anglais. Ils ont tous été conduits à la frontière et remplacés par des Américains. Le chemin de fer de Pétersbourg à Moscou a été dirigé et conduit par ces derniers, que l'on entoure de mille prévenances.

Depuis le commencement de la guerre, des prières publiques ont été ordonnées dans toutes les églises. On ne saurait se faire une idée de l'esprit de dépendance et de servilité du prêtre russe. Habitué à mêler dans ses instructions comme dans ses prières le nom de l'empereur et le nom de Dieu, il finit par les confondre aussi dans son culte. Il tremble devant l'un comme devant l'autre, et plus encore devant l'empereur que devant Dieu. Toujours, mais surtout depuis l'époque où le patriarcat s'est vu briser par Pierre le Grand, le clergé russe a été sous les pieds des tzars. Ceux-ci ont beau le flatter de temps en temps, ils ne l'écrasent pas moins. Tout au contraire de ce qui se pratique dans l'Église latine, où le sacrement de l'ordre exclut nécessairement celui du mariage, l'Église grecque fait de l'un le corollaire obligé, l'élément inséparable de l'autre. Ainsi nul individu ne peut être ordonné prêtre en Russie si, préalablement, il n'est marié, et, comme pour mieux indiquer que le mariage est la base essentielle du sacerdoce, le prêtre ne conserve ses fonctions, et, par suite, son caractère sacré, que tant que sa femme existe. Celle-ci morte, il ne peut convoler à de secondes noces; l'Église russe n'admet pas le prêtre mari de deux femmes : il ne reste alors au malheureux veuf d'autre ressource que de se faire moine ou de rentrer dans la vie civile. Jusqu'à la guerre, les temples restaient fermés la plus grande partie de la journée, et le soir personne n'y pouvait plus entrer; aujourd'hui, ils sont ouverts de six heures du matin à minuit; ils ne désemplissent pas de fidèles de toutes les classes, qui y accourent brûler des cierges. La consommation des cierges est tellement considérable que, dans l'église de Notre-Dame-de-Kasan seulement, on en a consommé trente-quatre caisses pendant la première semaine du carême. Chaque caisse en contient environ de huit à neuf cents. Indépendamment des églises, les chapelles des hôpitaux, des ministères et des établissements de la couronne ont été, par ordre, mises à la disposition du public. Un prêtre y passe la journée à réciter des prières, à bénir des bougies et à recueillir les offrandes. Le jeûne le plus sévère est ordonné par le clergé, et il est rigoureusement observé. L'Église russe impose deux jours maigres par semaine, le mercredi et le vendredi, et cinq carêmes dans l'année, à l'occasion des solennités de Pâques, de Noël, de la Pentecôte, de l'Assomption et de la Saint-Pierre. Tout cela forme un total de plus de six mois, pendant lesquels les Russes orthodoxes sont astreints à la plus sévère abstinence. Ils ne peuvent manger ni viande, ni œufs, ni beurre, ni lait. Le peuple vit alors de poisson sec, d'huile de chènevis, de gruau et de choux aigres. C'est là, du reste, à peu près sa nourriture habituelle pendant toute l'année. Quant aux seigneurs, ils se dispensent généralement du jeûne hebdomadaire et bornent celui du carême à la dernière semaine. Mais la police veille sévèrement à la stricte exécution du jeûne pour la guerre. Cependant on peut racheter ce jeûne par de grosses offrandes à la patrie : c'est une contribution nouvelle. La guerre a pris tous les caractères d'une guerre de religion. Si les armées alliées eussent été battues à l'Alma, la Russie débordait sur l'Europe; la Russie s'y était préparée de longue main. Mais la position formidable qu'occupent les Français et les Anglais en Crimée a un peu modifié l'esprit belliqueux de la noblesse et a préservé le monde de la domination des Cosaques. Néanmoins le fanatisme est toujours poussé à son point extrême parmi la population orthodoxe. Tous les habitants des villages voisins des grandes routes et des chemins que suivent les recrues et les régiments dirigés sur le théâtre de la guerre accourent sur leur passage avec des chariots chargés de vivres, de provisions, d'eau-de-vie, de tabac, etc., qu'ils distribuent aux soldats en les excitant contre les mécréants, les infidèles, qui ont commis l'odieux sacrilége d'envahir le sol de la sainte Russie.

Le gouvernement ne paie plus ni soldats ni marins. Il les nourrit, et leur donne chaque jour une ration d'eau-de-vie, de tabac et de thé; mais d'argent, point. Le pays regorge de blés. Les propriétaires du gouvernement de Tamboff l'offrent à 1 fr. 50 le double hectolitre, et ne trouvent point d'acheteurs; le pain est pour ainsi dire pour rien. Des amas considérables de fer, de cuivre, de chanvres, de suifs, se font à Riga et à Mittau, sur la frontière prussienne, d'où ces objets sont expédiés sur Hambourg et jusqu'en Angleterre, où l'on assure que les suifs de Russie sont publiquement vendus.

Depuis que le lac Ladoga se trouve débarrassé de glaces et que la navigation y est devenue libre, on voit à Saint-Pétersbourg arriver presque journellement dans la Néwa des bateaux montés par des troupes de milices formées sur les terres seigneuriales qui aboutissent à ce lac; il en arrive beaucoup aussi du gouvernement de Nowgorod, une de ces anciennes et primitives provinces russes où les mœurs et les usages moscovites sont restés inféodés dans toute leur pureté nationale. Indépendamment des deux camps que l'on établit pour ces milices de serfs dans les environs de la capitale, le prince Dolgorouki, ministre de la guerre, a décidé d'en placer deux bataillons dans les petites îles situées au milieu de la Néwa près de Kronstadt.

Lorsque les étrangers rencontrent dans les rues de Saint-Pétersbourg ces troupes de milices, il leur est impossible de se défendre d'une certaine frayeur. Tous portent, enveloppés dans une espèce de sac en guise de redingote, une large croix sur la poitrine; la plupart n'ont pour toute armure qu'une lance ou pique; quelques-uns sont armés de pistolets, fort peu jusqu'ici de fusils. Le gouverneur général militaire dans la capitale placée en état de guerre, M. Ignatjeff, a fait récemment publier qu'il est défendu, comme l'année dernière, à toute personne, sous quelque prétetexte que ce puisse être, de se rendre de Saint-Pétersbourg à Kronstadt; les personnes dont la présence y serait indispensable pour des intérêts de navigation ou de commerce doivent être, au préalable, munies d'une permission spéciale que le gouverneur seul est autorisé à délivrer.

Les nouveaux uniformes de l'infanterie russe sont absolument semblables à ceux de l'infanterie prussienne. Désormais, il sera difficile de distinguer, autrement que par la cocarde, les régiments d'infanterie de ces deux nations. L'uniforme des officiers supérieurs, ceux de l'état-major et des généraux commandants, seront sous peu aussi changés et ressembleront, dit-on, à ceux des officiers de l'armée prussienne. L'ancien commandant en chef dans la Crimée, le prince Menschikoff, à qui l'état de sa mauvaise santé n'avait permis de voyager que par petites journées, est arrivé à la fin de mai à Saint-Pétersbourg dans un grand état de souffrance. Son fils était allé au-devant de lui jusqu'à Moscou; le prince Menschikoff habite le vaste hôtel de l'état-major général de la marine, dont l'empereur actuel lui a accordé la propriété. Ceux qui ont vu l'ancien commandant de Sébastopol partir fort et vigoureux en 1853, pour son ambassade à Constantinople, et qui l'ont revu aujourd'hui, assurent qu'il est devenu méconnaissable, par les souffrances et les fatigues de la guerre. Les routes qui conduisent de Saint-Pétersbourg en Finlande sont toujours encombrées de marchandises; mais les moyens de transport, indépendamment de leur prix exorbitant, manquent souvent complétement. Malgré le blocus exercé sur les côtes, le commerce espère toujours recevoir de ce côté les objets de nécessité qui manquent en Russie et que l'on tire annuellement de l'étranger

Le chemin de fer entre Saint-Pétersbourg et Moscou vient d'être terminé, et en moins de 20 heures on peut franchir la distance qui sépare les deux capitales. Cette magnifique voie, qui n'a pas moins de 760 kilomètres d'étendue, doit être continuée jusqu'à Odessa dès que la paix sera venue rendre au pays son activité industrielle et commerciale. Moscou est resté en quelque sorte le cœur de l'empire russe et le centre de l'esprit russe. C'est là que, sous le règne précédent, se sont retirés les orthodoxes, les mécontents, les boudeurs; c'est là qu'il faut aller étudier le génie de cette nation et la puissance de l'orthodoxie. Après l'empereur, le métropolitain est le chef de la religion et le personnage le plus important de l'empire. C'est un homme très-intelligent, et surtout énergique. Depuis que la guerre est allumée, ce représentant du tzar ne s'occupe que de trois choses : attirer les bénédictions du ciel sur la sainte Russie par des prières et des jeûnes; amener le plus possible de dons en numéraire et en nature dans les magasins de la couronne, et fanatiser la population. A Moscou le sentiment religieux est plus exalté qu'à Saint-Pétersbourg. Les églises ne désemplissent pas. Bien que le carême soit passé, les prières publiques continuent. Toutes les images des saints, dans les églises, sont illuminées, et les *plus célèbres*, celles qui ont opéré des miracles, ont été promenées par les rues en grande pompe. Contrairement aux habitudes du clergé, les prêtres, après les offices, font des allocutions chaleureuses aux assistants (cela ne s'était jamais vu), et la populace, excitée, fanatisée, sort des églises transportée de fureur et de haine contre les ennemis de la Russie, et donne son dernier kopeck pour le tzar.

Parmi les *barbres*, serfs marchands, qui, avec l'autorisation de leur maître, se livrent au commerce et à l'industrie, il en est un très-grand nombre de fort riches, et c'est en partie sur eux que retombent toutes les charges et les taxes de guerre. Quelques-uns sont libres; la majeure partie au contraire est encore esclave et appartient à divers seigneurs de Moscou, parmi lesquels on cite les Goudovitsch, les Zakrensky, les Cheremetieff, les Bobrinsky. La plupart de ces serfs ont demandé à se racheter pour quelques millions. Tous les boyards ont refusé; aucune loi ne les oblige à affranchir leurs esclaves. Par les temps calamiteux qui courent, ces moujicks millionnaires sont d'une grande ressource pour leurs maîtres. En regard des riches boyards que l'on vient de citer, beaucoup de nobles, ruinés par le jeu, vivent de privations de toute nature, se nourrissent de choux aigres, de concombres, de champignons, de poissons salés ou marinés, de laitages; mais ils usent tous de leur droit d'aller à quatre chevaux. Ils ont des valets, des domestiques, qu'ils ne paient pas, qu'ils n'habillent pas, qu'ils ne nourrissent pas, et qui se font voleurs, la nuit, pour vivre.

Quelque agitée que soit la ville, les Français sont respectés comme à St-Pétersbourg, et continuent à exercer comme auparavant leur industrie, leur commerce et leur profession; ils sont même l'objet d'une bienveillance toute particulière, à laquelle ils n'étaient pas accoutumés. Les seigneurs qui visitent leurs magasins se plaisent à causer avec eux de l'armée française, des zouaves et des chasseurs de Vincennes, dont les gazettes russes rapportent quelquefois les traits de bravoure, d'esprit industrieux et de bonne humeur.

Tout en soutenant le pouvoir, la noblesse devient de jour en jour mécontente; elle commence à souffrir du blocus rigoureux qui enveloppe la Russie, et redoute la prohibition complète dont vont être frappés tous ses produits naturels, même en Allemagne, si la guerre devient générale. Ainsi que nous en avons fait la remarque, en parlant de St-Pétersbourg, les blés sont pour rien; jamais le pain ne s'est vendu à un aussi bas prix. Les magasins de la ville sont encombrés de suifs, de chanvre, de lin, de goudron et de cuirs qui affluent de toutes parts. Les routes sont littéralement couvertes de convois, de chariots ou de traîneaux, se dirigeant sur Moscou, ou quittant cette ville pour poursuivre le voyage vers la Baltique. Bien que la distance qui sépare Moscou de Riga et de Varsovie soit énorme et rende les transports très-coûteux, on aime mieux se débarrasser à vil prix de ces matières encombrantes que de les voir s'avarier dans les entrepôts. Le commerce s'est tout récemment ouvert une voie nouvelle par la Vistule et le Niémen, d'où les marchandises passent en Prusse et gagnent Lubeck pour pénétrer ensuite à Hambourg.

Tous les élèves des écoles de cadets, près de finir leurs études, ont été mis en activité de service. Les plus robustes sont entrés dans l'armée; les autres resteront dans les dépôts pour instruire les recrues et leur donner les premiers éléments d'instruction militaire. La mort de l'empereur Nicolas a été un coup de foudre. On le redoutait peut-être plus à Moscou qu'on ne l'aimait : cependant, on le regrette très-vivement. Depuis le boyard jusqu'au plus petit marchand, tous les habitants ont pris le deuil, ce qui ne contribue pas peu à donner à la ville une physionomie étrange. Il a été pour un moment question du couronnement du nouvel empereur. Il est d'usage que les tzars se fassent oindre dans l'église du Kremlin. Cette cérémonie n'aura lieu qu'après la guerre. On attend cependant à Moscou Alexandre II qui doit, avec sa famille, recevoir le serment de fidélité et les hommages de la ville.

Pour exalter davantage les passions populaires, quelques seigneurs avaient demandé l'autorisation d'élever au milieu du Kremlin une pyramide monstre avec les pièces de canon *prises* sur les ennemis en 1812 et 1813; le monument était déjà commencé, mais le gouvernement n'a pas jugé prudent de donner suite à ce projet. Cette pyramide devait être bâtie d'abord en pierre de Sibérie d'un très-beau vert et susceptible de prendre un poli de porphyre, et les canons placés debout tout autour les uns à côté des autres de manière à former quinze ou vingt étages de colonnades. Le nombre des pièces rangées dans les cours du Kremlin est d'environ huit cents; elles portent toutes une étiquette indiquant la nationalité, la date et l'endroit où chacune d'elles fut ramassée. Il y en a de prussiennes, d'autrichiennes, de bavaroises, de saxonnes, etc.

Les rues de Moscou sont veuves de leurs cochers. On a enlevé et enrôlé tout ce qu'on a trouvé bon pour le service militaire. Toutes les recrues de l'est et du sud de l'empire viennent converger dans cette ville ainsi que les régiments et les garnisons, qui sont dirigés vers les frontières de l'ouest. On attend plusieurs régiments de Kirghis Kosaks, espèces de pillards des steppes de l'Emba et de la mer d'Azof. On a fait aussi appel aux Kalmoucks des steppes d'Astracan. Enfin deux régiments de Baschkirs sont apparus subitement à Moscou, ont pris le chemin de fer et ont fait leur entrée à Saint-Pétersbourg au grand ébahissement des habitants et peut-être du tzar lui-même. Ces Baschkirs font partie de la grande famille tartare qui peuple aujourd'hui la Russie méridionale et occidentale et qui s'étend même jusqu'aux frontières des hauts plateaux de l'Asie d'où elle est originaire. Ces Tartares se divisent en un grand nombre de branches. « Les Baschkirs, dit un écrivain russe, sont plus vigoureux et plus solidement bâtis que les Tartares de Kasan. La nature les a doués d'une grande pénétration; mais ils sont ignorants, grossiers, voleurs, hardis, soupçonneux, opiniâtres, durs, cruels et *par conséquent dangereux*. Si on ne les *veillait de près*, ils ne cesseraient de commettre des brigandages. Leur culte est à peu près le même que celui des Tartares de Kasan, mais ils y mêlent des coutumes et des cérémonies païennes. Ils ont des écoles où on ne leur apprend uniquement que le Koran; ils ne savent pas écrire. Ils se nourrissent comme des bêtes sauvages, de la chair de cheval, de bêtes et d'animaux morts. Les deux sexes sont assez blancs de visage et ont presque tous les cheveux châtains ou roux; les hommes ont la barbe rousse et peu fournie; leurs traits sont anguleux, leurs yeux petits, le front déprimé, en un mot ils ont le type kalmouck. Les Bachkirs comptent leurs richesses comme tous les *peuples barbares*, par le nombre de leurs troupeaux; le plus pauvre possède au moins cinquante à soixante chevaux, le double de bêtes à cornes et cent cinquante à deux cents brebis. Les plus riches en possèdent dix, quinze et vingt fois plus. Il y en a parmi eux qui ont jusqu'à deux et trois mille chevaux. Leurs coutumes sont à peu près les mêmes que celles des autres Tartares; mais ils ont l'abord plus rude, plus farouche que ces derniers; ils sont aussi *beaucoup plus malpropres*, plus paresseux.» L'écrivain russe ajoute: « *Malgré cela, ils sont hospitaliers et très-gais, surtout en été.* Ce qui laisse à supposer qu'en hiver ils sont inabordables et qu'ils changent de caractère selon les saisons, comme le serpent change de peau; leur costume est le même que celui des Tchouvackes et des Tcheremisses, leurs voisins; il se compose d'un pantalon, d'un long cafetan de grosse toile et quelquefois de cuir, cousus à points de poignet autour du cou et des manches, de bottes, d'une ceinture en cuir et d'un bonnet dont la description est impossible. Les femmes portent également le pantalon sous la chemise, à la manière russe, une casaque, une jupe ornée de galons de coton ou de laine de couleur vive, et des bottes comme les hommes; elles se coiffent d'un bonnet presque cylindrique qui enveloppe la figure sur les deux côtés s'attache sous leet menton avec un bouton. Ces bonnets sont garnis de grelots et de piécettes d'étain ou de vieux kopecks d'argent amincis par l'usage; les bords du devant sont ornés de plusieurs grains de corail ou de petits coquillages. Leurs cheveux sont toujours tressés en deux nattes dont les extrémités sont attachées par des cordons de couleur et des rubans. » Outre les capitations que les Baschkirs doivent à la couronne et les extorsions dont ils sont victimes, le gouvernement les contraint encore à prendre dans ses gabelles le sel qui leur est nécessaire et qui leur est vendu par ses agents le double du prix fixé. Ils sont de plus, de même que les Cosaques, obligés de fournir des contingents montés, armés, équipés, pour garder les lignes du fleuve Oural, de l'Irtiche, etc., contre les incursions des Khirgiz. Il paraît que le tzar était d'abord plus embarrassé que ravi de la présence de cette étrange milice et qu'il se voyait obligé, pour sauver sa propre capitale d'un pillage, de faire surveiller ces hôtes inquiétants. Depuis il s'est rassuré, et l'on s'est convaincu que ces barbares étaient plus effrayants par leur horrible figure et leur nom baroque que redoutables par leur courage et leur férocité.

La lutte que soutient la Russie contre les peuplades du Caucase, et qui lui a coûté, depuis 1790, environ un million de soldats et deux milliards de roubles d'argent, forme l'école de l'armée russe, et c'est là que la plupart des généraux russes qui ont acquis de la renommée dans ce siècle ont fait leurs premières armes. La guerre, dans ce pays, est des plus difficiles et des plus fatigantes. C'est avec le mois de juillet que commencent les opérations militaires. De grandes masses de troupes gravissent les pentes du Daghestan; la hache doit tracer la route à travers des forêts vierges, puis le sentier mène par d'affreux précipices, des torrents rapides et des cimes couvertes de neiges éternelles, vers quelques-uns de ces repaires suspendus dans les rochers et tellement inaccessibles qu'il n'est guère possible de les prendre que par la famine. Mais c'est ordinairement la trahison qui vient en aide dans ce cas. Sur toute la route, la population des montagnes suit les troupes par des sentiers cachés et envoie la mort dans ses rangs sans que l'on puisse savoir d'où le coup est parti. L'avant-garde de l'expédition russe est formée ordinairement par des Cosaques qui s'avancent les yeux fixés sur les oreilles de leurs chevaux. Après eux viennent des tirailleurs, puis l'artillerie, mèches allumées, avec des troupes d'infanterie. Ce sont encore les Cosaques qui forment l'arrière-garde. Subitement on entend dans les ravins le cri du faucon et des coups de feu qui, ne manquant jamais leur but, abattent des deux côtés des lignes entières de Russes. On place les blessés sur le dos de chameaux qui sont tout prêts, et le détachement continue de s'avancer en silence. On arrive enfin au village abandonné par les Circassiens. On met immédiatement le feu à leurs auls déserts, puis le détachement revient sur ses pas, l'expédition est terminée après avoir eu pour résultat la destruction d'une soixantaine d'auls de Circassiens et la prise de quelques troupeaux de moutons et de bêtes à cornes. Le retour n'est pas moins pénible et dangereux que l'aller. Arrivées sur la ligne du cordon militaire, les troupes se dispersent dans leurs cantonnements où elles font les service de garnison pendant les huit autres mois de l'année. Il en est très-peu auxquelles on n'accorde de passer l'hiver à Tiflis ou à Sébastopol. Ces troupes ont une solde double de celle des autres troupes russes, en partie pour les récompenser de leurs dangers et de leurs fatigues, en partie aussi parce que tous les vivres et les objets divers dont les soldats ont besoin leur reviennent très-cher.

Deux princesses russes, surprises dans leurs châteaux pendant la guerre en 1854, avaient été retenues en ôtage par Schamyl. L'émir avait toujours refusé de rendre ses prisonnières à la liberté, à moins qu'on ne lui payât une rançon d'un million de roubles argent (4,000,000 de fr.), et qu'on ne lui rendît son fils retenu à St-Pétersbourg, où il remplissait, comme les fils de toutes les grandes familles aristocratiques de Russie, les fonctions de page de la maison impériale. L'empereur consentit à la seconde demande de Schamyl, et celui-ci, de son côté, finit par se contenter d'une rançon de quarante mille roubles. L'échange des deux princesses contre le jeune Schamyl a donc pu avoir lieu ; il s'est fait avec une certaine solennité. Une rivière séparait les troupes ennemies : d'un côté se trouvait le général baron Nicolaï, entouré de son état-major ; de l'autre, Schamyl, à la tête d'un nombreux détachement de cavalerie. Les deux princesses russes et le fils de Schamyl franchirent la rivière en même temps. La rançon avait été apportée dans des sacs ; l'or qu'ils contenaient fut compté devant Schamyl qui, lorsque l'opération fut terminée, s'écria : « Désormais, il m'est permis d'avoir complétement foi en la parole des Russes !»

Le mouvement militaire dans lequel s'agite sans cesse la Russie n'a d'autre but que de persuader qu'à chaque heure de sa vie elle est prête à envahir et que si le monde conserve quelque paix, il en doit l'hommage à sa grandeur d'âme et à sa générosité. Les mêmes motifs qui, jadis précipitèrent sur l'Europe le fléau des hommes polaires, travaillent aujourd'hui les peuples de la Moscovie. C'est l'irrésistible nécessité de donner enfin l'essor à une force trop longtemps comprimée par le despotisme ; c'est l'envie d'aller jouer aussi le maître au dehors, puisque la maison n'offre que les chaînes et la honte de la servitude ; c'est le désir de mener bonne vie au milieu de possessions et de jouissances étrangères à la barbarie indigène; c'est le dédain, la haine curieuse d'une civilisation qu'on ne peut ni comprendre ni atteindre et que l'on voudrait détruire pour faire disparaître un contraste humiliant. Tôt ou tard le choc devait avoir lieu, et la guerre actuelle n'a fait que prévenir un nouveau déluge de barbares.

Revenons maintenant aussi sur quelques faits que nous avait fait négliger la nécessité de ne pas surcharger notre récit des événements.

Vers les premiers jours de mai, le vice-amiral Bruat, commandant en chef de l'escadre de la Méditerranée, fit réunir dans le Bosphore, sous les ordres du contre-amiral Charner, une division navale composée du vaisseau à hélice *le Napoléon*, portant pavillon du contre-amiral; des vaisseaux à voiles *le Turenne*, *le Donawerth*, *l'Iéna*, *le Jupiter* et *le Trident;* des frégates à vapeur *l'Asmodée*, *l'Ulloa*, *le Christophe-Colomb*, *l'Orénoque*, *le Darien*, *le Labrador*, et des corvettes à vapeur *le Chaptal* et *le Laplace*. Ces navires de guerre avaient pour mission de prendre l'armée de réserve, placée sous le commandement du général Regnault de Saint-Jean-d'Angely, et de la transporter en Crimée. Quelques jours après, l'amiral commandant en chef envoya de Kamiesch, pour rallier cette division et opérer dans le même sens, le vaisseau mixte *le Jean-Bart*, les frégates à vapeur *le Mogador*, *le Sané*, *le Caffarelli*, *le Descartes*, *le Cacique* et la corvette à vapeur *le Berthollet*. Ces moyens, organisés avec soin, étaient suffisants pour le but qu'on se proposait. Tous les bâtiments arrivèrent exactement au point de rendez-vous, et prirent dans le plus grand ordre le poste qui leur avait été assigné. Dans une conférence qui se tint à Péra le 8, à laquelle prirent part les autorités militaires et maritimes, ainsi que le colonel de Béville, aide de camp de l'Empereur, chargé d'une mission spéciale, il fut décidé qu'une des divisions du corps d'armée embarquerait le samedi, l'autre division le jour suivant, et que leur départ serait suivi de près par celui de la garde impériale et de la cavalerie. En outre, afin de diminuer la fatigue qu'auraient eue à supporter les troupes pour se rendre du camp de Maslak à la mer, on arrêta que l'embarquement aurait lieu sur des points choisis, de telle sorte que les troupes stationnées à la gauche du camp s'embarqueraient sur les points du Bosphore correspondant à cette gauche, le centre et la droite sur les points les plus convenables et les plus rapprochés du lieu du départ. Toutes ces dispositions, parfaitement conçues, aidèrent puissamment au bon résultat de l'opération.

On avait, en outre, cru devoir adopter une autre mesure très ingénieuse. Les corps pour la traversée avaient été groupés de telle sorte que chaque vaisseau à voiles et son remorqueur portaient, avec les troupes qui leur étaient affectées, les chevaux, le matériel de guerre et le campement qui en dépendaient. Ce contingent présentait ainsi un tout complet et homogène, capable en quelque sorte d'opérer sur un seul point donné, si le cas l'exigeait. Dans cette manière de procéder, il y avait en germe une idée nouvelle dont la guerre actuelle démontre pour l'avenir l'avantage et l'utilité : c'est l'organisation, si l'on peut s'exprimer ainsi, des armées à vapeur. Un jour viendra peut-être où nos escadres, entièrement à vapeur, se composeront de vaisseaux de guerre et de grands bâtiments de transport disposés pour contenir de l'infanterie, de la cavalerie et du matériel, avec les moyens nécessaires pour les embarquer et les débarquer. Les différents corps de troupes installés sur les escadres pourront ainsi être mobilisés et transportés en quelques heures de l'extrémité à l'autre de la côte ennemie, et donner à la guerre un caractère entièrement nouveau. A la fois puissance maritime et militaire, la France trouvera de grands avantages personnels à cette transformation de la stratégie ; ses soldats courageux, actifs, intelligents, alertes, sont très-propres à cette guerre, qui exige l'emploi de toutes ces qualités militaires qu'eux seuls possèdent à un si haut degré. Le camp où se trouvaient les troupes françaises près de Constantinople prend son nom du village de *Maslak* auquel sa gauche s'appuyait. Il couronnait les hauteurs situées parallèlement au Bosphore, dans une direction à peu près nord et sud, et présentait un front d'environ 5 kilomètres. La distance moyenne du camp aux rives du Bosphore variait de 2 à 4 kilomètres. Les bâtiments de la division avaient fait leur charbon, leur eau et leurs vivres pendant le temps qui leur avait été assigné, et, ainsi qu'on l'avait prévu, le 13 mai au matin, les vaisseaux *l'Iéna*, *le Jupiter*, *le Donawerth*, remorqués par les frégates à vapeur *l'Ulloa*, *le Christophe-Colomb* et *l'Orénoque*, portant la 2e division de l'armée de réserve, firent leur entrée dans la mer Noire. La corvette à vapeur *le Berthollet* était partie la veille. Afin de donner plus de rapidité à l'expédition, les navires de guerre et les transports affectés au même service firent route pour le point de rendez-vous au fur et à mesure qu'ils étaient complétement prêts. Les troupes restèrent ainsi moins de temps à bord, et cette circonstance donna en outre beaucoup de facilité pour le débarquement.

Le premier convoi fut suivi par un second, composé du vaisseau à hélice *le Napoléon*, des vaisseaux *le Trident*, remorqué par *le Labrador*, et *le Turenne*, remorqué par *l'Asmodée* ; de la frégate à vapeur *le Mogador*, remorquant un navire de commerce chargé de chevaux, et de la frégate à vapeur *le Darien*, marchant seule. Ces bâtiments avaient à leur bord la première division, ses chevaux et son matériel. Le 16, un troisième convoi, composé du vaisseau mixte *le Jean-Bart*, des frégates à vapeur *le Sané, le Caffarelli, le Descartes* et *le Cacique*, entra en mer Noire. Il était chargé de transporter la garde impériale et de remorquer les navires de commerce sur lesquels on avait embarqué la cavalerie. Il arriva au mouillage le 18 au matin. Tous les bâtiments de la division Charner opérèrent leur traversée en moins de quarante-huit heures, et naviguèrent parfaitement. Les deux premiers convois rencontrèrent en mer de fortes brises de la partie S.-E., et firent, comme le troisième, une heureuse traversée. L'opération réussit complétement. Il est impossible de trouver dans la marine et dans l'armée plus d'entente et un plus admirable esprit. Le débarquement s'effectua avec un ordre et une promptitude incroyables. Toutes les dispositions avaient été parfaitement prises par l'amiral commandant en chef, secondé par le chef du service maritime de Kamiesch. Les troupes, en foulant pour la première fois le sol de la Crimée, par un temps superbe et un soleil magnifique, faisaient entendre des acclamations enthousiastes, pendant que les musiques des régiments jouaient, avec leur verve et leur entrain ordinaires, ces airs charmants et populaires qui rappellent à tous la France absente et bien-aimée.

Le siége, à proprement parler, marche avec une grande activité, surtout depuis l'attaque de l'extrême gauche, où le général Pélissier a donné une impulsion nouvelle aux opérations de l'armée française.

Nous avons omis précédemment de faire connaître la proclamation annonçant à l'armée la promotion du général Pélissier au commandement en chef. Voici ce document :

« Soldats !

« Le général Pélissier, commandant le premier corps, prend, à dater de ce jour, le commandement en chef de l'armée d'Orient.

« L'Empereur, en mettant à votre tête un général habitué aux grands commandements, vieilli dans la guerre et dans les camps, a voulu vous donner une nouvelle preuve de sa sollicitude et préparer encore davantage les succès qui attendent sous peu, croyez-le bien, votre énergique persévérance.

« En descendant de la position élevée où les circonstances et la volonté du souverain m'avaient placé et où vous m'avez soutenu, au milieu des plus rudes épreuves, par vos vertus guerrières et ce dévouement confiant dont vous n'avez cessé de m'honorer, je ne me sépare pas de vous Le bonheur de partager de plus près vos glorieuses fatigues, vos nobles travaux, m'a été accordé, et c'est encore ensemble que, sous l'habile et ferme direction du nouveau général en chef, nous continuerons à combattre pour la France et pour l'Empereur.

« Au grand quartier général, devant Sébastopol, le 19 mai 1855.

« Le général en chef, CANROBERT. »

A l'attaque faite dans la nuit du 2 mai, on avait enlevé une portion des ouvrages extérieurs des Russes ; mais il restait un retranchement considérable entre le bastion Central et le fort de la Quarantaine. Ce retranchement fut pris, comme on l'a vu plus haut, dans la nuit du 22 au 23. Le prince Gortschakoff annonçait à ce sujet que l'armée russe avait perdu 2,500 hommes « en repoussant l'ennemi ;» mais, en réalité, les Russes n'ont pas repoussé les Français, et leurs pertes s'élèvent au double de ce nombre. Le général Pélissier déclare expressément que ses troupes se sont définitivement établies dans l'ouvrage ; on en peut conclure que la ligne de contre-approche russe a été tournée contre la place et forme une partie de la quatrième parallèle de l'attaque. Les Français construisent aussi et ils arment de nouvelles batteries à 110 mètres de la place. Au lieu de sorties dirigées par les Russes contre les lignes des assiégeants, on s'est avancé dans les positions de l'ennemi, et sur tous les points s'est accompli un véritable progrès. Le 25 mai, le général Pélissier annonce l'occupation de la vallée de la Tchernaïa. Durant tout l'hiver, les alliés ont été retranchés sur la rive méridionale de cette petite rivière et défendus contre toute attaque par les rochers qui ferment la vallée. Les Russes ont tenu et fortifié de la même manière la rive septentrionale, où se trouvent les ruines du vieil Inkermann. Leurs canons en position commandaient la vallée, et parfois atteignaient de l'autre côté le campement anglais. Aussi longtemps qu'ils ont occupé ces hauteurs en force, il a été impossible aux alliés de descendre la rivière, et comme il paraît certain que la Tchernaïa est maintenant dans les lignes d'attaque, on peut en inférer que les forces qui les commandaient de l'autre côté ont été retirées.

Le général Pélissier dit expressément que « l'ennemi, n'étant pas en force, a fait peu de résistance et s'est retiré dans les montagnes. » Mais si nous comprenons bien l'expression dont il s'est servi, il en résulterait qu'une partie peu considérable de l'armée russe reste entre la Tchernaïa et l'embouchure de la Belbec, et que les alliés peuvent conséquemment s'emparer avant peu des hauteurs au nord de cette rivière et compléter l'investissement de la ville. L'occupation de la vallée de la Tchernaïa semblerait impliquer aussi l'occupation des deux côtés de la vallée, sans quoi l'occupation temporaire de la partie la plus basse ne serait d'aucune utilité.

Depuis le milieu de mai, les Turcs sont en plein Ramadan. C'est pour eux une époque de jeûne et, par conséquent, de repos. A Constantinople, il y a chômage général. Le caractère oriental se trouve fort bien de cette cessation complète d'activité ; mais les affaires s'en trouvent fort mal. Tous les bureaux sont fermés, toutes les administrations chôment, et le public attend, le public européen bien entendu, car, pour l'autre, il serait désolé de porter atteinte à une coutume religieuse consacrée par le temps. Nous avons dit déjà que les troupes du camp de Maslak étaient dirigées sur Sébastopol. Il ne reste à Constantinople que les dépôts et la gendarmerie. Il y a néanmoins un grand mouvement de soldats qui arrivent de tous côtés, mais ne font que passer. On forme à Unkiar-Skelessi un camp de 25,000 hommes sous les ordres du général Nivian. Depuis le 27 avril fonctionne le télégraphe russe de Sébastopol à Kiew. On s'occupe de le rattacher aux lignes de Berlin à Vienne, afin que l'ambassadeur du tzar dans cette dernière ville reçoive iour par jour des nouvelles du théâtre de la guerre.

Un grand conseil militaire, auquel ont pris part tous les chefs de corps, a été tenu devant Sébastopol par le général Pélissier. On y a exposé un nouveau plan de campagne dans lequel doit jouer un grand rôle l'isthme de Pérécop qui joint au continent la presqu'île de Crimée. Cet isthme, nommé par les Tartares *Or* ou *Orkapu*, c'est-à-dire *Porte d'Or*, est situé entre la mer Noire et la mer Putride; il a 10 verstes de long et 6 de large. A l'ouest s'étend le golfe de Pérécop, fermé du côté du continent par le cap Seilgasch, et du côté de la Crimée par un promontoire du nom de l'isthme. Pérécop est la capitale du cercle de ce nom, qui touche aux cercles d'Aleschki, de Simphéropol, d'Eupatoria et de Théodosa. A l'est, le pays est découpé par un grand nombre de baies ; il y a des steppes et quelques mouvements de terrain ; plusieurs rivières peu importantes, parmi lesquelles le Salghir, l'arrosent ; on y voit quelques lacs, Kerlent, Krabnoje, etc. Le climat est généralement insalubre. La ville et la forteresse de Pérécop se trouvent dans l'isthme entre le golfe de Siwasch dans la mer d'Azof, non loin de la Porte de pierre qui ouvre sur le fossé, et les remparts se prolongeant de l'est à l'ouest. Le fossé, muni d'un pont-levis et entièrement garni de pierres de taille, a 8 mètres de profondeur. La ville est mal située ; son apparence est misérable ; ce ne sont que maisons couvertes de chaume, boutiques en bois, rues malpropres ; on y fait surtout le commerce de sel, que des caravanes entières viennent chercher en eté ; les marchés sont assez fréquentés. Les habitants, au nombre de 3,300 (d'autres prétendent qu'il n'y en a que 1,000), se composent de Russes, de Tartares, d'Arméniens et de Juifs. La ville est protégée par une citadelle et un petit château fort. Autrefois, la forteresse avait une certaine importance qu'elle perdit ensuite : les murailles tombaient en ruine; mais, dans ces derniers temps, on y a fait d'assez grands travaux de fortification. A trois verstes de Pérécop, on remarque le faubourg d'*Armenskoï*, habité par des Juifs, des Grecs et des Arméniens qui se livrent au commerce du bétail, surtout des agneaux

C'est en 1736 que les Russes se montrèrent pour la première fois en Crimée, sous la conduite du général Münnich, qui commandait une armée de 100,000 hommes. Ils trouvèrent l'isthme barré par un fossé de 24 mètres de largeur et de 14 de profondeur, et couvert par une muraille de 23 mètres de haut. Tous ces ouvrages étaient flanqués de tours et protégés en outre par le fort d'Orkapu. Les retranchements furent emportés, et, deux jours après, la forteresse se rendit. Mais ce ne fut pas la victoire du général Münnich qui ouvrit aux Russes les portes de la Crimée ; il faut en accuser la trahison des Tartares et l'incurie des ouvriers chargés de réparer les ouvrages de défense. Münnich put alors dévaster à son aise la péninsule. L'année suivante, autre invasion des Russes ; mais, cette fois, les murailles avaient été relevées, et le khan commandait en personne. En 1751, ce courageux guerrier reçut du Sultan, pour la valeur qu'il déploya dans la défense de Pérécop, une bourse de 1,000 ducats et un vêtement d'honneur. En 1770, les Russes vinrent encore échouer contre la forteresse; mais, l'année suivante, 90,000 hommes envahirent l'isthme de Pérécop et s'en emparèrent. Quand l'impératrice Catherine II parcourut triomphalement la Crimée, le premier ministre Potemkin avait fait élever le long de la route une sorte de décoration d'opéra sur laquelle on lisait : « C'est ici le chemin de Constantinople.»

A Constantinople, tout se prépare du reste pour frapper un grand coup. Les troupes sont averties de se tenir prêtes ; 100,000 hommes entreront en campagne et formeront une double expédition. On agira du côté de l'est pour intercepter les convois ennemis qui viennent par la mer d'Azof, et on attaquera d'autre part le camp russe fortement retranché derrière la Tchernaïa. Cette seconde opération présente de grandes difficultés ; mais on espère les surmonter. Les officiers assurent que ce sera une seconde édition de la bataille de l'Alma ; en effet, la disposition des lieux est à peu près la même ; peut-être le terrain est-il un peu moins escarpé, et il faudra moins d'efforts pour avoir raison de l'ennemi.

L'armée est dans la plus grande joie : elle est ravie de sortir du calme plat où elle se trouvait depuis le commencement du mois. Il règne ici dans le service des vivres une activité extraordinaire. Outre l'approvisionnement ordinaire, on vient de préparer un approvisionnement spécial de réserve de 2 millions de rations de vivres prêtes à mettre en sac, savoir : 2 millions de rations de viande divisées en 500,000 rations de viande en poudre et 1 million 500,000 rations de saucissons de Lyon, d'Arles, de Bologne, à la composition de 100 grammes; 2 millions de rations de saindoux, à la composition de 25 grammes; 2 millions de rations de juliennes en tablettes, à 25 grammes; 2 millions de rations de biscuit, à 735 grammes, fait avec du blé dur; 2 millions de rations de riz, à 60 grammes; 2 millions de rations de sel blanc, à 66 grammes; 2 millions de rations de sucre très-bien cristallisé, à 21 grammes; 2 millions de rations de café torréfié, à 16 grammes; 2 millions de rations de vin, à 25 centilitres, pour les ambulances; 2 millions de rations de rhum et eau-de-vie, à 6 centilitres, pour la troupe; 110,000 assortiments de récipients composés chacun d'un sac pour la viande en poudre ou saucisson; une boîte cylindrique pour le saindoux; un sac pour le riz; un sac pour le sel; un sac pour le sucre; un sac pour le café torréfié; une musette en toile blanche pour loger quatre rations de biscuit à l'intérieur du havre-sac; une musette en toile rayée imperméable pour porter quatre autres rations en dehors du havre-sac. Au moyen des deux musettes, chaque homme pourra porter huit rations de biscuit. Une besace à deux fins, pour contenir vides ou pleins les récipients ci-dessus. On logera dans cette besace les effets de premier équipement retirés du havre-sac quand on y placera des vivres. Devant Sébastopol, les armées alliées reçoivent des renforts continuels. Les Russes reçoivent aussi des renforts dans d'énormes proportions. Des baraques sont élevées au camp de Maslak pour les quartiers d'hiver, en remplacement des tentes turques. On dit que la Porte confiera à des généraux anglais le commandement d'un corps de 14,000 rayas; mais il paraît que les ministres ne sont pas d'accord sur ce point. Après s'être concerté avec les généraux en chef, Omer-Pacha est reparti pour Eupatoria, où il continuera à diriger les mouvements. Ce fait est des plus importants; il indique clairement que les opérations qui vont s'ouvrir, après l'arrivée totale des renforts, ne se limiteront pas seulement aux environs de Sébastopol, mais sur une surface beaucoup plus étendue, et que l'on doit s'attendre à enregistrer prochainement de grands faits militaires. Les troupes françaises arrivent en tel nombre qu'il est impossible, au simple coup d'œil, de les évaluer. Le débarquement se fait avec une incroyable rapidité. Les vaisseaux de transport amènent à la fois des troupes parties de Constantinople et de Marseille. Les Russes font des sorties presque continuelles, mais sans aucune importance. Les Français s'occupent à compléter leurs batteries avancées et les Russes à remonter les leurs. L'armée de siége élève deux fortes redoutes de réserve à l'extrême gauche du côté de la baie de Stréleska. L'activité de part et d'autre est extraordinaire.

L'escadre a repris en partie ses exercices, on espère qu'elle fera aussi sa partie; on habitue surtout les hommes au tir à la cible, et les résultats obtenus sont déjà très-bons. Les chevaux de la cavalerie se sont remis avec le beau temps. On a remplacé ceux que l'hiver a fait périr, et l'on aura sous peu une cavalerie sérieuse, qui, jointe à celle des Anglais, formera un effectif considérable. De nouvelles tentes ont été données à l'armée ; elles sont excellentes et s'ouvrent sur les quatre côtés, ce qui permet ainsi d'aérer l'intérieur et d'y établir constamment un courant d'air.

Voici maintenant les nouvelles maritimes les plus récentes : Le *Polnesian*, journal des îles Sandwich, rapporte que l'escadre combinée anglaise et française était attendue dans les îles pour le mois de mai, et le bruit court qu'une nouvelle attaque doit être dirigée contre Petropolowski aussitôt qu'on pourra s'approcher de cette place, après la fonte des glaces. L'escadre doit être renforcée de la part des Anglais par un vaisseau de ligne, une frégate à vapeur et un ou deux plus petits bâtiments, et de la part des Français par un égal nombre de navires sur lesquels on n'a pas de renseignements détaillés. Honolulu est un lieu de rendez-vous convenable pour se rendre ensuite dans le Nord, et c'est pour cette raison qu'il a été désigné par le commandant en chef. Aucun navire de la flotte de l'amiral Dundas ni aucun de ses croiseurs ne se sont montrés sur les côtes de Suède du côté de Stockholm, et, d'après les renseignements reçus, la principale partie de cette flotte se trouve dans la portion du golfe de Finlande comprise entre Helsingfors et Revel, dans le voisinage immédiat de l'île de Nargen. Plusieurs navires et quelques petites barques ont échappé à la vigilance de l'amiral Dundas, et sont arrivés à Stockholm venant de ports russes. Une partie de la flotte française a passé le Belt ; elle doit en ce moment avoir rallié la flotte anglaise. Les amiraux, réunis près de Revel, gardent la plus stricte réserve et ne laissent rien pressentir de leurs opérations futures. On s'est attaché à rendre plus efficace l'action des vaisseaux, et si des renforts n'étaient pas attendus, on ne resterait pas inactif ; toutes les forces dont on dispose seraient employées contre l'ennemi, sous une forme ou sous une autre. Les canonnières seraient d'ailleurs d'un grand secours pour faciliter à la flotte ses opérations sur la côte. L'année dernière, il existait entre Helsingfors et Abo d'une part, et Cronstadt de l'autre, un mouvement continuel. On ne pouvait cette année laisser subsister un pareil état de choses. Les habitants de l'île de Nargen paraissent s'être bien trouvés de l'argent qu'ils ont reçu des Anglais il y a un an. Ils ont construit de nouvelles cabanes. Les enfants paraissent mieux nourris; ils sont incontestablement mieux habillés, et tout semble indiquer que ces insulaires revoient avec plaisir leurs vieux amis les Anglais. Le 29 mai, cinq navires russes, chargés de blé, étaient entrés dans le port de Kertch, ignorant que la place était au pouvoir des troupes alliées. Ils ont été capturés et déclarés de bonne prise. Le nombre des canons russes pris par les alliés s'élève à plus de 100. — On a lancé au port de Lorient l'une des batteries flottantes dont nous avons donné plus haut la description. Cette batterie, construite dans les chantiers de Candeau, s'appelle *la Lave.* Elle a 51 mètres de longueur et plus de 15 mètres de largeur. Son armement consistera en 16 canons du calibre de 50, tirant à boulets pleins et servis par des canonniers d'élite. Elle aura 200 hommes d'équipage et 200 hommes d'infanterie de marine. Elle sera mâtée en trois mâts qui devront se démonter pour le combat. Enfin, elle sera pourvue d'une machine à hélice de haute pression d'une force nominale de 220 chevaux. Le poids d'une batterie flottante, armée, sera de 1,400 tonneaux environ; son blindange en fer seul pèse près de 400 tonneaux. Sous quelques jours, une deuxième batterie, *la Foudroyante*, sera mise à l'eau.

Le *Vultur*, frégate à vapeur de guerre anglaise, est entrée récemment dans le port de Dantzig avec des dépêches de l'amiral Dundas pour son gouvernement. On pourra s'imaginer combien est active la correspondance de la flotte avec l'Angleterre et *vice versâ* quand on saura que le *Vultur* a remis à la direction de la poste deux valises contenant chacune plus de onze cents lettres adressées par les soldats, équipages et officiers de la flotte à leurs familles et amis en Angleterre. Ce bâtiment chargeait à Dantzig des approvisionnements et des viandes fraîches pour la flotte. Au dire du capitaine, l'amiral se trouvait toujours avec le gros de l'escadre à l'île Nargen, comme nous l'avons mentionné plus haut. Quatre bâtiments observaient constamment Port-Baltic, en avant de Revel; il était question d'occuper aussi l'île de Dago, comme l'a fait l'an dernier l'amiral Napier. Pour exécuter cette opération on n'attendait que l'arrivée de l'escadre française. Toutes les fortifications des villes et ports prussiens sur la Baltique ont été mis, depuis l'an dernier, dans un respectable état de défense. Un grand nombre d'ouvriers y ont été occupés pendant huit mois, et, par les chemins de fer, on a fait venir de l'arsenal de Spandau toute l'artillerie nécessaire pour garnir les citadelles et les batteries, dont les ouvrages en terre et en maçonnerie ont tous été également renouvelés. Le prince Adalbert, amiral de la nouvelle marine militaire de Prusse, inspecte les six navires en ce moment sur la rade de Dantzig. De son côté, le prince Charles, chef de l'artillerie prussienne, est en tournée d'inspection dans toutes les places de l'est du royaume. La corvette anglaise le *Basilisk*, expédiée de Nargen un jour après le départ de l'amiral Dundas, est arrivée à Memel pour faire adresser, par l'intermédiaire du vice-consul, les nouvelles dépêches à l'amirauté de Londres. Nous avons parlé déjà des expéditions de marchandises s'effectuant en toute liberté par la frontière de Prusse vers la Courlande et la Pologne, d'où elles sont dirigées par la voie de terre dans l'intérieur de l'empire russe. Quoique ces expéditions aient réellement eu lieu pendant le blocus des ports russes par les flottes occidentales, il paraît qu'elles ne se font plus sur une si grande échelle. Le commerce a appris par expérience et à son détriment que beaucoup d'articles envoyés en Russie ont subi des pertes considérables : les frais de voiture, de chargement et déchargement auxquels ils sont assujettis dépassent toute croyance, et quoique certaines denrées, principalement celles des colonies, aient, par suite du blocus, renchéri de cent pour cent à Saint-Pétersbourg, les frais pour les y faire parvenir par la voie de terre sont si coûteux que le commerce des frontières de Prusse a dû renoncer en grande partie à faire pour son compte ces expéditions, la plupart de ces denrées ayant presque toujours laissé sur les prix en Prusse des pertes de 20 à 25 pour cent.

Alors que se préparent de gigantesques opérations auxquelles peut-être prendra part l'Europe entière, il importe de connaître l'effectif des armées et des flottes des divers États. Voici, d'après les statistiques les plus récentes et les plus impartiales, un aperçu de cet effectif :

La *France* compte 382,000 hommes d'infanterie, 86,000 hommes de cavalerie, 8,200 hommes du génie et 33,800 hommes d'autres troupes, y compris 25,000 de gendarmerie; le tout formant un effectif de 566,000 hommes, avec 1,182 bouches à feu. Les forces maritimes de la France consistent en 60 vaisseaux de ligne, 78 frégates et 273 bâtiments légers, total 411 navires, et 11,773 bouches à feu, non compris 113 bateaux à vapeur, présentant une force de 40,270 chevaux. — L'*Angleterre* a 119,000 hommes d'infanterie, 13,600 de cavalerie, 15,122 hommes d'artillerie, 2,460 du génie, 80,000 hommes de milice, formant un total de 230,200 hommes. L'armée des Indes orientales compte 348,000 hommes, y compris 31,000 hommes de troupes royales. La marine anglaise consiste en 94 vaisseaux de ligne, 92 frégates, 185 petits bâtiments; en tout, 371 navires, portant

15,235 bouches à feu. Sa marine à vapeur a une force de 54,354 chevaux. — La *Turquie* a 100,800 hommes d'infanterie, 17,280 de cavalerie, 1,700 de troupes du génie et un corps de réserve de 325,000 hommes; en tout, 457,680 hommes et 360 bouches à feu. — La marine turque consiste en 10 vaisseaux de ligne, 7 frégates et 60 petits bâtiments; en tout, 77 bâtiments et 3,000 pièces de canon. — La *Russie* a 540,000 hommes d'infanterie, 80,000 hommes de cavalerie, 44,000 hommes d'artillerie, 12,000 du génie; en outre, une réserve de 478,000 hommes de troupes irrégulières et autres, formant un total de 1,154,000 hommes et de 2,250 bouches à feu. — La force maritime de la Russie se compose de 52 vaisseaux de ligne, 48 frégates et 84 petits bâtiments, formant ensemble 186 bâtiments, armés de 9,000 pièces d'artillerie.

Selon la dernière organisation militaire de l'Autriche, l'armée autrichienne consiste en : *Infanterie* : 62 régiments de ligne de 6,869 hommes chacun, total, 425,878; 14 régiments des frontières, 55, 200; 1 régiment de chasseurs, 6,864; division de dépôt de chasseurs, 32,534. *Cavalerie* : 16 régiments de ligne, 20,145; 2 régiments de cavalerie légère, etc., 46,851. *Artillerie* : Ingénieurs et corps d'état-major, 1,140 canons; total d'hommes, 11,116; corps de pionniers, 5,682; gendarmerie, 20,000. La force de l'armée mobile autrichienne, sous le commandement du baron Hess, est de 220,000 hommes et 300 pièces de campagne. Le corps du maréchal Wimpffen en Bohême, fort de 30,000 hommes, peut être élevé par des renforts d'Italie et du Midi à 120,000 hommes avec 200 canons. — La *Prusse* a 372,000 hommes d'infanterie, 67,600 cavaliers, 6,000 artilleurs, 7,740 soldats du génie et 72,700 hommes d'autres troupes; en tout, 580,800 hommes.

Les autres États de la Confédération germanique ont 166,000 hommes d'infanterie, 25,000 hommes de cavalerie, 14,500 hommes d'artillerie, 2,027 hommes du génie et 17,000 hommes d'autres troupes, présentant un effectif de 224,900 hommes et 500 bouches à feu. Ainsi, toute l'Allemagne peut mettre en campagne 995,600 hommes d'infanterie, 159,600 hommes de cavalerie, 121,600 hommes d'artillerie, 26,000 hommes du génie et 94,000 hommes d'autres troupes; effectif général, 1,398,500 hommes et 2,572 bouches à feu.

Le poids seul du matériel de siége employé devant Sébastopol s'élève à. . . . . . . . . . . . . . . . . . 4,521,234 kil.
qui se divisent ainsi :

| | |
|---|---|
| Bouches à feu. . . . . . . . . . | 265,580 |
| Affûts, voitures, attirail. . . . | 587,478 |
| Projectiles. . . . . . . . . . . | 2,510,442 |
| Poudre. . . . . . . . . . . . | 648,000 |

Le reste se compose d'une multitude d'objets dont la nomenclature serait trop longue, et dans ce nombre, bien entendu, ne sont pas comprises les pièces de la marine, du poids de 3,520 kilog. et 3,035 kilog., suivant qu'elles sont de 36 ou de 30. Bien que Sébastopol, du côté de la terre, soit loin d'être régulièrement fortifié, les ouvrages sont nombreux, les canons de gros calibre de la flotte russe défendent les remparts, et près de 1,500 pièces répondent au feu des armées alliées, ce qui dépasse tous les armements habituels. Valenciennes, en 1793, soutint 45 jours de tranchée avec 175 pièces; Dantzick, en 1813, avait 500 canons, et se rendit par famine au bout de 108 jours; Ciudad-Rodrigo, avec 86 pièces, ne fut emporté qu'après 21 jours de tranchée.

A Saint-Pétersbourg, le bruit s'étant répandu récemment que la flotte anglaise commandée par l'amiral Dundas se trouvait dans le golfe en face de Revel, et qu'une forte division s'était même avancée jusqu'en vue de Cronstadt, une foule de monde se transporta sur cette route à Oranienbaum, d'où l'on pensait, comme l'année dernière à l'apparition des flottes alliées, pouvoir distinguer de nouveau les bâtiments anglais. La curiosité publique fut mise en défaut, et tout ce monde, passablement fatigué de la course, rentra le soir dans la capitale. Nous avons déjà parlé des nouveaux uniformes, absolument semblables aux uniformes prussiens, que vont recevoir les troupes russes, et pour lesquels le ministre de la guerre a prescrit la livraison, à bref délai, de près d'un million d'archines de drap. Tous les fonctionnaires et employés dans les diverses administrations civiles ont été prévenus par leurs chefs que, d'après une récente disposition impériale, ils eussent à se pourvoir, chacun selon le rang qu'il occupe dans la hiérarchie civile, d'un nouvel uniforme, dont le modèle est déposé au ministère de l'intérieur et qui est identique à celui de l'armée. Au lieu du chapeau, tous les employés porteront un casque avec plumet à la prussienne. La Russie, qui était un grand État militaire, paraît devoir le devenir encore davantage sous le règne de l'empereur actuel.

Depuis que la flotte anglaise a pénétré dans le golfe et que la guerre s'est rapprochée de la capitale, la police militaire a redoublé de précautions et de vigilance envers les étrangers établis à Saint-Pétersbourg; le nombre de ses agents a été augmenté de 112 en peu de jours; ils circulent continuellement de la capitale à Cronstadt, où l'on a établi pour le temps de la guerre un bureau spécial en communication permanente, par le télégraphe, avec le grand-maître de la police, le général Galaskoff. Il arrive journellement des troupes de milices qui descendent la Néwa, et que l'on place comme on peut dans les environs de la capitale, principalement du côté de la rivière qui coule vers Cronstadt; si ces arrivées continuent encore quelque temps, le nombre de ces miliciens rassemblés autour de Saint-Pétersbourg s'élèvera à un chiffre très-considérable. On charge continuellement sur des petits bateaux à vapeur des vivres de toute espèce qui s'expédient à Cronstadt, où l'agglomération militaire est aussi très-grande. A Saint-Pétersbourg même, on remarque peu de cavalerie; hors les dépôts de la garde et quelques escadrons de réserve, tout ce qui était disponible de cette arme a été envoyé en Finlande et sur les côtes du golfe, vers Revel et Riga, et du côté opposé, vers Wyborg et Friedrichsham.

Sur la proposition du prince Dolgorouki, ministre de la guerre, l'empereur avait ordonné par un ukase la décentralisation de l'armée du Sud, qui avait continué d'être virtuellement placée sous le commandement en chef du maréchal Paskiewitsch. Par le même ukase, il fut ordonné aussi que les différents corps de troupes russes stationnés dans la Pologne proprement dite, seraient réunis sous le maréchal, en une seule armée, qui prendrait la dénomination d'armée centrale de l'Ouest. Un comité composé des généraux commandant en Pologne avait été réuni à Varsovie pour émettre son avis sur la composition de cette armée, par rapport aux troupes qui resteraient dans le royaume, et à celles qui pourraient, sans inconvénient, être incorporées dans l'armée de la Baltique. Ce travail est terminé depuis quelques jours, et on remarque que les généraux qui faisaient partie du comité quittent successivement Varsovie pour retourner au siége de leurs quartiers généraux.

Les trois armées russes, séparées et indépendantes les unes des autres, ont ainsi pour commandants supérieurs savoir: celle en Pologne, le maréchal Paskiewitsch, celle dans les provinces de la Baltique, le général de Sievers, et celle en Bessarabie l'aide de camp général de Luders. On sait que la plupart des généraux russes sont déjà fort avancés en âge et qu'ils résistent assez difficilement aux fatigues de la guerre et à la vie incommode des camps. C'est sans doute pour ce motif que de grands changements viennent d'avoir lieu dans les commandements des corps d'armée et des divisions de troupes. Le général Paniutine, commandant du deuxième corps d'armée en Pologne, a été remplacé par le général Owander. Le commandement de la première division vient d'être confié au général baron Salza; celui de la troisième division de ce corps, au général baron Korff. Le lieutenant général de Moller a été placé comme aide de camp auprès du général Hartung, chef du corps d'infanterie détaché dans l'intérieur du pays. Plusieurs autres généraux ont reçu de nouveaux commandements.

On attend journellement à Varsovie l'arrivée de Wilna de deux régiments de la garde à cheval; ils viennent remplacer ceux de carabiniers qui ont quitté, à la fin d'avril, la capitale de la Pologne. Leur commandant, le général Sumarokoff, qui avait pris les devants et qui était depuis quelques jours arrivé à Varsovie, en est reparti pour se rendre à Moscou, et le général commandant de la 7ᵉ division de cavalerie légère stationnée dans le royaume, le prince Wiazemski, appelé par le maréchal à Varsovie, est parti aussi pour le quartier général à Lublin. Contrairement à ce qui a lieu à Saint-Pétersbourg, la censure est très-sévère contre tous les journaux et écrits étrangers, n'importe le pays d'où ils arrivent en Pologne ; les journaux gouvernementaux de Prusse, même ceux imprimés à Saint-Pétersbourg, sont soumis au *visa* de la police, et il n'est pas rare de voir appliquées sur ces derniers des bandes noires qui empêchent de lire des articles qui avaient été plusieurs jours auparavant imprimés et lus librement à Saint-Pétersbourg. Bien que la police militaire exerce, contre les étrangers établis à Varsovie, une surveillance extrêmement sévère, le mouvement et la vie dans la capitale n'ont pas changé depuis le commencement de la guerre ; il est vrai que le gouvernement, en laissant toute liberté aux distractions populaires, fait ce qu'il peut pour cacher au public les dangers dont on est menacé. La maladie épizootique qui règne parmi le bétail dans plusieurs provinces, fait de tels progrès, que le gouvernement a cru devoir y envoyer tous les médecins vétérinaires disponibles dans la ville et ceux qui sont attachés aux corps de cavalerie de l'armée.

Au moment où la cessation du long hiver des régions voisines du Caucase et du mont Ararat va permettre aux troupes échelonnées de part et d'autre des confins de la Russie et de la Turquie en Asie-Mineure de reprendre leurs opérations, il n'est pas sans à-propos d'examiner les points principaux que les forces ottomanes peuvent être appelées à défendre dans le cas probable d'une invasion analogue à la campagne du prince Paskiewitsch en 1828.

Nous avons fait connaître les opérations de l'armée turque d'Anatolie dans le courant de 1854. Cette armée était originairement composée des deux corps de Sélim-Pacha et d'Abdi-Pacha, généraux qui depuis furent remplacés ainsi que nous l'avons dit. Le premier corps, alors cantonné près de *Batoum*, se composait, d'après les états turcs, de 36,000 hommes avec 90 bouches à feu. Dans cet effectif étaient compris 24,000 soldats du service actif (*nizam*), 8,000 hommes de la réserve (*rédifs*) et 4,000 soldats irréguliers (*bachi-bouzoucks*). Le second, stationné dans les environs d'Erzeroum et de Kars comptait 55,000 hommes, dont 28,000 *nizam*, 12,000 *rédifs* et 15,000 *bachi-bouzoucks* avec 125 canons. Comme on l'a vu précédemment, les bachi-bouzoucks, troupe turbulente et indisciplinée, ont été définitivement dissous et remplacés par des soldats réguliers. Avant d'occuper les positions qu'on vient d'indiquer, ces forces étaient distribuées en six camps, ayant pour principal point de concentration *Erzeroum*, tandis que le reste était réparti dans ce qu'on pouvait appeler autant de postes d'observation, à *Hassan-Kaleb*, à *Bajazid*, à *Kars*, à *Ardachkan* et à *Batoum*. Cette énumération nous conduit à parler des localités près desquelles ces camps étaient établis, et qu'on peut regarder comme les points stratégiques les plus notables de la frontière de l'Arménie turque.

Le système généralement adopté par les Génois et les Vénitiens dans la fortification des villes qu'ils possédaient au moyen âge dans ces contrées, et qui avait pour but à la fois de défendre les habitants contre les attaques des ennemis extérieurs et de les contenir en cas d'insurrection, consistait dans la construction d'une double enceinte enveloppant la citadelle intérieure, et renfermant les bâtiments administratifs, les logements des troupes, les édifices religieux et les marchés. Ce mode de défense, qui offrait de grands avantages, même après l'invention des armes à feu et aussi longtemps que l'artillerie ne put être employée à de grandes distances, se retrouve à *Erzeroum* mieux que dans aucune autre des villes arméniennes. La citadelle (*itch-kalch*) forme un parallélogramme de 250 mètres de long sur 100 de large, dont les murailles, bâties en pierre de taille, ont 4 à 5 pieds d'épaisseur et s'élèvent à 10 ou 12 mètres au-dessus de la plate-forme intérieure, tandis qu'elles dominent la ville d'environ 25 à 30 mètres. Une tour d'observation très-haute, en briques rouges, recouverte d'un toit circulaire en bois, au centre duquel se dresse le mât de pavillon, occupe un des angles, dont les trois autres sont garnis de très-petits bastions. Une poterne conduit du bastion occidental sur une courtine sans parapet, placée au-dessous de la face septentrionale du parallélogramme : cette courtine, qui commande une grande partie de la ville, est armée d'une douzaine de pièces de bronze de gros calibre, mais qui, comme les vingt canons des remparts, sont presque toutes trop détériorées pour faire un autre service que celui des saluts.

Les murs eux-mêmes de la citadelle sont dans un tel délabrement, que, pour ne pas s'exposer à les faire s'écrouler, on ne met dans les pièces que la moitié des charges ordinairement employées pour les saluts. Plusieurs de ces canons avaient été enlevés par les Russes lorsqu'ils évacuèrent Erzeroum en 1830; mais le mauvais état des chemins les obligea à les abandonner à quelque distance, d'où elles furent rapportées par les Turcs. Ceux-ci retrouvèrent en même temps près de 30,000 boulets de divers calibres que les Russes avaient enterrés avant leur départ, et qu'on a réunis dans un magasin placé à l'intérieur d'un bastion voisin de l'entrée de la forteresse, près de laquelle on voit un énorme mortier de bronze destiné à lancer des bombes de 130 à 140 livres. La double enceinte d'Erzeroum est aussi dégradée que la citadelle; la large brèche pratiquée par les Russes en 1829 dans sa partie septentrionale existe encore, bien qu'il fût possible de la réparer avec les matériaux qui se trouvent sur les lieux. Cette enceinte, en forme de parallélogramme aux angles arrondis, se compose d'une première muraille crénelée haute de 6 à 7 mètres, et tombant partout en ruine. Un fossé sec et peu profond, séparé de la muraille par un chemin de ronde, est comblé sur presque tous les points. Un second mur crénelé, d'une élévation de 12 à 15 mètres, flanqué de distance en distance de petits bastions, entoure la ville proprement dite, à laquelle donnent accès des portes bardées de fer que, depuis plusieurs années, on a cessé de fermer le soir. Ainsi qu'il a été dit plus haut, c'est dans l'espace compris entre ces deux murailles que se trouvent compris les principaux édifices, tels que le séraï ou palais du gouverneur général, les bureaux de l'administration provinciale et du cadi, ainsi que le *mekemet* ou tribunal, l'atelier de charronnage de l'artillerie, la caserne du bataillon de garnison, dans la cour de laquelle on remarque une vieille tour en briques vernissées bleu et rouge portant le mât de pavillon, le bureau de poste et plusieurs bazars. Une ancienne église chrétienne est aujourd'hui convertie en dépôt d'équipements et en poudrière. D'autres marchés, la douane et le tribunal de commerce, plusieurs *khans* ou magasins, dont deux servent d'hôpitaux militaires; les consulats de France, d'Angleterre, d'Autriche, plusieurs mosquées, les églises ou chapelles, et les écoles des Arméniens schismatiques, des capucins et des missionnaires protestants, sont disséminés dans les faubourgs qui s'étendent au dehors de la ville à de grandes distances, particulièrement vers l'est. Le consulat de Russie a été transformé en caserne. Ces faubourgs, dont font partie les quartiers habités par les chrétiens, Européens, Grecs et Arméniens, se terminent presque tous par de nombreux cimetières appartenant aux diverses communautés, et qui, par l'absence d'arbres et de végétation quelconque, donnent à Erzeroum l'aspect triste et morne d'une vaste nécropole.

En 1828, les Turcs imaginèrent de défendre les approches de la place au moyen d'un large fossé, creusé à une profondeur de 5 à 10 mètres au devant des faubourgs : comme on le pense, ce fossé ne fut d'aucune utilité contre les batteries de l'armée russe, qui foudroyèrent la garnison de la citadelle des hauteurs de *Top-Dagh*. Afin d'éviter le retour d'un pareil échec, on s'occupe maintenant de fortifier cette éminence, ainsi que celle de *Keramidlick*, qui domine la ville du côté de l'ouest. Ces travaux et d'autres, qu'indiquent les lieux, suffiront pour faire d'Erzeroum la position militaire la plus importante de cette partie de l'Arménie. La vieille citadelle génoise de *Hassan-Kaleh*, située sur un rocher qui domine la fertile plaine de *Passim*, au pied du mont Taurus, est regardée par des observateurs compétents comme la clef d'Erzeroum, qu'elle couvre vers la frontière. Elle n'est guère accessible que d'un seul côté, fermé par un bastion et des murailles crénelées. L'entrée, tournée vers la campagne, consiste en un chemin creux qui s'élève en colimaçon entre deux murs jusqu'au sommet du rocher, et qu'il serait facile de défendre. Au reste, depuis la levée du camp de cavalerie qui se trouvait posté avant l'hiver dans la plaine, à 200 mètres d'une source thermale sulfureuse, cette forteresse est dans un état d'abandon complet, et n'est habitée que par des oiseaux de proie.

En décembre dernier, la ligne d'opérations de l'armée ottomane se déployait du S.-E. au N.-O., en passant par Bajazid, Kogisman, Kars, Ani, Ardachkan, Tcherouksou et Batoum. Bajazid, formant l'extrémité méridionale de cette ligne, est situé à 30 kilomètres du point d'intersection des mines de la Turquie, de la Perse et de la Russie. La citadelle dont la tradition attribue la fondation au sultan Bajazet 1er et les ouvrages qui couronnent les hauteurs voisines pourraient, avec de bons approvisionnements, offrir une retraite inaccessible et un point d'attaque formidable au moment d'une guerre de montagne, pour laquelle les tribus du Kurdistan ont une aptitude toute particulière. Aussi les autorités turques avaient-elles jugé nécessaire d'augmenter la faible garnison de Bajazid d'un corps de troupes irrégulières, qui, vers la fin de l'année 1854, s'élevait à 12,000 hommes. On ne peut mentionner que pour mémoire la petite bourgade de *Kagisman*, perdue dans un pays sauvage, presque désert et dénué de toute ressource. Vient ensuite *Kars*, quartier général actuel de l'armée d'Anatolie et le point le plus susceptible de défense de toute la frontière turque. Cette ancienne résidence des rois d'Arménie, dont les armes (un lion et un tigre) décorent encore une des portes, et qui renfermait plusieurs vastes églises, aujourd'hui détruites ou converties en mosquées, ne compte plus que 4 ou 500 Arméniens schismatiques sur un chiffre total de 12,000 habitants. Comme toutes les villes de ce pays, elle a une apparence de désolation difficile à décrire, et qui fait contraste avec sa situation pittoresque. Des maisons délabrées, couvertes en terre et dépourvues pour ainsi dire de toute ouverture extérieure; des rues tortueuses, sales, infectes, dont le vent balaie le sol en tourbillons de poussière; une population clair-semée, aux traits amaigris, aux vêtements en haillons, tel est le spectacle qu'elle offre aux voyageurs. La citadelle, bâtie par Amurat III, occupe un rocher dont les flancs escarpés dominent, à une hauteur d'une centaine de mètres, le lit encaissé du *Kars-Chaï*, torrent rapide qui l'entoure de deux côtés. Elle forme un polygone allongé et très-irrégulier; mais, à raison des circonstances dans lesquelles elle fut construite, sa force est du côté de la ville, tandis que du côté des plateaux, où les Russes établirent en 1828 leurs batteries, elle ne peut opposer qu'une faible résistance. Ses murs ont, du reste, été soigneusement réparés après la retraite des Russes, à la suite du traité d'Andrinople.

La ville elle-même est enveloppée à l'est et au sud d'une double enceinte formée d'une simple muraille extérieure et d'une seconde muraille crénelée, beaucoup plus forte et plus haute, flanquée de tours alternativement rondes et carrées. Tous ces ouvrages extérieurs portent encore les traces de l'assaut qui leur fut livré, le 20 juin 1828, par le général Paskewitsch, et n'ayant pas été remis en état comme la forteresse elle-même, seraient presque inutiles à la défense dans le cas d'une seconde attaque. On peut de même reconnaître, au sommet d'un des plateaux qui forment la rive opposée du torrent, les épaulements des batteries à l'aide desquelles le général russe prit à revers la citadelle de la ville, et l'enleva à la suite d'un vigoureux assaut, au moment où un corps de 15,000 Turcs accourait pour porter secours à ses défenseurs. Les avantages et les dangers que présente la situation de Kars au point de vue de la guerre moderne se retrouvent à *Ani*, autre capitale des rois d'Arménie, dont les voyageurs ont souvent décrit les curieuses ruines. Bâtie sur une espèce de presqu'île entourée par deux ravins très-profonds, cette ville était défendue du côté du nord par un double rempart très-élevé, construit en pierres de taille et flanqué de tours rondes. Une colline formant l'extrémité méridionale de la péninsule offrait l'emplacement naturel d'une citadelle dont les fondations sont encore faciles à distinguer. Un pont en pierres, jeté sur le torrent de l'*Arpatchai*, au-dessous de la grande église, et aujourd'hui détruit, établissait une communication entre la ville et le plateau sur lequel s'élève actuellement un corps de garde cosaque. L'Arpatchai sert, en effet, de limite entre les deux empires sur ce point : comme son lit est presque à sec en été, il arrive souvent que les cavaliers kurdes le franchissent de part et d'autre, et se livrent à des escarmouches terminées par des coups de fusil.

La route qui conduit d'Erzeroum à Kars, de Kars à Ani, et de cette dernière ville à Ardachkan, quoique tracée seulement par les bêtes de somme, est presque toujours carrossable dans la bonne saison : elle traverse une belle forêt de pins et de sapins, adossée au revers septentrional des contre-forts de la chaîne du Saghanlou-Dagh. Tout le pays compris dans le triangle dont Kars, Ani, Ardachkan seraient les sommets, n'offre, du reste, que quelques misérables villages séparés par des intervalles considérables où l'on ne rencontre ni habitations ni traces de culture. *Ardachkan*, situé à trois journées de marche d'Ani, sur les bords de l'*Ardachkantchai*, rivière dans une île de laquelle les Turcs avaient posé un camp de 6,700 hommes, est une petite ville de 3,500 habitants. Elle occupe le penchant d'une colline dont la partie méridionale est bordée par des rochers inaccessibles; une citadelle en ruine se développe sur les bas-cotés de cette éminence, qu'il est question en ce moment de fortifier pour empêcher l'ennemi de s'y loger.

Il reste à parler de *Batoum* et de *Tchèrouksou*, autre village à l'embouchure de la rivière du même nom, à quatre ou cinq lieues du premier, sur les confins mêmes du territoire turc et des provinces transcaucasiennes russes. C'est sur ce point qu'était concentré le corps de Selim-Pacha, destiné à agir contre l'Abasie et l'Imérétie, et spécialement à opérer sa jonction avec l'aile gauche des Circassiens de Schamyl-Bey. Quoique les difficultés de ce terrain, très-accidenté, coupé de bois et de marécages, et privé de toute voie de communication, rendent à peu près inexécutable un projet de cette nature, Batoum n'en a pas moins une grande importance, à raison des facilités qu'il offrirait à un débarquement. Ce village occupe pour ainsi dire le sommet d'un angle presque droit formé par la côte de la mer Noire, qui, après avoir suivi la direction de l'est à l'ouest, s'infléchit brusquement dans le sens du sud au nord sur la longueur d'un demi-mille marin. Le mouillage présente un fond de vase ferme qui retient bien les ancres, et peut être considéré comme sûr par tous les vents, hormis ceux du nord et du nord-ouest, qui soufflent pendant l'hiver avec une force inouïe dans les parages de la mer Noire. La côte étant accore sur presque tous les points, et la profondeur de l'eau devant le village variant de 10 et 15 jusqu'à 40 brasses, des bâtiments d'un fort tonnage peuvent s'approcher à une très-petite distance de la terre, et y déposer des troupes avec autant de facilité que de promptitude. Seulement, comme les environs de Batoum sont presque inhabités et privés de toute culture, le corps qui serait expédié sur ce point dépendrait, pour son ravitaillement, des convois qui arriveraient par mer de Constantinople, et par terre d'Erzeroum. Ces derniers pourraient descendre par eau depuis Artwin, au moyen de petits bateaux qui naviguent jusqu'à Batoum, sur la rivière qui passe par Baibourt, Spireh et Artwin.

Nous avons cité tout à l'heure les tribus du Kurdistan. Ces montagnards, que la Russie a réussi il y a peu de temps à soulever et contre lesquels la Porte a eu à soutenir quelques rudes combats, terminés à son avantage, méritent une attention spéciale. Le Kurdistan, même en le circonscrivant dans les limites que lui donnent toutes nos cartes géographiques, n'est pas soumis aux lois d'un seul souverain. Il est divisé en deux parties, dont l'une, la plus étendue, est comprise dans la Turquie d'Asie, et dont l'autre forme une province de l'empire persan. Le Kurdistan turc, tel que nous le définissons, renferme huit *sandjaks* ou provinces, dont les gouverneurs prennent ou s'arrogent le titre de pacha. Cependant, à l'exception du pachalik de Van, auquel il nomme, le sultan n'est guère que de nom souverain de cette grande contrée. Les Kurdes qui l'habitent se considèrent même si peu comme sujets de la Porte Ottomane, que la plupart d'entre eux n'ont pas voulu prendre l'habit ottoman ; ils proposent au gouvernement la nomination de leurs pachas et de leurs beys; mais quoiqu'ils les choisissent toujours dans la même famille, il est rare que l'élection n'occasionne pas beaucoup de troubles et même des combats sanglants. Les Kurdes se subdivisent en un grand nombre de hordes ou de tribus, dont les chefs reçoivent l'investiture du pacha ou du bey. — Le monarque persan n'exerce également que l'autorité de suzerain dans la partie du Kurdistan qui est comprise dans son empire. Le chef-lieu des Kurdes persans est Sinéh.

Ces peuples, soit qu'ils mènent une vie sédentaire ou qu'ils errent dans les campagnes, se prétendent issus des Mongols et des Surbeks, dont les irruptions ont si souvent troublé l'Asie. Mais la grandeur et la beauté de leurs yeux, leur nez aquilin, la blancheur de leur teint, et l'élévation de leur taille, démentent cette origine tartare. Ils professent l'islamisme, et tous, sans même excepter ceux qui reconnaissent les lois du schah de Perse, sont de la secte d'Omar. Leur manière de se vêtir diffère de celle des Turcs, en ce que leurs habits sont plus légers, quoique à peu près de la même forme, qu'ils les recouvrent d'un grand manteau de poil de chèvre noir, et qu'au lieu d'un turban ou d'un fez ils portent un long bonnet de drap rouge, entouré d'un châle de soie rayé de couleurs tranchantes. Une infinité de glands en soie sont attachés à l'une des extrémités du bonnet et retombent fort bas sur les épaules. Cette coiffure leur sied bien. Ils se rasent la tête et portent des moustaches; les vieillards seuls laissent croître leur barbe. Les Kurdes excellent à manier la lance et à monter à cheval. La principale occupation des nomades consiste à élever des bœufs, des chèvres, des moutons et des abeilles. Aussi, dans la langue kurde, formée de l'arabe et du persan, et divisée en plusieurs dialectes, le mot *mal* qui signifie *biens, fortunes, richesses*, sert-il plus spécialement à désigner des troupeaux.

Les exercices militaires sont pour les Kurdes le principal amusement. Ils aiment beaucoup les contes et ils composent des chansons qui ont pour sujet ou des amours, ou des combats, ou des événements mémorables et tragiques. Quoique simple, la musique des Kurdes n'est pas entièrement dépourvue d'art. Elle est expressive et mélancolique. Le chanteur prolonge, en les modulant, des sons monotones; il articule quelques mots qu'il entrecoupe de soupirs, de sanglots; il verse des pleurs et finit par pousser des cris lamentables. On estime la justesse et la douceur de la voix beaucoup moins que son étendue, et, pour faire l'éloge d'un chanteur, les Kurdes disent qu'on l'entend d'un *parasange* (quatre lieues 1/2). A la vérité le chant est pour eux, lorsqu'ils errent dans les montagnes, un moyen de faire reconnaître le point où ils se trouvent placés. Ils sont très-enclins au vol Peut-être ce penchant est-il une des causes qui les portent à errer sans cesse. Les autres motifs de leur goût pour la vie vagabonde sont ou le voisinage d'un horde ennemie, ou le manque de pâturages, ou la rigueur de la saison. L'hiver ils vont chercher un asile sous le toit du laboureur, à qui pendant l'été ils ont enlevé une partie de ses récoltes. Pressés par le besoin, d'indépendants et de farouches qu'ils étaient, ils vivent souples et soumis, et vivent d'assez bon accord avec leurs hôtes. A l'approche du printemps, les Kurdes reprennent le genre de vie qui leur est propre.

Ordinairement les lieux qu'ils choisissent pour asseoir leur camp sont des prairies agréables situées au bord de quelque ruisseau. Leurs tentes, qu'ils préfèrent aux habitations les plus fastueuses des villes, sont composées d'un tissu de laine noire et grossière, et ont très-peu d'élévation. Ils les entourent d'une claie de roseaux, en dedans de laquelle ils placent leurs bagages et souvent ce qu'ils ont pris aux caravanes. Cette sorte de clôture est très-légère et très-facile à transporter. On l'emploie aussi à séparer l'habitation des hommes de celle des femmes, et à faire des parcs pour les troupeaux. Un trou de quelques pieds de diamètre et de profondeur, servant de four et de cuisine, est creusé au milieu de chaque tente, qui, au moindre vent, est remplie de fumée, inconvénient assez grave, mais auquel les hommes, les femmes et les enfants sont habitués. Les chevaux sont attachés à des piquets plantés hors de l'enceinte et on les tient presque toujours sellés ; en général tout est disposé pour qu'on puisse plier bagage en un instant. Tout l'établissement coûte à peine un jour de travail.

Les peuples qui se livrent le plus au vol et au brigandage, sont souvent aussi ceux qui remplissent le plus rigoureusement les devoirs de l'hospitalité, et c'est ce qui fait qu'un voyageur expérimenté redoute surtout, en Orient, les contrées où cette vertu est le plus en honneur. Les Kurdes chez eux sont très-hospitaliers. Un étranger arrive-t-il dans la tribu, des cavaliers s'empressent d'aller à sa rencontre : « Sois le bienvenu, lui disent-ils, c'est chez toi-même que nous allons te recevoir. Cette heure nous est douce ; puisse-t-elle t'être propice ! » On le conduit à la tente du vieillard le plus riche et le plus considéré : « Enfants, dit le vieillard, ayez soin de notre hôte ; l'étranger est un présent de Dieu. Que rien ne lui manque ni à ses gens. Songez aussi aux montures, ce sont les vaisseaux du désert ; et toi, voyageur, sois le bienvenu; tu es ici parmi les tiens ; que le contentement que tu éprouveras soit pour nous le gage des bénédictions du ciel. Si tu passes avec nous quelques heures agréables, nous serons plus heureux que toi-même. » Les femmes s'empressent de préparer son repas. Tandis que les unes pétrissent à la hâte une farine grossière, les autres vont chercher du miel et du laitage, elles étendent sur la terre des tapis, ouvrage de leurs mains.

Le teint animé, l'air enjoué et gracieux des femmes kurdes dans leur jeunesse, pourraient les faire passer pour des nymphes de montagnes ; mais bientôt elles deviennent des amazones, suivent leurs maris dans toutes leurs courses, et leur figure est promptement fanée par les fatigues d'une vie errante. Leurs attraits brillent de toute leur fraîcheur de 15 à 20 ans, et sont déjà sur leur déclin à 25. Constamment à cheval, elles défient leurs maris pour la hardiesse et la rapidité de leur course ; peu de chevaux ainsi montés pourraient le disputer à ceux du Kurdistan, pour la vitesse avec laquelle ils montent et descendent les collines les plus escarpées. Les Kurdes croient qu'il n'y a que les Russes qui soient en état de conquérir leur pays, et ils prétendent que cette conquête a été prédite à leurs pères depuis longtemps. Les Russes, les Français et les Anglais sont les seules nations de l'Europe dont ils aient appris l'existence; encore avant la guerre d'Orient les Anglais ne leur étaient-ils connus que par quelques personnes de cette nation qui ont été à Bagdad. Quant aux Français, ils sont en grand renom dans le pays, depuis l'expédition d'Egypte.

Les tribus circassiennes, kabardanes, tchetchènes, lesghiennes et ossétiennes occupent les versants nord du Caucase, depuis les arêtes les plus élevées de cette chaîne de montagnes jusqu'aux rives du

Kouban et du Terek. Autrefois, les grandes familles des Tcherkesses, des Abases, confondues avec celles des Tatares-Nogals, s'étendaient plus au nord; elles peuplaient même une grande partie de la Crimée et du pays occupé aujourd'hui par les Cosaques de la mer Noire. Ce ne fut qu'après le carnage fait, au nom de Catherine II, par les deux Potemkin, qu'elles passèrent le Kouban, gagnèrent les montagnes, où elles se sont maintenues jusqu'ici hors des atteintes des Russes. Et ceux-ci, pour se garantir de leurs incursions et de leur implacable haine, établirent en 1786, le long du Kouban et du Terek, une ligne de forteresses, de fortins, de redoutes, de casernes fortifiées et de postes d'observation sur le parcours sinueux des deux fleuves, d'une étendue de plus de 200 lieues. Ces postes sont reliés entre eux par un chemin carrossable et assez mal entretenu, et pour rendre impossible, ou tout au moins fort difficile, le passage de ces fleuves, les Russes ont fait sauter les ponts et n'en ont conservé que trois, regardés comme stratégiques. La construction de tous ces postes est invariablement la même : un carré entouré d'un fossé profond de trois ou quatre mètres, large de six à huit, une double haie faite avec des perches enlacées de roseaux ou de branchages et comblées de terre; la porte est en bois très-solide. Cela suffit pour se défendre contre des gens qui n'ont pas d'artillerie. Au milieu du carré sont des cabanes en clayonnages où couchent pêle-mêle les hommes, les chevaux et les bestiaux. Chaque redoute, si petite qu'elle soit, est toujours armée d'un vieux canon en fer. Indépendamment de ces postes les Russes ont établi, ainsi que nous le disions tout à l'heure à propos des Circassiens, de distance en distance, et très-rapprochées les unes des autres, des huttes en feuillage et en joncs sur des perchoirs faits comme ceux des douaniers napolitains et des pêcheurs du Bosphore; ils les placent de préférence sur le sommet des tumulus. De là il est difficile de ne pas voir passer les Tcherkesses. Puis, entre ces sentinelles perchées si haut, on a encore posé des poteaux surmontés d'un brandon de paille ou de fanes de roseaux secs, enduits de goudron ou de graisse, que l'on allume dès que les Circassiens ont forcé quelques points. Ce signal est répété de proche en proche avec une rapidité télégraphique, et les postes les plus voisins accourent au secours de celui qui est menacé; une rencontre a lieu, et il est rare que les Cosaques ne soient pas battus et obligés de se retrancher dans leurs fortins et de recourir au canon.

Cette ligne ne comprend pas moins de quatre cents et quelques postes. Quelques-uns sont devenus par la suite des villes importantes. *Stavropol*, *Alexandroff*, *Giorghiefsk*, *Ekaterinograd*, *Mozdoc* et quelques autres forment le centre et sont elles-mêmes garanties par plusieurs rayons d'autres redoutes et postes fortifiés, dont la nomenclature exigerait un volume. La défense en est confiée à plusieurs divisions de Cosaques que le gouvernement russe fait relever tous les trois ans. Ces divisions sont réparties par vingt, trente, quarante, cent, deux cents hommes, plus ou moins, selon l'importance des lieux à surveiller. L'état-major seul est payé; les hommes ne reçoivent que du gruau et doivent se livrer à des travaux d'agriculture, élever des bestiaux, etc. Les stations désignées pour le service de la poste doivent renfermer un certain nombre de chevaux et d'hommes toujours armés et prêts à escorter les voyageurs. Chaque escorte se compose ordinairement de cinq ou six hommes et plus, selon l'imminence du danger ou l'importance du personnage qui passe. Le chef du poste est toujours le seul juge de l'opportunité du passage. Le postillon est tantôt un Cosaque à large face bourgeonneuse, à longue barbe, la tête hérissée d'une chevelure plantureuse et inextricable, tantôt un Kalmouk efflanqué, sans barbe ni cheveux, et n'ayant pour toute coiffure qu'une calotte en coton bariolé. Ces postillons portent tous à la main un knout dont ils ne se servent jamais et une queue de vache pour chasser les cousins. Ces insectes sont en si grand nombre aux approches des marais et dans les roselières, que, vers la tombée du jour, ils s'élèvent en épais nuages, d'où le voyageur ne sort que la figure et les mains couvertes de piqûres. L'endroit le plus dangereux de la ligne à passer est entre le fort de Kurck, à la naissance du delta du Kouban, et Ekaterinodar, capitale des Cosaques de la mer Noire. La route passe sur des bas-fonds inondés par le fleuve, et couverts, sur une étendue de plus de vingt lieues, de roselières dont les tiges dépassent souvent vingt-cinq pieds de hauteur. Les Tcherkesses s'y cachent le jour, passent par des sentiers presque impraticables, traversent les gués connus d'eux seuls, traversent le Kouban, et vont piller les stanitza des Cosaques et surprendre les stations des postes. Les Russes ont vainement essayé de prévenir ces incursions en élevant ces hauts perchoirs dont nous venons de parler, et d'où ils dominent assez bien les roselières pendant le jour; mais ils doivent les abandonner la nuit, ou dans les temps de brouillard, de crainte d'être enlevés. Ekaterinodar est bâtie à la sortie de cette forêt de roseaux et dans un enfoncement marécageux; trois ou quatre cents huttes composent la ville; elles sont toutes séparées les unes des autres par des jardins et des prairies : les bestiaux paissent dans les rues et sur les places. Une église orthodoxe et une caserne sont bâties en pierre grisâtre. Les faubourgs donnent sur le steppe, dont la mince couche de terre végétale est assez fertile. Les Tcherkesses viennent échanger à Ekaterinodar des bois de construction, du miel, de la cire, contre du sel et des fers, du plomb et de la poudre, que les Cosaques leur donnent en contrebande.

---

Suite de l'expédition dans la mer d'Azof. — Importance des événements accomplis. — Mouvements des flottes alliées dans les mers du Nord. — Prises de navires ennemis. — Les défenses de Cronstadt. — Machines infernales des Russes. — Violation du drapeau parlementaire des alliés. — Combat du 7 juin; assaut infructueux du 18.

Apres la prise de Kertch et d'lénikalé, les commandants en chef des flottes alliées avaient fait entrer dans la mer d'Azof une escadrille de canonnières et d'avisos à vapeur, avec ordre de donner la chasse aux navires en grand nombre qui s'y trouvaient encore. Cette première croisière eut un succès complet : plus de cent navires de commerce furent détruits ou capturés, tandis que les Russes brûlèrent, sans essayer aucune défense, leurs derniers navires de guerre à vapeur. Ces résultats atteints, on jugea indispensable d'entrer dans le golfe d'Azof, situé à l'extrémité N. E. de la mer de ce nom, et de s'avancer jusqu'à l'embouchure du Don, contrée importante et riche, dans laquelle l'ennemi espérait que jamais les alliés ne pourraient pénétrer. Le peu de profondeur de l'eau, dans toute cette région, ne permettait pas aux canonnières elles-mêmes de s'avancer assez loin : les amiraux décidèrent d'y envoyer les grandes embarcations des vaisseaux armées en guerre. Le 1er juin, dans la matinée, l'escadrille française composée des six bâtiments à vapeur suivants : *le Lucifer*, commandant Béral de Sédaiges; *la Mégère*, commandant Devoulx; *le Brandon*, cammandant Cloué; *le Fulton*, commandant Le Bris; *le Dauphin*, commandant de Robillard, et *la Mouette*, commandant Lallement, partie d'lénikalé remorquant les chaloupes et les grands canots de la flotte frnçaise, placés, pour cette expédition, sous le commandement particulier du capitaine de frégate Lejeune, sous-chef d'état-major de l'amiral Bruat. Le commandement supérieur de l'expédition française fut donné à M. Béral de Sédaiges, le plus ancien des capitaines de frégate. Quatre vapeurs anglais partirent en même temps pour conduire les embarcations des vaisseaux de la même nation à l'escadrille anglaise qui, sous les ordres du capitaine de vaisseau Lyons, commandant de la *Miranda*, continuait de croiser à l'entrée du golfe d'Azof. Dans la nuit, la brise fraîchit du N.-E. et retarda un peu la marche de la division. Le 2, à la naissance du jour, elle était en vue des terres qui s'étendent de Petroskoi à Zéléna. Elle longea la côte, et bientôt elle entra dans le golfe. A une heure elle passa devant Mariapol et à huit heures du soir elle ralliait la flottille anglaise à son mouillage, à 12 milles environ avant d'arriver à Taganrog. Fondée par Pierre-le-Grand en 1706, cette ville fut détruite en 1711 en vertu du traité du Pruth, et reconstruite en 1769. Elle a, depuis cette époque, toujours progressé et acquis une importance considérable. Elle est située à environ 20 milles de l'embouchure du Don, et reçoit tout le cabotage de ce fleuve immense, une des grandes artères de la Russie.

Le 3 juin, à la pointe du jour, les vapeurs français et anglais du plus faible tirant d'eau quittèrent le mouillage et s'avancèrent sur Taganrog. L'eau diminuant d'une manière sensible à mesure qu'on approchait de la ville, et ne présentant plus, après une heure de marche, qu'un fond de 11 à 12 pieds, plusieurs navires furent obligés de rester en arrière. Cinq vapeurs purent seuls continuer en naviguant à travers la vase et mouillèrent à bonne portée de canon devant la partie ouest de la ville. Ce sont dans l'escadre française : *le Dauphin* et *la Mouette*, et, dans l'escadre anglaise, la magnifique canonnière *Recruit* qui, malgré son formidable armement de quatre pièces de 68 et de deux pièces de 32, ne cale que 7 pieds d'eau, la *Mina* et le *Danube*.

A huit heures, *le Dauphin*, portant le commandant supérieur français M. Béral de Sédaiges, et *le Recruit*, monté par le commandant supérieur anglais, arborèrent le pavillon parlementaire. En même temps, deux embarcations légères se détachant de ces navires se dirigèrent côte à côte vers la terre. Elles accostèrent à l'extrémité du magnifique môle de Taganrog. La population entière accourut sur les hauteurs qui couronnent la ville, tandis que quelques Cosaques à cheval vinrent reconnaître le pavillon parlementaire. Bientôt un attelage amena un aide de camp du gouverneur, auquel les officiers parlementaires posèrent les conditions suivantes : 1° La ville sera livrée aux mains des armées alliées, pour que tout ce qui appartient au gouvernement, et surtout tout ce qui est munition ou denrée de guerre, soit détruit ; 2° la troupe se retirera à deux lieues de la ville, et les habitants devront, à leur gré, ou se renfermer chez eux, ou sortir de la ville ; mais personne ne pourra circuler dans les rues pendant toute la durée de l'occupation ; 3° quelques officiers supérieurs accompagneront les officiers des nations alliées chargés de l'exécution des conditions précédentes, et répondront, sur leur tête, de toute marque ou tentative de trahison ; 4° à ce prix les alliés s'engagent à épargner la ville, à protéger les habitants et leurs propriétés particulières; 5° une heure est donnée pour répondre par *oui* ou par *non*. Au bout de cinquante-cinq minutes, l'aide de camp du gouverneur revint, portant cette réponse: « Il y a des troupes dans la ville; elles ne peuvent pas se retirer sans combattre. » Les officiers parlementaires se retirèrent pour aller porter cette réponse à leurs chefs respectifs. Aussitôt, la longue ligne des embarcations armées en guerre s'ébranla et défila en colonne à portée de pistolet devant les magnifiques quais s'étendant sur une longueur de plus d'un mille du môle à l'arsenal. Les chaloupes de tête arrivèrent sur ce dernier point, et toute la ligne, venant à la fois sur la gauche, se présenta de front devant la ville. Le feu s'ouvrit, et la longue et double rangée des magasins de l'entrepôt fut, en quelques instants, inondée d'une pluie d'obus et de fusées à la Congrève. Le tir remarquable des alliés ne tarda pas à produire son effet : des colonnes de fumée partant des différents points attaqués indiquaient que l'incendie commençait à s'allumer. Peu d'instants après les vastes constructions de la douane sont en flammes et l'arsenal n'est plus qu'un immense bûcher. A ce moment, l'ennemi donne signe de vie. Deux bataillons défilent sur les falaises où sont bâtis les plus beaux hôtels de la ville, et se répandent en tirailleurs dans les maisons et dans les jardins, au risque d'attirer sur ces propriétés privées, qu'ils ne peuvent garantir, les malheurs de la guerre. Le feu des alliés se dirige alors sur ce point; leurs obus et leur mousqueterie fouillent incessamment tous les lieux où apparaissent quelques soldats bientôt mis en fuite. En même temps, les ordres les plus formels sont donnés pour qu'on épargne dix ou douze grands bâtiments situés sur la pointe qui domine le môle; ils ont tous arboré le pavillon noir, qui indique la présence des hôpitaux ou des établissements de bienfaisance. Les églises sont aussi très-scrupuleusement respectées.

L'incendie mis aux magasins et aux établissements du gouvernement russe par les obus paraissant incomplet, les commandants se décidèrent à jeter à terre deux pelotons d'attaque protégés par les chaloupes, qui se rapprochèrent du quai avec leurs pièces chargées à mitraille; en un instant, tout fut terminé, et les chaloupes s'éloignèrent, laissant l'arsenal et tous les bâtiments qui en dépendent convertis en un monceau de cendres. Les magasins publics qu'on venait de détruire contenaient principalement du blé, du vin, de l'huile, des effets d'habillement pour les troupes. A quatre heures, les embarcations se retirèrent et rejoignirent les canonnières, qui les prirent à la remorque pour se rendre au mouillage de la matinée.

L'attaque de Taganrog a été une mesure de guerre indispensable. Les alliés ont épargné volontairement et dans un but d'humanité les propriétés particulières; ils n'ont tiré que sur celles où les soldats ennemis s'étaient embusqués pour combattre. Taganrog est une ville d'environ 20 à 25,000 âmes. L'aspect en est très-gracieux, surtout du côté de l'est, où s'étendent de magnifiques quais dominés par une falaise continue sur laquelle s'élèvent de charmantes habitations entourées de jardins. Elle possède de nombreuses églises, dont les clochers monumentaux, surmontés d'une coupole verte, s'élèvent au-dessus de la ville, et de nombreux hôpitaux habités en ce moment par des blessés de Sébastopol, dont les moindres villages de tout le pays sont aujourd'hui remplis.

Le 4 juin au matin, l'escadrille partit pour se rendre à Mariapol, où elle arriva à six heures du soir. Mariapol, bien moins considérable que Taganrog, ne compte pas plus de 8 à 10,000 âmes. Elle fait un grand commerce de blé. On y voit deux rues larges et bordées de grandes maisons. Elle est construite sur les coteaux qui dominent la mer; une rivière la tourne du côté de l'est et l'environne de marécages. Une belle jetée conduit de la mer au bas de la ville. C'est là qu'on embarque les grains. La ville entière n'est qu'un grenier. Outre les grands bâtiments destinés à recevoir le blé, chaque maison est elle-même, en partie, pleine de grains. Le 5 au matin, les officiers parlementaires s'étant rendus à terre, les habitants hissèrent le drapeau blanc, et affirmèrent que, depuis la veille, toutes les autorités civiles et militaires avaient fui, et que 5 à 600 Cosaques avaient évacué la ville pour aller camper à 10 verstes dans l'intérieur. Le consul d'Autriche se présenta et demanda que la ville fût épargnée. On ne brûla que les édifices et les magasins appartenant au gouvernement russe. On se retira à midi. Une partie des bâtiments revint à Kertch; l'autre attaqua Gheisk et Temriouk sur la côte sud-est. Les gouverneurs de ces deux places se rendirent sans résistance, et sur ce point encore furent détruites toutes les ressources du pays.

Pour terminer le récit des opérations de la mer d'Azof, nous allons résumer les rapports du capitaine Edmund Lyons, commandant l'escadrille anglaise à vapeur. « Le 26 mai, dit le capitaine, nous mouillâmes en vue du phare situé sur la pointe de terre, à Berdianks, dans une position qui commandait le port, la plage et un grand nombre de navires marchands. J'envoyai ensuite les bateaux des escadres qui sont sous les ordres du commandant Sherard Osborn, accompagnés des chaloupes des vaisseaux français pour détruire ces navires, et d'autres qui étaient à quatre milles environ en vue, ainsi qu'un dépôt. Tout cela fut accompli de nuit.

Pendant ce temps, les vapeurs des deux escadres poursuivaient et détruisaient des bâtiments dans d'autres directions. Le 27, au point du jour, j'appareillai avec les vaisseaux sous mes ordres, accompagné des quatre vapeurs français, et je fis mouiller en vue de la ville de Berdianks la *Miranda* et les canonnières dans une position qui commandait complètement la ville et la plage. Là, nous trouvâmes échoués, brûlés à fleur d'eau et abandonnés, les quatre vapeurs de guerre qui s'étaient échappés de Kertch, sous le commandement du contre-amiral Wolff. Je fis débarquer les troupes légères et les soldats de marine de l'escadre sous les ordres du commandant Lambert, du *Curlew*, en compagnie des troupes des navires français, avec ordre de détruire toute la marine et les approvisionnements du gouvernement, mais de respecter les propriétés privées. Tout fut exécuté sans obstacle, bien que nous eussions appris que 800 Cosaques, avec des canons, occupaient Petroskoi, à 5 milles de distance. Plusieurs navires furent détruits ainsi que des approvisionnements de blé, qu'on estime à 50,000 livres. On sauva aussi, après la destruction d'un des bateaux à vapeur russes, un canon de 8 pouces, du poids de 62 quintaux. Les embarcations rejoignirent aussitôt la flottille, qui avait appareillé pour se rendre à Arabat; je détachai en même temps le *Swallow* et le *Wrangler* pour Genitschi, afin de garder l'entrée de la mer Putride, et le *Curlew*, avec ordre de croiser entre le ban de Krivaïa et l'île de Sable, afin d'empêcher que les navires ne pussent nous échapper et remonter le Don. Le 28 au matin, nous arrivâmes devant Arabat, et nous attaquâmes le fort (armé de 30 canons); le feu durait depuis une heure et demie, quand une bombe tomba sur le magasin à poudre ennemi; les navires, ayant reçu l'ordre de se tenir à portée de bombe et étant bien manœuvrés, n'ont éprouvé qu'un seul accident, la blessure légère du premier mécanicien de la *Medina* par un éclat de bois. L'ennemi doit avoir perdu beaucoup de monde, à en juger par la précision avec laquelle les bombes éclataient dans ses ouvrages, indépendamment des ravages causés par l'explosion. Je suis arrivé devant Genitschi hier au soir, à la nuit, avec les bâtiments de Sa Majesté sous mes ordres, et j'ai rallié le *Swalow* et le *Wrangler*, qui avaient déjà détruit ou capturé tous les navires en dehors du détroit de Genitschi; mais un très-grand nombre avaient dépassé le détroit, qui n'a que 50 yards de longueur, et qui est commandé par les basses falaises sur lesquelles la ville est bâtie; ils étaient à l'encre sous les falaises. A six heures du matin, j'ai envoyé le commandant Crawford, avec un drapeau parlementaire, afin de demander que l'on me livrât tous ces navires et les immenses approvisionnements de blé pour fournitures à l'armée de Crimée, ainsi que tout ce qui appartenait au gouverneur. Je déclarai que si l'on souscrivait à ces conditions, j'épargnerais la ville et je respecterais les propriétés particulières. Dans le cas contraire, il fallait que les habitants évacuassent immédiatement la ville. Le commandant Crawfort a rencontré un officier qui paraissait être d'un haut grade et qui a refusé d'accéder à ces conditions, déclarant que toute tentative pour débarquer ou pour détruire les navires rencontrerait de la résistance. L'ennemi, à ce moment, avait 6 pièces de campagne en position et 200 hommes environ, et, du haut des mâts, l'on apercevait derrière la ville un bataillon d'infanterie, outre les Cosaques. J'accordai jusqu'à neuf heures de réflexion, et, ne recevant pas de réponse, je fis abaisser le pavillon parlementaire et je fis approcher le plus possible les bateaux à vapeur de la ville et du passage dans la mer Putride, autant que la profondeur de l'eau le pouvait permettre. Il ne fut possible d'approcher qu'à une très-grande portée. Voyant que, si l'ennemi, qui avait retiré ses canons, les replaçait de manière à commander le passage, et s'il disposait de la même manière son infanterie, il serait impossible à nos embarcations de détruire les navires marchands, j'ordonnai le bombardement de la ville, qui se fit si bien, que les embarcations passèrent et incendièrent 73 navires et les magasins de blé. Le lieutenant Mackensie fit cette opération avec habileté.

« Le vent ayant changé deux heures après le retour de nos embarcations, quelques approvisionnements de blé ne prirent pas feu : comme il était de la plus haute importance d'achever l'œuvre commencée pour couper les vivres aux armées russes en Crimée, j'envoyai de nouveau les embarcations ou chaloupes. Les bâtiments rouvrirent le feu contre la place et les chaloupes partirent. Le lieutenant Cécil Buckley, de la *Miranda*, le lieutenant Hugh Burgoynes de la *Wallow*, et M. John Roberts, canonnier de l'*Ardent*, offrant de débarquer pour mettre le feu aux magasins de blé, j'acceptai leur offre : ils accomplirent cette périlleuse opération, échappant avec peine aux Cosaques qui avaient coupé la retraite à leurs chaloupes. Le lieutenant Mackenzie, pendant ce temps, brûlait le reste des navires marchands malgré le feu des quatre pièces et de la mousqueterie. Toutes les embarcations étaient revenues, touchées par quelques boulets ; un seul homme avait été légèrement blessé. Le lieutenant Mackenzie parle avec éloge de la bravoure et du sang-froid des hommes qu'il avait sous ses ordres. Depuis que l'escadre est entrée dans la mer d'Azof (il y a quatre jours), l'ennemi a perdu 4 bateaux à vapeur de guerre, 246 bâtiments marchands et des magasins de blé et de farine de la valeur d'au moins 150,000 liv. st. » Le bourg de Yenitschi est situé sur le détroit de ce nom, sur la pointe de Berutchi, formée par le dernier plateau du steppe de Tauride, à l'embouchure de la Touka. Le détroit de Yenitschi sépare la Tauride de la pointe septentrionale de l'étroite langue de terre appelée la flèche d'Arabat; c'est par lui que le Sivach ou mer Putride (le *Palus Mœtides* des anciens) communique avec la mer d'Azof. Il est large d'environ 120 mètres, et assez profond, quoique encombré sur certains points par les atterrissements que produit, à quelques époques de l'année, le ralentissement des courants du Sivach. La rade de Yenitschi est très-bonne, et présente en moyenne 18 à 20 pieds d'eau sur un fond de vase; on y mouille d'ordinaire à l'entrée d'un golfe profondément avancé dans la côte. Il passait pour impraticable; du moins le *Guide maritime* de M. J. Corréard, si exact et si minutieux, le désigne comme tel; les cartes russes de la mer d'Azof du lieutenant Boudischef et du capitaine Mangonari n'en indiquent pas les sondages; la destruction de Yenitschi est donc pour la flottille alliée un succès scientifique autant qu'un fait d'armes glorieux. On doit le considérer en même temps comme un sinistre pour l'armée russe, dont les ressources alimentaires sont complètement anéanties, et ne peuvent être remplacées que par la voie très-longue et rarement praticable de Pérécop.

On se disposait à attaquer Anapa, lorsqu'on apprit que cette ville importante avait été subitement évacuée par les Russes et occupée par les Circassiens. Voici la dépêche adressée à ce sujet au ministre de la marine par l'amiral Bruat: « J'ai déjà eu l'honneur d'informer Votre Excellence qu'aussitôt après avoir reçu la nouvelle de l'évacuation d'Anapa par les Russes, j'avais envoyé sur les lieux le contre-amiral Charner avec le *Napoléon* et le *Primauguet*, pendant que l'amiral Lyons expédiait le contre-amiral Stewart avec l'*Hannibal*, le *Highflyer* et le *Spitfire*. M. l'amiral Lyons m'a proposé de nous rendre ensemble avec nos autres vaisseaux devant Anapa, et il a été convenu que nous partirions le 13 juin pour jeter l'ancre sur cette rade et rentrer ensuite à Kamiesch. La santé du général Brown, légèrement altérée par les fatigues de ces derniers jours, a obligé l'amiral Lyons à différer son départ; mais il m'a suivi le lendemain, et j'ai vu ses vaisseaux arriver à Anapa au moment où j'appareillais moi-même pour Kamiesch. Nous avons laissé à Iénikalé une forte garnison turque, à laquelle il a été décidé qu'on adjoindrait un régiment français et un régiment anglais, afin de hâter l'achèvement des travaux entrepris au camp de Saint-Paul. Ces forces soutenues par les navires à vapeur qui stationneront constamment dans le détroit, sont en état de repousser les Russes s'ils tentaient, sur cette extrémité de la presqu'île, un retour offensif. Depuis que j'ai visité Anapa, je m'explique la nécessité où s'est trouvée la garnison russe d'évacuer cette place. Anapa était sans doute à l'abri d'un coup de main, et ses fortifications présentaient un fossé profond, une escarpe élevée et en bon état, des parapets très-bien entretenus et maintenus par un excellent clayonnage, 94 pièces de canon et 14 mortiers; mais il n'existe dans la place que des puits d'eau saumâtre, et la garnison, une fois investie, eût été incapable, par ce seul fait, de prolonger sa résistance. Le succès d'une attaque dirigée contre cette forteresse était donc certain, du moment qu'on y pouvait faire concourir l'armée et la marine. Les Russes n'ont laissé entre nos mains que des ruines. Bien que leur évacuation ait été accomplie à la hâte, ils ont brisé la plupart de leurs affûts, cassé les tourillons de 79 bouches à feu, fait sauter la majeure partie de leurs magasins à poudre, incendié leurs casernes, et pratiqué dans la muraille, à laide de la mine, cinq brèches considérables. Je pense qu'ils ont voulu se ménager les moyens de rentrer facilement en possession d'Anapa quand les circonstances deviendraient plus favorables. En ce moment, la place est occupée par des soldats turcs et des cavaliers tunisiens. Sefer-Pacha, envoyé par le général en chef de l'armée d'Asie, Mustapha-Pacha, a vu son autorité immédiatement reconnue par les chefs circassiens. L'empressement de cette soumission s'explique aisément : Sefer-Pacha est lui-même un chef circassien ; il s'est fait autrefois remarquer par l'énergie de la résistance qu'il a opposée au progrès des Russes. Lorsqu'en 1829 le traité d'Andrinople céda difinitivement aux Russes les forteresses d'Anapa et de Soudjak-Kalé, Sefer-Pacha se retira à Constantinople. Des réclamations de l'ambassadeur russe le firent exiler à Andrinople, d'où il ne fut rappelé qu'à l'occasion de la guerre actuelle. Son souvenir était resté vivant dans les montagnes des Tcherkesses, et la déférence que nous lui avons vu témoigner par les chefs circassiens ne laisse aucun doute sur la haute influence qu'il peut exercer au profit de la politique ottomane... »

Il n'entrait pas dans le plan des alliés de conserver Kertch ; les fortifications de cette ville ont été détruites et ses canons jetés à la mer; elle a été ensuite évacuée par les habitants et un incendie l'a réduite en cendres ; il en a été de même d'Arabat. On a démoli les fortifications d'Anapa et l'on en a emporté 200 canons ainsi que les munitions avec lesquelles les Russes eussent pu soutenir le siége pendant deux ans. Les Circassiens ont pillé la ville; mais les habitants en suivant les troupes russes dans leur retraite, en avaient emporté les objets les plus précieux. Toutes les autres places dont la destruction s'est trouvée nécessaire pour le succès des opérations des troupes alliées ont été rasées. « Prenez une carte du théâtre de la guerre, dit un correspondant, et vous comprendrez la position ;

vous reconnaîtrez alors aisément que par la possession des batteries de Saint-Paul et d'Ak-Bouroun, d'une part, d'Iénikalé et de la pointe de Cheska, qui se trouve sur la côte d'Asie, de l'autre, nous avons conquis une nouvelle mer jusqu'ici hermétiquement fermée pour nous.

Or, cette mer, elle est aujourd'hui à nous seuls, et, aux yeux ébahis des riverains, le pavillon russe a disparu pour faire place aux pavillons de la France et de l'Angleterre. Il y avait ici cinq ou six cents navires moscovites; il n'en reste plus que quelques-uns à peine, et chaque jour nos canonnières, nos embarcations armées en guerre, les traquent, les dénichent dans les coins et recoins de ce grand lac, où nous naviguons comme dans la Méditerranée. Ainsi, toutes les richesses, toutes les ressources de cette mer, à laquelle est attaché le sort et la subsistance de la Crimée, sont désormais aux alliés. Encore les pertes matérielles que nous avons fait subir ici aux Russes ne sont-elles rien si on les compare au préjudice immense qui résulte pour eux de l'interruption de leurs communications avec la Crimée. Tous les points de la péninsule, baignés par les eaux de l'Azof, sont accessibles à nos bâtiments; ils sont incessamment visités par eux. Les Russes n'ont donc plus que Pérékop pour faire parvenir à Sébastopol leurs renforts et leurs ravitaillements. Tels ont été les résultats considérables de notre heureuse prise de possession de la mer d'Azof; et ces résultats l'Angleterre et la France les doivent surtout à leurs marines.

Ce n'est pas seulement dans la mer Noire que les Russes ont aujourd'hui à se défendre, c'est aussi dans la mer Blanche et dans la Baltique. Le télégraphe de Copenhague signale, en effet, à la date du 25 juin qu'une escadre alliée, composée de quatre navires, est entrée dans la mer Blanche, se dirigeant sur Archangel. Puis, on écrit de Hambourg, qu'une quatrième division de bâtiments de guerre anglais va arriver incessamment dans la Baltique, et rejoindre les escadres alliées; elle se composera principalement de chaloupes canonnières et de navires auxquels leur faible tirant d'eau permettra d'aborder de plus près les fortifications ennemies. Alors seulement commenceront les grandes opérations dans les golfes de Bothnie et de Finlande. A la même date, douze nouvelles prises faites par l'escadre de l'amiral Dundas jettent l'ancre devant Elseneur, accompagnées de la corvette *Geyser*, qui les conduit en Angleterre. Parmi ces prises, sept naviguaient sous pavillon mecklembourgeois, quatre sous pavillon danois, et une sous pavillon du Holstein. En voici les noms : Navires mecklembourgeois : *Betty* et *Paul-Frederik*, avec un chargement de seigle et de chanvre ; *Mecklembourg*, *Balance*, *Johanna*, *Emilia*, *Arion*. Navires danois :

*Dania*, *Otto-et-Oluf*, *Anna-Christine*, *Freden*, avec des chargements de grains et chanvre. Navire holsteinois : *Benedict*, avec un chargement de grains, lin et chanvre. Deux de ces bâtiments restent, sous caution, à Elseneur. Les autres partent avec le *Geyser* pour l'Angleterre. Les escadres se portèrent ensuite devant Cronstadt et une reconnaissance fut faite par l'amiral Dundas, accompagné de l'amiral Seymour, à bord du vapeur d'exploration le *Merlin*. Pour se garantir d'une surprise, ils s'étaient fait accompagner dans leur expédition par le *Dragon*, capitaine H. Stewart, et le *Bulldog*, commandant Gordon. Quoiqu'ils se fussent approchés tout près des batteries et y fussent restés près de trois heures, les Russes les ont, pendant tout ce temps, regardés tranquillement et semblaient parfaitement indifférents. Comme tous les vaisseaux dans le port étaient pavoisés, il se peut qu'ils fussent alors occupés à célébrer quelque grande fête, ou que peut-être même ils rendissent les honneurs à un visiteur impérial.

Cette expédition a permis de connaître d'une manière positive la nature de la défense de Cronstadt. Voici les importants détails qui ont été recueillis à ce sujet :

La force ou l'imprenabilité (suivant le cas) de la position de ce boulevard de Saint-Pétersbourg sera facilement comprise, en faisant attention aux considérations suivantes. L'île de Kosline est un triangle aigu irrégulier, long de sept milles, posé dans le golfe de Finlande dans une direction oblique : sa base vers Saint-Pétersbourg et son sommet du côté de la mer. L'extrémité est, et la plus large, est couverte par la tour de Cronstadt ; la pointe aiguë, et nord-est, est marquée par le phare de Tollbocken.

Si donc un bâtiment, se dirigeant vers l'embouchure de la Néva, met le cap sur Tollbocken, on dirait qu'il peut continuer sa course, soit en contournant Cronstadt par le nord, et conséquemment gouvernant entre l'île et la côte de Finlande, soit en gouvernant au nord de Cronstadt, alors entre l'île et le rivage l'*Ingrie*.

Mais ce canal du Nord n'est pas navigable. Le gouvernement russe a barré ce passage en entassant une double ou triple rangée de pieux sur une longueur de cinq ou six milles, qui, avec des blocs de pierre et autres matériaux obstruants, forment entre Cronstadt et Lisi-Noss une barrière infranchissable, excepté pour de très-petits bâtiments. Comme on s'est borné à appliquer ici à la mer le principe établi en beaucoup d'autres endroits aux rivières, il est permis de croire que l'ouvrage a été bien et efficacement accompli. La destruction de l'embouchure de la Sulina, l'une des bouches du Danube, est une garantie matérielle que les ingénieurs de la Baltique n'ont pas travaillé en vain.

Il reste à examiner l'approche du canal de l'île et à montrer les nombreuses difficultés que rencontrerait une force ennemie tentant de forcer ce passage.

Le canal, qui a d'abord une profondeur moyenne de cinq fathoms seulement, puis de sept, prend la forme d'un triangle dont la base repose entre deux grands forts (Alexandre et Risbouck), et le sommet dans l'étroite ouverture de 300 yards qui est entre Cronstadt et l'extrémité du banc de sable appelé *Branienbaum Spit.*

Si donc nous voulons entrer à Cronstadt, il faut passer entre les deux forts extérieurs, et encore en les rangeant de très-près.

A notre gauche, et à 800 yards de distance, est le fort Alexandre. Ce fort est de forme elliptique, et consiste en un front avec quatre étages d'embrasures et deux ailes ; chacun des trois étages a un mur à pic et est armé avec des canons placés en batterie *en barbette*. Il est construit en bloc de granit sur une fondation de pieux enfoncés dans dix-huit pieds d'eau. L'apparence du fort *Alexandre* est très-imposante ; en contournant ce fort, on se trouve sous le feu de 116 pièces de 8 pouces et de 10 pouces, toutes casematées.

A droite, et également à 800 yards, vient le fort Risbouck, qui a été pendant bien des années en construction ; il était encore, il y a deux ans, caché par des échafaudages. Il est placé par seize pieds d'eau, et est construit en granit sur le plan du fort Alexandre, excepté qu'il est de forme oblongue ; il était à moitié armé l'année dernière, et il avait deux étages de canons en casemates, un à fleur d'eau et un au-dessus ; en tout, plus de 60 canons du plus puissant calibre.

En regardant encore à gauche et en avançant toujours, nous nous trouvons nous-mêmes sous les canons du bastion du centre du fort *Pierre*. Il a trois bastions réunis par deux courtines : le premier commande l'approche de l'arrière du fort Alexandre ; le second et le troisième balayent le principal chenal ; les bastions contiennent 28 canons en casemates et 28 canons au-dessus en barbette ; les courtines n'ont pas de casemates, mais sont armées de 20 canons en barbette. Le nombre total des pièces d'artillerie du fort est de 76 pièces, sans compter quelques-unes de plus petit calibre sur le mur de bandière.

A la gauche est Cronstadt, qui, quoiqu'il mérite le respect pour avoir été construit par Pierre le Grand, a une apparence tout à fait au-dessous de celle des autres forts.

De la mer, il présente simplement une ligne basse de casemates en bois formant une batterie de 40 canons placés à fleur d'eau, et disposés dans la première partie de chacun des deux bastions avec une courtine qui les unit.

Cronstadt n'est en fait qu'une sorte de môle ou de chaussée supportée par des pieux. Il est en forme de pentagone irrégulier. L'an dernier, il y avait 20 canons sur la courtine de face, et 35 de plus en trois bastions tous casematés, avec 30 en barbette aussi sur les bastions.

Cronslott est le dernier des ouvrages détachés qui défendent le passage de la grande rade (l'espace entre les quatre batteries ci-dessus décrites) à la petite rade (le mouillage voisin au delà de Cronslott) ; mais il y a encore des batteries à noter, et l'une d'elles, dans notre opinion, est le réel boulevard de Cronstadt.

La première dans l'ordre est celle du *Môle* dont la ligne forme le flanc du côté de la mer, du port marchand, et, courant dans une direction presque perpendiculaire à l'approche, va joindre les fortifications de terre, qui traversent ici l'île dans sa largeur. Les trois bassins (celui qui est affecté aux navires de commerce est à l'extrémité la plus ouest) ne sont pas des excavations; ils ont été faits en enfonçant des pilotis de manière à prendre sur l'eau l'espace nécessaire. Les pilotis supportent une construction supérieure, en bois dans quelques endroits, dans d'autres en granit, et parfois en granit et en bois combinés; la plateforme du rempart ainsi formé donne place à des canons de fort calibre; les canons en place, au nombre de 70, outre 10 ou 12 mortiers, sont *en barbette,* et, pour empêcher que la plateforme ne prenne feu, on l'a renforcée d'espace en espace par des feuilles de fer.

L'année dernière, ces pièces étaient seulement, croyons-nous (à l'exception de 5 paixhans de 8 pouces placés à l'extrémité du môle près de Cronslott), des pièces de 18 et de 24; il y a peu ou point d'abri pour les artilleurs, et si un navire pouvait passer sain et sauf toutes les autres batteries, et ne faire aucune attention au fort Mentschikoff dont nous allons bientôt parler, il pourrait mouiller à la tête du môle et mettre ces canons hors de combat par un feu d'enfilade dirigé de son gaillard d'arrière. La première moitié de cette batterie, ajoutons-le, coopérerait avec les forts ci-dessus indiqués pour empêcher les bâtiments d'entrer dans la petite rade; l'autre moitié protégerait le rivage et le dos du fort Pierre de l'attaque des embarcations.

Mais supposons qu'un vaisseau de ligne à hélice s'est avancé jusqu'à l'entrée de l'étroit canal entre Cronslott et la tête du môle; car il est impossible de supposer que plus d'un bâtiment à la fois puisse essayer, au milieu de la fumée et de la confusion d'une bataille, de passer par une ouverture de 227 mètres de large, où il y a toujours le danger de toucher S'il réussit, il arrive au bout de la grande rade devant le fort Mentschikoff.

Le fort Mentschikoff, construit en cubes de granit sur un bastion placé en saillie du port marchand, est armé de 44 pièces de 10 pouces et de 8 pouces sur quatre étages de casemates; le flanc tourné vers Cronstadt est percé de meurtrières pour la mousqueterie, cinq à chacun des trois étages inférieurs. Le derrière n'est pas susceptible de défense contre un coup de main, mais cela est de peu d'importance, puisque ce coup de main ne pourrait être fait avant la chute de Cronstadt elle-même. La ventilation est assurée par six ouvertures longitudinales en biais, dont le tirage avec un vent d'est chasserait la fumée des casemates. Que la bordée d'un vaisseau de ligne dirigée sur le fort Mentschikoff produirait sur sa façade unie un effet très-sensible, ce n'est pas douteux; mais ce vaisseau à hélice pourrait-il se placer de manière à faire agir sa batterie? Le danger pour lui serait d'être obligé de présenter l'avant au fort Mentschikoff, et de ne pouvoir lui répondre qu'avec ses canons de l'avant et son canon de 68 à pivot, de sorte que le mal qu'il pourrait faire avant d'être en position serait insignifiant.

L'opinion publique à Saint-Pétersbourg n'est pas sans inquiétude sur Cronstadt, car l'empereur a fait l'an dernier tracer une batterie de mortiers pour la défense du palais de Péterhof, qui cependant ne pourrait être attaqué que par un ennemi qui aurait pris Cronstadt. Plus récemment encore il a été élevé une batterie de canons à Kulugeff, une des îles à l'embouchure de la Néva. Du reste, l'activité de notre ennemi, soit à élever de nouvelles batteries, soit à abandonner et à faire sauter celles qui sont intenables, mérite d'être constatée.

Nous venons de décrire les batteries de nécessité, celles qui défenden les approches de la mer, comme celles de Cherbourg et de Portsmouth. Les autres ouvrages qui nous restent à décrire sont destinés à établir une canonnade de loin et sans nécessité pour les navires venant de Saint-Pétersbourg.

Nous avons déjà mentionné le môle qui enferme les trois bassins, du port du milieu et des batteries de guerre. En face de Cronslott, ce môle prend une nouvelle direction et court près d'un mille presque parallèlement au côté nord de l'île, séparant le port marchand et celui du milieu de la petite rade. Il a trois bastions à son extrémité, sur le premier desquels est le fort Mentschikoff. A l'extrémité du port du milieu est le port de guerre, de forme rectangulaire, et d'environ 820 mètres de long sur 320 de large; il y a deux bastions à l'extrémité et deux sur chaque flanc, et ceux sur le côté de la petite rade ont les angles saillants tronqués, et une ouverture est laissée pour le passage des bâtiments.

Le môle des deux premiers bassins, à l'exception de quelque 240 mètres au-dessous et près du fort Mentschikoff, est en bois, ainsi que la partie ouest du port de guerre. Dans des circonstances ordinaires, il est armé à un ou deux points de pièces de petit calibre. Au delà de l'extrémité du dernier bassin, les vaisseaux de ligne ne peuvent pas avancer, mais il y a assez d'eau pour des frégates à vapeur. Au dos et au-dessus de la digue artificielle qui court le long de l'extrémité de l'île, il n'y a que les bateaux de petit tirant d'eau qui peuvent approcher. La digue rencontre un haut mur de briques d'environ 180 mètres de long, et dans laquelle est une porte d'entrée conduisant à un embarcadère en bois, où débarquent les passagers amenés à terre par les petits bateaux à vapeur qui font le va-et-vient entre Cronstadt et le continent, pour entrer dans la ville.

On arrive à cette porte par un pont-levis, et en dedans est un corps de garde de construction régulière, avec les accessoires de défense ordinaires. Il est flanqué de 16 canons, dirigés de Saint-Pétersbourg, par des embrasures taillées dans le mur, à l'Haxo. Puis vient un mur orbe, une baraque avec des meurtrières et le grand hôpital de Cronstadt, après lequel vient une batterie en plate-forme à la pointe nord-est de l'île. A côté est une double ligne d'ouvrages consistant en remparts et *fausse haie* et s'élevant immédiatement du bord de l'eau; elle court de la plate-forme à l'extrémité nord-ouest de Cronstadt; là, elle se tourne et court le long des fortifications déjà indiquées comme joignant le môle : ces ouvrages consistent en un rempart régulier, traversant la largeur de l'île, en avant duquel est un fossé, un canal et un chemin couvert. La courtine intérieure a une longueur de parapet d'environ 2,730 mètres.

Outre ces fortifications, il y a un certain nombre de petites redoutes et batteries sur le côté sud de l'île, commandant les eaux peu profondes entre le fort Pierre, le fort Alexandre et le fort Constantin (50 canons, 2 étages et le rivage) ; ils sont peu importants, et il suffit d'avoir un plan sous les yeux pour s'en rendre compte.

Il n'y a pas de cales à Cronstadt ; les bâtiments de la marine impériale sont construits à Saint-Pétersbourg et à Archangel. La factorerie à vapeur (une copie de celle de Woolwich) n'est pas encore complétée, et même, s'il n'était pas question de la guerre, il faudrait encore deux ou trois ans.

Les forteresses que possède la Russie dans la Baltique, sans être reliées par un système continu de défenses, comme cela se voit dans la Pologne et dans le Caucase, présentent, sur certains points, un aspect vraiment formidable. A l'angle formé par les golfes de Bothnie et de Finlande, du côté de Hango, on trouve le fort Gustavsberg, à deux étages, la batterie Gustave-Adolphe et le fort Skarsholm. Plus près de Saint-Pétersbourg, sur la côte nord du golfe de Finlande, s'élève la forteresse de Sweaborg sur des rochers de granit, le port militaire le plus fort de l'empire. Il est entouré de sept forts taillés dans le roc de sept petites îles, et réunis par des digues fortifiées. Sweaborg est relié, par une digue longue d'un kilomètre, à Helsingfors, la capitale de la Finlande, actuellement fortifiée. Ces deux ports, formant un seul tout, sont la station d'une division de la flotte de la Baltique, et de plus de la moitié des 400 chaloupes canonnières que la Russie y possède, et qui lui rendent de grands services dans ces eaux peu profondes. Ce port militaire est protégé par deux citadelles. Sweaborg est plus fort, et Cronstadt est plus vaste. A Sweaborg, on a amoncelé les munitions de guerre. Mentionnons encore Lowisa, derrière Helsingfors, Rotschen-Salm, Friedrichsham et Wiborg, à la fois places fortes et ports militaires. Enfin, sur la pointe orientale de l'île de Kosline, se trouve Cronstadt que nous venons de décrire. Schlusselbourg forme la route au nord. Par le sud-ouest, une armée peut s'avancer de la Düna contre Saint-Pétersbourg, qui n'est couvert de ce côté que par les petites forteresses de Narva et de Jamborg. Revel, Port-Baltique, Riga, sont défendus par des ouvrages plus ou moins importants. Dans ce moment, les Russes, dit le *Czas*, à qui nous empruntons, en les résumant, ces détails, ont établi sur les côtes de la Baltique plusieurs camps fortifiés où ils ont concentré des corps de troupes considérables.

On a fait beaucoup de bruit, il y a dix-huit mois environ, de machines infernales sous-marines, d'une merveilleuse puissance, et qui, semées à profusion au fond des eaux, dans un certain rayon de défense de Cronstadt et de Sweaborg, devaient être d'un secours efficace contre les flottes alliées, dont elles devaient déjouer les tentatives en entr'ouvrant les flancs des bâtiments par leurs soudaines et énergiques explosions. On connaît aujourd'hui la vérité, toute la vérité sur cette invention, qu'on s'accorde à attribuer au célèbre Jacobi, de Saint-Pétersbourg, et que, pour cette raison, les marins des deux escadres ont appelée *Jacobi, Jacobines* ou *Jacobites*. Les amiraux Dundas et Seymour faisaient à bord du *Merlin*, comme nous l'avons dit tout à l'heure, une reconnaissance des approches de Cronstadt, lorsque tout à coup une explosion se fit entendre sous l'avant et fut presque immédiatement suivie d'une explosion beaucoup plus forte sous l'arrière.

Lorsqu'on eut regagné le mouillage, on put reconnaître que quelques feuilles de cuivre du doublage seulement avaient été détachées et légèrement offensées. Somme toute, le mal était heureusement fort mince : beaucoup de bruit, peu de dommage ; il pouvait en être bien autrement A quelques jours de là, un autre vapeur anglais éprouva le choc d'une explosion semblable; et cette fois encore l'unique résultat fut de briser deux ou trois pales de ses roues. Tel était, en définitive, l'effet de ces fameuses machines infernales; mais personne ne les avait trouvées. Elles existaient cependant réellement!... Et tout aussitôt officiers et marins des deux escadres, piqués d'une curiosité ardente, se mirent à la recherche, ou plutôt à la pêche, de ces terribles *Jacobis*. Au bout de trois jours cette pêche avait rapporté, dans un rayon très-circonscrit autour des lignes de mouillage, et pour ainsi dire *sur place*, une cinquantaine de *Jacobis*. Les premières machines trouvées furent avidement observées sous toutes leurs faces, fouillées dans tous leurs coins et recoins.

L'amiral Seymour était en train d'en examiner une; il frappa sans faire attention un petit morceau de fer qui faisait saillie sur le côté de la machine, en disant : « Voici probablement par quel moyen elles font explosion. » Au même instant la machine sauta, et tout le monde sur le pont fut dispersé. L'amiral fut si gravement atteint aux yeux qu'on pensa pendant quelque temps qu'il les perdrait tous les deux. Heureusement, il put être guéri au bout de quelques jours. Le lieutenant Lewis fut gravement atteint au genou et a eu les bras et les mains brûlés. C'est un miracle que tout l'équipage ait échappé. Plusieurs marins reçurent également des blessures plus ou moins graves; mais on apprit aux matelots pêcheurs de *Jacobis* à ne pas les saisir dans l'eau par leur partie *sensible*, et à les désarmer avec la plus grande sécurité. Pour se faire une idée de cette machine, qu'on se figure une sorte de gros pain de sucre ou de cône ayant 50 ou 60 centimètres de hauteur sur 45 centimètres environ de diamètre à la base, formé d'une forte feuille de tôle galvanisée et divisé intérieurement en deux principaux compartiments par une cloison parallèle à la base. Le compartiment situé près du sommet du cône est rempli de poudre; l'autre compartiment est vide, et traversé, suivant l'axe du cône, par un tube de fer-blanc, dans lequel se loge un mécanisme à fusée destiné à produire le feu et à le transmettre à la charge de poudre aussitôt que le choc ou la simple rencontre d'un corps étranger vient produire une légère pression sur une tige très-sensible maintenue contre la surface extérieure de la base du cône. Si l'on attache une corde à un piston fixé au sommet du cône, que l'on arrête l'autre extrémité de la corde à une pierre ou à un corps suffisamment pesant, reposant sur le fond de l'eau; et si la corde a moins de longueur que l'eau n'est profonde en ce point, le cône flottera entre deux eaux, la pointe en bas, la tige sensible en dessus. Et si la longueur de la corde est telle que le cône flotte à une profondeur au-dessous du niveau de la mer, le plus faible tirant d'eau des bâtiments de guerre qui tenteraient de forcer les approches, le moindre choc de leur carène contre cette sorte de *bouée* infernale, déplacera la tige sensible; le mécanisme du compartiment supérieur du cône jouera tout aussitôt, et une étincelle de feu produite instantanément déterminera l'explosion de la charge de poudre. Quant au mécanisme lui-même, quelques mots suffiront pour en donner une idée. La *tige sensible* maintenue sur la surface extérieure de la base du cône, dans le sens du rayon, et qu'un très-léger ressort tend sans cesse à écarter du centre, est repoussée vers ce centre par la pression de tout corps quelque peu résistant qui vient heurter la machine flottante. Elle choque alors l'extrémité libre d'une autre tige, établie suivant l'axe même du cône, et seulement maintenue par son extrémité inférieure, encastrée dans une petite boîte que porte la cloison séparatrice des deux compartiments du cône. La partie de cette tige qui pénètre dans la boîte est terminée par un petit tube de verre rempli d'acide sulfurique. Le choc imprimé à la tige a pour effet de briser ce tube fragile : l'acide se répand sur du coton imprégné d'une matière chimique qui s'enflamme immédiatement; le feu se communique à une petite quantité de poudre qui remplit le reste de la boîte, et dont l'explosion chassant vers le but avec force une rondelle de fer-blanc maintenue par une légère soudure, produit l'inflammation de la charge détonante, enfermée dans le compartiment inférieur du cône.

Nous achèverons de résumer tout ce qui concerne les opérations maritimes accomplies jusqu'à ce jour en rapportant un événement qui a été présenté sous un point de vue différent par les Anglais et par les Russes. D'après les premiers, le *Cossack*, vaisseau anglais, avait pris et détruit en vue de Hango, sur les côtes de Finlande, plusieurs bâtiments de cabotage russes et avait emmené comme prisonniers trois hommes : le capitaine de l'un des navires, son fils et un autre marin finlandais. Ne voulant pas exercer sur le commerce du pays des rigueurs inutiles tant que les communications et les approvisionnements entre le golfe de Finlande et Saint-Pétersbourg étaient interceptés, l'amiral Dundas ordonna que le *Cossack* retournât à Hango et qu'il rendît à la liberté les personnes qui avaient été prises ainsi que quatre autres prisonniers qui avaient demandé à être mis à terre au même endroit. En conséquence, le *Cossack* se dirigea vers Hango et, mouillant à une petite distance, y envoya son canot, sous le commandement du lieutenant Gineste, avec les sept prisonniers russes et un équipage ordinaire de bateau. Une demi-heure au moins avant qu'on ne fût parvenu à la jetée un drapeau parlementaire se déploya. On ne vit, au reste, qu'un seul homme qui prit la fuite. Les officiers et les prisonniers débarquèrent, le bagage de ces derniers fut déposé sur la jetée et les hommes restèrent dans le bateau. En ce moment s'avança un corps de soldats russes paraissant se composer de 400 à 500 hommes, armés de carabines, de sabres et de baïonnettes. L'officier fit aussitôt flotter son pavillon parlementaire et expliqua pourquoi lui et ses hommes étaient venus à terre. Le capitaine finlandais prisonnier prit le pavillon des mains du lieutenant et donna les mêmes explications en anglais et en finlandais. Non-seulement l'officier qui commandait les Russes comprenait cette dernière langue, mais encore il la parlait. « Que nous importe votre pavillon, s'écria-t-il, nous allons vous montrer comment les Russes combattent et se vengent ! » Là-dessus quelques centaines de soldats russes font feu sur l'officier et les prisonniers finlandais qui se trouvaient sur la jetée et les tuent tous. Puis ils tirent sur le bateau jusqu'à ce que chaque homme tombe. Ils se précipitent ensuite dans le canot, jettent par-dessus le bord quelques cadavres, en tirent un blessé, Henry Gliddon, et l'achèvent sur le quai à coups de baïonnette. Enfin ils se retirent, laissant cinq hommes pour morts dans le canot. Comme l'embarcation ne revenait pas au vaisseau, on envoya dans la journée le *Gig* ou cabriolet qui ne put s'apercevoir que de loin que le bateau était amarré à la jetée et qu'il s'y trouvait quelques cadavres. Un matelot, homme de couleur, nommé John Brown, blessé de deux balles, l'une au bras, l'autre à l'épaule, s'était couché au fond du canot et avait feint d'être mort. On l'avait traîné d'un bout à l'autre du canot, mais on ne l'avait pas jeté à la mer. Ce fut le seul survivant. Dans la nuit il s'efforça de couper les attaches du bateau et de le pousser hors de la jetée. Le *Cossack*, qui était resté pour connaître le sort de l'équipage et pour réclamer les hommes qu'il supposait avoir été faits prisonniers, recueillit John Brown et apprit de lui les détails qui viennent d'être racontés. Presque tous les officiers et marins anglais assassinés dans cette circonstance étaient des jeunes gens de vingt à trente ans.

Il convient de dire que d'après les rapports circonstanciés des officiers de marine russes, cet événement n'aurait été qu'un combat livré selon les lois ordinaires de la guerre. On sut plus tard qu'il n'était pas vrai que tout l'équipage du bateau eût été massacré et qu'au contraire la plus grande partie des hommes avaient été faits prisonniers.

Revenons maintenant aux opérations de l'armée de terre.

Depuis l'enlèvement de leurs embuscades retranchées en avant de la muraille crénelée, les Russes s'étaient mis à en établir de nouvelles parallèlement aux premières, à peine à la distance de 18 à 20 mètres, avec une rapidité surprenante; ils avaient réussi à construire un fort retranchement relié avec les ouvrages et les batteries avancées entre le bastion Central et la Quarantaine. Ils y avaient formé une vaste place d'armes d'où il leur était facile de pénétrer ou du moins de tenter de pénétrer dans les lignes alliées. Il était nécessaire de les déloger de ces ouvrages et de les détruire, s'il était impossible de les utiliser en s'y établissant. En conséquence, dans la soirée du mardi 22 mai, 12,000 hommes environ furent réunis. Ces troupes appartenaient aux 1er et 2e de la légion étrangère, aux régiments de voltigeurs de la garde et aux 14e, 18e, 28e. 46e et 80e de ligne, plus deux bataillons de chasseurs à pied. Le général de Salles avait la haute direction de cette importante attaque. Il était secondé par le général de division Paté; à neuf heures un quart, l'ordre d'attaque fut donné. Les 28e et 80e de ligne, et le 1er de la légion étrangère, avec les compagnies d'élite du second, s'élancèrent au pas de course par-dessus les parapets et se jetèrent d'un bond dans les retranchements russes. En un instant, à la droite, au centre et à la gauche, l'ennemi fut culbuté, chassé de ses ouvrages; mais il se rallia promptement et revint à la charge avec tant d'énergie, qu'à son tour il obligea les Français à abandonner les redoutes et à regagner leurs parallèles. Les voltigeurs de la garde accoururent alors au secours des bataillons engagés, et tous, redoublant d'ardeur, se précipitèrent en avant, pénétrèrent dans les retranchements, et s'en rendirent maîtres après une rude mêlée, une lutte acharnée corps à corps. Refoulés pour la seconde fois, les Russes se replièrent sur leurs réserves, et revinrent immédiatement à la charge si résolument, si vigoureusement que, malgré leur solidité, les troupes françaises durent regagner les tranchées. Là, elles se reformèrent sous une grêle de mitraille et de projectiles creux, malgré l'encombrement des hommes qui remplissaient l'étroit espace des tranchées et la confusion provenant du mélange des régiments pendant l'obscurité. D'un autre côté, le manque de connaissance des localités, et l'ardeur même des soldats occasionnèrent un désordre qui empêcha d'agir avec toute la promptitude et l'entente désirables, et, conséquemment, exposa des masses agglomérées au feu meurtrier de l'ennemi. Cependant, officiers et soldats, avec cette intelligence et cette intrépidité qui caractérisent le militaire français, s'élancèrent d'eux-mêmes une troisième fois contre les retranchements russes. Ce n'était plus seulement de l'élan, c'était de la fureur, de la rage. Ni mitraille, ni fusillade ne purent les arrêter un seul instant; ils sautèrent dans les redoutes : une mêlée épouvantable s'en suivit, et, malgré la ténacité extraordinaire de l'ennemi, les retranchements furent décidément enlevés. Tous les Russes qui ne furent pas tués en furent rejetés. Aussitôt on se mit à l'œuvre pour bouleverser le retranchement gabionné, et se faire du côté de la place un abri contre la mitraille. Mais la position des ouvrages conquis était trop rapprochée et trop dominée pour qu'on pût s'y maintenir. Ils étaient enfilés à droite et à gauche, sur toute leur étendue, par les batteries des bastions Central et de la Quarantaine. Il fallut donc battre en retraite à la hâte. Ce résultat incomplet coûta beaucoup de monde à l'armée française. Le chiffre total des hommes mis hors de combat s'éleva à environ 1,400, dont environ 600 morts. Les voltigeurs de la garde, qui débutaient glorieusement en Crimée, eurent à eux seuls, tant tués que blessés, près de 700 hommes, sur trois bataillons seulement engagés. Les trois chefs de bataillon furent blessés, deux d'entre eux subirent l'amputation; l'un de ces derniers succomba. La légion étrangère eut 400 hommes hors de combat. Les 28e et 80e de ligne eurent beaucoup à souffrir; le dernier eut à lui seul six officiers tués ou amputés. La perte des Russes fut énorme. La nuit suivante, il fallait achever ce qui avait été commencé avec tant de vigueur. Le général de division Levaillant fut chargé d'accomplir cette tâche avec dix bataillons dont deux de voltigeurs de la garde comme réserve. Quatre de ces bataillons, aux ordres du général Couston, étaient chargés de couvrir la conquête de la veille à l'extrême gauche. Les six autres, commandés par le général Duval, devaient, sur la droite, reprendre la gabionnade parallèle au grand mur du Cimetière, battre l'ennemi et permettre au génie d'assurer l'établissement définitif des troupes françaises. L'action s'engagea à la même heure que la veille. L'élan de ces braves bataillons, appartenant au 46e, au 98e, au 14e, au 80e, fut irrésistible. Les embuscades furent tournées et enlevées; l'ennemi, partout enfoncé, se retira en entretenant une fusillade, qui s'apaisa cependant peu à peu et qui finit par s'éteindre. Le génie put aussitôt commencer les travaux et les pousser, malgré la mitraille et les projectiles de toute nature lancés par la place. Le colonel Guérin et le commandant Durand de Villers conduisirent les travaux avec autant d'intelligence que de vigueur. « Notre succès, dit dans son rapport le général Pélissier, a été complet. L'ouvrage considérable sur lequel l'ennemi comptait pour arrêter nos attaques est entre nos mains; ses gabions nous couvrent, ses embuscades sont dirigées contre lui. Celles qui n'ont pu entrer dans notre système ont été rasées. Ces actions de vigueur n'ont pas été accomplies sans pertes sensibles, et nous avons payé notre victoire d'un sang généreux. J'attends sur ce point le rapport du général de Salles. Hier, à la demande itérative du général Osten-Sacken, le drapeau parlementaire a été arboré et un armistice a été conclu pour enterrer les morts. Nous avons remis plus de 1,200 cadavres entre les mains de l'ennemi. Ce champ de carnage rappelait à notre souvenir nos vieilles luttes contre les Russes, et, comme à ces époques mémorables, l'honneur des armes dans ces combats à la baïonnette est resté tout entier à notre infanterie. D'après le nombre des morts remis à l'ennemi et les résultats connus des affaires dernières, nous sommes assurés que les pertes des Russes sont au moins le quadruple des nôtres; elles donnent à ces engagements les proportions d'une bataille. »

Cette affaire terminée, un grand mouvement eut lieu sur la Tchernaïa. Une heure avant le jour, deux divisions du second corps, les 1re et 5e, sous les ordres du général Canrobert, descendirent silencieusement dans la vallée, en même temps que la cavalerie commandée par le général Morris. Elles se massèrent en avant des redoutes de Balaclava. Peu d'instants après arriva le général Pélissier; il lança immédiatement les zouaves et les chasseurs à pied déployés en tirailleurs, pour marcher sur la Tchernaïa et la traverser vers le point où elle se bifurque en sortant de la gorge des montagnes Vornoutca. En même temps il dirigeait une colonne pour tourner l'ennemi par la droite. En arrière, les Piémontais et une division anglaise arrivaient de Balaclava avec toute la cavalerie et l'artillerie. Omar Pacha, à la tête de plus de vingt mille hommes, les suivait de près : il se massa en première réserve et envoya une forte colonne en avant du village de Camara, pour appuyer la droite française. Enfin, sur le plateau que traverse la route de Kamiesch à Balaclava près Karanie, venait comme seconde réserve la garde composée des zouaves, des grenadiers, de l'artillerie et du bataillon de chasseurs à pied. Le mouvement commencé, les troupes se portèrent vivement en avant; à trois heures, les zouaves et les chasseurs à pied, auxquels s'étaient joints plusieurs bataillons piémontais, surprirent les avant-postes russes et entrèrent dans la Tchernaïa, où ils enfonçaient jusqu'au-dessus du genou dans la vase. Si le jour eût permis aux Russes de les apercevoir, les tirailleurs, à demi-embourbés, auraient été exposés d'autant plus qu'il y avait en face une batterie assez forte. Heureusement elle n'ouvrit son feu que lorsque les intrépides soldats eurent gagné la rive opposée. Enlever la batterie et tuer les artilleurs fut l'affaire d'un instant. L'ennemi se hâta de battre en retraite, enlevant tout ce qu'il pouvait de son artillerie. La colonne lancée par la droite débouchait sur la rivière au même moment et la traversait. Bientôt les collines furent couvertes de tirailleurs, poursuivant vivement l'ennemi, qui ne cessait de se replier vers ses formidables positions, sans même s'arrêter pour profiter des accidents du terrain. Dans leur ardeur, les soldats français s'avancèrent jusqu'à petite distance des grandes batteries russes. Ni les obus ni les boulets n'arrêtaient leur fougue. En vain la fameuse batterie de Gringalet balayait les sentiers et les chemins sur les collines; dans la vallée, les tirailleurs marchaient toujours, fouillant tous les ravins, jusqu'à ce que vers neuf heures on sonna la retraite. Les troupes, dans le plus grand ordre, revinrent sur leurs pas vers la Tchernaïa, tout en conservant des positions sur la rive droite. Un officier de dragons, qui a pris part aux combats dont les bords de la Tchernaïa ont été le théâtre, donne dans une lettre de curieux détails sur ces engagements. Douze escadrons de cavalerie, sans compter l'infanterie, avaient pénétré ce jour-là dans la vallée de Baïdar, éblouissante de verdure. Les Tartares se montraient bienveillants; les femmes se cachaient bien un peu, mais pas assez pour ne pas laisser entrevoir de temps en temps un bel œil noir et une jolie tête. Un escadron du 6e dragons reçut un soir l'ordre d'aller enlever une embuscade protégée par la batterie russe dite Gringalet. Les dragons, sans casques pour être moins vus, partent en trois pelotons vers minuit. Au lieu d'une embuscade, on en trouve plusieurs; l'infanterie russe, formée subitement en carré en avant de ses ouvrages, accueillit le premier peloton par une décharge de mousqueterie à bout portant. Les dragons s'élancent par une charge à fond et leur passent littéralement sur le ventre. Les Russes se forment, font feu une seconde fois; mais les cavaliers, revenus sur leurs pas, évitent dans leur demi-tour cette nouvelle décharge maladroitement dirigée, les écrasent de nouveau, et alors ce fut un combat à l'arme blanche; la baïonnette frappe au poitrail les chevaux, mais les dragons font feu de leur pistolet à brûle-pourpoint, et à coup de latte achèvent le reste. Il n'en resta pas un seul. Ce combat, vraiment fantastique, engagé au milieu de l'obscurité dont les ténèbres n'étaient dissipées que par les lueurs du canon et de la fusillade, fait le plus grand honneur à la cavalerie de France, qui donnait pour l première fois sérieusement. Il y eut, sur 80 combattants, car trois pelotons seuls en vinrent aux mains, une vingtaine de chevaux blessés, trois tués sur le coup, un homme tué et 11 plus ou moins atteints. La première charge avait été menée avec une telle impétuosité, que les chevaux s'emportant avaient dépassé les embuscades qu'on avait enlevées.

Le siége continua sans incident remarquable jusqu'au 7 juin, jour où s'effectua une sanglante et mémorable affaire dont le *Journal de Constantinople* donne, d'après sa correspondance, la relation suivante :

« La véritable résistance des Russes avait porté jusqu'à ce jour sur leurs ouvrages avancés, qui nous tenaient constamment en échec ; la distance énorme à laquelle nous avions dû établir notre première parallèle, en procédant au siége de Sébastopol, leur avait permis de fortifier les positions qui sont en quelque sorte la clef de la ville. J'entends parler des hauteurs qui dominent le fond du port et que couronne la tour Malakoff. Ils étaient d'autant plus forts derrière ces retranchements improvisés, qu'ils les avaient construits en terrassements et sur tous les points dont il ne nous était permis, sans témérité, d'approcher qu'avec d'extrêmes ménagements. La véritable question de vie ou de mort pour la garnison de Sébastopol était de défendre l'approche des murs d'enceinte et nous empêcher de dominer la ville par le feu de nos batteries. Sans les retranchements élevés en avant de la tour Malakoff, le point stratégique le plus important à conquérir sur la rive gauche de la Tchernaïa, l'accès de la ville eût été trop facile. Le génie ennemi avait donc admirablement compris la situation en élevant les batteries du Mamelon-Vert, où il avait établi un couronnement formidable et devenu fameux par les obstacles que son feu apportait à nos entreprises. Les batteries intermédiaires du Mamelon-Vert, en défendant la hauteur qui commande le fond de la baie, présentaient sur toute la ligne un front d'attaque en quelque sorte inexpugnable. Le bombardement, qui s'était considérablement ralenti, a repris le 6, et destiné à faire diversion pendant nos attaques en occupant les Russes dans leurs batteries, il a été poussé avec vigueur pendant tout le temps qui a suivi. Les journées des 3, 4 et 5 avaient été trop calmes pour ne pas présager un très-prochain orage. En effet, le 5 au soir, le serdar Ekrem Omer-Pacha se présente dans notre camp avec une simple escorte, et un dernier conseil a lieu entre les chefs des armées alliées, et se prolonge fort avant dans la soirée. Le lendemain, à trois heures trente minutes, au moment où on s'y attendait le moins, le feu recommence sur toute la ligne avec une rapidité et une violence à désespérer les plus forts et les mieux retranchés. Toute l'extrême droite est en feu, et nos projectiles s'abattent autour du Mamelon-Vert et de la tour Malakoff. Tout l'aile gauche, depuis la Quarantaine jusqu'au bastion du Sud, reste silencieuse. Les Russes, qui croyaient sans doute être attaqués de ce côté, pris à l'improviste, laissent passer plusieurs minutes sans nous répondre. Mais enfin leurs embrasures s'enflamment et leurs batteries nous répondent avec énergie. Le feu cesse en ce moment pendant une demi-heure, puis il reprend avec une nouvelle énergie et se prolonge toute la nuit et toute la journée du lendemain presque sans interruption. Le 7, à midi, une bombe fait sauter un caisson d'une batterie anglaise; mais nos alliés prennent, le lendemain dans la nuit, une éclatante revanche de ce léger dommage. Le fort Constantin, qui a cinq embrasures donnant sur la ville, se mêle lui-même à la partie, et tire quelques coups de canon sur la batterie Génoise; ses boulets labourent la terre, dépassent le but et vont tomber au-delà de la batterie menacée. Cependant le général Pélissier et lord Raglan se sont portés, dans l'après-midi du 6, à la batterie Victoria, qui s'élève sur les hauteurs d'Inkermann. De là, ils dominent toutes les opérations du bombardement qu'ils dirigent en personne. C'est de ce point élevé qu'ils vont commander l'attaque projetée dans le conseil de guerre et dont les derniers préparatifs s'achèvent.

« En effet, on s'aperçoit que les batteries de la tour Malakoff, du Mamelon Vert et les batteries Blanches ont assez souffert pour que l'on puisse songer à les attaquer avec succès.

« Une heure avant le coucher du soleil, trois colonnes s'ébranlent en bon ordre et se portent en avant. La gauche est formée de la 2e division anglaise et de la 1re brigade de la 1re division; la droite se compose des 2e et 3e divisions, avec un bataillon des grenadiers de la garde, un bataillon de gendarmerie de la garde, les 2e et 3e zouaves, un bataillon de chasseurs de Vincennes, le 50e, le 95e et le 97e de ligne et un bataillon de tirailleurs indigènes, sous les ordres du général Camou. La réserve, formant la troisième colonne, compte une division anglaise, une brigade française, et un bataillon ottoman. Pendant que ces troupes se mettent en marche, Omer-Pacha quitte Kamara et se tient prêt à les soutenir avec 10,000 hommes en cas de besoin. Nos braves soldats s'élancent à l'attaque avec leur intrépidité accoutumée; mais ils ont affaire à forte partie. Le mamelon Vert et les ouvrages Blancs qu'ils ont mission de conquérir sont défendus par 27 bataillons russes et protégés par les batteries du Redan. Aussi pendant que les Français luttent avec héroïsme pour s'emparer de ces positions, le 88e anglais attaque les premières batteries du Redan, dites des Carrières, et s'en empare en moins de vingt minutes. La lutte se poursuit avec acharnement et avec des chances diverses jusqu'à dix heures et demie du soir. Le mamelon Vert et les ouvrages qui l'entourent, sont quatre fois conquis par nos braves soldats; mais chaque fois qu'ils y pénètrent ils sont foudroyés par les bordées du Redan, qui les repoussent et les forcent à battre en retraite. En ce moment deux bataillons d'élite anglais sont lancés en avant et vont de nouveau attaquer ce redan dont le feu nous est si funeste. Ils s'y précipitent en désespérés; mais trop peu nombreux pour s'y maintenir, ils doivent céder à des forces de beaucoup supérieures. Cependant ils ne veulent pas se retirer avant d'avoir rempli leur mission, et ils enclouent toutes les pièces de ces batteries qui se trouvent ainsi réduites à l'impuissance. Aussi vers dix heures et demie du soir, les Français qui s' [illegible] pas à redouter l'artillerie si meurtrière du Redan, et électrisés par quelques chaleureuses paroles du général Bosquet qui marche à leur tête, montent à l'assaut avec un élan irrésistible. Les Russes sont culbutés, forcés de fuir et poursuivis la baïonnette aux reins. Une soixantaine de grenadiers, dit-on, mettent tant d'ardeur à cette poursuite que deux cents Russes, ne sachant comment se dérober à leurs coups, vont se précipiter dans l'eau du petit Karabelnaïa. Emportés par cette ardeur, nos soldats, qui n'ont eu dans la prise du mamelon Vert que 13 hommes tués et 71 blessés, se portent jusqu'à la contrescarpe de la tour de Malakoff, où le feu de l'ennemi leur cause de nombreuses pertes. En effet, le lendemain, lorsqu'on enlève les morts, on trouve des cadavres français gisant à quatre ou cinq mètres de la tour. Nous devons le dire, l'ennemi a lutté avec courage; plusieurs fois il a tenté des efforts désespérés pour reprendre ses positions; mais ses efforts se sont brisés contre nos baïonnettes, et les Russes n'ont pu s'avancer à plus de 12 mètres de leurs travaux. Enfin, après toutes les péripéties de cette lutte sanglante, l'une des plus fortes de ce siége, le mamelon Vert, les ouvrages Blancs et les Carrières tombent définitivement en notre pouvoir, et nos troupes s'y établissent. Mais ce succès si glorieux nous a coûté cher. Nous comptons entre tués et blessés, du côté des Français, plus de deux mille hommes, dont deux colonels, MM. de Brancion et Hardy, qui sont tombés glorieusement à la tête de leurs régiments. L'artillerie, le 2e zouaves et le 50e ont été particulièrement éprouvés. Pour les Anglais, ce sont le 88e et le 62e qui se sont le plus exposés et qui ont le plus souffert. D'après un relevé officiel, le premier a perdu quatre officiers et le second trois, plus trois autres officiers appartenant à divers détachements. Vingt-huit autres officiers ont été blessés plus ou moins grièvement. Cinq cent soixante-deux soldats ont été mis hors de combat, dont un tiers environ tué. Le bataillon ottoman de réserve a eu quatre hommes blessés.

« Quant aux Russes, on évalue leurs pertes à cinq ou six mille hommes. De plus nous leur avons pris soixante-deux pièces d'artillerie, dont neuf, qui n'ont pas été enclouées, ont été immédiatement tournées contre eux, ainsi que six mortiers à la Cohorn. Nous leur avons fait aussi plus de 400 prisonniers qui ont été immédiatement conduits au quartier général. Dans le nombre se trouvaient 13 officiers et un colonel, qui a, dit-on, fait ses études à Paris avec l'un des colonels de notre armée, et qui s'adressait ainsi à lui en entrant au camp : « Avec vos pantalons bleus et vos capotes noires (les gendarmes) et vos pantalons rouges larges (les zouaves), vous prendrez Sébastopol, quoiqu'il vous en coûtera. Vos soldats ne sont pas des hommes, ce sont des lions ! » Le mamelon Vert est situé à 1770 mètres de la place et à 550 mètres environ de la tour Malakoff, qui ne pourra être attaquée que lorsque nous aurons comblé cet espace par de nombreux zigzags. C'est l'affaire de quelques jours; lorsque ces travaux préparatoires seront terminés, alors nous nous prendrons corps à corps avec cette tour, qui est défendue par deux cents bouches à feu. Toutes les positions conquises ont été mises en excellent état de défense, armées de batteries, et confiées à Omer-Pacha et à ses troupes qui ont sollicité l'honneur de les défendre. Le 8, il y a eu un armistice pour l'enlèvement des cadavres. J'assistais à cette triste cérémonie, et je dois dire que tout s'est passé très-froidement de part et d'autre et sans ces gracieuses politesses que l'on échangeait dans les précédentes entrevues. Dans la nuit du 8 au 9, les Russes ont commencé à évacuer leurs travaux à l'extrême droite. Toutes les communications sont rompues avec le côté nord. Nos batteries commandent maintenant la baie dans toute sa profondeur. Aussi les Russes ne peuvent-ils se hasarder que dans les nuits obscures à transporter des troupes d'une rive à l'autre. Leur flotte a été se mettre à couvert sous les murailles de la forteresse qui s'élève tout près de la seconde estacade. Dès les premiers éclats du bombardement, ils avaient fait immédiatement évacuer les femmes, les enfants et les prisonniers logés dans la ville sur l'autre côté où ils campent actuellement près d'un village, au-delà de la citadelle Sévernaya. Toute la nuit du 8, le feu a été excessivement vif; même du côté de la Quarantaine il s'est soutenu toute la journée et toute la nuit suivante, mais peut être avec moins de vivacité que pendant le jour. A l'heure où je vous écris il continue toujours. Les batteries font un bruit d'enfer; les bombes, les boulets, les obus, les fusées à la Congrève se croisent sur la ville et épouvantent les airs de leurs sifflements. Dans la matinée de ce jour, le général Pecqueult de Lavarande, ancien colonel du 1er zouave, a eu la tête emportée par un boulet. C'est là une grande perte pour l'armée française. Hier, le vent du nord a soufflé depuis le matin avec une telle violence que tout l'horizon était couvert de poussière comme d'un voile épais, et cependant le feu ne s'est pas ralenti un instant. Ces jours derniers, les Russes s'étaient permis de planter au bout de leurs baïonnettes les bonnets des braves voltigeurs de la garde tombés si glorieusement dans la nuit du 22 au 23; mais à l'insulte grossière ils joignaient la lâcheté, car ils n'osaient montrer leur tête au-dessus des parapets. Ils ont payé cher cette outrageante manifestation. »

Le 18 juin eut lieu une affaire très-meurtrière pour l'armée française. Tous les détails en sont contenus dans le rapport du général Pélissier, que nous reproduisons :

« Depuis la conquête des ouvrages extérieurs, le 7 juin, dit le général, j'avais tout rapidement disposé pour en faire la base de notre attaque contre l'enceinte même de Karabelnaïa. Nous les avions armés d'une puissante artillerie; les communications et les places d'armes russes avaient été transformées à notre usage; le terrain et les dispositions de combat étudiés en détail, les armées alliées s'étaient partagé leur tâche. Les Anglais devaient forcer le grand Redan, et nous devions emporter Malakoff, le redan du Carénage et les retranchements qui couvrent cette extrémité du faubourg. Il est surabondant, monsieur le maréchal, de faire ressortir aux yeux de Votre Excellence les conséquences qu'aurait eues la réussite d'une pareille opération. Depuis nos derniers succès, l'attitude de l'ennemi et l'enthousiasme de nos troupes promettaient la victoire. Il n'y avait pas à différer. D'accord avec lord Raglan, le 17, nous accablâmes d'un feu écrasant la place de Sébastopol, et surtout les ouvrages que nous avions résolu d'enlever. L'ennemi cessa de bonne heure de répondre de Malakoff et du grand Redan. Il est probable qu'il chercha à ménager ses batteries et à réserver ses feux, et qu'il ne subit pas, autant que nous étions en droit de le supposer, les effets de notre artillerie. Quoi qu'il en soit, la supériorité de notre canon nous confirma dans notre projet d'attaquer le 18 juin ; et, dans la nuit précédente, nous fîmes toutes les dispositions nécessaires pour prononcer notre mouvement général au point du jour. Trois divisions devaient prendre part au combat : les divisions Mayran et Brunet, du 2e corps ; la division d'Autemarre, du 1er. La division de la garde impériale formait la réserve. La division Mayran avait la droite des attaques et devait emporter les retranchements qui s'étendent de la batterie de la pointe au redan du Carénage. La division Brunet devait tourner Malakoff par la droite. La division d'Autemarre devait manœuvrer par la gauche pour enlever cet ouvrage important. La mission du général Mayran était difficile. Sa 1re brigade, commandée par le colonel Saurin, du 3e de zouaves, devait sortir du ravin du Carénage, au point où se trouve l'aqueduc, longer la berge gauche du ravin en se défilant autant que possible des feux des lignes ennemies, et tourner par la gorge la batterie de la pointe. La 2e brigade, aux ordres du général de Failly, devait faire effort sur la droite du redan du Carénage. Elle était pourvue de tous les moyens d'escalade. La réserve spéciale de cette division comptait deux bataillons du 1er régiment des voltigeurs de la garde. Toutes ces troupes étaient disposées de bonne heure à leur poste. La division Brunet avait une de ses brigades en avant et à droite de la redoute Brancion (mamelon Vert) ; l'autre, dans la parallèle en arrière et à droite de cette redoute. Une disposition analogue avait été prise pour la division d'Autemarre : la brigade Niol, en avant et à gauche de la redoute Brancion ; la brigade Breton, dans la parallèle en arrière. Deux batteries d'artillerie, pouvant se manœuvrer à la bricole, étaient placées en arrière de la redoute Brancion, pour être portées sur les positions de l'ennemi, si nous parvenions à nous en emparer. La division de la garde impériale, formant réserve générale des trois attaques, était massée en arrière de la redoute Victoria. J'avais choisi pour poste la batterie Lancastre, et c'est de là que je devais donner le signal par des fusées à étoiles pour le mouvement général. Malgré les grandes difficultés du terrain, malgré les obstacles accumulés par l'ennemi, et quoique les Russes, certainement instruits de nos projets, fussent sur leurs gardes et prêts à repousser l'assaut, il est permis de croire que, si l'attaque eût pu être générale et instantanée sur toute l'étendue de la ligne, s'il y avait eu de la simultanéité et de l'ensemble dans les efforts de nos braves troupes, le but eût été atteint. Malheureusement il n'en fut pas ainsi, et une fatalité inconcevable nous fit échouer.

« J'étais encore à plus de 1,000 mètres du point d'où je devais donner le signal, quand une mousqueterie ardente, entrecoupée de coups de mitraille m'avertit que l'affaire était violemment engagée vers la droite. En effet, un peu avant trois heures, le général Mayran avait cru voir mon feu de signal dans une bombe à trace fusante, lancée de la redoute Brancion. Vainement il fut averti de son erreur.

Ce brave et malheureux général donne l'ordre de commencer l'attaque

Les colonnes Saurin et de Failly s'élancèrent aussitôt : le premier élan fut magnifique ; mais à peine ces têtes de colonne furent-elles en marche, qu'une pluie de balles et de mitraille vint les assaillir. Cette mitraille accablante partait non seulement des ouvrages que nous voulions enlever, mais aussi des steamers ennemis, qui accoururent à toute vapeur et manœuvrèrent avec autant de bonheur que d'adresse. Nous dûmes cependant leur faire éprouver quelques avaries. Ce feu prodigieux arrêta l'effort de nos troupes. Il devint impossible à nos soldats de marcher en avant, mais pas un ne recula d'un pas ; c'est alors que le général Mayran, déjà atteint deux fois, fut abattu par un coup de mitraille et dut quitter le commandement de sa division. Tout cela avait été l'œuvre d'un moment, et le général Mayran était déjà emporté du champ de bataille, lorsque du terre-plein de la batterie Lancastre je donnai le signal. Les autres troupes s'engagent alors pour appuyer le mouvement prématuré de la division de droite. Cette vaillante division, un instant désunie par la perte de son général, se rallie promptement à la voix du général de Failly. Les troupes engagées, soutenues par le 2ᵉ bataillon du 95ᵉ de ligne et un des bataillons de voltigeurs de la garde, aux ordres du brave colonel Boudeville, tiennent ferme dans un pli de terrain où le général les établit et s'y maintiennent avec intrépidité. Cependant, informé de cette situation qui pouvait devenir critique, je donnai l'ordre au général Regnault de Saint-Jean-d'Angély d'envoyer quatre bataillons des voltigeurs de la garde, pris à la réserve générale, au secours de cette division. Les généraux Mellinet et Ulrich marchèrent avec cette belle troupe, rallièrent ce qui était épars dans le ravin du Carénage, et vinrent donner un solide appui au général de Failly, en occupant le fond du ravin. Le général Mellinet se porta de sa personne à la droite du général de Failly avec un bataillon de grenadiers préposé depuis la veille à la garde du ravin, et lui fut fort utile en assurant sa droite. L'attaque du centre n'avait pas eu un meilleur sort. Le général Brunet n'avait pu encore compléter toutes ses dispositions lorsque la gerbe de fusées qui devait servir de signal brilla dans les airs. Déjà, et depuis vingt à vingt-cinq minutes, toute la droite était prématurément engagée. Toutefois, ses troupes marchèrent avec résolution ; mais leur valeur vint échouer contre le feu nourri des Russes et contre des obstacles imprévus. Dès le début, le général Brunet fut mortellement frappé d'une balle en pleine poitrine. Le drapeau du 91ᵉ fut brisé par un boulet, mais il est inutile d'ajouter que ses glorieux débris furent rapportés par ce brave régiment. Le général Lafont de Villers prit le commandement de la division et confia celui des troupes engagées au colonel Lorencez. Celles-ci tinrent ferme pendant que le reste de la division occupait les tranchées pour parer aux éventualités du combat. A la gauche, le général d'Autemarre n'avait pu s'engager avant la divison Brunet ; il ne pouvait d'ailleurs se rendre compte de la fusillade hâtive qu'il entendait dans la direction du Carénage. Mais, au signal convenu pour l'assaut, il lança avec impétuosité le 5ᵉ chasseurs à pied et le 1ᵉʳ bataillon du 19ᵉ de ligne, qui, en suivant la crête du ravin de Karabelnaïa, parvinrent jusqu'au retranchement qui le relie à la tour Malakoff, franchirent ce retranchement et entrèrent ainsi dans l'enceinte même. Déjà les sapeurs du génie disposaient les échelles pour le surplus du 19e et pour le 26e régiment, dont le général d'Autemarre précipitait le mouvement à la suite de sa valeureuse tête de colonne. Un instant, nous pûmes croire au succès. Nos aigles avaient été arborées sur les ouvrages russes. Malheureusement, cet espoir dut promptement disparaître. Nos alliés avaient rencontré de tels obstacles dans leur attaque du grand Redan et ils avaient essuyé de tels feux de mitraille, que, malgré leur ténacité bien connue, ils avaient déjà été obligés de prononcer leur mouvement de retraite. Tel était l'élan de nos troupes que, nonobstant cette circonstance, elles auraient poussé en avant et continué à charger à fond l'ennemi; mais le manque de simultanéité dans l'attaque de nos divisions laissa les Russes libres de nous accabler avec les réserves et l'artillerie du grand Redan, et l'ennemi ne perdit pas un instant pour diriger sur nos braves chasseurs à pied toutes les autres réserves de Karabelnaïa.

« Devant des forces aussi imposantes, le commandant Garnier, du 5e bataillon, déjà frappé de cinq coups de feu, chercha, mais en vain, à conserver le terrain conquis. Obligé de plier sous le nombre, il repassa le retranchement. Le général Niol rallia sa brigade, renforcée du 39e de ligne; on voulut tenter un nouveau mouvement offensif pour assurer le succès de ce nouvel effort, et, sur l'avis du général d'Autemarre, que sa réserve se réduisait au 74e de ligne, je lui envoyai le régiment des zouaves de la garde; mais, à l'arrivée de ces vétérans de nos guerres d'Afrique, le mouvement n'ayant plus l'ensemble désirable pour un coup de cette vigueur, avec une seule division sans appui, soit sur la droite, soit sur la gauche, et labourée par l'artillerie du Redan sur lequel nos alliés suspendaient leur attaque, je ne tardai pas à reconnaître que toute chance favorable était épuisée. Un nouvel effort n'eût conduit qu'à une effusion de sang inutile. Il était huit heures et demie, je donnai l'ordre partout de rentrer dans les tranchées. Cette opération s'effectua fièrement, avec beaucoup d'ordre et de sang-froid, et sans nulle poursuite de l'ennemi sur aucun point. Une portion des tranchées russes est restée même occupée par quelques-uns de nos gens, qui s'écoulèrent successivement et sans que l'ennemi osât profiter contre eux d'aucun de ses avantages. Nos pertes ont été grandes. Nous avons eu soin, dès l'origine de l'action, d'emporter la plupart des hommes atteints par l'ennemi; mais un certain nombre de ces morts glorieux restèrent couchés sur les glacis ou dans les fossés de la place. Les derniers devoirs leur ont été rendus le lendemain. Outre le général Brunet et le général Meyran (celui-ci a succombé cette nuit), nous avons à regretter un officier aimé et apprécié de toute l'armée, le jeune et brave lieutenant-colonel d'artillerie de Laboussinière, tué en montant sur le revers d'une tranchée obstruée de troupes et en se rendant d'une de ses batteries à la redoute Brancion. C'est une grande perte; il y avait en lui beaucoup d'avenir. Nombre de braves officiers ont été atteints en donnant le plus noble exemple : officiers d'état-major, officiers de troupes ont rempli dignement leur devoir, et partout le soldat a été admirable. Nous avons eu 37 officiers tués et 17 prisonniers, 1,544 sous-officiers et soldats tués ou disparus, 96 officiers et 1,644 hommes entrés aux ambulances le 18 au soir. Beaucoup de blessures jugées très-graves sont loin d'être aussi dangereuses qu'on l'avait craint d'abord. Les porteurs de ces honorables cicatrices reparaîtront dans quelque temps sous le drapeau. Ces pertes n'ont ébranlé ni l'ardeur ni la confiance de ces vaillantes divisions; elles ne demandent qu'à faire payer cher à l'ennemi cette journée. L'espoir et la volonté de vaincre sont dans tous les cœurs, et tous comptent qu'à la prochaine lutte la fortune ne fera pas défaut à la valeur. »

Le rapport du général Pélissier met en lumière les causes regrettables d'un échec que nos armes n'auraient pas éprouvé si des plans sagement conçus avaient été exécutés avec l'ensemble indispensable à leur succès. Par une déplorable fatalité, dont le général Meyran a été la première victime, cet officier général, d'une bravoure si chevaleresque, se trompa en prenant pour le signal convenu un projectile lumineux, et cette fatale erreur, précipitant son attaque, entraîna tous les malheurs qui devaient être la conséquence d'un défaut d'harmonie dans la marche des différentes colonnes. Chacune d'elles, en effet, arrivant isolément, eut à subir toute la somme des efforts de l'ennemi, et c'est grâce à la vive impulsion de nos braves soldats que nos pertes n'ont point été aussi considérables qu'elles auraient pu l'être. Nous voyons dans le rapport adressé au ministre de la marine par l'amiral Bruat, ainsi que dans celui de l'amiral Lyons à l'amirauté, inséré dans les journaux anglais, que des mesures avaient été concertées entre les amiraux pour que les deux flottes intervinssent, en forçant l'entrée du port, si l'attaque de terre avait présenté des chances de réussite. Il est donc à présumer que cette attaque de guerre glorieuse, malgré sa malheureuse issue, aurait pu avoir des résultats décisifs sans la fâcheuse méprise qui l'a fait échouer. L'armée anglaise avait rencontré, de son côté, des obstacles inattendus, et le rapport adressé à lord Panmure en développe les tristes conséquences. Quoi qu'il en soit, et malgré la retraite de nos troupes, effectuée en bon ordre, en faisant face à l'ennemi, qui n'osa pas les poursuivre, cette tentative n'aura pas été complétement inutile. Elle servira à mieux préparer le succès d'une seconde attaque, à laquelle l'armée se dispose par les cheminements qui s'exécutent avec ardeur au moment où nous écrivons. L'état sanitaire, qui s'était altéré à cause de la réapparition du choléra, s'est amélioré.

Le 1er juillet une dépêche insérée au *Moniteur* a officiellement annoncé la mort du commandant en chef de l'armée britannique, dont la santé était depuis quelque temps ébranlée par les fatigues et la préoccupation de tous genres. Le feld-maréchal Fitz Roy-James-Henri-Somerset, premier baron Raglan, neuvième fils du cinquième duc de Beaufort, était né en 1788. Il avait épousé, en 1814, la deuxième fille du troisième comte de Mornington, nièce du duc de Wellington; il était entré dans l'armée comme cornette du 4e dragons, le 9 juin 1804; lieutenant en 1805, capitaine en 1808, major en 1811, lieutenant-colonel en 1812, colonel en 1815, major-général en 1825, lieutenant-général en 1838, général le

20 juin 1854, il avait été nommé feld-maréchal le 5 novembre 1854. La France et l'Angleterre honoreront de leurs regrets la mémoire de ce vétéran de l'armée anglaise, qui avait fait apprécier universellement son caractère loyal et cette bravoure antique que signalait dans un immortel rapport le premier commandant en chef de l'armée française en Orient, tombé, lui aussi, victime de sa lutte héroïque contre la maladie et contre les fatigues de son immense commandement. Lord Raglan a été remplacé par le général Simpson qui, comme chef d'état-major, était au fait de tout ce qui concernait l'expédition. Parmi les autres officiers dont les alliés ont à regretter la perte, il faut citer le capitaine Edmund Lyons, fils de l'amiral de même nom et qui avait pris une part active à l'expédition de la mer d'Azof, ainsi qu'on a pu le voir par ses rapports reproduits plus haut. Le général Brown est arrivé à Constantinople dans un état de maladie qui fait craindre pour ses jours. Enfin, on a annoncé la mort de Schamyl, nouvelle que semble confirmer le passage suivant d'un lettre écrite de Trébizonde le 24 juin : « Les Russes se sont portés sur Kars, le 5 ou 6 juin, au nombre de 30,000 hommes, tandis qu'un autre corps se dirigeait sur Ardahan. La garnison turque de cette dernière ville n'était composée que d'un escadron de cavalerie qui, sur l'avis de l'approche de l'armée ennemie, a quitté immédiatement la place pour opérer sa jonction avec le corps principal de l'armée d'Anatolie, qui se trouvait à Kars. Le 17 juin, les Russes ont attaqué Kars, mais ils ont été complètement repoussés et ont dû se retirer à huit lieues de la ville. La nouvelle de la mort de Schamyl paraît certaine. »

---

Nouvelles sorties des Russes. — Incendie à Constantinople. — Second bombardement à Sweaborg. — Description de cette ville. — Bataille de Traktir. — Lettre de l'Empereur au général Pélissier. — Nouvelles mesures prises en faveur des soldats de l'armée de Crimée. — Découragement de l'armée russe.

Depuis longtemps les défenseurs de Sébastopol n'étaient sortis de leur enceinte que pour s'éclairer et faire reconnaître, autant que possible, par quelques hommes les travaux. Dans la nuit du 14 au 15 juillet ils essayèrent un coup de vigueur contre la gauche des travaux avancés sur Malakoff. On avait couronné d'une forte gabionnade les carrières situées entre la redoute Brancion (Mamelon Vert) et la tour Malakoff, formant ainsi une ligne continue dont la droite est assurée du côté du ravin du Carénage par une grande place d'armes, et dont la gauche est bien défendue par de bonnes embuscades près du ravin de Karabelnaïa. Une embuscade volante, occupée seulement par quelques éclaireurs logés dans des trous, avait été façonnée à l'extrême gauche pour y attirer les feux de l'ennemi. Cette ligne, dont le point central de défense est la redoute Brancion, était occupée à droite par le lieutenant-colonel Granchette, du 49e de ligne, avec trois bataillons de son régiment, ayant pour réserve le 4e de chasseurs à pied. Le lieutenant-colonel de Chabron, du 86e, commandait la gauche, formée d'un bataillon de son régiment et du 91e de ligne. Quarante voltigeurs, qui avaient occupé l'embuscade de gauche, reçurent pour soutien à la nuit deux cents hommes d'élite du 91e, sous les ordres du commandant Tellier. Le 1er bataillon du 100e, placé dans la parallèle, devait agir selon les circonstances en se portant soit à gauche, soit à droite. Enfin, le ravin de Karabelnaïa était fortement occupé en arrière par un bataillon de chacun des deux régiments de grenadiers de la garde impériale et par deux cents travailleurs du 100e de ligne. Le commencement de la nuit, qu'un ciel nuageux et l'absence de lune rendaient obscure, n'avait présenté rien de particulier, lorsque, vers une heure du matin, une sortie considérable eut lieu contre les lignes anglaises, mais sans résultat. « Une demi-heure après, dit dans son rapport le général Pélissier, une colonne russe de cinq à six bataillons s'avança par le fond du ravin de Karabelnaïa, et déboucha sur notre gauche. Nos éclaireurs, placés sous la gabionnade volante, se replièrent, ainsi qu'ils en avaient l'ordre, et vinrent donner l'éveil. A peine nos éclaireurs étaient-ils rentrés, que les Russes attaquaient en poussant des hourrahs et en ouvrant un feu de mousqueterie bien nourri. Ils furent reçus à bonne portée par un feu non moins énergique, et ne purent, malgré leurs efforts, s'avancer sur nos ouvrages. Pendant une demi-heure, ils renouvelèrent leurs attaques sans plus de succès; enfin, écrasés par notre fusillade et par le tir habilement dirigé de deux de nos batteries, ils se décidèrent à la retraite, emportant leurs tués et leurs blessés, et abandonnant, en avant de notre gabionnade, des fusils, des effets d'équipement et cinq morts, parmi lesquels se trouve un officier. Les pertes de l'ennemi doivent avoir été fortes; les nôtres, heureusement sont minimes; car, dans son service de vingt-quatre heures, et en y comprenant ce combat, la division de La Motte-rouge, qui était de service, n'a eu que 20 hommes tués et 94 blessés. Ces excellents résultats sont dus à la bravoure et à la fermeté des troupes, aux bonnes dispositions prises par le général de brigade Ubrich, général de tranchée, ainsi qu'à la vigueur du lieutenant-colonel de Chabron et du commandant Teillier, du 91e, excellents officiers tous deux. »

Une nouvelle sortie fut tentée par les Russes dans la nuit du 16 au 17. Ayant vainement essayé, comme on vient de le voir, d'arrêter par la gauche les cheminements devant Malakoff, ils essayèrent de faire reculer l'assiégeant sur la droite. Ils furent très-brillamment repoussés par la division Canrobert, de service cette nuit aux attaques Victoria, ainsi que par une partie des bataillons de service de la garde. « A la chute du jour, dit le général Pélissier, le général Vinoy, qui était de tranchée, avait cru apercevoir quelques mouvements de l'ennemi vers Malakoff. En effet, les Russes avaient préparé deux sorties : l'une contre notre gauche (déjà assaillie dans la nuit du 14 au 15), qui était une fausse attaque; l'autre à notre droite, qui était l'attaque véritable. Vers le milieu de la nuit, l'assiégé s'est avancé en poussant de grands hourrahs. Ses efforts sur notre gauche ont été de courte durée; mais la sortie contre notre droite, partie du petit Redan, avait une valeur réelle, et par trois fois l'ennemi a chargé sur nos embuscades de droite. Ces embuscades étaient occupées par une compagnie de grenadiers du 20ᵉ de ligne, à laquelle avaient été adjoints des zouaves de la garde. A la première attaque, ces troupes, aidées par les travailleurs du 52ᵉ de ligne et des sapeurs du génie, ont vaillamment résisté sans reculer, et ont forcé les Russes à rentrer dans la place sous le feu de leur mousqueterie et le tir à balles de nos deux canons de campagne de la batterie 30. En prévision d'une attaque nouvelle, le général Vinoy avait disposé ses réserves soutenues par un détachement de zouaves de la garde, envoyé par le général Espinasse. Cette attaque ne s'est pas fait attendre; les Russes sont arrivés très-près, mais ils ont été si vigoureusement reçus qu'ils ont dû reculer encore en abandonnant plusieurs des leurs sur le terrain. Une troisième fois enfin, l'ennemi est revenu à la charge sans plus de succès, et nous a définitivement cédé ce petit mais précieux champ de bataille. Le commandant Cardonne, récemment promu au 27ᵉ, le capitaine de grenadiers du 20ᵉ, Dufau, le lieutenant Chazotte, des zouaves de la garde, ont donné, dans cette série d'engagements, des preuves d'une brillante valeur, ainsi que le capitaine du génie Segrétain, aide de camp du général Frossard, qui était sur ce point, et qui a puissamment aidé, avec les travailleurs du 52ᵉ et ses braves sapeurs, à soutenir le choc de la première attaque. Comme dans la nuit du 14 au 15, celles de nos batteries qui ont des vues favorables ont contribué au succès par l'intelligence et la bonté de leur tir. L'artillerie des batteries anglaises voisines de nos attaques n'a pas manqué, ainsi qu'elle le fait toujours, de nous soutenir en envoyant, par un tir très-étudié et très-vigoureux, un grand nombre de projectiles dans Malakoff. A mesure que l'ennemi cédait et se repliait, le feu d'artillerie de la place et celui des batteries de l'autre côté de la rade se développaient, et il est arrivé sur la fin à une intensité extrême. Malgré cette rude canonnade et une mousqueterie très serrée, nos pertes ne sont point considérables, et selon ce que l'on peut estimer, celles de l'ennemi doivent s'élever à plusieurs centaines d'hommes hors de combat. Quant à nous, nous avons eu dans les vingt-quatre heures, 23 tués et 77 blessés. Parmi ces derniers, nous avons le regret de compter le colonel Adam (balle à l'épaule gauche) et le commandant du génie Boissonnet (balle au-dessus du genou).»

Enfin, dans la nuit du 24 au 25, après un feu d'artillerie très-vif, l'ennemi fit vers minuit une sortie par la gauche du petit Redan. A raison de l'extrême proximité des lignes, il ne lui fallut qu'un instant pour se précipiter sur la gabionnade française ; mais vigoureusement reçus par les chasseurs à pied de la garde impériale et par quelques compagnies du 10e régiment d'infanterie de ligne, les Russes rentrèrent à la hâte en laissant entre les embuscades et le fossé de la place un grand nombre de blessés et de morts.

Pendant ce temps, le 17 juillet, de midi et demi à cinq heures, un violent incendie éclatait à Constantinople, dans le quartier français, près du parc de construction des équipages militaires. Cet établissement, fortement menacé par les flammes, fut sauvé grâce au dévouement du capitaine Poteau et de ses sapeurs-pompiers. Au début de l'incendie, ils coururent avec leur matériel sur le lieu du sinistre. « Presque assitôt, dit le général Larchey, j'arrivais avec mon état-major, la gendarmerie, commandée par le capitaine Bouttier, le chef du génie et ses capitaines adjoints, les officiers, sous-officiers et soldats français disponibles des établissements des environs. Des détachements de marins de la *Proserpine*, de l'*Eldorado* et autres navires, portant des pompes et conduits par leurs officiers, sont venus nous prêter secours. M. le capitaine de vaisseau Chaigneau, commandant supérieur de la marine, les a accompagnés et mis à ma disposition. Les pompiers turcs, portant leur matériel, sont arrivés à leur tour ; ils ont été affectés de préférence au sauvetage des maisons. Les Français protégeaient le parc de construction des équipages militaires, dont la direction est confiée au capitaine Pujeau. Le séraskier, suivi d'un état-major très-nombreux, et beaucoup de fonctionnaires ottomans se sont également rendus sur le théâtre de l'incendie. Le feu, favorisé par l'ardeur du soleil et par un vent assez impétueux qui souvent tourbillonnait et changeait de direction, a dévoré 150 maisons. Il en eût brûlé bien davantage sans nos pompiers qui ont excité au plus haut point l'admiration des indigènes par la manière dont ils ont maîtrisé les flammes. Les ateliers et magasins du parc de construction, entièrement en planches et bordant une rue incendiée de 10 mètres de largeur au plus, devaient être infailliblement la proie de l'incendie si, pendant quatre heures consécutives, on ne les eût arrosés en dedans et en dehors. Les pompiers français seuls, le long des façades en planches, enveloppés de couvertures de laine mouillées, résistaient à l'ardeur du feu que développaient les maisons en combustion de l'autre côté de la rue, dirigeaient avec intelligence l'eau des pompes que manœuvraient et approvionnaient à l'envi toutes les personnes accourues au secours. Bourgeois, fonctionnaires, officiers et soldats mettaient la main à l'œuvre; tous, sans distinction, se tenaient aux longues chaînes et faisaient passer les eaux. J'y ai remarqué des officiers de toutes armes, beaucoup d'Européens, un drogman de l'ambassade, un jeune Français, marchand à Péra, nommé Beauvais, qui se faisait reconnaître par son énergique activité. En somme, tous les travailleurs ont rivalisé de zèle. Il s'agissait de ne pas perdre un seul instant, sans quoi notre parc de construction était perdu et c'eût été pour l'armée un véritable désastre. Dès que la conservation de l'établissement a été assurée, j'ai autorisé le capitaine des sapeurs-pompiers Poteau à diriger ses efforts sur les maisons en péril. Par des travaux habilement et énergiquement entrepris, nos pompiers sont bientôt parvenus à limiter l'incendie et à sauver le reste de la rue et du quartier. Nous touchions au terme de l'œuvre quand je rencontrai sur le terrain S. Exc. le séraskier; je lui présentai le capitaine Poteau, ruisselant d'eau et de sueur, descendant des toits, ayant la figure et les mains brûlées. Le séraskier complimenta vivement ce brave officier sur son énergique intrépidité, qu'il avait lui-même remarquée au milieu de l'incendie. »

Le 8 août eut lieu le bombardement de Sweaborg dont les détails ci-dessous feront comprendre l'importance. Voici d'abord le rapport du contre-amiral Penaud, adressé le 11 août, à bord du vaisseau *le Tourville*, au ministre de la marine : « Monsieur le ministre, ainsi que j'ai eu l'honneur d'en informer Votre Excellence par ma lettre du 7 de ce mois, lundi dernier, M. le contre amiral Dundas et moi nous nous sommes présentés devant Sweaborg, avec l'escadre combinée, dans l'intention de bombarder cette place. Le 8, à 7 heures et demie du matin, seize bombardes anglaises portant chacune un mortier; cinq bombardes françaises, portant deux de ces pièces, et une batterie de siége de quatre mortiers de 27 centimètres que, pendant les six heures d'obscurité des deux nuits précédentes, j'avais fait établir sur l'îlot Abraham, à 2,200 mètres de la place, ont ouvert le feu contre Sweaborg. Je suis heureux de vous annoncer que cette opération a parfaitement réussi; ce n'est point seulement une simple canonnade que les escadres ont faites contre

Sweaborg, c'est un véritable bombardement, dont les sérieux résultats ont dépassé tout ce que j'espérais. Moins de trois heures après que nous eûmes commencé à lancer des bombes, nous pouvions constater les dégâts considérables qu'elles occasionnaient dans la forteresse. De nombreux incendies se déclarèrent rapidement sur plusieurs points à la fois, et bientôt nous vîmes les flammes s'élever au-dessus de la coupole de l'église, située dans la partie nord de l'île Est-Swarto. C'est pour ainsi dire le seul monument qui, sur les îles Vargon et Swarto, paraisse avoir été complétement respecté par nos projectiles. Des explosions terribles ne tardèrent pas à se faire entendre à quatre reprises différentes ; le feu avait atteint des magasins remplis de poudre et de munitions de guerre. Les deux dernières explosions surtout ont été formidables ; elles ont dû causer à l'ennemi des pertes énormes, tant en personnel qu'en matériel. Pendant plusieurs minutes on entendait les détonations des bombes et des obus qui couvraient le bord de la mer de débris de toute espèce. Le bombardement a cessé ce matin à quatre heures et demie ; il a duré par conséquent deux jours et deux nuits, pendant lesquels Sweaborg ne présentait qu'un vaste foyer d'incendie. Le feu, qui continue encore d'exercer ses ravages, a dévoré à peu près toute la place et consumé des ateliers, des magasins, des casernes, divers établissements appartenant au gouvernement, et une grande quantité des approvisionnements de l'arsenal. Le tir de nos mortiers et de nos obusiers était tellement juste, que l'ennemi, dans la crainte de voir brûler entièrement le vaisseau à trois ponts mouillé en travers de la passe entre Sweaborg et l'île Back-Olmen, a rentré ce bâtiment dans le port pendant la nuit. Les Russes ont éprouvé un échec considérable et des pertes d'autant plus sensibles que, du côté de l'escadre alliée, elles se bornent à la mort d'un seul matelot anglais et à quelques légères blessures. Les forts ennemis ont cependant répondu vigoureusement à notre attaque ; leur feu ne se ralentit qu'au moment des explosions que j'ai mentionnées ; mais la précision de nos pièces à long tir nous a valu une supériorité incontestable sur celui des Russes. Chacun, dans la division a rempli son devoir avec dévouement, ardeur et courage ; les équipages ont été admirables d'élan, ils ont bien mérité de la France. Je suis on ne peut plus satisfait drs moyens d'action mis à ma disposition. Les bombardes et les canonnières ont rendu d'immenses services ; elle répondent parfaitement à tout ce que l'on attendait de ces bâtiments. La batterie de siége a produit de très-beaux résultats, et on peut dire que c'est d'un îlot ennemi, sur lequel nous avons arboré le drapeau français, que sont partis les meilleurs coups.

« Dans cette circonstance, ainsi que cela a toujours eu lieu depuis que nos pavillons sont réunis, M. le contre-amiral Dundas et moi avons marché d'un commun accord. L'exemple de l'entente parfaite qui existe entre les chefs a été du meilleur effet sur l'esprit des équipages des deux escadres, qui n'en formaient réellement plus qu'une au moment de l'action. Chacun n'avait qu'un but : rivaliser de zèle pour causer à l'ennemi le plus de mal possible, et les succès d'un bâtiment de l'une des deux nations étaient applaudis par l'autre avec les mêmes cris d'enthousiasme que s'ils avaient été remportés par son propre pavillon. Nul doute que le bombardement de Sweaborg exercera une grande influence sur les populations russes, pour lesquelles il est acquis, aujourd'hui, que leurs places et leurs arsenaux ne sont pas complétement à l'abri des atteintes des marines alliées, qui peuvent et doivent espérer désormais arriver à porter la destruction sur le littoral ennemi, sans recevoir elles-mêmes des dommages sensibles. »

La dépêche suivante, adressée par l'amiral Dundas au lord de l'amirauté, fait connaître la part que la flotte anglaise a prise à cette affaire : « Monsieur, j'ai l'honneur de vous annoncer, ainsi qu'aux lords commissaires de l'amirauté, qu'après être arrivé ici le 6 courant avec l'escadre sous mes ordres, j'y fus rejoint, le soir même, par le contre-amiral Penaud à bord du *Tourville*, et, le lendemain, par le reste de l'escadre française, composée, indépendamment des vaisseaux de ligne, de cinq bombardes et cinq chaloupes canonnières, de bâtiments chargés d'approvisionnements et de bateaux à vapeur. Le 7 courant, l'*Amphion* vint compléter l'escadre anglaise. L'intention du contre-amiral Penaud et la mienne étant de commencer les opérations contre la forteresse et l'arsenal de Sweaborg, on ne perdit pas de temps pour faire les préparatifs nécessaires. Mes précédents rapports auront appris à Leurs Seigneuries que, pendant l'année dernière et durant les cinq derniers mois, l'ennemi s'était occupé très-activement à augmenter les moyens de défense de la place, en élevant des batteries sur des points favorables et qui menaçaient tous les points par lesquels on pouvait approcher de la rade, au milieu de ces passes inextricables. Il n'entrait donc nullement dans mes intentions de tenter une attaque générale par des vaisseaux contre les fortifications ; ce que nous nous proposions, le contre-amiral Penaud et moi, c'était de nous borner à détruire de la forteresse et de l'arsenal ce qui pourrait en être détruit par les bombes. La nature embarrassée du terrain, formé de rochers, de marais et de récifs submergés, rendait difficile le choix des points où l'on pouvait disposer les bombardes armées de mortiers ayant une portée suffisante. Pour terminer ces dispositions, le talent du capitaine Sullivan, commandant du *Mer-*

*lin*, m'a été d'un puissant secours; les dispositions auxquelles nous nous étions définitivement arrêtés formaient une ligne courbe des deux côtés de la petite île d'Oterhall, l'espace du centre étant réservé pour les bombardes de l'escadre française, ainsi que nous en étions convenus avec le contre-amiral Penaud. Les points extrêmes de la ligne furent déterminés par l'étendue de la portée des batteries armées de gros calibre, de Bak-Holmen à l'est, et de Stora-Rantau à l'ouest de Sweaborg; et l'une des additions les plus efficaces à la puissance des escadres alliées, consistait en une batterie de quatre mortiers légers, établis par l'amiral Penaud sur une petite île en avant d'Oterhall. Afin de mettre à exécution les dispositions arrêtées, je chargeai le capitaine Kamsay, commandant l'*Euryalus*, le capitaine Glasse, du *Vulture*, le capitaine Vausittart, de la *Magicienne*, et le capitaine Stewart, du *Dragon*, d'aller mouiller dans le sud d'Oterhall, et les bombardes, sous la direction du lieutenant Augustus C. Habart, du vaisseau *le Duc de Wellington*, étant sous les ordres de ces officiers, furent toutes mouillées, le 7 au soir, dans la position qui leur était assignée et prêtes à faire feu. Les officiers des chaloupes canonnières nous ont puissamment aidés pour les remorques à faire, et on leur doit les plus grands éloges pour la part qu'ils ont prise à l'action. Pendant cette même nuit le contre-amiral Penaud avait commencé à établir sa batterie, avec des sacs de terre, sur les rochers d'Oterhall, mais les dernières dispositions ne purent être terminées avant le matin du 6 courant. Durant tout le jour précédent, l'étendard impérial de Russie flottait sur la citadelle de Gustafsvard, mais depuis on ne l'a plus aperçu. Le succès de nos opérations étant entièrement subordonné à l'état du temps et à la rapidité avec laquelle nos bombes pouvaient être lancées, on se hâta d'essayer la portée des mortiers, qui fut reconnue convenable, et le feu général commença bientôt après, à 7 heures.

« La direction de ce service était confiée au capitaine T.-M. Wemys de l'artillerie de la marine royale, aidé des capitaines Lawrens et Schomberg. Ces officiers prirent leurs mesures pour donner aux mortiers la plus forte portée dont ils fussent susceptibles. Les chaloupes canonnières, après avoir été armées extraordinairement de canons de gros calibre empruntés, pour la circonstance, aux vaisseaux de ligne; les canonnières *Stork* et *Snapper* étant pourvues de canons à la Lancaster, je mis à profit l'expérience du capitaine Hewlett pour diriger le feu de ces deux navires; son attention fut spécialement dirigée sur un vaisseau de ligne à trois ponts, amarré de manière à fermer le passage entre Gustafsvard et Back-Holmen. Le commandant Preedy, du vaisseau à bord duquel est mon pavillon, fut désigné pour prendre le commandement du *Starling* et de quatre autres chaloupes canonnières, et pour manœuvrer de manière à attaquer les batteries faisant face aux bombardes vers l'extrémité ouest de la ligne. Les autres furent distribuées de la même manière sur les points qui leur avaient été assignés, sous la direction générale du capitaine Ramsay, ayant sous ses ordres les capitaines Glasse, Vausittard et Stewart, avec ordre d'attaquer les batteries et de protéger les bombardes. Ce soir du 8 courant, j'expédiai le capitaine Key, du bâtiment de S. M. l'*Amphion*, avec ordre de se rendre devant Stora-Niolo, et de se mettre sous les ordres du capitaine Welesley, commandant le vaisseau de S. M. le *Cornwalis*; je donnai pour instruction à ce dernier officier de saisir l'occasion favorable pour attaquer l'ennemi à la pointe est de l'île de Sandhamm. Le capitaine Yelverton, du bâtiment de S. M. l'*Arrogant*, fut détaché vers l'ouest, avec le *Cossack* et le *Cruiter*, sous ses ordres, pour appeler l'attention des troupes qu'on avait aperçues postées sur l'île de Drumsio, et pour surveiller les mouvements des petits navires qu'on avait parfois aperçus dans les petites baies qui se trouvent de ce côté. Dans la journée, je vis bientôt que les escadres détachées dans les deux directions avaient ouvert leur feu sur l'ennemi, et que l'action était générale sur tous les points. Pendant les premières heures, un feu rapide de boulets et de bombes fut entretenu par la forteresse contre les chaloupes canonnières, et la portée des batteries fortement armées dépassait complétement les bombardes; mais le mouvement continuel des chaloupes canonnières et l'habileté avec laquelle elles étaient dirigées par les officiers qui les commandaient leur permettaient de riposter avec beaucoup de succès et presque sans qu'elles aient pu être atteintes pendant toute la journée. Vers dix heures du matin, on commença à voir l'incendie des divers bâtiments et une forte explosion eut lieu dans l'île de Dargon. Une heure après, elle était suivie d'une seconde explosion. Vers midi, une troisième et plus forte explosion avait lieu dans l'île de Gustafsvard, causant de grands dommages aux défenses de l'ennemi, et contribuant beaucoup à ralentir le feu des canons dans cette direction. L'avantage de la rapidité avec laquelle avait été dirigé le feu des mortiers a été démontré par les nouvelles conflagrations qui ne cessaient d'avoir lieu, et s'étendaient à l'île de Nargen. La multiplicité des écueils qu'il arrivait quelquefois aux canonnières de toucher me força aussi de les rappeler avant le coucher du soleil. Le feu de l'ennemi était ralenti, les embarcations des escadres reçurent l'ordre de se réunir, avec des fusées, avant la nuit et sous les ordres du capitaine Caldwell, qui commande le vaisseau sous mon pavillon. Ces embarcations firent un feu continuel pendant plus de trois heures; ce feu eut un plein succès : il alluma de nouveaux incendies et ajouta beaucoup à la conflagration générale. Le 10, à la pointe du jour, les positions de la plupart des bombardes avaient été avancées, et les canonnières reçurent l'ordre de recommencer. Le vaisseau à trois ponts qui avait été mis à l'ancre par l'ennemi afin de fermer et défendre le canal, entre Gustafsvard et Bak-Hamen, avait été augmenté, et l'action recommença vivement de part et d'autre. L'incendie continuait à se développer dans la forteresse, et vers midi une colonne de fumée plus épaisse qu'aucune de celles qui avaient précédé, colonne suivie de flammes éclatantes, annonça que les bombes avaient atteint des matières combustibles dans la direction de l'arsenal. Sa situation exacte nous avait d'abord échappé; mais les flammes continuant à s'étendre, il devint bientôt évident qu'elles gagnaient au delà de l'île de Vargon, et que beaucoup de bâtiments de l'île de Warto étaient déjà en voie de destruction. Les bateaux portant des fusées furent réunis de nouveau dans la soirée; les canonnières furent rappelées, et elles se rangèrent en divisions séparées. La première, sous la conduite du *Pembroke*, tira bien à la distance d'environ 2,000 yards de la forteresse; la deuxième, sous les ordres du capitaine Cardwell, plus tard réussit à augmenter l'incendie. Mais la clarté des flammes exposant les canonnières à la vue de l'ennemi, celui-ci tint bon, avec beaucoup de bravoure, sous le feu le plus vif des bombes qui éclataient. Considérant les dommages déjà infligés à l'ennemi, et réfléchissant qu'il n'existait plus que quelques bâtiments sans importance à détruire dans l'île de Vargon, et que ceux encore debout sur Svarto étaient à l'extrémité de notre portée et dans des positions où les bombes ne les avaient pas encore atteints, je pensai que nous ne gagnerions pas en avantage proportionnel en continuant le feu encore un jour.

« En conséquence, j'envoyai le capitaine Seymour du *Pembroke* auprès du contre-amiral Penaud, et avec la cordialité et le bienveillant empressement que j'ai invariablement rencontré de la part de cet officier, des arrangements furent immédiatement concertés et l'ordre fut donné de cesser le feu au point du jour. Sur la liste des pertes éprouvées dans l'exécution du service que j'ai eu l'honneur de vous détailler, je suis heureux de dire qu'elles ont été moindres qu'on aurait pu s'y attendre sous le feu auquel ont été exposés les bâtiments engagés. Quelques-unes des blessures les plus sérieuses ont été celles dues malheureusement aux explosions des fusées sur les embarcations du *Hassings* et du *Vulture*. Vos seigneuries remarqueront que je m'abstiens de tous détails sur les opérations de l'escadre commandée par le contre-amiral Penaud; ces détails seront, sans aucun doute, complétement et habilement donnés par lui à son gouvernement. Mais on me permettra d'exprimer ici ma profonde gratitude pour la précieuse coopération que cette escadre m'a donnée, ainsi que la brave conduite des hommes sous ses ordres, et de consigner ici mes plus vives actions de grâce pour le cordial appui que j'ai reçu. Le bombardement de Sweaborg a duré 45 heures. Il a été lancé 12 à 13,000 bombes et boulets; 25 Anglais ont été blessés. »

Les officiers du vaisseau *le Pélican* rapportent ce qui suit au sujet de la batterie de l'île Abraham : « Le jeudi 9 août, à huit heures du matin, la flotte alliée déposa une batterie française de mortiers et d'obusiers sur l'île d'Abraham, située à portée de Sweaborg. La batterie canonna de ce point la ville du côté de la mer et de l'arsenal. Le feu dura 48 heures sans interruption. Dès le premier jour, à dix heures du matin, une bombe atteignit un magasin à poudre qui sauta et mit le feu à une grande partie de la ville. Vers midi un second magasin fit explosion en même temps qu'un bâtiment renfermant des munitions d'artillerie. Dès le soir toute la ville était en flammes. Au départ du *Pélican*, il ne restait debout que quelques maisons et une partie des fortifications. Tout l'arsenal était détruit. Les bombes des batteries de terre n'atteignaient pas les vaisseaux, qui n'ont ni perdu un seul homme ni subi d'avarie. On calcule que pendant ces 48 heures 20,000 projectiles ont été lancés dans ville. »

D'après une correspondance de l'*Express*, la perte des Russes pendant le bombardement de Sweaborg peut être évaluée à 1.500 hommes; les bâtiments et autres propriétés brûlés à 25 millions de francs. « Cette fois, écrit un correspondant du *Moniteur de la flotte*, on peut, sans forfanterie, dire que nous avons fait quelque chose : Sweaborg a été vraiment incendié, non pas sur le papier, mais avec des flammes qui ont duré deux jours et s'élevaient à plus de cent pieds de hauteur. C'était un horrible spectacle, je vous assure, et parfois le cœur se serrait en pensant que ces volcans engloutissaient, en outre des approvisionnements russes, de pauvres gens bien étrangers peut-être à la question qui se débat en ce moment. La France était représentée par cinq bombardes, et nos alliés en avaient seize en bataille; les nôtres étaient armées chacune de deux mortiers, les bombardes anglaises en avaient un. Chacun a fait son devoir, je vous assure. Notre matériel d'artillerie a soutenu sa réputation et n'a pas bronché. Après l'affaire, les Anglais n'avaient plus que cinq bombardes en état de continuer quelque temps leur tir; les nôtres poursuivaient leurs lourds vomissements comme avant l'action. Nos canonnières ont aussi parfaitement réussi. L'amiral Penaud avait fait établir, sur une des îles en face Sweaborg, une batterie qui, confiée à la direction du brave capitaine Sapia, a joué un rôle bien important dans cette affaire, et a valu à notre chef des éloges d'autant plus mérités, que l'on pensait que cette batterie nous entraînerait à de grands sacrifices sans aucun résultat. C'est le contraire qui a eu lieu. »

Le bombardement de Sweaborh a été bientôt suivi d'une brillante affaire, qui, dans les relations historiques de cette mémorable campagne, prendra le nom de *bataille de Traktir*, et que nous allons raconter avec les détails que mérite son importance.

---

**Bataille de la Tchernaïa ou de Traktir. — Aperçu du théâtre de l'affaire. — Documents officiels. — Rapport du général Pélissier. — Ordre de bataille trouvé sur le général russe Read, tué dans le combat. — Rapport de M. Blanchot, intendant général de l'armée. — Rapport du vice amiral Bruat. — Extrait du rapport du général Gortschakoff. — Appréciation de ce document. — Ordres du jour des généraux Pélissier, La Marmora, Simpson, Gortschakoff. — Lettre de l'empereur Napoléon au général Pélissier. — Correspondance relative à l'enlèvement des blessés. — Episodes. — Les blessés russes. — Un héros à quatre pattes. — Un tambour russe. — Un ex-calembour de l'empereur Nicolas. — Réclamation. Il faut rendre justice même à un ennemi.**

La Tchernaïa, rivière torrentueuse et guéable en été, prend sa source sur le mont Yaïla, coule à découvert pendant l'espace d'un kilomètre, rentre sous terre, et reparaît auprès de la bourgade tartare de Skélia, pour arroser la vallée fertile et riante qui doit son nom au village de Baïdar. On peut passer la Tchernaïa sur deux ponts; l'un est en aval de Tchorgoun ; l'autre, le pont de Traktir ou de l'Auberge, solidement construit en pierre, sert aux communications entre Balaklava et Simphéropol. Depuis le 25 mai, une partie des forces alliées occupait sur les rives de la Tchernaïa des positions excellentes, couvertes dans tout leur développement par la rivière même, et par un canal de dérivation qui formait un second obstacle. A la naissance de la vallée de Baïdar bivouaquait la division de cavalerie du général d'Allonville. Près de là, une division turque campait sur le mamelon d'Alson. L'armée piémontaise se tenait sur la montagne de Hasfort et dans les gorges voisines de la crête qui sépare la vallée de Baïdar du plateau de Sébastopol. Elle avait en face d'elle les hauteurs du Chouliou, qui, après s'être développées en plateaux ondulés, s'abaissent brusquement au-dessous de Tchorgoun. Les divisions françaises étaient établies sur deux mamelons appelés monts Fediouchine, et le long des escarpements du plateau de Sébastopol. C'étaient la division Faucheux, composée de la brigade Manèque (19e bataillon de chasseurs, 2e zouaves, 4e infanterie de marine), et de la brigade de Failly (95e et 97e de ligne); la division Herbillon, composée de la brigade Marguenat (14e bataillon de chasseurs, 47e et 52e de ligne), et de la brigade Clerc (63e et 73e de ligne); la division Camou, composée de la brigade Wimpfen (tirailleurs algériens, 3e de zouaves, 50e de ligne), et de la brigade Vergé (3e bataillon de chasseurs, 6e et 82e de ligne). Les versants les plus rapprochés du pont de Traktir étaient défendus par les zouaves et les chasseurs. En arrière des mamelons se groupaient l'artillerie, le génie et les équipages des divisions. Vis-à-vis des positions françaises, entre les hauteurs de Chouliou et les flancs rocheux des plateaux de Mackensie, s'étend une plaine de trois kilomètres de large, à travers laquelle la route de Mackensie vient passer au pont de Traktir pour déboucher dans la plaine de Balaklava.

En quittant la vallée de Baïdar, la Tchernaïa coule de l'est à l'ouest pour aller se jeter à l'extrémité de la rade de Sébastopol. Son cours très-sinueux est approprié aux innombrables accidents de terrain qui constituent la nature du pays. Tantôt elle baigne le pied des plus hautes montagnes, traverse les gorges les plus étroites, les passages les plus resserrés, abandonnant son cours à la seule condition de la pente du terrain; tantôt elle sillonne des prairies et des vallées où elle entretient des vestiges de verdure et de fertilité. C'est dans une de ces dernières, connue pour des aspects d'une grandeur magnifique, qu'a eu lieu le combat du 16 août. Lorsqu'on est placé dans les lignes françaises, on voit à gauche de cette vallée un petit pont en pierre d'une construction assez gracieuse; sa longueur est de 22 mètres, sa largeur de 4. Il n'a que deux arches et il est assez élevé au-dessus du niveau du sol. On y arrive par deux chaussées en pente et en pierre, situées à ses deux extrémités et qui s'avancent sur la route; elles sont plus longues que le pont lui-même et contiennent chacune trente-six petites bornes carrées, placées symétriquement en forme de parapet. Autrefois, il y avait en cet endroit un pont de bois établi plus bas; mais comme la rivière, peu importante en été, déborde à l'époque des pluies et de la fonte des neiges, il était continuellement inondé; on l'a remplacé, il y a quelques années, par le pont actuel, dont l'empereur de Russie, dans le dernier voyage qu'il a fait en Crimée en 1850, a posé la première pierre. On l'a appelé *pont de Traktir*, du nom d'une hôtellerie célèbre et d'un petit hameau tatare qui se trouvaient à quelques pas de là, de temps immémorial. La Tchernaïa, sous le pont même, est étroite et peu profonde ; elle n'engage qu'une des deux arches, l'autre est à sec. En la traversant à gué, les chevaux n'ont de l'eau que jusqu'à la moitié du genou. Plus à gauche et parallèlement au pont, s'étend, dans la direction générale de la rivière, le canal ou aqueduc de la Tchernaïa, qui est encaissé et assez profond, et qui, dans les temps ordinaires, apporte ses eaux à Sébastopol, jusqu'à la baie du Carénage. Il a été coupé par les alliés, depuis l'occupation de leurs dernières positions. Parallèlement au pont et au canal, s'élève un grand mamelon qui forme un des côtés de la vallée et sur lequel se trouvent campées les troupes françaises. Il est accidenté dans sa partie supérieure. Il s'étend très-loin du côté des positions intérieures, et un de ses versants forme, avec un autre mamelon situé plus à l'est, un vaste et long défilé par où, du côté de l'armée alliée, on débouche de la vallée et on se rend au pont de Traktir. A l'angle de ce défilé est une petite maison en pierre qui servait de logement au gardien de l'aqueduc ; à quelques pas de cette maison, se trouve un autre petit pont en pierre d'une seule arche construit sur le canal même, et qui fait corps avec la route. A l'avant du pont de Traktir, où sont les avant-postes, se trouvent des redoutes en terre élevées par les Français pour leur défense. Lorsqu'on se place sur le milieu du pont, on voit à peu près devant soi, et à environ 15 ou 1,800 mètres, une série de pics et de mamelons formant une ligne assez symétrique derrière laquelle s'étendent les hauteurs d'Inkermann. Les Russes ont établi, au milieu de ces positions, deux ouvrages que, dans leur caractère toujours gai et heureux, les Français ont appelés, l'un, la batterie *Gringalet*, et l'autre la batterie *Bilboquet*. Lorsque, du même point, on regarde vers sa droite, on découvre, à une égale distance, la partie longitudinale de de la vallée occupée encore par les positions russes. Les montagnes sont d'une teinte moitié blanche et moitié noire, qui produit un effet très-original. A un des angles du terrain, dans la partie la plus éloignée des lignes françaises, on découvre la sortie d'un défilé par où l'armée russe, en sortant de Mackensie, a débouché. L'ennemi, sur cette position, avait établi deux batteries. On voit donc que la vallée de Traktir est occupée, d'un côté, par les lignes russes, et de l'autre par celles de l'armée alliée. Elle est assez resserrée et entourée, dans tous les sens, par de hautes montagnes. La grande route la traverse, mais on n'y pénètre que par des défilés. Le milieu de la vallée, à droite du pont, est un terrain inégal ; on y voit des prairies inondées dans les grandes eaux, desséchées l'été, mais dans lesquelles la verdure n'a pas disparu. On y voit aussi quelques petits bois et des parties cultivées. La Tchernaïa, depuis le pont de Traktir, y décrit de nombreuses sinuosités. Au mois de juillet, les Russes avaient couronné les hauteurs de Mackensie; mais leur armée était restée inactive, et les alliés, dans leurs reconnaissances, n'avaient rencontré que des escouades de Cosaques qui fuyaient après de courtes escarmouches. Français et Sardes pouvaient se reposer en paix sous leurs tentes, ou mieux encore sous les *gourbis*, que, suivant la méthode africaine, ils fabriquaient avec de vertes branches d'arbres, pour se garantir des rayons ardents du soleil. Seulement les batteries *Gringalet* et *Bilboquet* envoyaient des boulets, peu dangereux à cause de la distance, aux groupes d'hommes ou de chevaux qui s'approchaient trop de la rivière. Les Russes ne se décidèrent à sortir de leur torpeur qu'en apprenant que l'assiégeant allait canonner et bombarder avec un redoublement de vigueur la tour Malakoff et les ouvrages du faubourg de Karabelnaïa.

Dans un conseil de guerre tenu le 17 août par les généraux russes sur les hauteurs d'Inkermann, il fut décidé qu'on tenterait de forcer les positions ennemies entre la Tchernaïa et le Sapoun, et de couper les travaux de siége du corps principal. Plusieurs généraux, notamment le général Osten-Sacken, s'étaient opposés à ce plan; mais le chef de l'état-major général, le général Kotzebue, développa les avantages de cette opération, qui avait pour résultat, si elle réussissait, de faire lever le siége de Sébastopol, et dont l'insuccès ne pouvait entraîner de graves inconvénients. Le conseil de guerre adopta son avis presque à l'unanimité, et le jour de l'attaque fut fixé au 15. Des obstacles imprévus obligèrent de la remettre au 16. Le commandement fut donné au général Read, commandant du 3ᵉ corps d'armée. Ce jour-là, vers quatre heures du matin, le cri : Aux armes! retentit à l'improviste dans les camps de la Tchernaïa. Aucun récit de la bataille ne pouvant égaler en intérêt les rapports rédigés immédiatement après l'action par les officiers généraux, nous allons donner place aux documents officiels. Voici d'abord le rapport du général Pélissier au ministre de la guerre :

« Monsieur le Maréchal,

« Vous avez appris par mes dépêches télégraphiques d'hier et d'avant-hier les résultats généraux de la bataille de la Tchernaïa; je m'empresse aujourd'hui de faire parvenir à Votre Excellence mon rapport circonstancié sur cette journée glorieuse pour nos armes. Depuis quelques jours, bien que l'ennemi s'abstînt de tout mouvement apparent, certains indices nous faisaient penser qu'il viendrait nous attaquer sur la ligne de la Tchernaïa. Vous connaissez ces positions, qui sont excellentes et couvertes dans tout leur développement par la Tchernaïa même et par un canal de dérivation formant un second obstacle. L'armée sarde occupe toute la droite, vis-à-vis de Tchorgoun; les troupes françaises gardent le centre et la gauche qui se relie, après une dépression, avec nos plateaux d'Inkermann. Indépendamment de quelques gués peu nombreux et assez mauvais, deux ponts permettent de passer la Tchernaïa et le petit canal : l'un un peu en avant de Tchorgoun, sous le canon des Piémontais; l'autre, appelé pont de Traktir, est au-dessous et presque au centre des positions françaises. Si, de ces positions, on regarde devant soi, de l'autre côté de la Tchernaïa, on voit vers la droite les hauteurs de Chouliou, qui, après s'être développées en plateaux ondulés, tombent assez brusquement sur la Tchernaïa, au-dessous de Tchorgoun, en face des Piémontais. Ces hauteurs s'abaissent vis-à-vis de notre centre, et, à partir de ce point jusqu'aux flancs rocheux des plateaux de Mackensie, s'étend une plaine de trois à quatre kilomètres de largeur. C'est par cette plaine que la route de Mackensie vient passer la Tchernaïa au pont de Traktir, et déboucher, après avoir traversé nos positions, dans la plaine de Balaklava. On faisait bonne garde sur toute notre ligne. Les Turcs, qui occupent le pâté montueux de Balaklava, étaient en éveil et observaient Alsou; et le général d'Allonville, prévenu également, redoublait de vigilance dans la haute vallée de Baïdar. J'étais tranquille, du reste, pour toute cette extrême droite; c'est une de ces régions montagneuses où il est impossible de faire manœuvrer des masses : l'ennemi ne pouvait y faire que de fausses démonstrations. C'est, en effet, ce qui est arrivé. Dans la nuit du 15 au 16, le général d'Allonville envoya prévenir qu'il avait du monde devant lui : mais il sut par sa contenance imposer à l'ennemi, qui ne tenta rien de ce côté et n'osa pas l'aborder. Pendant ce temps, le gros des troupes russes, descendu des hauteurs de Mackensie ou débouchant par Aï-Todor, s'avançait, à la faveur de la nuit, sur la Tchernaïa : à droite, les 7$^e$, 5$^e$ et 12$^e$ divisions traversaient la plaine, et à gauche, la 17$^e$ division, une partie de la 6$^e$ et de la 4$^e$ suivaient les plateaux du Chouliou. Une cavalerie fort nombreuse et 160 pièces de canon soutenaient toute cette infanterie. Un peu avant le jour, les postes avancés de l'armée sarde, placés en éclaireurs jusque sur les hauteurs de Chouliou, se replièrent et vinrent annoncer que l'ennemi s'avançait par masses considérables. Peu de temps après, en effet, les Russes garnissaient de leurs pièces de position les hauteurs de la rive droite de la Tchernaïa et ouvraient le feu contre nous. Le général Herbillon, qui commandait les troupes françaises sur ce point, avait pris ses dispositions de combat : à droite de la route de Traktir, la division Faucheux, avec la troisième batterie du 12$^e$ d'artillerie; au centre, sa propre division avec la 6$^e$ batterie du 13$^e$; à gauche, la division Camou avec la 4$^e$ batterie du 13$^e$. De son côté, le général de La Marmora avait fait placer les troupes de son armée sur leurs positions de combat. En même temps, la belle division de chasseurs d'Afrique du général Morris, rapidement ralliée par la nombreuse et vaillante cavalerie anglaise du général Scarlett, se plaçait en arrière des mamelons de Kamara et de Traktir. Cette cavalerie était destinée à tomber sur le flanc de l'ennemi dans le cas où il parviendrait à faire une trouée par l'un des trois débouchés de Tchorgoun, de Traktir, ou de la dépression existant à la gauche du général Camou. Le colonel Forgeot, commandant l'artillerie de la ligne de la Tchernaïa, tenait prête à agir une réserve de six batteries à cheval, dont deux de la garde impériale. Six bataillons turcs de l'armée d'Osman-Pacha, amenés par Sefer-Pacha, venaient nous prêter leur concours. Enfin, je faisais marcher la division Levaillant, du 1er corps, la division Dulac, du 2e corps, et la garde impériale, réserves imposantes, capables de parer aux accidents les plus contraires.

La brume épaisse qui couvrait les fonds de la Tchernaïa et la fumée de la cannonade qui commençait à s'engager empêchaient de distinguer le point contre lequel l'ennemi comptait faire effort, lorsque, à notre extrême gauche, la 7e division russe vint donner contr la division Camou. Reçues par le 39e de ligne, le 3e de zouaves, qui les abordent à la baïonnette, et par le 82e, qui les attaque de flanc, les colonnes ennemies sont forcées de faire demi-tour, de repasser le canal, et ne peuvent échapper aux coups de notre artillerie qu'en allant se rallier fort loin; cette division ne reparut plus de la journée. Au centre, la lutte est plus longue et plus acharnée. L'ennemi avait lancé deux divisions (la 12e soutenue par la 5e) contre le pont de Traktir. Plusieurs de ses colonnes se ruent à la fois et sur le pont et sur des passages improvisés à l'aide d'échelles, de ponts volants et de madriers; elles dépassent la Tchernaïa, puis le fossé de dérivation, et enfin s'avancent très-bravement sur nos positions. Mais, assaillies par un mouvement offensif que dirigent le général Faucheux et le général de Failly, ces colonnes sont culbutées, forcées de repasser le pont qu'occupe le 95e, et sont poursuivies au-delà par le 2e de zouaves, le 97e de ligne et une partie du 19e bataillon de chasseurs à pied. Cependant, tandis que le canon continuait de tonner de part et d'autre, les Russes reformaient leurs colonnes d'attaque. La brume s'était dissipée et il était facile de voir leur mouvements. Leurs 5e division renforçait la 12e, qui venait de donner, et la 17e s'apprêtait à descendre des hauteurs du Choulïou pour appuyer ces deux premières divisions. Le général Herbillon fit alors renforcer le général Faucheux par la brigade Clerc, et donna le 73e comme réserve au général de Failly. En outre, le colonel Forgeot disposait quatre batteries à cheval en position, ce qui lui donnait sur ce front un ensemble de sept batteries, dont il pouvait user contre les masses assaillantes. Aussi le second effort des Russes, quelque énergique qu'il ait été, vint-il se briser devant nous, et ils durent se retirer, essuyant des pertes considérables. La 17e division russe, qui était descendue en répandant des tirailleurs en grandes bandes en avant d'elle, n'eut pas plus de succès. Accueillie très-résolûment par la brigade du général Clerc et par une demi-batterie de la garde impériale, inquiétée sur sa gauche par les troupes de la division Trotti, qui la serrait de près, cette division fut obligée de repasser la Tchernaïa et de se replier derrière les batteries de position qui garnissaient les hauteurs d'où elle était partie. A partir de ce moment, neuf heures du matin, le mouvement de retraite de l'ennemi s'est complétement dessiné: ses longues colonnes se sont écoulées le plus rapidement possible, sous la protection des masses considérables de cavalerie et d'une nombreuse artillerie. J'ai eu pendant un instant l'intention de faire charger une portion de la cavalerie, pour rabattre du pont de Chouliou sur celui de Traktir les restes de la 17e division russe; j'avais fait disposer dans ce but plusieurs escadrons de chasseurs d'Afrique, auxquels s'étaient joints des escadrons sardes et l'un des régiments du général Scarlett, le 12e lanciers (de l'Inde). Mais la retraite des Russes a été si prompte que nous n'aurions pu faire qu'un petit nombre de prisonniers, et cette belle cavalerie aurait pu être atteinte par quelques batteries ennemies encore en position. Je jugeai préférable de ne pas l'y exposer pour un si faible résultat. Le général de La Marmora n'eut pas besoin, du reste, de cet appui pour faire reprendre très-hardiment les positions avancées que ses petits postes occupaient sur les hauteurs de Chouliou. A trois heures, toute l'armée ennemie avait disparu. La division de la garde et la division Dulac relevèrent dans leurs positions les divisions engagées, auxquelles il convenait de donner quelque repos. Je renvoyai au 1er corps la division Le vaillant, et la cavalerie rentra dans ses bivouacs habituels.

« Cette belle affaire fait le plus grand honneur à l'infanterie, à l'artillerie à cheval de la garde, à celle de la réserve et à l'artillerie divisionnaire. Je prierai bientôt Votre Excellence de placer sous les yeux de l'Empereur les noms de ceux qui ont mérité des récompenses, et de soumettre à la sanction de Sa Majesté celles que j'aurai pu décerner en son nom. Nos pertes sont regrettables, sans doute, mais ne sont pas en rapport avec l'importance des résultats obtenus et avec celles que nous avons fait éprouver à l'ennemi. Nous avons 8 officiers supérieurs blessés, 9 officiers subalternes tués et 53 blessés, 172 sous-officiers et soldats tués, 146 disparus, et 1,165 blessés. Les Russes ont laissé entre nos mains 400 prisonniers; le nombre de leurs tués peut être évalué à plus de 3,000, et celui de leurs blessés à plus de 5,000, dont 1,626 soldats et 38 officiers ont été recueillis dans nos ambulances. Parmi les morts relevés par nous, se trouvent les corps de deux généraux dont je n'ai pu encore découvrir les noms. L'armée sarde, qui a si vaillamment combattu à nos côtés, a eu environ 250 hommes hors de combat. Elle a fait éprouver des pertes bien plus considérables à l'armée ennemie; une centaine de prisonniers et environ 150 blessés sont restés en son pouvoir. J'ai le regret d'annoncer à Votre Excellence que M. le général de La Marmora m'a informé que le général comte Montevecchio, dont il appréciait beaucoup le caractère et les talents, avait été tué glorieusement à la tête de sa brigade. Je dois signaler à Votre Excellence la rapidité avec laquelle la cavalerie du général Scarlett, que M. le général en chef Simpson avait bien voulu mettre à ma disposition, est arrivé sur le lieu du combat. L'attitude martiale de ces magnifiques escadrons trahissait une impatience que le dénoûment heureux et prompt de la journée ne devait pas permettre de satisfaire. Les batteries de position anglaises et sardes et la batterie turque que le général Osman-Pacha a envoyée près d'Alsou, ont tiré avec beaucoup d'habileté et de succès. J'ai remercié Osman-Pacha de l'empressement avec lequel il avait envoyé près de moi, par Sefer-Pacha (général Koscielzki), six bataillons turcs, dont quatre ont occupé, dans la journée, les passages voisins de Tchorgoun. Rien de remarquable ne s'est passé pendant toute cette journée du côté de Sébastopol. MM. les généraux de Salles et Bosquet étaient prêts, du reste, à repousser énergiquement toute tentative de l'assiégé. J'envoie à Votre Excellence, avec ce rapport, la copie d'un dispositif pour la bataille du 16, trouvé sur le corps d'un général russe, que l'on croit être le général Read, qui commandait la droite ennemie et était particulièrement chargé de l'attaque du pont de Traktir. »

Voici le document dont parle le général Pélissier :

« Dispositions pour le corps d'armée du flanc droit. Général aide de camp Read.

1° *Composition des troupes*

| | | | |
|---|---|---|---|
| 7e division d'infanterie. . . . . . . . . . | | 12 | bataillons. |
| 8e brigade d'artillerie | Batterie de position n° 3. . . . | 12 | pièces |
| | — légère n° 3. . . . . . | 6 | — |
| | — — n° 4. . . . . . | 8 | — |
| | — — n° 5. . . . . . | 8 | — |

| | | | |
|---|---|---|---|
| 3 régiments de la 12ᵉ division d'infanterie. | | 12 | bataillons. |
| 14ᵉ brigade d'artillerie. | Batterie de position nº 3.. | 12 | pièces. |
| | — légère nº 3. | 6 | — |
| | — — nº 4. | 6 | — |
| 2ᵉ bataillon de tirailleurs. | | 1 | bataillon. |
| 1ʳᵉ compagnie du 2ᵉ bataillon de sapeurs. | | 1/4 | — |
| 1 régiment de lanciers. | | 8 | escadrons. |
| La batterie à cheval nº 26. | | 4 | pièces. |
| 1 régiment de Cosaques du Don nº 37. | | 6 | sotnias. |

En tout : 25 1/4 bataillons, 8 escadrons, 6 sotnias, 62 pièces.

« 2º Le 3 août (15) à la tombée de la nuit, le général aide de camp Read descendra avec toutes ses troupes des hauteurs de Mackensie, dans les traces du lieutenant général Liprandi, et formera ses deux divisions en colonne sur la hauteur de la nouvelle redoute, près la grande route, ayant à sa gauche la 17ᵉ division commandée par le général Liprandi. — 3º Il laissera tous les bagages au camp et formera des vagenbourgs (parcs de voitures) dans lesquels l'infanterie déposera ses sacs. Dans ces vagenbourgs, le 4 août (16), on aura dû réunir les grandes marmites et l'eau-de-vie. Les hommes auront rigoureusement avec eux pour quatre jours de vivres, une livre de viande, les bidons pleins d'eau et les ustensiles de campement. Chaque régiment aura un caisson de munitions et deux voitures d'ambulance. Les autres voitures d'ambulance resteront sous les ordres du général de brigade Zouroff, qui est chargé du transport des blessés. La cavalerie et l'artillerie prendront autant de fourrage qu'elles le pourront. Cet approvisionnement sera déposé ensuite dans un emplacement jugé convenable. — 4º Le quartier général pour la journée du 3 (15) août sera sur la hauteur de Mackensie. Le général Read, après avoir concentré ses troupes sur la hauteur de Menckensie, enverra immédiatement un officier au général en chef pour lui annoncer son arrivée et ses dispositions. Le 4 (16) pendant l'attaque, le général en chef se portera sur la pente de la hauteur de Mackensie, près la nouvelle redoute. — 5º A quatre heures du matin, en même temps que se dessinera le mouvement de la 17ᵉ division sur la hauteur du télégraphe, le général aide de camp Read se portera en avant, formera les 7ᵉ et 12ᵉ divisions d'infanterie en bataille, en dehors de la portée de l'ennemi, et placera en réserve en arrière le régiment de lanciers, qu'il fera soutenir par ses Cosaques. Il combinera son mouvement avec celui du général Liprandi, et s'avancera vers la Tchernaïa de manière à pouvoir canonner l'ennemi sur les hauteurs de Fediouchine, préparer le passage de la rivière et s'emparer enfin de ces hauteurs de Fediouchine quand il en recevra l'ordre. Dans ce but, près des 7ᵉ et

12e divisions d'infanterie, il doit y avoir des détachements des sapeurs et des détachements des régiments exercés à l'avance pour manœuvrer les ponts volants, les jeter promptement sur le canal, afin d'offrir un passage à l'infanterie et à l'artillerie. — 6° Quand l'ordre du général en chef pour se porter en avant sur les monts de Fediouchine sera reçu, les troupes passeront la Tchernaïa, à droite et à gauche du pont, sur les passages préparés; les dommages causés par l'artillerie seront immédiatement réparés par les sapeurs; les ponts seront jetés sous les ordres des officiers supérieurs commandant ces détachements adjoints. — 7° Après s'être emparé des montagnes de gauche et du centre, le général Read s'y formera en bataille, ayant son front tourné en partie vers le mont Sapoun, en partie vers l'ennemi, en se couvrant de son artillerie de position dans les deux directions. Quant aux mamelons de droite, après en avoir repoussé l'ennemi, il les occupera avec des troupes de la première ligne. — 8° Un des principaux soins du général Read sera de veiller à ce que les irrigations de la Tchernaïa soient saignées par les sapeurs et que les ponts soient jetés au plus vite pour pouvoir porter l'artillerie et la cavalerie le plus tôt possible de l'autre côté de la rivière. — 9° Après la prise des hauteurs de Fediouchine, le général Read y restera et attendra les ordres particuliers du général en chef dans le cas où une attaque sur la partie sud du mont Gasforte serait absolument nécessaire. — 10° Une fois le combat fini, le général Read prendra des dispositions pour fortifier les hauteurs de Fediouchine.

« Pour copie conforme, etc. »

En même temps que le rapport du général Pélissier on recevait celui de l'intendant général de l'armée d'Orient, ainsi conçu :

« Grand quartier général, le 18 août 1855.

« Monsieur le Maréchal,

« L'armée russe a attaqué le 16 au matin les positions occupées sur la Tchernaïa par quelques-unes de nos divisions. Le succès ne pouvait être douteux. Il a été complet. Cette victoire a fourni aux fonctionnaires de l'intendance, au personnel hospitalier et au corps du train des équipages une nouvelle occasion de déployer ce zèle infatigable, ce dévouement à toute épreuve dont ils se sont montrés constamment animés depuis le commencement de cette guerre. Indépendamment de leurs ambulances sédentaires, qui continuent à fonctionner sur les positions qu'elles occupaient précédemment, les divisions de la Tchernaïa ont chacune une ambulance volante et des transports suffisants pour les besoins journaliers. Ces moyens ont été augmentés, dès le commencement de l'action, par des renforts envoyés du grand quartier général et de la réserve du 2e corps. Plus tard, M. l'intendant Pâris de Bollardière, qui s'est rendu sur les lieux avec la division de la garde impériale, a aussi fait concourir à l'enlèvement des blessés et au service hospitalier les ressources disponibles dans cette division. Grâce à ces mesures, il ne restait plus un seul blessé français sur le champ de bataille deux heures après le combat, et longtemps avant la fin de la journée, tous avaient été dirigés des ambulances volantes sur les établissements sédentaires du 2e corps et du grand quartier général, et y avaient été pansés. L'enlèvement des blessés russes a été plus long et plus difficile, non-seulement parce que le nombre en est beaucoup plus considérable, mais encore parce qu'il a fallu aller les chercher en partie sur la rive droite de la Tchernaïa et sous le feu de l'ennemi qui, par un sentiment difficile à comprendre, n'a pas cessé de lancer des obus sur le terrain jonché de ses morts et de ses blessés, pendant que nos soldats du train procédaient à l'enlèvement de ces derniers. Cette opération n'a été terminée que hier matin. Le nombre des blessés entrés dans les ambulances, à la suite du combat de la Tchernaïa, a été de 810 Français, dont 46 officiers, et 1,664 Russes, dont 38 officiers. C'est donc un total de 2,474 hommes qui sont venus augmenter le nombre déjà fort considérable des hôtes de nos ambulances. J'ai déjà dit que les blessés français ont été répartis entre les ambulances du 2e corps et celles du grand quartier général. Quel que fût notre désir de traiter les Russes de la même manière que nos soldats, l'encombrement de nos ambulances en rendait l'exécution impossible. Les officiers ont été envoyés au grand quartier général, et 458 sous-officiers et soldats ont été répartis dans diverses ambulances. Pour le reste, j'ai dû créer une ambulance provisoire à Kamiech, et en utilisant l'ancien camp baraqué établi là pendant l'hiver pour les troupes nouvellement débarquées. Des infirmiers ont été fournis par la brigade chargée des travaux de fortification de Kamiech. Le personnel médical de l'ambulance était très-insuffisant pour une aussi lourde tâche; mais M. l'amiral Bruat ayant bien voulu mettre à ma disposition douze médecins de l'escadre, tous les pansements ont été faits rapidement, et hier, à dix heures du soir, il ne restait plus un seul blessé à panser. Le service administratif et celui de la pharmacie sont d'ailleurs assurés par l'ambulance permanente de Kamiech. Prévenu par le télégraphe en temps opportun, le sous-intendant de Préval a pu faire préparer à l'avance cet asile provisoire, et lorsque les blessés sont arrivés à Kamiech, ils ont trouvé le couchage, de la tisane et du bouillon.

«Je suis heureux, M. le Maréchal, d'avoir une nouvelle occasion de vous dire combien je suis satisfait du service hospitalier de l'armée. Il y a tant de bon vouloir, d intelligence inventive de la part de tous, fonctionnaires de l'intendance, médecins, comptables et infirmiers, qu'on arrive toujours et promptement à sortir convenablement des circonstances les plus difficiles. Mais je ne saurais mettre trop souvent sous les yeux de Votre Excellence les noms des deux principaux chefs de service, ceux à qui sont dus surtout ces heureux résultats, MM. de Séganville, sous-intendant militaire, et Scrive, médecin en chef de l'armée. Aujourd'hui, des vaisseaux et frégates de l'escadre et des bateaux à vapeur de l'administration vont emporter à Constantinople environ 2,000 malades et blessés. L'effectif de nos ambulances se trouvera ramené à peu près à ce qu'il était avant la bataille. Je suis avec respect, etc.

*L'intendant général* BLANCHOT. »

Le rapport du vice-amiral Bruat, qui contient moins des faits que des impressions, est encore intéressant à lire après les deux qui précèdent, et fait connaître l'effet moral produit par le succès de la journée.

A bord du *Montebello*, le 18 août.

Monsieur le Ministre,

Je me suis rendu hier matin au quartier général d'où le général en chef a bien voulu me conduire jusque sur le champ de bataille de la Tchernaïa. On n'avait pu constater encore exactement le chiffre des pertes de l'ennemi; mais l'on savait déjà, au moment de notre retour au quartier général, que 1,700 blessés russes avaient été recueillis et que 400 prisonniers étaient tombés en notre pouvoir. Pour dégager nos ambulances, le général en chef m'a prié de faire évacuer sur le Bosphore tous les blessés russes dont l'état permettait le transport jusqu'à Kamiesch. Outre le *Montezuma*, qui emporte 250 malades de notre armée, j'expédie aujourd'hui à Constantinople les vaisseaux le *Wagram* et le *Charlemagne*, et la frégate à vapeur le *Labrador*, qui recevront à bord 1,200 blessés, 400 prisonniers et 600 gendarmes de la garde. A leur retour du Bosphore, ces bâtiments rapporteront à Kamiesch la brigade Sol, composée d'environ 3,200 hommes. Je puis aujourd'hui faire connaître à Votre Excellence l'impression générale que la victoire de la Tchernaïa me paraît avoir produite dans notre armée. Aucun engagement n'avait encore consacré d'une façon aussi éclatante la supériorité et l'ascendant moral de nos troupes sur celles de l'ennemi. Les dispositions prises par l'armée russe indiquaient un plan bien conçu et bien étudié. Aucune erreur semblable à celle du général Soïmonof à la bataille d'Inkermann n'a été commise dans cette journée. Les divisions russes ont attaqué nos positions à l'heure et avec une connaissance parfaite du terrain : elles ont enlevé le pont de Traktir et forcé les avant-postes sardes à se replier. Lorsque la brigade de Failly a repris l'offensive, 1,500 ou 2,000 Français ont rejeté 8,000 Russes au delà de la Tchernaïa. Une heure plus tard, 45,000 Russes battaient en retraite devant 10 ou 12,000 hommes de troupes alliées. La journée du 16 août a été moins bien une bataille qu'une immense sortie repoussée avec une incroyable vigueur. L'ennemi ne s'est point avancé hors de la portée de ses batteries de position ; il s'est retiré sous la protection des ouvrages qui couronnent le plateau de Mackensie dès qu'il s'est aperçu que nos troupes n'étaient point intimidées par les masses considérables qu'il avait déployées dans la plaine. Peut-être avait-il l'espoir de nous attirer sous le feu de ses batteries de position et de nous engager entre les hauteurs d'où son artillerie aurait pu nous foudroyer. Le général en chef ne s'est point laissé entraîner à cette poursuite imprudente. En faisant donner sa cavalerie, il eût pu ramasser quelques fuyards; mais il eût fallu faire défiler nos escadrons par le pont de Traktir, que les projectiles des ouvrages ennemis dépassaient; il eût fallu les lancer dans la plaine sous un feu croisé d'artillerie et de mousqueterie, ayant à dos une rivière guéable, mais dont les berges sont très-escarpées. Grâce à la sagesse du général en chef, notre succès reste intact et complet : l'ennemi est rentré dans ses lignes, et l'armée de secours demeure paralysée; le siége peut se poursuivre en toute sécurité Les difficultés qu'il présente sont peu diminuées sans doute par notre victoire, c'est toujours une œuvre de persévérance et de méthode à accomplir; mais l'issue ne peut plus en être douteuse. La Russie n'aura point à se féliciter de la résistance prolongée de Sebastopol; ses finances et ses armées s'épuisent à soutenir à l'extrémité de l'empire une lutte dont les conditions sont toutes à notre avantage. Si Sébastopol était tombé après la bataille de l'Alma, ce n'eût été qu'une surprise; la Russie aurait perdu une flotte et un arsenal maritime, mais le prestige de sa puissance n'en eût point été sérieusement affaibli. Aujourd'hui, au contraire, ses forces se sont usées dans de longs et inutiles efforts; ses vieux soldats ont disparu; sur le champ de bataille, elle présente plus de recrues que de bataillons éprouvés; les blessés que nous recueillons, les prisonniers qui tombent en notre pouvoir paraissent affaiblis par les fatigues et par une nourriture insuffisante. Le gouvernement russe, privé des transports qui s'effectuaient par la mer d'Azof, ne peut plus remplir ses magasins; ses soldats ne reçoivent pour toute ration que du pain, du sel et de l'eau ; l'eau-de-vie ne se distribue que les jours de bataille; la viande, presque jamais. Quand les pluies de l'automne viendront défoncer les routes, je ne sais comment l'ennemi pourra pourvoir au ravitaillement de cette nombreuse armée. Sa situation me paraît des plus critiques, et je vois dans l'attaque du 16 août, si mollement poursuivie, un symptôme de découragement bien plus que d'audace. Les perspectives de l'avenir commandaient aux Russes un effort vigoureux; elles nous conseillent, au contraire, la prudence. Le général en chef a fait ouvrir, hier matin, la feu de nos batteries de siége. Si nous parvenons à éteindre le feu de l'ennemi, nos cheminements seront poussés avec activité; s'il faut attendre l'arrivée des mortiers pour obtenir ce résultat, le retard, dont on appréhendait les conséquences, aura moins d'inconvénients aujourd'hui que jamais. Nous savons par les aveux mêmes des généraux russes quelles pertes notre feu leur fait subir : ces pertes ne peuvent qu'augmenter, et les moyens de l'ennemi pour les réparer diminueront chaque jour. Notre armée, pendant ce temps, reçoit des renforts et vit dans l'abondance. Malgré les sacrifices journaliers qu'elle subit, son héroïsme se soutient, et la facilité avec laquelle le nouvel emprunt vient d'être couvert suffirait pour lui apprendre que la France ne l'abandonnera pas. La victoire de la Tchernaïa me paraît donc faite pour rassurer les esprits les moins confiants; c'est une grande et belle journée dont le premier effet sera de rendre la confiance à tous ceux que l'échec du 18 juin avait ébranlés. Je reçois d'excellentes nouvelles de la mer d'Azof. Les flottilles alliées continuent à en parcourir le littoral et à répandre partout l'alarme et la terreur. Le *Descartes* est parti hier pour le détroit de Kertch, où il porte un renfort de 400 soldats d'infanterie de marine. Les Anglais y envoient 800 hommes. Le général en chef a prescrit, sur ma demande, au colonel Osmont, de se concerter avec le commandant Bouët, de la *Pomone*, pour occuper Taman et Fanagoria pendant le temps qu'exigerait la destruction complète des édifices que les Russes ont conservés dans ces deux établissements. Les matériaux seront utilisés pour élever des baraquements sur le cap Saint-Paul. Avec des précautions, prises en temps opportun, les garnisons du détroit de Kertch passeront l'hiver sans souffrance. »

Nous croyons inutile de reproduire le rapport du général La Marmora qui ne contient aucun fait nouveau, ni celui du général Simpson, qui se borne à transmettre à son gouvernement un récit sommaire et à rendre hommage aux troupes françaises et sardes, lesquelles ont presque exclusivement supporté l'effort de la journée, une seule batterie anglaise ayant concouru à la bataille.

Dans son rapport, le général prince Gortschakoff, tout en cherchant à atténuer l'importance de la journée, reconnaît qu'elle a été des plus sanglantes et que ses pertes ont été supérieures à celles des Français et des Sardes. Il attribue son échec au général Read chargé de l'attaque de droite et qui aurait commencé cette attaque sans attendre les derniers ordres ; car dans le système du rapport, le prince Gortschakoff se réservait de décider, d'après les premiers incidents de la journée, si l'affaire deviendrait une bataille ou se bornerait à une simple reconnaissance. Il est possible que le général Read ait contribué à l'insuccès par une initiative précipitée, mais on peut observer qu'il n'était plus là pour répliquer lorsqu'on l'accusait ainsi, et que les vivants ont toujours beau jeu contre les morts. Quoi qu'il en soit, voici un extrait du rapport du prince Gortschakoff : « Le 4 (16) août, à quatre heures du matin, nos troupes se divisèrent en deux colonnes : celle de droite, sous le commandement de l'aide de camp général de Read, fut dirigée de front contre les hauteurs nommées montagnes Fédukhine, et celle de gauche, commandée par le lieutenant général Liprandi, se porta sur Tchorgoun. Les deux colonnes chassèrent en un instant l'ennemi de la rive droite de la Tchernaïa ; le lieutenant général occupa les hauteurs de Tchorgoun ; de son côté, la colonne de droite se précipita vers la rivière avec une rapidité extraordinaire, la passa sous le feu violent des batteries ennemies, traversa ensuite un long canal d'aqueduc, et, entraînée par la chaleur du combat, s'élança directement sur les hauteurs de Fédukhine. Dans l'intervalle, l'ennemi avait déjà eu le temps d'attirer des forces très-considérables sur le point menacé de sa position fortifiée. Les troupes de la colonne de droite, qui escaladaient l'escarpement, y rencontrèrent une résistance désespérée. Tous les efforts de notre brave infanterie demeurèrent sans succès. Nous éprouvâmes à cette occasion des pertes sensibles. Le général de Read et son chef d'état-major le général de Weimarn furent des premiers à succomber. Le commandant en chef étant accouru en toute hâte à la colonne de droite, et voyant que nos troupes épuisaient vainement sur ce point leurs héroïques efforts, ordonna de commencer la retraite au-delà de la Tchernaïa. S'étant éloigné à mi-portée de canon, le prince Gortschakoff fit faire une halte à ses lignes de bataille, dans l'espoir que l'ennemi nous poursuivrait et nous offrirait l'occasion de le combattre en rase campagne. Toutefois, les alliés ne bougèrent point de leurs positions. Après être restées pendant quatre heures en vue de nos adversaires, nos troupes regagnèrent paisiblement la montagne Mackensie. En annonçant avec douleur les pertes que nous avons éprouvées, l'aide de camp général prince Gortschakoff rend témoignage en même temps du courage sans exemple que nos troupes ont déployé dans le sanglant combat du 4, et attribue ces pertes elles-mêmes à l'excès d'ardeur de la colonne de droite. L'ennemi, après avoir repoussé notre attaque, n'osa point passer à l'offensive, malgré sa supériorité numérique.

Les documents, dont nous avons fait précéder ce rapport, prouvent que cette affaire fut autre chose qu'une simple reconnaissance des lignes occupées par les armées alliées. Une reconnaissance effectuée à la tête de 60,000 hommes d'infanterie, de 6,000 chevaux et de 160 bouches à feu, c'est-à-dire de toutes les forces composant l'armée de secours, c'est réellement chose dérisoire! La narration moscovite suffirait donc seule à son propre démenti, sur ce point comme sur beaucoup d'autres, si les instructions trouvées sur le général Read, qui conduisait le premier corps de l'armée russe et qui resta sur le champ de bataille, ne faisaient connaître de la manière la plus évidente le but de cette grande opération militaire, qu'on dit avoir été entreprise sur un ordre formel venu de Saint-Pétersbourg. Il est même probable que la garnison de Sébastopol y aurait concouru par une attaque générale de nos tranchées et de nos batteries, si le général Pélissier avait commis la faute de les dégarnir, ou bien si le général Herbillon n'avait pas aussi énergiquement repoussé l'ennemi, avec la seule assistance effective d'un petit nombre de braves Piémontais. Une affaire assez sérieuse pour que le prince Gortschakoff soit forcé d'avouer la mort de 3 généraux, les blessures de 8 autres, où il cite 15 officiers généraux et 20 officiers supérieurs comme s'étant particulièrement distingués, est bien une véritable bataille, et non pas une simple reconnaissance. Enfin, une retraite si précipitée qu'il fut forcé d'abandonner sur le champ de bataille 1,700 de ses blessés et 3 de ses officiers généraux dont 2 vivaient encore, a tous les caractères d'une véritable déroute. Tout concourt d'ailleurs à démontrer que si le général français ne fit pas suivre l'ennemi par sa cavalerie, c'est qu'en effet la poursuite eût été sans résultats assez importants, vu la vivacité de la retraite, pour exposer au feu destructeur d'une nombreuse artillerie de position les braves régiments de cuirassiers, de dragons et de chasseurs d'Afrique, dont on aurait plus tard regretté les utiles services. Voici les ordres du jour publiés après la victoire par les généraux français, sarde et anglais :

« Soldats! Dans la journée du 16 août, vous avez vaillamment combattu, et vous avez puni l'armée russe de son aventureuse tentative contre nos positions de la Tchernaïa. Pour avoir été remportée le lendemain de la Saint-Napoléon, votre victoire n'en célèbre pas moins dignement la fête de votre empereur. Rien ne pouvait être plus agréable à son grand cœur que le laurier dont vous avez de nouveau décoré vos aigles. Cinq divisions d'infanterie russe, soutenues par une artillerie nombreuse et des masses considérables de cavalerie, et présentant un effectif de 60,000 hommes, ont fait effort contre nos lignes. L'ennemi comptait vous en chasser et vous refouler sur le plateau de Chersonèse. Vous avez confondu ses présomptueuses espérances; il a échoué sur tout son front d'attaque, et les Sardes, à votre droite, se sont montrés vos dignes émules. Le pont de Traktir a été le théâtre d'une lutte héroïque qui couvre de gloire les braves régiments qui l'ont soutenue.

« Soldats! cette affaire, où les Russes ont perdu plus de 6,000 hommes, plusieurs généraux, et laissé entre nos mains plus de 2,200 blessés ou prisonniers, et leur matériel, préparé de longue main pour le passage de la rivière, fait le plus grand honneur au général Herbillon, qui commandait les lignes de la Tchernaïa, et à sa division. Les divisions Camou et Faucheux ont été à la hauteur de leur vieille réputation. Les généraux de brigade, de Failly surtout, Clerc et Wimpffen, les colonels Douay, Polhès, Danner et Castagny, ont droit à la reconnaissance de l'armée. Je ne puis nommer ici tous les émules de leur valeur; mais je dois signaler particulièrement l'habile direction que le colonel Forgeot a imprimée à nos énergiques canonniers, la brillante conduite de la garde impériale et des divisions. Une batterie de position anglaise, du sommet qui domine Tchorgoun, nous a puissamment aidés à décider le mouvement de retraite de l'ennemi, sans engager les réserves. Les Turcs, débarrassés d'une fausse attaque, nous ont apporté l'appui de six bataillons et d'une batterie. La cavalerie anglaise était prête, avec des escadrons sardes, à seconder les braves chasseurs d'Afrique du général Morris, si la poursuite de l'ennemi eût pu ajouter utilement au succès. Mais je n'ai pas perdu de vue notre grande entreprise, et j'ai voulu ménager notre sang, après avoir obtenu un résultat qui consacre une fois de plus notre supériorité sur cette infanterie russe si vantée, qui vous présage de nouvelles victoires, et augmente vos droits à la reconnaissance du pays.

Au grand quartier général devant Sébastopol, le 17 août 1855.

*Le général en chef*, A. PÉLISSIER. »

« Soldats! hier, pour la première fois, vous avez rencontré l'ennemi que nous sommes venus combattre dans ces régions lointaines; votre attitude a été telle que je l'espérais, et de nature à mériter les éloges de nos braves alliés. Le télégraphe a annoncé à l'Europe que vous avez contribué à la victoire de la Tchernaïa. Le roi sera satisfait et la nation remplie de joie. Je vous remercie de votre belle conduite dans cette glorieuse journée.

« *Le général en chef*, ALPHONSE LA MARMORA. »

« Le commandant en chef félicite l'armée sur le brillant succès que les troupes françaises et sardes ont remporté hier sur l'ennemi. Les efforts des Russes pour franchir la Tchernaïa, quoique tentés avec des forces très-supérieures, ont été très-vigoureusement repoussés. Nos courageux alliés, par leur intrépidité et leur audace, ont ajouté un nouveau lustre à nos armes, et dans cette occasion, la première où l'armée sarde ait rencontré l'ennemi, elle s'est montrée digne de combattre à côté de la plus grande nation militaire de l'Europe. L'armée, après la lecture de cet ordre, trouvera un motif de plus d'unir fraternellement ses efforts à ceux de nos braves alliés dans la grande entreprise dont nous poursuivons l'accomplissement. — Au grand quartier général, devant Sébastopol, le 17 août 1855.

« *Le général en chef*, JAMES SIMPSON. »

En regard des ordres du jour des vainqueurs, voilà celui du vaincu : « Quartier général, hauteur d'Inkermann, 17 août. — « Soldats ! quelque désastreuse qu'ait été pour nous la journée d'hier d'après les décrets de la Providence, l'armée a donné une nouvelle preuve de son courage traditionnel et de sa constance. Votre impétueuse valeur a brisé tous les obstacles, et vous avez montré à vos ennemis qu'aucune fortification sur terre ne peut les protéger contre vos baïonnettes ! Soldats, vous avez dignement maintenu hier la réputation de nos armes, et c'est pour moi une dette sacrée d'en informer l'empereur, notre souverain. L'autorité placée en mes mains me permet déjà de donner à quelques-uns d'entre vous les récompenses que mérite votre valeur invincible. La conduite que vous avez tenue hier, quoique la Providence n'ait pas couronné vos efforts de succès, recevra, soyez-en certains, les félicitations de votre empereur. GORTSCHAKOFF. »

Le 20 août, l'Empereur adressa au général Pélissier la lettre suivante :

« Général, la nouvelle victoire remportée sur la Tchernaïa prouve pour la troisième fois depuis le début de la guerre, la supériorité des armées alliées sur l'ennemi lorsqu'il est en rase campagne ; mais si elle fait honneur au courage des troupes, elle ne témoigne pas moins des bonnes dispositions que vous aviez prises. Adressez mes félicitations à l'armée, et recevez-les aussi pour votre part. Dites à ces braves soldats qui, depuis plus d'un an, ont supporté des fatigues inouïes, que le terme de leurs épreuves n'est pas éloigné. Sébastopol, je l'espère, tombera bientôt sous leurs coups, et l'événement fût-il retardé, l'armée russe, je le sais par des renseignements qui paraissent positifs, ne pourrait plus pendant l'hiver soutenir la lutte dans la Crimée. Cette gloire acquise en Orient a ému vos compagnons d'armes en France, ils brûlent tous de partager vos dangers

Aussi, dans le double but de répondre à leur désir et de procurer du repos à ceux qui ont déjà tant fait, j'ai donné des ordres au ministre de la guerre afin que tous les régiments restés en France aillent, au fur et à mesure, remplacer en Orient ceux qui rentreraient. Vous savez, Général, combien j'ai gémi d'être retenu loin de cette armée qui ajoutait encore à l'éclat de nos aigles; mais aujourd'hui mes regrets diminuent, puisque vous me faites entrevoir le succès prochain et décisif qui doit couronner tant d'héroïques efforts. »

Pour ne rien omettre de ce qui peut donner l'idée la plus complète de la bataille de la Tchernaïa, nous allons reproduire les lettres suivantes extraites de la correspondance du ministère de la guerre. La première est relative aux témoignages de satisfaction que S. M. la reine de la Grande-Bretagne a fait parvenir à l'armée française dès le lendemain de la bataille de la Tchernaïa: les autres concernant les difficultés que le service de nos ambulances a rencontrées lorsqu'il a voulu s'occuper des blessés russes, et leur donner, sur le champ de bataille même, les soins que réclamait leur position.

*Le général en chef de l'armée anglaise au général en chef de l'armée française.*

— « Je m'empresse de porter à votre connaissance une dépêche télégraphique que je viens de recevoir de lord Panmure, notre ministre de la guerre. Son Excellence me mande que l'annonce de la victoire du 16 août est arrivée à Londres le 17, et que la reine en a été immédiatement informée. Il ajoute : « Sa Majesté me charge de féliciter, en son nom, les « braves alliés du résultat de cet en« gagement, dans lequel ils ont su maintenir la haute réputation « militaire de leurs nations respectives. » Je suis heureux d'être, dans cetteconstance, l'interprète des sentiments de notre souveraine. »

*Le général commandant en chef l'armée française au ministre de la guerre.*

« J'ai l'honneur de vous adresser ci-joint copie de la correspondance que j'ai échangée ces jours derniers avec le prince Gortschakoff, au sujet de l'enlèvement des blessés et de l'ensevelissement des morts russes, à la suite de l'affaire du 16 août. Les batteries russes de Mackensie ont eu l'inexplicable tort de tirer sur nos ambulances volantes, lorsqu'elles venaient recueillir ceux de nos adversaires qui gisaient encore sur le champ de bataille *bien après que nos tirailleurs avaient cessé leur feu*. Les commandants de ces batteries ont donné, par conséquent, une explication inadmissible à leur général, auquel j'ai signalé leur triste conduite. Cette conduite n'est pas honorable pour l'artillerie ennemie. En essayant de pallier les torts de ses subordonnés, le prince Gortschakoff a cru, toutefois, devoir rendre un complet hommage à l'humanité dont nos soldats ont donné, dans cette occasion, de nouvelles et de touchantes preuves. Ils ont été, en effet, aussi généreux après la victoire que courageux dans le combat, et je suis fier de commander à de tels hommes. »

N° 91. — *Le général en chef de l'armée française au prince Gortschakoff, commandant en chef l'armée en Crimée.* « Je m'empresse de faire remettre à Votre Excellence un portefeuille renfermant des valeurs et une lettre qui, après vérification, appartiennent au général de division Read, commandant un corps d'armée russe. J'ai lieu de supposer que le corps de cet officier général est resté sur le champ de bataille, et des ordres ont été donnés pour qu'il soit activement recherché. Agréez, etc. PÉLISSIER. »

*Le prince Gortschakoff au général commandant en chef l'armée française en Crimée.* « J'ai eu l'honneur de recevoir la communication que Votre Excellence a bien voulu me faire le 16 août courant, n. st., ainsi que le portefeuille renfermant des valeurs et une lettre appartenant au général Read. Je reconnais hautement, monsieur le commandant en chef, toute la valeur d'une démarche aussi pleine de courtoisie, ainsi que la sollicitude généreuse qui a porté Votre Excellence à faire rechercher le corps de cet officier général. Agréez-en l'expression bien sentie, et recevez l'assurance renouvelée de ma haute considération. MICHEL GORTSCHAKOFF. »

N° 92. — *Le général commandant en chef l'armée française en Crimée à S. Exc. le prince Gortschakoff, commandant en chef l'armée russe.* « Nous avons relevé tous les blessés à la portée de la Tchernaïa, en deçà et au-delà de cette rivière; les batteries de Mackensie s'obstinent à tirer sur les emplacements avancés, et nous ne pouvons poursuivre cette opération envers ceux des vôtres qui jonchent le champ de bataille. Je dénonce cette circonstance à Votre Excellence, afin de ne donner à qui que ce soit le droit de dire que nous avons laissé des blessés sans soins ou des morts sans sépulture. Agréez, etc. A. PÉLISSIER. »

N° 93. — *Le général commandant en chef l'armée française à S. Exc. le prince Gortschakoff, commandant en chef l'armée russe en Crimée.* « Je m'empresse de porter à votre connaissance que votre dépêche en date d'hier vient de me parvenir presque à l'instant. Sans perdre un moment, j'ai donné par le télégraphe l'ordre au général commandant sur la Tchernaïa que le pavillon parlementaire fût immédiatement arboré et maintenu jusqu'à huit heures du soir, s'il était nécessaire, pour l'accomplissement de vos intentions. Leur réalisation sera peut-être un peu tardive, car, ainsi que j'ai eu l'honneur de vous le faire pressentir par ma lettre;

n° 92, nous avons fait, malgré le feu impitoyable de quelques-uns de vos canons, tous nos efforts pour secourir vos blessés et donner la sépulture à bonne partie de vos morts. Je n'ai point encore le chiffre de ceux de ces derniers relevés par nos soins; mais, jusqu'à ce moment, 88 officiers et 1,620 sous-officiers et soldats ont pu être réunis et soignés dans les ambulances de l'armée française. Agréez, etc. A. PÉLISSIER. »

*Le prince Gortschakoff au général commandant en chef l'armée française en Crimée.* « J'ai l'honneur d'accuser réception des communications successives que Votre Excellence a bien voulu m'adresser en date des 17 et 18 août courant, n. st. *sub* n°° 92 et 93. Je prie Votre Excellence de recevoir tous mes remercîments pour les soins que vous faites donner à nos blessés; mais je dois vous informer, en même temps, que les chefs de batteries de Mackensie m'ont déclaré n'avoir tiré sur vos postes avancés de la Tchernaïa qu'à la suite du feu que les tirailleurs français ont, en dépit des efforts énergiques et soutenus de leurs officiers, dirigé contre ceux de nos hommes qui s'étaient rendus, après le combat, sur les bords de la rivière pour enlever leurs blessés et leurs morts sur le champ de l'action. Il est impossible de préciser de quelle part sont partis les premiers coups. Les chefs de poste avancés ne peuvent pas s'écarter de leur consigne générale (de faire feu sur l'ennemi) sans recevoir à cet égard des ordres spéciaux. C'est seulement aux chefs supérieurs qu'il appartient d'alléger, par des mesures exceptionnelles, les souffrances inutiles qu'entraîne la guerre, et je me plais à rendre cette justice à Votre Excellence qu'elle met tous ses soins à les adoucir. Agréez, etc. MICHEL GORTSCHAKOFF. »

Quelques actes répréhensibles d'individus appartenant à l'armée anglaise provoquèrent de la part du général Simpson l'ordre du jour suivant :

« Quartier général, devant Sébastopol, 20 août.

« L'extrême mépris qu'ont montré des officiers et d'autres personnes attachées à cette armée pour ce qui réclame le respect, en visitant le théâtre d'un récent combat, en dépouillant les morts ou en achetant les objets pillés, a motivé de la part de nos alliés une plainte grave. Tout ce qui se trouve sur le champ de bataille appartient à la nation victorieuse. S'approprier quoi que ce soit est un acte déshonnête; l'acheter à ceux qui ont agi de cette sorte, c'est encourager leur improbité et se rendre leur complice. Le général en chef espère qu'il suffira de cet avis pour empêcher ceux auxquels il est adressé de tenir de nouveau une conduite aussi irréfléchie. On rappelle à ceux qui suivent l'armée qu'ils relèvent de ses règlements et de sa discipline. La police et les prévôts recevront à l'avenir l'ordre de punir en ces occasions les coupables de la manière la plus exemplaire. »

Racontons maintenant quelques-uns des épisodes dont les pièces ci-dessus ne font pas mention. Voici d'abord un curieux passage d'une lettre d'un chef de bataillon engagé dans l'affaire. Elle est adressée par cet officier à son frère :

« Tu serais surpris si tu voyais dans quel état on envoie au combat un soldat russe. Mon médecin-major a pansé plus de cinquante de leurs blessés, et j'en ai vu beaucoup de nus. Leurs vêtements consistent en une capote uniforme d'une étoffe plus mauvaise que la couverture des chevaux. Une chemise en toile très-grossière et un pantalon de même toile que la chemise, le tout bien souvent en guenilles; une mauvaise casquette ronde sans visière; mais, par exemple, des gibernes énormes, bien garnies de cartouches, et des fusils assez médiocres. Ils portent des bottes d'une épaisseur et d'une longueur singulières. On les fait sur une seule forme, chausse tous les pieds du régiment. Ils ne peuvent pas courir avec cela; nous les attrapons bien facilement à la course. Ils avaient des espèces de bissacs en toile qui renfermaient du pain, si on peut donner le nom de pain à cet objet. J'en avais déjà vu à Iéni-Kalé. Cela a à peu près la couleur et la consistance du pain d'épice : c'est un mélange de farine non blutée avec des graines de colza. J'ai fait ouvrir quelques-uns de ces bissacs, et j'ai trouvé dedans le pain dont je parle, un morceau de suif brut tel qu'on l'arrache du ventre de l'animal mort, et un petit sachet de sel. C'est un triste menu. Pauvres soldats ! »

Une autre lettre, écrite du camp, contient ce qui suit :

« J'ai à vous faire l'éloge d'un soldat d'une nouvelle espèce, qui s'est couvert de gloire à la bataille de la Tchernaïa. C'est un chien qui a sauvé la vie à un sergent, à un soldat, et a fait trois prisonniers. Il appartient au colonel Melmann, du 73e de ligne. Le 16, au matin, au moment de marcher à l'ennemi, son maître l'avait fait attacher; mais le chien, je regrette de ne pas savoir son nom, voyant courir les troupes et entendant le bruit de la mousqueterie, rompit sa chaîne, et le voilà au milieu de son régiment, aux prises avec l'ennemi, mordant les uns, renversant les autres, bataillant avec un entrain héroïque. Il voit un grenadier russe allongeant un coup de baïonnette dans les reins d'un sergent qui tenait un officier ennemi par le collet : d'un bond, il le saisit par la capote et le fait tomber à la renverse; mais, trop généreux pour mordre un ennemi vaincu, il se contente de lui mettre les pattes sur la poitrine et de lui montrer les dents jusqu'à ce qu'on l'ait fait prisonnier. Un peu plus loin, un soldat russe lève le sabre sur un zouave blessé; le chien le saisit par le poignet, l'arme tombe, et le soldat désarmé est obligé de se rendre.

« A ce moment, le vaillant quadrupède reçoit une balle qui lui casse une patte ; sa blessure ne fait que redoubler son ardeur, il se précipite dans les rangs ennemis, renverse un officier et, le traînant par la capote du côté de nos troupes, le fait prisonnier. Un de nos médecins lui la mis des attelles à la patte cassée, et il est en voie de guérison. »

Le détail suivant est pris dans une correspondance du *Courrier de Marseille :* « Nous avons vu ce matin un tambour russe pris sur le champ debataille de la Tchernaïa. Ce bruyant trophée, qu'un de nos amis a mission de faire parvenir à Mme la comtesse Ferray-d'Isly, dame d'honneur de l'impératrice, est un envoi du général Ferray-d'Isly à son jeune enfant. Un tambour russe, pris à l'ennemi, était en effet un jouet digne du petit-fils du maréchal Bugeaud. Nous avons été curieux de comparer cet instrument à un des nôtres. La confection de ce tambour ne donne pas une haute idée des facteurs russes; la caisse et les accessoires constituent un grossier assemblage qui offre le plus complet contraste avec l'élégance militaire et la bonne tenue de nos tambours de régiment. Le cuivre de la caisse est mal laminé, les cercles dénoncent une main d'œuvre tout à fait rustique; les cordes épaisses, grossièrement filées et lourdement adaptées, font peu d'honneur à leur origine ; il en est de même des lanières, tristes échantillons du fameux cuir de Russie. En somme ce tambour ne se distingue que par sa construction négligée et grossière ; la seule chose qu'on y remarque, c'est l'aigle à deux têtes de l'empire des czars estampée sur le cuivre. »

Une correspondance adressée, de Saint-Pétersbourg, au journal *la Presse,* contenait le passage suivant : « Aujourd'hui que nous connaissons ici tous les détails de la désastreuse affaire de la Tchernaïa par le rapport du général en chef prince Gortschakoff, nous comprenons toute la portée de l'échec que nos troupes ont subi. L'empereur Alexandre lui-même est fortement frappé par ce triste résultat, et il a ordonné une enquête sévère sur les faits qui se sont accomplis dans cette journée. En effet, on sait que le général en chef aurait formellement accusé le général Read, qui a succombé dans ce sanglant combat, d'avoir été la cause principale de la perte de cette journée en n'ayant pas suivi exactement les ordres qu'il avait reçus. Que l'enquête se suive ou qu'elle soit abandonnée, on ne saura jamais la vérité à cet égard. En effet, dans ce pays-ci, le résultat de ces sortes d'instructions n'est jamais rendu public, et il ne sert absolument qu'à éclairer le gouvernement qui ne laisse rien transpirer. Le général Read, qui était fils d'un ingénieur écossais appelé, par l'empereur Nicolas, en Russie, a pour successeur, dans le commandement du 3e corps d'infanterie, le général d'artillerie Souhazonett, qui a été pendant longtemps directeur général des écoles militaires. Le général Souhazonett, qui, dans la guerre de 1812, a eu une jambe emportée par un boulet, est connu à l'étranger par une anecdote que nous croyons devoir reproduire ici. M. Souhazonett est joueur, gros joueur, et il profite de tous ses congés pour aller prendre les eaux d'Allemagne dans les endroits connus pour leurs salons de conversation, tels que Hombourg, Bade, Spa. Le bruit se répandit et fut répété par plusieurs journaux de différentes nations que M. Souhazonett avait fait sauter la banque; mais les feuilles étrangères ne se bornèrent pas à cette simple annonce, et elles ajoutèrent que M. Souhazonett était l'homme à qui était confiée la direction générale des écoles militaires de Russie, et elles demandèrent s'il était bien moral de voir la jeunesse ainsi placée sous la main d'un joueur effréné. Un de ces journaux tomba sous les yeux de l'empereur Nicolas qui rappela sur-le-champ M. le général Souhazonett en Russie, et lui ôta la direction des écoles militaires. L'année suivante, le général ayant obtenu un nouveau congé, vint présenter ses hommages à l'empereur avant son départ, et cette entrevue est devenue célèbre par un calembour que commit l'empereur, et qui devint populaire et désormais inséparable du nom du général. Adieu, lui dit en français l'empereur Nicolas; adieu, Souhazonett (sois honnête). Depuis, cette méchanceté est restée attachée au nom du général, et on ne le prononce plus sans se rappeler la plaisanterie impériale. D'ailleurs, le général Souhazonnet jouit universellement de la réputation d'un général d'artillerie très-distingué; mais c'est la première fois qu'il va commander un corps d'infanterie, poste qui demande des connaissances stratégiques. M. Souhazonett est remplacé dans son poste de chef d'artillerie de l'armée active par le général Stakhowitch, qui n'a ni les qualités ni les connaissances de son prédécesseur pour cette arme spéciale. »

Le lendemain de cette publication, la *Presse* reçut la lettre suivante qu'elle s'empressa d'insérer :

« Permettez à un de vos abonné sde venir vous dire, à l'occasion d'une lettre de votre correspondant de Pétersbourg, dans votre journal de mardi dernier, que j'ai vu avec peine que, pour le plaisir de faire ou de répéter un mauvais calembour, fût-il du czar Nicolas, il ne se contente pas d'estropier le nom, mais encore de porter atteinte à la considération d'un homme aussi distingué qu'honorable.

Il s'agit, comme vous voyez, du général d'artillerie russe qui vient de recevoir un commandement en Crimée, en remplacement du général Read. La personne ainsi attaquée est certainement une des plus généreuses qu'il soit possible de trouver, ainsi que toute sa famille, comme vous allez en juger vous-même. Il y a environ deux mois, j'écrivis au général en faveur d'un pauvre prisonnier français, amputé à l'hôpital de Sébastopol, et immédiatement le général me fit répondre : « Tout ce qui sera possible en faveur du prisonnier sera fait, et ce qui est impossible sera encore fait. » Et le général, qui a une jambe de bois, comme on vous le dit, et qui dès lors est fort peu ingambe, d'aller, de venir, et de s'efforcer d'être utile à un inconnu. Dans le même temps, j'écrivais également au gendre du général, qui habite Rome, et par le retour du courrier, celui-ci de me répondre qu'immédiatement il a écrit à Sébastopol et à Pétersbourg, pour que parents et amis donnent aide et protection au malheureux blessé et mettent leur bourse à sa disposition. Depuis, le pauvre jeune homme a succombé à ses blessures; mais dites-moi s'il est ordinaire de rencontrer, de la part de ses ennemis, plus d'initiative et de bienveillance. Pardonnez-moi tous ces détails, monsieur le rédacteur, mais cette lettre ne sera peut-être pas inutile pour rassurer plusieurs familles sur le sort de leurs chers enfants, et de plus, sans être russophile, la reconnaissance envers une honorable personne me faisait un devoir de protester contre la lettre de votre correspondant.

« Recevez, etc. DESRIVIÈRES, rue Gaillon, 10. »

Cette lettre, jointe aux faits nombreux dont nous avons rapporté quelques-uns, prouve que si la guerre, ce reste de la barbarie, est encore nécessaire, elle est du moins adoucie à notre époque par les manifestations des sentiments généreux. Après la bataille de Traktir, lorsque les voitures d'ambulance ne suffisaient pas à enlever les blessés russes, on vit des soldats français charger sur leurs épaules ces malheureux et les emporter pour les faire secourir loin du champ de bataille.

Les Russes s'efforcent de s'emparer du commerce de la Chine. — La Russie et l'Amour. — Nouvelle expédition contre Petropaulowski. — Abandon de cette place par les Russes. — Les chiens du Kamtchatka. — Température de la presqu'île Sibérienne. — Depêche de l'amiral Bruce. — Destruction de Petropaulowski. — Les îles Aleoutiennes. — Incendie de Nishni.— Novgorod. — Description de la foire de cette ville.

Si, depuis deux ans, l'attention générale n'était pas concentrée sur la Turquie et sur la Crimée, elle se fût assurément portée vers la Chine, où s'accomplissent des événements d'une grande importance. Jusqu'à présent, l'Angleterre et les États-Unis sont les deux puissances qui ont établi avec le Céleste Empire les relations commerciales les plus étendues. Un autre État, la Russie, s'efforce de conquérir, dans ces contrées, une grande position, qui, plus tard, pourrait lui assurer une influence prépondérante. Puissance limitrophe de la Chine, la Russie doit à cette situation des avantages particuliers. Elle est en possession du traité le plus ancien avec la Chine et d'un commerce étendu. Seule parmi toutes les autres nations, elle entretient à Pékin même une mission, dont le caractère est à la fois politique et religieux. De ce côté de l'Asie, comme du côté de l'Europe, c'est à Pierre le Grand qu'appartient la conception des plans dont les Russes se bornent aujourd'hui à poursuivre l'exécution. Pierre le Grand, voulant relier la Russie d'Europe à l'océan Glacial et à l'océan Pacifique, fonda des établissements placés de manière à commander le cours des fleuves, et entre autres, Albazian, sur le fleuve *Amoor* ou *Amour*. L'empereur de la Chine s'empara par surprise de cet établissement qui menaçait ses possessions de famille de la Mantchourie et emmena tous les Russes à Pékin. A la suite de ces événements fut conclu, en septembre 1689, à Nipchu, le premier traité entre la Chine et la Russie. Un second traité fut signé, sous Catherine, le 14 juin 1728. D'après ces conventions, la Russie abandonna à la Chine le cours du fleuve Amour. Le commerce entre les deux pays se trouva restreint, pour les Russes à Kiakhta, pour les Chinois à MaiMai-Tchen. Au temps de la foire, les commissaires des deux pays fixent la valeur respective des marchandises, et le commerce se fait par échanges. Les Russes importent des draps, des fourrures, des peaux tannées, des objets en fer et en acier, des miroirs, des camelots, des velours de coton et de l'opium de Turquie. Les Chinois leur donnent en échange, du thé en boîtes, de la porcelaine, du musc, de la rhubarbe, des soieries, des cotonnades et des soies grèges.

Sous le prétexte de donner des guides aux descendants spirituels des Cosaques amenés à Pékin, en 1685, après la prise d'Albazian, les Russes obtinrent par ces traités l'autorisation d'établir une mission dans la capitale de l'empire chinois. Cette mission, composée d'un archimandrite, qui en est le chef, de trois autres prêtres, de deux diacres et de quatre jeunes gens chargés d'étudier le chinois et le mantchou, n'est changée que tous les dix ans. L'époque arrivée, le gouverneur général de la Sibérie orientale nomme un commandant qui, avec un inspecteur des bagages, deux interprètes et trente Cosaques, conduit une nouvelle mission à Pékin et en ramène l'ancienne. La mission de Pékin coûte à la Russie la somme annuelle de 65,000 fr., plus d'autres frais occasionnés par les envois de courriers et l'entretien du couvent de Candelemas et de l'église de l'Assomption. Elle est logée aux frais de l'Empereur de la Chine, qui lui consacre, chaque année, environ 5,000 fr. et 9,000 livres de riz. Le gouvernement russe, si altier quand il se croit arrivé à ses fins, n'hésite point, pour y parvenir, à se soumettre à la plus modeste attitude. C'est ainsi qu'il a consenti à traiter avec la cour de Pékin, par l'intermédiaire d'un bureau qui, sous le nom de cour des affaires étrangères, n'est qu'un ministère des colonies ayant dans ses attributions tout ce qui regarde les les pays tributaires de la Chine, et elle est inscrite en cette qualité au livre de l'empire. Mais tandis que le gouvernement russe accepte officiellement cette humble position, il entretient, parmi les descendants des Cosaques, des agents bien payés que leur qualité de Chinois met à l'abri de l'espionnage des autorités de Pékin et que leur communauté d'origine et de religion avec les Russes rend très-propres à servir les intérêts de leur ancienne patrie. Ces agents sont les véritables intermédiaires entre les deux gouvernements.

Après la guerre des Anglais contre la Chine, la position commerciale de la Russie se trouva compromise, par suite de l'ouverture des ports d'Amoy et surtout de Shang-Haï aux échanges maritimes. Les Russes sont obligés de vendre au-dessous du prix de revient les trois quarts des marchandises d'importation, sans compter les sommes énormes qu'ils dépensent en cadeaux distribués aux dignitaires de Pékin, qui ont conservé la haute main sur tout le commerce de Kiakhta. Pour compenser ces pertes, on fait payer le thé au consommateur russe trois fois plus cher qu'il ne coûte au consommateur anglais. Des négociations furent entamées à Pékin pour arriver à la conclusion d'un nouveau traité. En même temps le gouverneur de la Nouvelle-Archangel expédiait le *Shélikoff*, commandé par un capitaine de la marine impériale, pour ouvrir le commerce direct avec la Chine centrale à Shang-Haï même. Mais, arrivé à la station d'opium de Shang-Haï, le *Shélikoff* dut s'arrêter. L'intendant refusa au capitaine l'autorisation de remonter la rivière et de faire des ventes ou des achats, motivant ce refus sur ce que l'article huit du traité supplémentaire avec l'Angleterre, par lequel les priviléges accordés aux Anglais sont étendus à d'autres nations, dont le commerce était autrefois restreint à Canton, ne concerne point les Russes, qui n'ont jamais eu de relations avec cette place. Le capitaine du *Shélikoff* fut obligé de se borner à faire secrètement des achats considérables de thé, et il repartit pour Sitka. Depuis 1848, il revient tous les ans, à la même époque, s'arrêtant toujours à la station d'opium, et faisant toujours des achats secrets de thé, comme si c'était une marchandise de contrebande. Il paraîtrait que le gouvernement russe serait parvenu, en 1852, à obtenir de l'empereur de la Chine l'ouverture d'un nouveau marché pour le commerce par terre des deux empires. Ce marché désigné sous le nom de *marché occidental*, en opposition à Khiakhta, qui resterait *marché oriental*, serait situé sur l'Irtysch, au point où cette rivière entre dans les possessions chinoises ; il se trouverait en communication directe et facile avec Tobolsk, chef-lieu de la Sibérie occidentale. Cet établissement serait pour la Russie d'une grande importance commerciale et politique. Il deviendrait un lieu d'entrepôt pour la Sibérie occidentale et Yarkand ainsi que Bouckara. Il permettrait aux agents russes de surveiller Bouckara, Khiva, Koundour et Khokhand, aussi activement du côté du nord-est que ces pays le sont, à l'ouest, par les agents établis sur la mer Caspienne. De ce point, le regard des Russes s'étendrait encore plus aisément jusqu'à Lahore et Caboul. Le gouvernement chinois se serait, dit-on, montré, à cette époque, plus difficile au sujet de la libre navigation du fleuve Amour. Il n'aurait pas encore voulu faire à la Russie cette concession qui eût ouvert à cette puissance les trois provinces de la Mantchourie. Si la Russie, disait-on, obtenait de naviguer librement sur le fleuve Amour, le Kamtchatka et ses possessions américaines se trouveraient rapprochés de plus des deux tiers de Nertchink et de Irkutsk ; Sitka acquerrait une grande importance commerciale et stratégique, par rapport surtout à la Californie et à tout l'océan Pacifique ; les Russes enfin, partant de Nertchink, arriveraient, après avoir parcouru la voie intérieure fluviale de l'empire chinois, jusqu'à Shang-Haï.

Il nous a semblé intéressant de publier ces documents, qui prouvent avec quelle persistance la Russie, sur tous les points où elle se montre, poursuit l'exécution des plans qu'elle doit au génie du fondateur de l'empire. Nous avons vu Pierre le Grand occupé à s'assurer la libre navigation du fleuve Amour. Nous retrouvons son successeur cherchant à profiter des circonstances pour arracher cette concession à la cour de Pékin. Mais, de puis Pierre le Grand, quel chemin les Russes n'ont-ils pas fait, aussi bien dans l'extrême Orient que dans l'Occident! On les voit diviser la Sibérie en deux gouvernements généraux; créer la compagnie d'Amérique, qui a son siége principal à Sitka, et un grand nombre de comptoirs; fonder des postes sur les îles Aleoutiennes, la Nouvelle-Archangel, à l'île Sitka, et entretenir, dans ces parages une flottille de guerre; agrandir continuellement Tolbosk, Tomsk, Irkutsk, Selenghinsk, à dix lieues de Kiakhta, avec 5,000 hommes de troupe; s'efforcer enfin, à toutes les époques, d'ouvrir des relations avec le Japon; prendre posses- de toute la partie nord des îles Kuriles, et, dans ce moment même, envoyer sous l'apparence d'une mission scientifique, une expédition suivre et observer, dans les mers du Japon, celle des États-Unis.

La Russie est parvenue depuis à faire pacifiquement l'acquisition de l'embouchure de l'Amour. Les Russes avaient pris possession de ce territoire il y a deux cents ans déjà; mais ils y avaient renoncé quarante ans après, et, comme le gouvernement russe n'appréciait pas alors la valeur de cette possession, les habitants de cette contrée se soumirent à l'autorité du gouvernement chinois. L'empereur Nicolas reconnut le premier l'importance d'établissements sur la côte nord-est de l'Asie. Ce fut sous son règne que la population du Kamtchatka s'éleva à 8,000 habitants et que la capitale de cette province devint une place forte de 1,200 habitants. La première place de quelque importance qui venait ensuite était Ochotsk, chef-lieu de district du territoire de Jakutsk, comptant 1,000 habitants et éloigné de 9,550 verstes de Saint-Pétersbourg. Cette ville se trouvait cependant encore à 3,500 verstes de l'embouchure de l'Amour; c'est pour cela que l'empereur ordonna non seulement que l'on opérât une reconnaissance exacte de la partie de la Sibérie orientale située à l'est d'Ochotsk, mais fit construire aussi quelques forts à l'embouchure de l'Amour et étudier le fleuve par des bateaux à vapeur. Ce fut en 1851 que les plans conçus à ce sujet commencèrent à être mis à exécution; on transporta, en effet, un grand nombre de paysans de la couronne, des contrées situées au-delà du Baikal, notamment de Nertschinsk, sur la frontière chinoise, en qualité de colons militaires. Trois ans après on put en réunir 5,000 dans une revue, au grand étonnement de leurs voisins les Chinois. Lorsqu'en 1854 toute la Sibérie fut dégarnie de troupes régulières et que même on remplaça à Irkutsk les Cosaques de la ligne par des Buriates, on laissa cependant une force suffisante dans la capitale du Kamtchatka et sur l'Amour. Les fortifications furent augmentées, les établissements reçurent plus d'extension, et enfin le gouvernement russe profita des embarras de l'empereur de Chine pour obtenir un terrain de 300 milles carrés par un traité de rectification des frontières. Uue ville russe bien fortifiée se fonde actuellement à l'embouchure de l'Amour. Quand elle sera assez forte pour résister aux attaques des puissances occidentales, elle deviendra le point de départ de relations qui pourront prendre une très-grande extension. La *Gazette nationale* de Prusse a publié quelques détails sur l'acquisition des embouchures de l'Amour et l'importance qu'elle présente pour le commerce russe. « Le Kamtschatka et les colonies russes de l'Amérique, dit ce journal, ne produisent pas de blé, et il fallait le faire venir par terre d'une distance de 6,000 verstes. Un courrier expédié d'Irkoutsk à la station mongolique la plus rapprochée, avait porté au Céleste-Empire la nouvelle de l'avénement de l'empereur Alexandre, qui avait été envoyée ensuite par le chef de cette frontière, Van, à Pékin. Par suite, le ministre d'État de Chine accorda aux Russes la navigation de l'Amour, et leur céda tout le territoire des embouchures de ce fleuve et tout à fait volontairement, les Chinois voyant que ce fleuve n'est d'aucun usage pour eux. Le distric de Kamtchatka deviendra par suite le district de l'Amour, et on construira à 300 verstes de l'embouchure de ce fleuve un chef-lieu de district fortifié. On voit passer sans interruption, à Irkoutsk, des transports d'artillerie de forts, des bombes, des balles, de la poudre, des ancres, des machines à vapeur, etc., qui traversent le Bokel. Des journaux ont prétendu que la Russie pourrait transporter du thé par le fleuve Amour. Mais ceci ne sera possible que lorsqu'on aura obtenu la permission d'en acheter à Fu-Usjan et Schancha. Plusieurs familles de cultivateurs du gouvernement d'Irkoutsk ont déjà été dirigées sur l'Amour pour y former un noyau de colonie. Il serait désirable que des pêcheurs de Haratow, de l'Oural et d'Orenbourg, s'établissent sur ce fleuve qui est très-poissonneux. Le gouverneur général s'est rendu sur l'Amour et y restera jusqu'en octobre. Il espère s'entendre avec le chargé de pouvoirs chinois sur la délimitation de la frontière de l'est. La libre exportation d'objets fabriqués en argent, qui n'est pas permise sur cette frontière, a eu pour résultat une accumulation considérable de cette marchandise à Kiachta. »

Le fleuve Amour, dont on s'occupe beaucoup aujourd'hui, est un grand fleuve de l'Asie septentrionale. Dans son cours de 3,460 kilomètres, profond et tranquille, il ne présente aucun obstacle à la navigation. Il porte différents noms, et s'appelle, suivant les pays qu'il traverse, Saghallen, Heloug-Kiang, Kerlon et Argoun. Il est formé par la jonction de deux rivières, dont l'une prend sa source en Mongolie, aux monts Kinhan ou Kentaï, et l'autre dans le gouvernement sibérien d'Irkoutsk, à une petite distance du lac Baïkal. Ce lac, aux eaux douces et d'une grande transparence, dont la largeur varie entre 40 et 100 kilomètres, et qui en a 660 de longueur, verse ses eaux dans l'océan Arctique, en passant par l'Iéniseï. Parmi les tributaires de l'Amoor, il faut citer comme le plus important le Songari ou Soungari, rivière profonde, navigable, poissonneuse, d'environ 1,000 kilomètres de longueur, qui prend sa source dans les montagnes au nord de la Mantchourie de Corée, et ne le cède en importance qu'à l'Amoor lui-même. Ce dernier se jette, en formant un grand golfe, dans la mer d'Okhotsk, vis-à-vis de l'île de Tchoka. Avant peu, l'Amoor deviendra une des plus grandes artères du commerce asiatico-européen, car, à l'exception de quelques milles, la communication par eau est complète entre la mer Baltique et la mer Caspienne, et, suivant Cottrell, il suffirait de creuser un nouveau canal de 400 verstes (780 kilomètres à peu près) pour joindre l'océan Pacifique à la mer Caspienne. Au sujet du nom de ce fleuve que nous écrivons tantôt Amoor, tantôt Amour, nous ferons une observation qui s'applique aussi bien au passé qu'à l'avenir. C'est que dans les documents d'origines si diverses où nous puisons, et qui, avant de nous arriver, passent souvent, au moyen de la traduction, par trois ou quatre langues, il n'est pas étonnant que les noms propres d'hommes, de fleuves ou de localités se trouvent ortographiés d'une manière différente. Il ne nous a pas toujours été possible, attendu la rapidité de notre travail, de les rectifier d'une manière uniforme et nous avons pensé qu'il pouvait ne pas être inutile au lecteur de se trouver au fait des variations orthographiques de ces noms qu'il peut rencontrer chaque jour sous une forme ou sous une autre dans les documents publiés.

On a vu qu'en 1854 une expédition avait été tentée contre Petropaulowski, mais qu'elle avait échoué par suite de faux renseignements donnés. On se disposa depuis à faire une nouvelle tentative avec plus de chances de succès. Des préparatifs s'effectuèrent en conséquence, et le 15 mai 1855, l'escadre alliée, composée de huit bâtiments de guerre et pyroscaphes, arriva en vue de Petropaulowski; mais déjà la garnison avait quitté cette place en s'embarquant à bord de la frégate russe l'*Aurora*, de la corvette la *Dwina* et de deux navires marchands. Cette fuite fut un coup de maître de la part des Russes, qui profitèrent d'un épais brouillard pour s'éloigner dans la nuit du 17 avril et éviter les vapeurs anglais l'*Encounter*, navire à hélices portant 14 canons, et le *Baracounta*, steamer à aubes, lesquels croisaient depuis cinquante jours en vue de la place. Les ordres d'évacuation étaient venus des quartiers généraux russes en Sibérie. Après avoir jeté l'ancre dans la rade, un détachement de marins fut envoyé à terre par ordre des commandants de la flotte, le contre-amiral Bruce pour les Anglais, et le contre-amiral Fourrichon pour les Français. Ce dernier est un officier récemment nommé, très-énergique et âgé seulement de 45 ans. Ce détachement ayant débarqué, trouva la ville déserte, sauf un individu d'origine française, naturalisé Américain, et deux autres citoyens des États-Unis, qui hissèrent leur pavillon national sur leurs habitations, et se dirent les légitimes propriétaires du sol, les Russes leur ayant abandonné ces lieux. Ces étrangers y étaient établis comme négociants, et l'on ajoute qu'ils y faisaient d'assez belles affaires. Une centaine de chiens de la grande race des mâtins, du Kamtchatka, décharnés et dans le plus pitoyable état, parcouraient les rues de la ville, suivant partout les marins, afin d'obtenir quelques morceaux de biscuit pour assouvir leur faim. Les alliés, après s'être partagés en escouades, se mirent en devoir d'incendier et de faire sauter les arsenaux, les magasins et tous les édifices publics. Aucune construction ne fut épargnée, sauf l'hôpital, l'église et les demeures des classes pauvres. Les habitants avaient commencé à quitter la ville peu après le départ de la garnison. Accompagnés de leurs autorités, ils s'étaient retirés vers Tchinski; mais la femme du gouverneur russe étant enceinte, la fuite avait dû s'arrêter au petit village d'Avache, à une vingtaine de milles dans l'intérieur des terres. Le lendemain de l'arrivée des alliés, l'œuvre de la destruction des fortifications commença. Les murs, construits en fascines, poutres et terres, avaient seize pieds d'épaisseur. Leur force était telle que pendant longtemps ils résistèrent aux plus énergiques attaques; ils ne purent être renversés sur le sol qu'à l'aide d'explosions souterraines. Le gouvernement russe paraît avoir pris très-soudainement la résolution d'abandonner sa colonie. L'année dernière, après la première attaque, ses ordres portaient de renforcer la position et notamment d'établir dans les batteries de doubles rangées de canons. Les alliés trouvèrent des embrasures pour cinquante et une pièces d'artillerie de gros calibre. On ne comprend pas les motifs qui ont pu engager les Russes à se départir de leurs premières résolutions; ils étaient en mesure d'opposer aux efforts de l'ennemi une résistance plus énergique qu'il y a un an. Après avoir achevé la démolition de tous les travaux, la flotte reprit la haute mer, ne laissant devant Petropaulowski que le *Trincomalee* avec deux prisonniers destinés à être échangés contre un matelot français tombé au pouvoir des Russes, lors de la première attaque, et qui a subi l'amputation des deux bras. Les résidents américains affirmèrent que les prisonniers français et anglais n'avaient eu qu'à se louer de l'humanité avec laquelle on les avait traités.

Voici le contenu des dépêches du contre-amiral Bruce, commandant en chef des forces anglaises de l'océan Pacifique, adressées au lord commissaire de l'amirauté :

« A bord du *Président*, à Pétropaulowski (1), 15 juin 1855.

« Monsieur, j'ai l'honneur de vous informer, pour que vous en donniez connaissance aux lords commissaires de l'amirauté, qu'à mon arrivée en vue de ce port, le 30 mai, j'ai trouvé la place complétement évacuée ; pas un vaisseau, pas un canon, pas une personne à voir, rien que des embrasures vides et des maisons abandonnées. J'entrai le jour suivant dans le port intérieur, à bord du *Barracouta*, accompagné du capitaine Penauros, de la frégate française l'*Alceste*. Nous trouvâmes trois Américains, les seuls résidents qui fussent restés, et nous apprîmes d'eux que les vaisseaux russes *Aurora*, 44 canons ; *Dwina*, 20, *Olivutza*, 20, et les transports le *Baikal* et l'*Irtisch*, étaient partis le 17 (5 avril) avec tous les canons, toutes les munitions de guerre, ainsi qu'avec tous les soldats et tous les employés du gouvernement, qui étaient au nombre de 800, mais nous ne pûmes obtenir aucune donnée sur leur destination. Je parvins le 14 mai au rendez-vous, par 50 degrés latitude nord, 160 degrés latitude est, à bord de mon vaisseau amiral : le *Dido* et le *Pique* arrivèrent le même jour. L'*Encounter* et le *Barracouta* avaient été là depuis le 14 avril. Les plus grands éloges sont dus au capitaine O'Callaghan et au commandant Stirling pour le zèle et l'activité qu'ils ont mis à atteindre ce but, et leurs seigneuries remarqueront la promptitude avec laquelle ils ont été envoyés par le

(1) Petropaulawski ou Petropavlossk s'appelait autrefois Avatcha et comptait à peine 500 habitants. Il a un bon port d'où partent les barques des baleiniers. Non loin est Botcheleresk, qui n'a d'autre célébrité que sa poste aux chiens. On se figure à tort le Kamtchatka comme l'empire des neiges et des glaces, le séjour habituel du froid le plus intense et le plus insupportable. Il n'en est rien. De magnifiques pâturages, où l'herbe ondoie à longs flots comme dans les savanes de la Louisiane, et dans lesquels il ne manque pas de bétail, couvrent le sol volcanique de la presqu'île sibérienne. Non que la température soit aussi élevée à Petropaulowski qu'à Calcutta, ni même à Pékin ; elle est froide sans doute, mais le thermometre ne descend guère plus bas que dans nos hivers les plus rigoureux Seulement la durée de cette saison y est beaucoup plus longue que dans les climats plus méridionaux Les vents de l'Ouest qui soufflent assez souvent dans ces contrées contribuent encore à prolonger cette période d'arrêt dans la végétation. Le manque de bétail est une des causes qui ont dû retarder le plus les progrès de l'agriculture dans ce pays. Le commerce des fourrures fait en grande partie sa richesse. Là l'ours, le renard, la zibeline fournissent un poil chaud et épais. La pêche pourrait devenir une des sources de prospérité dans la contrée, si elle était faite par des hommes industrieux, et si des lois réglaient l'échange des produits

contre-amiral sir James Stirling. La frégate française l'Alceste et le *Brisk* se trouvaient en même temps dans le voisinage du rendez-vous; mais il me fut impossible, à cause des épais brouillards et du mauvais temps, de découvrir la baie d'Acootska avant le 2 du mois dernier. J'avais six vaisseaux réunis, et je comptais sur la prompte apparition du septième. Je me rendis, en conséquence, au port, remorqué par le *Barracouta* et suivi par *l'Alceste* à la remorque du *Brisk*. Le *Dido*, le *Pique* et l'*Encounter* arrivèrent le même soir. Le commandant Stirling, du sloop à vapeur de Sa Majesté, le *Barracouta*, ayant, tandis qu'il était séparé de l'escadre, et à travers une éclaircie de brouillard, examiné le mouillage pour voir si elle y était, saisit très-judicieusement cette occasion de reconnaître le port; il me fit savoir que les vaisseaux n'y étaient plus. L'*Amphitrite*, arrivée d'Honolulu, m'ayant rencontré le 11 du courant pendant que je poursuivais les bâtiments russes dans la mer d'Okhotsk, et m'ayant donné des renseignements de nature à me convaincre qu'une force navale combinée anglaise et française y était déjà, j'envoyai, au lieu de continuer ma route, les vaisseaux de Sa Majesté le *Pique* et le *Barracouta* le 13, et l'*Amphitrite* le 14, pour renforcer l'escadre de sir James Stirling, à l'embouchure de l'Amour. L'*Encounter* partit le 12 pour le rendez-vous de sir James Stirling à Haksdadi, dans la passe de Maksmai, pour informer Son Excellence des mouvements des autres vaisseaux, au cas où il ne serait point parti. L'*Amphitrite* ralliera mon pavillon en vue de Sitka, dès que le capitaine Frédéric ne jugera plus ses services nécessaires dans la mer d'Okhotsk. Pour en revenir à Pétropaulowski, je ferai observer que l'ennemi doit avoir travaillé avec une ardeur infatigable, après le départ de l'escadre alliée, l'année dernière, car nous avons vu que neuf batteries de 54 canons avaient été construites avec une extrême habileté et à force de travail, à l'aide de fascines fortement liées ensemble, de 25 pieds d'épaisseur; elles étaient palissadées et remplies de terre, et quelques-unes d'elles étaient entourées de fossés, avec des chemins couverts conduisant de l'une à l'autre, et derrière avaient été plantés des arbres. Tous les préparatifs possibles avaient été faits pour nous recevoir avant que l'ordre d'évacuer la place fût arrivé de Saint-Pétersbourg. Je fis détruire les batteries; mais n'ayant, à notre approche de Pétropaulowski, rencontré aucune résistance, je regardai comme un point d'honneur de respecter la ville. Je trouvai, caché dans le port Rakowia, un beau baleinier russe de 400 tonneaux, appelé l'*Aian*, construit à Abo, en 1853. Il serait parti d'ici, il y a trois semaines, pour Aian, avec la famille du gouverneur de la place, et, entre autres articles de la cargaison, une machine destinée à un petit steamer, qu'on disait être à Aian ; mais l'arrivée opportune de quelques bâtiments de l'escadre en vue du port empêcha son départ. Comme je l'ai vu abandonné, et qu'on ne peut retrouver ses voiles, sa chaloupe et ses ancres, il sera détruit. Contre mon attente, je n'ai pas réussi à ouvrir une communication avec les habitants, qui se sont sauvés de la ville ; car j'espérais obtenir la mise en liberté de deux prisonniers anglais qu'ils ont au milieu d'eux. J'apprends toutefois par les Américains qu'ils sont bien traités. Pour conclure, je désire ajouter que, bien que le désappointement ait été extrême, pour l'escadre qui est sous mes ordres, de trouver qu'à son arrivée à cette place, située à plus de 2,000 milles de sa station, l'ennemi s'était échappé et que les batteries étaient abandonnées, leurs seigneuries ne manqueront cependant pas de remarquer qu'il n'en faut pas moins rendre hommage à l'ardeur qu'a déployée chacun des vaisseaux pour avancer vivement, dans l'espoir d'arriver à temps pour prendre part aux opérations qu'il prévoyait devoir s'accomplir dans ce port.

La plus parfaite intelligence a existé entre le capitaine Penauros de *l'Alceste* et moi, et je ne saurais trop faire l'éloge du zèle et de l'activité dont il a fait preuve pour répondre à tous mes désirs et être fidèle au rendez-vous. A l'égard du contre-amiral Fourrichon, c'est toujours le même accord.

Je suis, etc. »

« A bord du *Président*, en vue de Sitka, 17 juillet 1855. — Monsieur, je vous prie d'informer les lords commissaires de l'amirauté qu'avant de quitter Pétropaulowski j'ai réussi à entrer en communication avec le capitaine Martinhoff, gouverneur provisoire de la place, qui s'était retiré dans l'intérieur. Cette communication avait pour but de mettre en liberté deux prisonniers anglais pris l'année dernière, ainsi que je l'ai dit dans ma lettre du 15 du mois précédent. Après que j'eus fait transmettre, par les soins obligeants d'un Américain résidant à Pétropaulowski, un sauf-conduit au capitaine Martinhoff, cet officier les envoya chercher à 150 verstes, à l'intérieur, et quand ils furent arrivés, le 25 du mois dernier, il les remit au capitaine Houston, du vaisseau de Sa Majesté le *Trincomalee*, et l'on donna en échange trois Russes qui avaient été retenus à bord du brick français *l'Obligado*, depuis l'année dernière. Les deux hommes ont été reconnus pour être William Garland, simple matelot du bâtiment de Sa Majesté le *Pique*, et Pierre Langlois, de la frégate française la *Forte*. Ce dernier sera conduit à la *Forte*, à mon arrivée à San-Francisco, et le premier, sur sa propre demande, sera dirigé sur le *Brisk*, attendu que son bâtiment est parti pour la station de la Chine. L'un et l'autre paraissent avoir été parfaitement traités tout le temps qu'ils se sont trouvés au pouvoir de l'ennemi. »

Après avoir détruit les fortifications de Pétropaulowski, les escadres alliées se dirigèrent sur Sitka en longeant les îles Aleutiennes. Arrivés devant cette ville, les amiraux Fourrichon et Bruce, portés par un bateau à hélices, le *Brisk*, entrèrent dans la passe. Un vapeur appartenant à la Compagnie russo-américaine vint aussitôt au-devant d'eux, et le secrétaire du gouverneur, qui se trouvait à son bord, annonça aux deux amiraux que la place était hors d'état de se défendre et qu'elle se rendrait à la première sommation. Il rappela en même temps qu'en vertu d'un arrangement conclu entre la Compagnie russo-américaine et celle de la baie d'Hudson, arrangement sanctionné par leurs gouvernements respectifs, l'établissement de Sitka se trouvait placé, pour l'Angleterre du moins, en dehors de la sphère des hostilités. S'étant assurés qu'il n'y avait dans le port de Sitka aucun bâtiment russe, les amiraux retournèrent à leur bord et s'éloignèrent sans retard. L'escadre de l'amiral Bruce se dirigea sur l'île Vancouver, puis sur San-Francisco, où elle arriva peu de jours après l'entrée de la division française. Le retour des escadres alliées à Pétropaulowski, la ruine de ce port et la croisière qu'elles ont organisée ensuite le long des îles Aleutiennes ont suffi pour désorganiser le commerce russe dans ces parages. Ce commerce, qui consiste en pelleteries, en ivoire et en pierres précieuses, emploie une centaine de navires qui se réunissent tous les ans à Pétropaulowski, après avoir reçu les produits du comptoir de Sitka et des îles Aleutiennes, pour se diriger sur le fleuve Amour. On peut évaluer à 10 millions de francs par an l'importance du mouvement commercial qui s'opère sous les auspices de la Compagnie russo-américaine.

---

La Russie en Perse. — Théâtre de la guerre en Asie-Mineure. — Un prince avisé. — L'armée de Mourawieff. — Tentatives infructueuses contre Kars. — Intrigues russes à Rome, à Naples, en Grèce et en Amérique.

Pour contrecarrer l'influence de la Russie en Perse, la France et l'Angleterre avaient envoyé pour les représenter à la cour du schah, l'une M. Bourée, l'autre M. Murray.

Depuis longtemps la Russie cherchait à s'emparer du commerce de la Perse avec l'Europe, ou, pour mieux dire, elle voulait exclure de la Perse les produits européens et faire de ce pays un marché ouvert seulement aux produits russes. Or, il s'agit ici, dit la *Feuille hebdomadaire prussienne*, non seulement d'intérêts anglais, mais aussi d'intérêts allemands. Le débouché des marchandises européennes en Perse grandit tous les jours. Les seuls produits de fabrication persane qui puissent lutter contre les objets de fabrique européenne, dans la Perse même et dans les provinces transcaucasiennes de la Russie, sont les tapis et les tissus de soie. Autrefois le commerce des provinces du sud et du centre de la Perse se faisait par Bagdad et Alep, celui du Nord par Tiflis. Tout cela s'est modifié depuis qu'il existe des bateaux à vapeur entre Constantinople et Trébizonde. De cette dernière ville, les marchandises ont trouvé un chemin plus commode en se rendant par Erzeroum à Tebris, qui est devenu l'entrepôt principal du commerce avec la Perse. Les Russes eux-mêmes ont contribué à ce résultat. Ils avaient mis beaucoup d'obstacles au transit des marchandises allemandes, anglaises et, en général, européennes pour la Perse. Ils voulaient substituer la foire de Nischni-Nowgorod à celle de Leipzig, et mettre la Perse en communication directe avec la Russie en s'emparant de Kars et d'Erzeroum ; mais le traité de commerce et d'amitié que les puissances occidentales vienennt de conclure avec la Perse, enlève à la Russie toute influence sur cet empire.

Bloqué par les Russes, Kars n'avait, depuis le 26 juin, de communications d'aucune espèce avec Erzeroum. Ce jour-là la garnison avait été pour ainsi dire provoquée à une sortie par les assiégeants. Les Russes s'étaient approchés de la forteresse à la distance d'un quart de lieue environ, et avaient lancé quelques boulets sur les murs de la place, mais étaient revenus ensuite dans leur camp. Une division russe de 14,000 hommes se trouvait à Kilpakli, sur la route d'Erzeroum ; son avant-garde était à Jenikoi et avait intercepté des convois considérables de vivres et de munitions destinés à Kars. A Tetschli-Klisse, près de Bayazid, un détachement de six cents hommes composé de cavalerie et d'infanterie fut mis en déroute par les Russes qui firent 100 prisonniers. Les Russes, qui s'avançaient sur le territoire de Bayazid et qui, par conséquent, opéraient contre la vallée de Murad-Tchay, étaient arrivés, d'après les dernières nouvelles, à Mollah-Suleiman, à vingt-sept lieues à l'est d'Erzeroum et se trouvaient par suite en possession de la vaste et fertile plaine d'Alaschgerd, habitée principalement par des Arméniens schismatiques.

Non loin de Mollah-Suleiman des défilés conduisent à Erzeroum, et ce sont les seuls obstacles qui puissent être opposés aux Russes pour les empêcher d'arriver dans cette ville. A la nouvelle de la marche des Russes, le gouverneur de Trébizonde fit appel au patriotisme des habitants et courut au secours des villes menacées à la tête de 15,000 bachi-bouzoucks et avec 20 pièces de canon. Les

Russes tentèrent à deux reprises de donner l'assaut à la ville de Kars; mais ils furent repoussés avec perte et, jusqu'au moment où nous écrivons, leurs succès en Asie-Mineure se sont bornés à enlever aux Turcs des convois de vivres et de munitions.

Cependant la Russie ne discontinuait pas le cours de ses intrigues. M. de Kisseleff, son nouvel ambassadeur à Rome, avait été chargé de faire savoir au saint Père que la cour de Russie, désireuse d'aller au-devant des désirs du Saint-Siége, abandonnait à l'avenir au gouvernement pontifical le choix et la nomination des évêques et prélats aux siéges épiscopaux du royaume de Pologne. La pierre d'achoppement qui, de tout temps, a nui aux bonnes relations des cours de Rome et de Saint-Pétersbourg, se trouvant ainsi supprimée, on comprend facilement le rôle actif que le gouvernement russe a pu jouer à Rome dans le dissentiment entre le Vatican et le cabinet de Turin. C'est une première revanche que la Russie a prise de l'alliance du Piémont avec les puissances occidentales. Dans son voyage à Rome, l'empereur Nicolas avait eu un entretien avec Grégoire XVI. Les catholiques de Pologne furent l'objet de la conversation. Le pape demanda la prérogative de leur envoyer des pasteurs épiscopaux de son choix. Le czar ne refusa pas positivement; mais il était trop jaloux de son pouvoir; il continua à nommer les évêques, notifiant au pape les choix qu'il avait faits, s'embarrassant fort peu au fond qu'il les approuvât ou qu'il ne les approuvât pas. Alexandre II met les nominations tout à fait à la disposition du souverain pontife, et même, dit-on, renonce aux droits de l'exéquatur. Quant au gouvernement napolitain, il était travaillé par la Russie d'une manière plus ostensible; les pourparlers continuels dont les journaux ont souvent parlé entre le prince Gortschakoff, ambassadeur de Russie à Vienne, et le prince Petrubla, ambassadeur de Naples en Autriche, n'étaient que les conséquences des conférences presque journalières qui avaient lieu à Saint-Pétersbourg entre le chevalier Galiota, ambassadeur des Deux-Siciles, et le comte de Nesselrode. En ce qui concerne la cour de Naples, comme dans ses actes avec la cour de Rome, la Russie cherchait à semer la mésintelligence entre le gouvernement des Deux-Siciles et des puissances occidentales, et, abusant de l'influence que l'empereur Nicolas avait si longtemps exercée sur le roi de Naples, elle excitait constamment le roi Ferdinand II à s'opposer aux demandes même les plus justes de la France et de l'Angleterre; le baron d'Uxkull, secrétaire de la légation russe à Naples, partit en courrier porteur d'instructions précises à cet égard pour M. Ozeroff, ministre de Russie près le roi des Deux-Siciles.

C'est à l'instigation de la Russie que fut instituée, à Naples, cette fameuse *commission des bastonnades* sévissant contre tous les individus suspectés de faire des vœux pour le triomphe des puissances occidentales, et faisant périr sous le knout du roi Bomba des négociants inculpés d'avoir confectionné pour les armées alliées des conserves alimentaires. Pour prix des petits services que la Russie attendait du gouvernement napolitain et de l'intervention plus énergique à laquelle elle eût voulu le décider, elle lui promettait un appui matériel après la fin de la guerre d'Orient, et lui laissait entrevoir la possibilité d'un agrandissement de ses possessions. En même temps que le baron d'Uxkull partait de Saint-Pétersbourg pour Naples, un autre courrier, M. Basile Nekludoff, quittait également la Russie pour porter des dépêches à M. Persiani, conseiller d'État et chargé d'affaires de Russie à Athènes. M. Zographos, ministre plénipotentiaire de Grèce à Saint-Pétersbourg, se plaignit officiellement, au nom du roi Othon, de la conduite des puissances occidentales qui encourageaient ostensiblement l'opposition que certains ministres faisaient au roi, forts qu'ils étaient de l'appui qu'ils trouvaient dans l'armée d'occupation. M. Persiani reçut l'ordre de s'entendre avec ses collègues de Prusse et d'Autriche pour neutraliser l'influence anglo-française, et, au besoin même, il fut autorisé à invoquer, comme argument, l'anarchie dans laquelle tomberait la Grèce si le roi Othon et la reine venaient à quitter le pays, qui se trouverait ainsi livré à tous les factieux; on dit même que M. Persiani eut dans ses instructions mission d'engager le roi à cette retraite. C'est là, d'ailleurs, dans l'esprit de la Russie, un moyen de créer de nouvelles difficultés et de susciter de nouveaux embarras aux puissances occidentales. Enfin, il n'était pas jusqu'aux États-Unis qui ne fussent travaillés par les intrigues russes. Le *New-York Herald* publiait récemment une lettre de son correspondant de Washington, datée du 20 juillet, et qui énonce que le président des États-Unis a reçu de l'empereur de Russie une lettre autographe en réponse à celle de félicitations à lui adressée à l'occasion de son avénement au trône. La lettre impériale parle en termes très-flatteurs de la grandeur croissante des États-Unis, et renferme un passage où il est dit que les conseils donnés à ses derniers moments par l'empereur Nicolas à l'empereur actuel lui prescrivaient de bien étudier les pièces privées qu'il trouverait dans le cabinet impérial, et que lui, l'empereur Nicolas, avait reçues des hommes éminents des États-Unis, parmi lesquels son fils trouverait les noms de Jackson, de Clay, de Webster et autres. Alexandre II reconnaît dans sa lettre toute l'importance de ces documents et se montre profondément reconnaissant de l'intérêt national qu'a manifesté le peuple américain en faveur du succès de la guerre que son illustre père avait entreprise. Il proclame, en finissant, la plus inaltérable amitié entre la Russie et les États-Unis.

**Préparatifs du dernier bombardement et de l'assaut de Sébastopol. — Arrivée du nouvel ambassadeur de la Porte à Paris. — Nouvelles de la croisière de la mer Blanche. — Destruction d'embarcations russes dans la mer d'Azof. — Situation critique du prince Gortschakoff. — Construction et inauguration d'un pont en travers du grand port de Sébastopol. — Arrivée de nouveaux renforts à la garnison. — Allocution du général en chef. — Les médecins allemands en Russie. — Phases diverses du bombardement. — Scène touchante entre deux ennemis. — Avantage remporté à Kars par les Russes. — Imminence d'un événement décisif. — Portrait des quatre armées alliées. — Dernières anecdotes sur le siége. — Les jumeaux de la tranchée. — Une bonne Marseillaise. — L'enfant des batailles.**

Tandis qu'un nouvel ambassadeur français, M. Thouvenel, était reçu à Constantinople par le sultan, Méhémet-Bey, nouvel ambassadeur de la Porte-Ottomane à Paris, remettait à l'Empereur ses lettres de créance en prononçant les paroles suivantes :

« Sire, chargé par S. M. I. le sultan, mon auguste maître, de la mission de resserrer de plus en plus les relations d'amitié qui lient si étroitement les deux empires depuis si longtemps, je viens exprimer d'abord à Votre Majesté Impériale la profonde gratitude de mon souverain et de mon pays pour les nobles efforts que Votre Majesté fait pour le triomphe du droit, de la justice et de la civilisation.

« En considérant la haute mission qui m'a été confiée par mon auguste souverain, je ne me promets d'atteindre le but que par la bienveillance toute particulière dont Votre Majesté Impériale nous a donné tant d'éclatantes preuves. »

L'Empereur répondit :

« Vous savez, monsieur l'ambassadeur, l'intérêt que je porte au Sultan et les efforts que je fais avec l'Angleterre pour défendre l'indépendance de son empire. Je veux que la Turquie soit non-seulement indépendante, mais encore forte et puissante. Quant au choix qui a été fait pour représenter le Sultan, je suis heureux que ce soit le fils d'un grand homme qui en maintes circonstances a rendu tant de services à son pays. »

A ce moment les escadres alliées croisaient dans les différentes mers et se faisaient voir jusqu'en Laponie, ainsi qu'en témoigne la lettre suivante :

« Depuis notre arrivée dans la mer Blanche, il ne s'est présenté qu'une seule occasion d'écrire en France, c'est celle dont je profite pour vous donner de mes nouvelles. La frégate la *Cléopâtre*, partie de Brest, le 12 mai, a mouillé, le 2 juin, devant Hammerfest : cette ville, la plus septentrionale de l'Europe, bâtie en grande partie sur pilotis, ne renferme pas 2,000 âmes. Dès que l'on descend à terre, un assez grand nombre d'individus à la taille bien au-dessous de la moyenne, à l'air craintif et malheureux, au costume particulier, remarquable de malpropreté, rappellent au voyageur qu'il est en Laponie et lui expliquent l'exiguité de beaucoup de maisons de chétive apparence, qui forment à chaque pas un contraste pénible avec les autres habitations norwégiennes. Les environs de la rade présentent l'aspect d'une nature désolée : pas la moindre trace d'arbre ou de végétation; la neige qui a disparu dans plusieurs endroits, mais qui est restée amoncelée dans les ravins et les gorges des montagnes, donne naissance à une multitude de petits torrents; dans les vallées et les anfractuosités des rochers, une couche peu profonde de terre végétale laisse pousser à peine un chétif gazon que viennent brouter quelques rennes demi-sauvages. La pêche constitue la seule ressource des habitants et l'unique aliment de leur commerce. Les abords du pays sont garnis de séchoirs à morues; la multitude et le rapprochement des poissons qui y sont suspendus forment audessus de la tête des passants un plafond grotesque qui n'a rien de bien agréable pour l'odorat. Le temple luthérien, dont le clocher domine le village, forme une croix latine parfaite; son intérieur est d'une propreté charmante; une tribune réservée aux femmes règne autour de l'édifice; un petit orgue orne le dessus de la principale porte; sur l'autel on remarque deux tableaux assez bons pour le pays : une *Cène* de Léonard de Vinci et un *Christ* d'après le Poussin. Une chose qui a fixé mon attention d'une manière toute particulière, dans ces lointains parages, c'est la présence continuelle du soleil sur l'horizon pendant les vingt-quatre heures de la journée. Partis d'Hammerfest le 9 juin, une traversée heureuse nous a fait doubler le cap Nord et arriver le 15 devant Archangel : là nous avons trouvé les Anglais dont les forces se composent d'une frégate et de deux vapeurs. Nous avons de notre côté une frégate et deux autres vapeurs, le *Cocyte* et le *Pétrel*. Jusqu'à présent on s'est borné à croiser dans le golfe d'Onéga et à bloquer l'embouchure de la Dwina. La mer Blanche, très étroite, ne présente aucun refuge en cas de mauvais temps Il est impossible de s'y procurer des vivres frais, et elle n'offre pas même, en compensation de ses ennuis, l'arrivée régulière d'un courrier apportant des nouvelles de France. »

En même temps le vice-amiral Bruat transmettait au ministre de marine cette dépêche télégraphique :

« Le capitaine de frégate Huchet de Cintré, commandant *le Milan*, m'annonce que *le Milan* et *le Caton* ont détruit dans la mer d'Azof, de Temriank à Dolga, 43 pêcheries, 127 bateaux, plusieurs milliers de filets, du goudron, du sel et des barriques en immense quantité.

4 pêcheries seulement ont échappé à la destruction, le peu de profondeur de l'eau n'ayant pas permis à nos bâtiments d'en approcher. Le dommage fait à l'ennemi peut être estimé à plusieurs millions. La pêche dans la mer d'Azof donne lieu à une exportation considérable qui s'étend jusqu'en Pologne. La destruction opérée la rendra impossible cette année. Le commandant Cloué, du *Brandon*, s'est joint de son côté au commandant Osborne, du *Vesuvius*, pour remonter avec des embarcations le golfe d'Oukliouk, et brûler les fourrages qui étaient amassés sur la côte. Les commandants de nos bâtiments se louent tous de leurs excellentes relations avec le capitaine Osborne. »

Mais l'attention se concentrait surtout sur le siége de Sébastopol qui semblait entrer dans une phase nouvelle et décisive. Avant même la fin de juillet, le prince Gortschakoff avait fait savoir au gouvernement russe que sa position à Sébastopol devenait de plus en plus intenable, et qu'un grand effort devait être fait à tout prix pour le secourir, ou qu'il serait forcé de l'abandonner. Il est facile de concevoir que l'épuisement de la garnison qui s'affaiblissait chaque jour davantage; que la prodigieuse et incessante consommation des munitions de guerre, la difficulté de se procurer de l'eau et une nourriture saine, surtout depuis la destruction des approvisionnements venant de la mer d'Azof; le mécontentement et le découragement des troupes, et la vigoureuse approche des ouvrages des assiégeants, on conçoit très bien, disons-nous, que tout ait contribué à convaincre le général russe que sa position était désespérée. En cet état de choses, un conseil de guerre fut tenu à Saint-Pétersbourg, et l'empereur consulta les plus hautes autorités militaires.

Après de longues discussions, dans lesquelles se produisirent quelques dissidences, car il paraît que le prince Paskéwitsch et le général Osten-Sacken combattirent la mesure adoptée par la majorité de leurs collègues, il fut décidé qu'on attaquerait les armées alliées sur la ligne de la Tchernaïa. On avait la parfaite confiance que le succès de cette journée réparerait les désastres de l'Alma et d'Inkermann et contraindrait l'armée d'invasion à lever le siége. La bataille du 16 août, que décida la valeur de trois divisions de l'armée française, avait été l'objet de la plus vive anxiété à Saint-Pétersbourg et sur beaucoup d'autres points de l'empire. Une défaite désastreuse pour les Russes en fut l'issue. La bataille de la Tchernaïa fut en effet un coup de désespoir, et il paraît que dès lors le prince Gortschakoff avait résolu de renoncer à une lutte si fatale et si désespérée aussitôt qu'une attaque victorieuse de l'ennemi lui fournirait le prétexte de se retirer. Il fit préparer un pont en travers du grand port, ouvrage qui fait honneur à l'énergie et à l'habileté des ouvriers russes. C'est une bien remarquable preuve des ressources de l'arsenal que l'établissement d'un immense pont de radeaux assez solide pour procurer à une armée battue un moyen sûr de retraite. C'est à ce pont seul que le prince Gortschakoff dut plus tard le salut de son armée. Si par accident une bombe l'avait détruit, il eût été probablement réduit à capituler, car les alliés eussent pu couper ses communications avec le Belbeck. Ce pont fut inauguré en présence du prince Gortschakoff, du général Osten-Sacken et de toutes les autorités militaires. Ses deux points d'appui sur les deux côtés de la rade étaient couverts par d'énormes batteries, celle de Nicolaïeff et celle de Michaeleff, qui non-seulement se protégeaient mutuellement, mais dont le feu couvrait aussi la Karabelnaïa et la baie du Carénage. 35,000 hommes travaillèrent sans interruption à la fortification de ce point important, qui devait devenir le point central de toutes les opérations dans le cas où on serait forcé d'abandonner la Karabelnaïa à l'ennemi. Le général Todtleben, complétement rétabli de ses contusions, s'occupait constamment à l'achèvement de son système de fortification. De nouvelles troupes étaient venues renforcer la garnison. Leur consécration eut lieu avec pompe dans l'église principale, et le prince Gortschakoff leur adressa les paroles suivantes :

« Salut à vous, braves compatriotes ! salut, au nom de toute l'armée ! Vous n'avez pas hésité, au premier mot de feu notre empereur, à quitter femmes, enfants, maisons et patrimoines, pour venir nous rejoindre, nous qui combattons ici, sur les frontières extrêmes de notre grande patrie, depuis près de douze mois, un ennemi impie. Votre résolution seule garantit que, dans ces luttes meurtrières, vous vous conduirez comme il convient à de vrais Russes, pour la gloire et l'orgueil de la patrie et de notre bien-aimé empereur, et pour la terreur de cet ennemi sacrilége. Frères ! par votre arrivée, ma mission se trouve infiniment facilitée, et le sacrifice que vous avez offert sur l'autel de la patrie me garantit que j'atteindrai mon but, qui est de rejeter honteusement cet ennemi outrecuidant dans les eaux qui ont porté ses cohortes sur nos côtes. Vous le verrez bientôt, cet ennemi rempli d'orgueil, vous vous trouverez bientôt en face de lui ! Alors, amis, il s'agira d'opposer des poitrines courageuses à son élan sauvage, et de ne pas laisser ternir l'honneur et la gloire de la Russie. Jusque-là, compagnons d'armes, un hurrah à notre empereur orthodoxe, à notre mère la Russie, hurrah à ses fils généreux qui lui ont de tout temps donné une gloire immortelle ! »

Toutes les lettres arrivant de l'intérieur de la Crimée étaient unanimes sur ce point, que la presqu'île était menacée d'une véritable disette. Dans la capitale de cette province, à Simphéropol, où étaient concentrées toutes les ressources, les vivres se mesuraient déjà depuis longtemps aux habitants, comme si la place eût été assiégée; mais en août les rations furent encore diminuées, à la suite de l'arrivée dans ses murs d'un grand nombre d'habitants de Kertch et de Yéni-Kaleh, qui avaient émigré et qui étaient venus chercher un refuge en Crimée. Les correspondances des médecins allemands au service de la Russie présentaient comme affreuse la situation dans laquelle ils se trouvaient : sur cinquante jeunes étudiants qui avaient accepté les offres du gouvernement russe, et dont la plus grande partie étaient allés servir en Crimée, dix avaient succombé aux maladies, trente avaient été plus ou moins vivement éprouvés par des épidémies, et dix seulement avaient échappé aux souffrances qui avaient décimé leurs compagnons.

On mandait, le 28 août, du camp devant Sébastopol :

« Depuis le 17, le bombardement se poursuit avec une extrême ivacité, mais dans des conditions toutes différentes que les précédentes. Toutes les pièces de siége ont été remplacées par des mortiers à la Cohorn, qui vomissent sur la place un déluge de projectiles meurtriers. Les Russes n'osent plus se montrer au-dessus de leurs fortifications, et ils ont pris le parti d'élever, surtout près de la tour Malakoff, des casemates d'où ils ne bougent pas. A ces décharges de nos innombrables mortiers joignez la continuelle mousqueterie de nos tirailleurs, qui abattent tout ce qui se montre à leur portée, et vous comprendrez la position critique de l'ennemi, qui se trouve réellement pris dans une ratière. Et l'on dit que ce bombardement doit encore durer quatre ou cinq semaines! Dans quel état verrons-nous alors Sébastopol? La ville est déjà fort endommagée, et toutes les parties que nous pouvions en apercevoir jadis, maisons coquettes, édifices blancs et frais, quartiers luxueux, ne présentent plus que des squelettes de maisons, des édifices éventrés, des amas informes de pierres, une vraie désolation enfin. Les Russes perdent beaucoup de monde, cela va sans dire: une moyenne de neuf cents hommes par jour, dit-on. Quant à nous, nous comptons une très-faible moyenne, car l'ennemi ne peut plus nous rendre tout le mal que nous lui faisons, et ses ripostes sont très-faibles. Il y a quelques jours, nous vîmes sortir de la place une vingtaine de Russes, qui se mirent à réparer quelques dégâts faits extérieurement à leurs fortifications. Le moment était mal choisi, car le feu était en ce moment fort vif, et l'on a supposé que ces pauvres diables, ainsi envoyés à une mort certaine, subissaient là une sorte de punition. En effet, sept de ces travailleurs ont pu s'en tirer sains et saufs; les autres sont restés sur le terrain. Nous avons reçu des prisonniers français et anglais qui avaient été conduits par les Russes jusqu'à Voronitz. Ces prisonniers font le plus grand éloge de la façon dont ils ont été traités en Russie. A leur retour, les soldats ont fait le voyage en liberté; mais les officiers n'ont pu passer que de nuit à Nicolaïeff et dans les principales villes qui se trouvent sur leur chemin. L'atmosphère est depuis quelques jours considérablement rafraîchie. On va creuser des canaux d'écoulement pour les eaux; car ce pays est tellement accidenté et si bien entouré de hautes collines, que la moindre pluie y crée sur-le-champ des torrents dont les eaux envahissent toutes les parties plates et les changent en marais. Le chemin de fer a plusieurs fois couru le risque d'être submergé dans la plaine. »

Une scène assez touchante se rapporte aux prisonniers dont il vient d'être question:

« Huit cents prisonniers russes, venus de Toulon le 11 août, à Odessa, y étaient échangés contre soixante-dix-huit prisonniers français, et il ne restait plus dans la ville moscovite que huit officiers anglais prisonniers. Lors de l'attaque de la batterie Servère, dans la journée du 18 juin, il s'engagea entre le capitaine français M... et le capitaine russe S... un combat au sabre; le Russe reçut un coup terrible dans l'omoplate et fut entraîné par ses soldats; il resta depuis à l'hôpital de Nicolaïeff et fut transporté enfin à Odessa pour prendre des bains de mer. Le capitaine M... avait été fait prisonnier; il avait été guéri de ses blessures à Cherson et était venu à Odessa pour être échangé. Il rencontra par hasard dans la rue le capitaine S..., appuyé sur ses béquilles, le reconnut et se jeta dans ses bras. Depuis, l'amitié la plus intime a subsisté entre eux, et c'est en pleurant qu'ils se quittèrent quand le capitaine M... partit sur le vapeur français. »

« Nos travaux sur Malakoff, dit un autre correspondant, vont bientôt arriver à leur fin. Nous touchons presque aux fossés de la tour; notre feu sur la tour est toujours très-vif; nuit et jour nos batteries envoient une quantité prodigieuse de bombes, d'obus et de boulets. Les Anglais tirent sur le Redan sans discontinuer. Nous ne pouvons plus rester longtemps en expectative; une fois que nous serons dans le fossé de la tour il fauda bien attaquer. Je puis vous assurer que nous ne tarderons pas beaucoup. Il y a eu, le 31 août, dans nos travaux de siége, un accident qui pouvait avoir des suites beaucoup plus funestes. Au moment où on déposait des munitions dans la poudrière du mamelon Vert, une bombe russe qui a éclaté à la porte y a mis le feu. La poudrière a sauté, et nous avons eu à peu près une centaine d'hommes tant tués que blessés. On s'occupe maintenant, avec la plus g[illegible]le activité, à réparer les dégâts que cet accident nous a causés. On s'attend toujours à une attaque sur la Tchernaïa : la batterie Raglan et la batterie Bizot sont maintenant terminées. L'état sanitaire de l'armée continue à être satisfaisant. »

Dans un supplément à son numéro du 3 septembre, la *Presse d'Orient* disait : « Le courrier de Crimée est arrivé avec des nouvelles du 1er. Les travaux des Français touchent presque le fossé de la tour Malakoff ; à l'heure où nous écrivons ces lignes, on est peut-être dans le fossé même. Le mamelon Vert et les batteries anglaises font un feu très-vif. Malakoff et le Redan sont jour et nuit sous une pluie de bombes, d'obus et de boulets. Quelques régiments de cavalerie ont quitté Baïdar. L'artillerie de la garde a quitté la Tchernaïa pour revenir tout près de son ancien campement. Les Russes, qui ont perdu le 8, à l'attaque de Kars, un général, un colonel, cinq capitaines et deux cents hommes, viennent d'obtenir devant cette ville un léger succès, rapporté en ces termes dans un rapport du général Murawief, qu'il ne faut accepter, bien entendu, que sous toutes réserves.

« Le commandant en chef du corps du Caucase annonce une heureuse affaire que nos troupes ont eue devant Kars, dans la nuit du 22 au 23 août (du 3 au 4 septembre). En attendant les rapports détaillés des différents chefs, l'aide de camp du général Murawieff se borne à un rapide récit de ce succès. Le général anglais Williams, qui commande à Kars, éprouvant de jour en jour plus de difficultés pour nourrir la garnison, et particulièrement les chevaux, résolut de renvoyer de la forteresse la majeure partie de sa cavalerie. Le 22 août (3 septembre), à la tombée de la nuit, une colonne de 1,200 cavaliers réguliers, sans compter les bachi-bouzouks, avec trois pachas et une grande quantité de bêtes de somme, sortit de Kars et se mit en marche avec régularité des hauteurs de Tchakmak vers le village de Djavri. Là, elle fut aperçue par l'avant-garde du colonel baron d'Ungern-Sternberg. Le lieutenant-colonel Loschakoff, qui commandait le régiment n° 3 de cavalerie musulmane, se précipita de flanc sur le centre de la colonne et pénétra dans ses masses épaisses. La queue de la colonne se porta immédiatement sur la droite, où elle fut cernée et défaite. Quant à la tête de la colonne, elle se hâta de gagner les montagnes, mais le lieutenant-colonel Loschakoff la poursuivit opiniâtrément ; il fut renforcé par le colonel d'Ungern-Sternberg lui-même, et le lieutenant-colonel Kischinsky ne tarda pas à les rejoindre avec deux escadrons du régiment de dragons de S. A. R. le prince royal de Wurtemberg. La poursuite se prolongea jusqu'à la pointe du jour ; à plusieurs reprises les Turcs essayèrent de se défendre, en s'embusquant dans les maisons et les défilés. La tête de la colonne, qui avait franchi au galop la crête des montagnes, fut reçue près du village d'Aklikom par la milice du colonel de Schultz et une compagnie du régiment de chasseurs de Béleff accourue à son aide; cette partie de la cavalerie turque finit par être cernée et faite prisonnière. Toute l'affaire, qui eut lieu pendant une nuit obscure et sur un terrain montagneux, fut conduite avec une adresse et une sagacité remarquables par les chefs de nos divers détachements; l'aide de camp général Murawieff rend spécialement témoignage des excellentes dispositions du général-major Baklanoff, des colonels prince Dondoukoff-Korsakoff, baron d'Ungern-Sternberg et de Schultz. Les Turcs, à ce que l'on suppose, ont perdu 500 hommes tant tués que blessés dans cette rencontre : leurs cadavres étaient semés sur la route de la poursuite jusqu'au village de Kizil-Ghiadouk, des deux côtés et dans les défilés; nous leur avons fait prisonniers 2 officiers supérieurs, 19 officiers subalternes et 185 cavaliers; le reste s'est débandé. Plus de 400 chevaux, 2 guidons, des trompettes, une grande quantité d'armes et d'objets divers sont restés entre nos mains. Cette défaite si décisive infligée à l'ennemi ne nous a coûté que des pertes insignifiantes : nous avons eu 1 soldat et 2 miliciens tués, 1 officier, 5 soldats et 2 miliciens blessés. Le lendemain 23, au soir, le reste de la cavalerie turque voulut tenter de se frayer, par la plaine de Kars, un passage vers l'Araxe, mais, apercevant les mesures de précaution prises par nous, elle rentra dans la forteresse. »

A la même époque, le général Simpson adressait à lord Panmure la dépêche suivante :

« Les travaux du siége ont marché lentement pendant la dernière semaine; les nuits claires rendent très-difficile l'exécution des travaux. La tête de sape est maintenant à 150 yards environ de la saillie du Redan et l'ennemi interrompt le travail par tous les moyens qui sont à sa disposition. Dans la nuit du 28, une bombe de 13 pouces est tombée dans un magasin, au côté gauche du mamelon. Le magasin a sauté et il y a eu quelques morts et blessés, mais il n'en est résulté aucune interruption. Dans la nuit du 30, les piquets russes ont fait irruption dans nos tranchées avancées, ont renversé quelques gabions, et, dans la résistance que nous avons opposée, le lieutenant Preston du 97e régiment a été tué. Dans cette affaire, le capitaine Pechell du 77e régiment, qui commandait la garde avancée, et le lieutenant-colonel Bunbury du 23e régiment, qui commandait le détachement chargé de protéger les travailleurs, se sont conduits avec beaucoup de bravoure. La garnison déploie une grande activité, en se servant du nouveau pont en radeaux qui traverse la rade et qui est destiné à permettre le transport des approvisionnements de toutes sortes du côté nord. De grandes quantités de travailleurs sont employés à élever des ouvrages sur le côté nord, mais jusqu'à présent ils sont trop peu prononcés pour qu'on puisse juger avec quelque exactitude en quoi ils consistent. D'après les renseignements que nous continuons de recevoir, il paraît que l'ennemi concentre ses forces entre les hauteurs de Mackensie et fort Constantin; et quoique plusieurs changements de position moins importants aient eu lieu, aucun mouvement considérable n'est survenu qui puisse indiquer positivement qu'il y ait intention d'attaquer.

Tout ce que nous apprenons vient confirmer les rapports qui annoncent de grandes pertes faites journellement par l'ennemi dans Sébastopol et quelque mécontentement parmi les troupes. « Les batteries de la tour Malakoff, écrit un officier, sont maintenant impuissantes et se taisent; mais plusieurs autres batteries, du côté opposé de la baie, prennent à revers nos travaux. Comme les ennemis s'attendent à être attaqués d'un moment à l'autre, ils ont assemblé de très-fortes réserves autour de Malakoff, et ces réserves sont littéralement écharpées par nos bombes et par celles des Anglais. Les déserteurs nous assurent que l'ennemi compte mille hommes par jour hors de combat. Le feu des trois dernières nuits a été d'une véhémence incroyable. Nous avons pris aux Russes quelques embuscades qu'on a reliées à la tranchée sous d'innombrables décharges de mitraille. Depuis quelques jours, l'ennemi s'est avisé d'un stratagème : il simule une sortie et nous oblige à nous mettre sur les parapets; à ce moment, il fait un feu d'enfer qui surprend nos soldats debout et nous met un certain nombre d'hommes hors de combat. Quant à nous, nous visons à des succès plus sérieux, et nous sommes en fort bon chemin pour les obtenir. Les assiégés commencent à être fort mal à l'aise; il est facile de s'en apercevoir au mouvement qui règne dans la place et aux efforts désespérés qu'ils semblent faire pour se dégager de nos étreintes. » Le journal qui reproduit cette correspondance, ajoute: « Nous avons reçu d'autres lettres qui nous entretiennent des préparatifs de la future attaque, et que nous ne pouvons pas reproduire dans les circonstances actuelles. Nous nous contenterons de dire que ces correspondances nous font pressentir l'approche de grands événements, annoncés par la lettre de l'Empereur au général Pélissier. » Enfin, les nouvelles apportées à Marseille le lundi 2 septembre à deux heures par le vaisseau *le Jourdain*, étaient ainsi conçues : « Les bombes lancées par les alliés commencent a ravager Sébastopol, dont l'aspect intérieur est changé, les réserves russes ayant construit partout des casemates afin de s'abriter. Les tranchées françaises étaient si voisines de Malakoff, que les Russes lançaient des grappins afin de renverser les gabions. Les troupes alliées demandaient l'assaut à grands cris. »

Tout se réunissait pour présager un événement prochain et décisif. Avant de commencer le récit des faits importants qui marquent une nouvelle période de la guerre, arrêtons-nous un instant dans le camp dont nous n'aurons plus occasion de parler, et racontons quelques curieuses anecdotes qui n'ont pu jusqu'à présent trouver place dans notre rapide narration. Voici d'abord un portrait en croquis des quatre armées alliées, adresse par un officier au journal l'*Opinione* de Turin :

« L'armée française est bien ce que nous nous étions figuré qu'elle était, c'est-à dire véritablement admirable. Ces figures bronzées par le soleil d'Afrique, de la Bulgarie et de la Crimée, ce regard franc et résolu, ces mouvements rapides et cette désinvolture toute spéciale et caractéristique du soldat français, concilient à ce dernier toutes les sympathies. Si les soldats français ont un entrain et un élan que rien n'égale, les soldats anglais sont, de leur côté, d'une extrême solidité. L'armée anglaise est peu nombreuse, mais elle est d'un bel aspect : les hommes sont magnifiques et les uniformes riches; le comfort est partout. L'armée turque est modeste et réservée; une certaine timidité, mêlée de fierté, caractérise le soldat turc, qui est d'une extrême sobriété. Les Turcs sont très-religieux : ils se réunissent pour prier trois fois par jour et une fois la nuit; ils ont des physionomies intelligentes; ils sont agiles dans les manœuvres. Les Piémontais ont le talent de se faire aimer de tous les alliés, et surtout des Turcs, qu'ils traitent avec plus de familiarité et moins de hauteur que ne le font les autres alliés. Un officier français, après la bataille de la Tchernaïa, disait à un Piémontais : « Vous avez grandi du double. » L'esprit des armées alliees est excellent. »

Trop souvent on parle de morts arrivées dans les tranchées; il est plus rare d'apprendre que des naissances y ont eu lieu : le fait s'est pourtant présenté. Pendant une nuit du mois d'août, une cantinière, dans un état avancé de grossesse, avait accompagné son bataillon dans la tranchée pour fournir aux soldats le petit verre réconfortant; la courageuse femme bravait héroïquement bombes, biscaïens et boulets : à l'aube du jour elle fut prise des douleurs de l'enfantement et donna naissance à deux jumeaux. La délivrance fut heureuse, et la mère ainsi que les enfants ont continué à se bien porter. Cette cantinière avait déjà laissé à Marseille un premier enfant; elle l'aimait avec tendresse, et l'avait amené au port auxiliaire, d'où elle devait s'embarquer pour la Crimée : elle était parvenue à le dérober toutes les investigations, pour ne pas enfreindre les règlements militaires, qui ne permettent pas, comme on sait, d'emmener en campagne des enfants en bas âge. Dire tout ce que cette brave et digne femme avait inventé de ruses maternelles et de stratagèmes innocents pour ne pas abandonner son fils, serait chose impossible. Encore un pas, et probablement ses efforts allaient être couronnés d'un plein succès... Mais, hélas! tout cet échafaudage de soins, de sollicitudes et de précautions, devait venir se briser contre une consigne vigilante et sévère. Il fallait prendre un parti pourtant. Renoncer au voyage de Crimée et rester à Marseille n'était plus possible à la cantinière; d'un autre côté, pouvait-elle laisser son enfant sans protection et sans appui dans une ville inconnue pour elle? Or, la pauvre mère en était là de ses angoisses, lorsqu'une femme du peuple, une vendeuse d'oranges, venue sur le quai pour débiter sa marchandise, et dont la sensibilité s'était émue en face d'une si grande douleur, s'approche de la cantinière, et saisissant affectueusement sa main, lui dit en langue provençale: *Vaï, ploure pas, ma boueno! laisso-mi toun enfant. Se revenés, ti lou rendraï, sé revenés pas, lou gardaraï èmé leï miou : n'aï déjà quatré, maï es égaou, fara lou cinquièmé, et Diou nous ajudara.* Une autre naissance extraordinaire était, à la même époque, l'objet des conversations des Anglais. Il y avait dans leur camp un soldat qui augmentait de jour en jour d'embonpoint, tandis que ses camarades maigrissaient à vue d'œil. Ce soldat semblait être une preuve vivante des paroles de son compatriote sir John Falstaff: «Le besoin et la misère enflent l'homme comme une outre.» Il se faisait en outre remarquer par sa modestie, son zèle pour le service et sa grande bravoure. Il avait prouvé sa valeur à la bataille d'Alma, et en avait donné des preuves encore plus brillantes à la bataille d'Inkermann en délivrant un camarade entouré de soldats russes. Une telle conduite devait lui valoir de l'avancement; mais il refusa modestement cette marque de distinction. L'étonnement fut à son comble lorsqu'il disparut un beau jour, et tout fit croire qu'il avait déserté. Toutefois, il revint au bout de quinze jours; mais dans quel état! souffrant, pâle, maigre; tout son embonpoint s'était évanoui. L'enquête à laquelle il fut soumis prouva que ce soldat, depuis sa disparition, était accouché d'un petit garçon dans une cabane tartare. Personne n'avait eu connaissance de son secret, excepté ce camarade qu'il avait sauvé à la bataille d'Inkermann, et qui n'était autre que son mari légitime depuis deux ans, car le déserteur était une femme. Pour suivre son mari, la fidèle Ecossaise s'était enrôlée. Le nouveau-né fut tiré de la cabane tartare, et servit à prouver l'authenticité de ce récit. Le fils du camp fut nommé, au milieu des cris d'enthousiasme,

Almus-Inkermann, en souvenir des batailles auxquelles il avait pris part, malgré son extrême jeunesse. Cette intéressante famille avait obtenu un congé, et se trouvait en dernier lieu à Péra pour donner à Almus-Inkermann le temps de se reposer de ses services, bien longs pour son âge.

---

**Premières dépêches annonçant la prise de Sébastopol. — Effets de cette nouvelle à Paris, dans les départements, à Londres, à Constantinople, à Turin, à Stockholm, à Athènes, à Saint-Pétersbourg. — Le général Pélissier est nommé maréchal de France. — Le vice-amiral Bruat est élevé à la dignité d'amiral. — Documents officiels. — Rapports du maréchal Pélissier, du général Niel, de l'intendant général Blanchot, du général Simpson.**

Le 11 septembre, comme un coup de foudre, éclata dans Paris la nouvelle de la prise de Sébastopol annoncée par des dépêches successives. A l'aide de ces dépêches nous allons présenter les événements, en quelque sorte heure par heure et à mesure qu'ils se produisaient. Après un feu terrible de toutes les batteries assiégeantes, qui avait duré plusieurs jours et avait semé la destruction et l'incendie tant dans la place que sur la flotte ennemie, le samedi 8 septembre, à midi, le signal de l'assaut fut donné, et cinq points des fortifications furent attaqués à la fois, savoir : en commençant à l'extrémité droite des attaques françaises, le redan du Carénage, placé à l'entrée de la baie de ce nom, la tour Malakoff, le grand Redan, le petit Redan et le Bastion central. De ces cinq attaques, une seule réussit complétement ; mais c'était la principale, celle de la tour Malakoff, qui, une fois occupée, devait faciliter la prise des autres positions ou les rendre inutiles. Les dépêches suivantes des généraux Pélissier, Simpson et La Marmora rendent compte de cette période des opérations. La première dépêche du général Pélissier n'est pas datée de Crimée ; elle a été envoyée de « Varna, le 9 septembre, 3 heures 35 minutes du matin, » et est ainsi conçue :

« L'assaut a été donné à midi à Malakoff. Ses réduits et le redan du Carénage ont été enlevés par nos braves soldats avec un enthousiasme admirable, au cri de : Vive l'Empereur ! Nous nous sommes occupés de suite de nous y loger, et nous y avons réussi à Malakoff. Le redan du Carénage n'a pu être conservé devant la puissante artillerie qui frappait les premiers occupants de cet ouvrage, que notre solide installation à Malakoff ne tardera pas à faire tomber, ainsi que le Redan, dont nos braves alliés ont enlevé le saillant avec leur vigueur habituelle. Mais, comme au redan du Carénage, ils ont dû céder devant l'artillerie ennemie et de puissantes réserves. A la vue de nos aigles flottant sur Malakoff, le général de Sallesa fait deux attaques sur le bastion Central. Elles n'ont pas réussi. Nos troupes sont rentrées dans leurs tranchées. Nos pertes sont sérieuses, et je ne puis encore les préciser. Elles sont amplement compensées, car la prise de Malakoff est un succès dont les conséquences sont immenses. »

La dépêche du général Simpson est datée du samedi 8 septembre, 11 heures 35 minutes du soir; elle est ainsi conçue :

« Les forces alliées ont attaqué les défenses de Sébastopol aujourd'hui à midi. L'assaut de Malakoff a été couronné de succès, et cet ouvrage est entre les mains des Français. L'attaque des Anglais sur le redan n'a pas réussi. »

Voici maintenant, sur les résultats de cette journée du 8, les dépêches du prince Gortschakoff adressées à son gouvernement. La première est datée du 8 septembre à midi; elle ne contient que ces mots :

« L'ennemi reçoit constamment de nouveaux renforts. Le bombardement contre la place est très-violent. »

Une autre dépêche du prince Gortschakoff, datée du 8, 10 heures du soir, porte :

« La garnison de Sébastopol, après avoir soutenu un feu d'enfer, a repoussé aujourd'hui six assauts, mais il lui a été impossible de chasser l'ennemi du bastion Korniloff. Nos braves troupes, qui ont résisté jusqu'à la dernière extrémité, passent dans la partie septentrionale de Sébastopol. L'ennemi n'a trouvé dans la partie méridionale que des ruines ensanglantées. »

Pour ne pas scinder les informations russes, nous donnons tout de suite une troisième dépêche du prince Gortschakoff, portant la date du 9 septembre, et qui confirme l'abandon définitif de la ville de Sébastopol par les troupes russes. Voici comment s'exprime ce général :

« Le passage de la garnison dans la partie septentrionale de la place s'est opéré avec un succès extraordinaire : nous n'avons perdu en cette occasion que près de 100 hommes. Nous avons seulement laissé dans la partie méridionale 500 hommes grièvement blessés. »

Nous arrivons à la journée du dimanche 9 septembre. Voici, pour débuter, une deuxième dépêche du général Pélissier, datée du 9 septembre, 3 heures du matin, redoute Brancion. (Cette dépêche n'arriva à Paris qu'après la troisième qui lui est postérieure en date.)

« Karabelnaïa et la partie sud de Sébastopol n'existent plus. L'ennemi, voyant notre solide occupation à Malakoff, s'est décidé à évacuer la place, après avoir ruiné et fait sauter par la mine presque toutes les défenses. Passant la nuit au milieu de mes troupes, je puis vous assurer que tout a sauté dans Karabelnaïa, et, d'après ce que j'ai pu voir, il doit en être de même devant nos attaques de gauche. Cet immense succès fait le plus grand honneur à nos troupes. Je vous donnerai le détail de nos pertes dela journée, qui, après tant de combats opiniâtres, ne peuvent être que sérieuses. Demain, je pourrai préciser les résultats de cette grande journée, dont les généraux Bosquet et Mac-Mahon ont en grande partie les honneurs. Tout est paisible sur la Tchernaïa, et nous y veillons. »

De son côté, le vice-amiral Bruat qui, de la flotte, observait ce qui se passait dans le port de Sébastopol pour agir selon les circonstances, écrivait au ministre de la marine le dimanche à 10 heures 15 minutes du matin :

« L'assaut a été donné hier à midi à la tour Malakoff, et plus ard au grand Redan et au bastion Central. Un coup de vent du nord a retenu les vaisseaux au mouillage. Les bombardes, pour pouvoir tirer, ont dû entrer dans la baie de Streleska; elles ont lancé sur le bastion de la Quarantaine et le fort Alexandre 600 bombes. Les six bombardes anglaises, également mouillées dans la baie de Streleska, ont tiré à peu près le même nombre de bombes. Cette nuit, de violentes explosions, de vastes incendies, nous ont fait supposer que les Russes évacuaient la ville. Aujourd'hui, nous avons reconnu que les vaisseaux russes étaient coulés. Le pont était couvert de troupes qui se retiraient dans le nord ; à partir de huit heures, il était coupé. Il ne reste plus dans le port, amarrés près du fort Catherine, que quelques navires à vapeur. Je me suis approché ce matin, sur le *Brandon*, des batteries de la Quarantaine, et je me suis assuré qu'elles étaient évacuées. En ce moment elles viennent de sauter. Nos soldats sont sortis des tranchées et se répandent en groupes isolés sur les remparts de la ville, qui paraissent complétement abandonnés. »

Dans la journée du dimanche 9, le général La Marmora, qui avait pris position à Kadi-Koï, mandait à son gouvernement :

« L'assaut général donné à Sébastopol, dans la journée d'hier, a été couronné par un succès éclatant. La tour de Malakoff a été prise par le corps d'armée du général Bosquet. Nos soldats, bien qu'ils n'aient pas pris part à l'assaut, ont eu 40 hommes hors de combat, pendant qu'ils étaient dans les tranchées. Les Français et les Anglais ont donné l'assaut avec un véritable héroïsme. Pendant la nuit, les Russes se sont retirés, après avoir brûlé la ville, fait sauter les ouvrages de défense, les édifices et avoir coulé leurs derniers vaisseaux. »

Par une seconde dépêche, datée de dimanche soir, le général Simpson marque ce qui suit :

« Sébastopol est au pouvoir des alliés. Pendant la nuit et dans la matinee d'aujourd'hui les Russes ont évacué la partie sud de la ville, après avoir fait sauter les magasins et les défenses, et en mettant le feu à la ville. Le pont qui communique avec la partie nord de la ville est rompu. Tous les navires de guerre ont été brûlés, à l'exception de trois vapeurs qui restent dans le port. L'amiral Lyons annonce, de son côté, que les Russes ont coulé tous leurs vaisseaux de ligne. »

Sur les pertes des Anglais, une dépêche, non datée, du général Simpson, dit qu'elles sont graves, mais qu'il n'y a pas eu d'officiers généraux tués. Une troisième dépêche du général Pélissier, datée du 9 septembre, 8 heures du soir, clôt la série des premières informations : elle s'exprime ainsi :

« Aujourd'hui j'ai constaté que l'ennemi avait coulé ses vapeurs Son œuvre de destruction a continué sous le feu de nos bombes. Des mines sautant successivement et sur plusieurs points m'ont fait un devoir de différer d'entrer dans la place, qui ne présente plus qu'un vaste foyer d'incendie. Toutefois, serré d'un peu près par notre feu, le prince Gortschakoff demande un armistice pour enlever ses blessés près du fort Saint-Paul, le pont par prudence ayant été rompu par ses ordres. Je rassemble les états des pertes et vous en aurez le chiffre dès qu'il me sera bien connu. Tout va bien; nous veillons à la Tchernaïa. »

Nous ajoutons comme épilogue l'extrait suivant de la *Correspondance autrichienne :*

« Le consul anglais à Bucharest a expédié la dépêche suivante : Malakoff et la partie sud de Sébastopol ont été évacués par les Russes dans la journée du 9 septembre. Les Russes ont brûlé tous leurs vaisseaux. Malakoff et la partie sud de Sébastopol sont occupés par es alliés. »

Enfin, le bulletin de la Bourse de Vienne contenait la mention suivante sous la date du lundi 10 septembre :

« Aujourd'hui la nouvelle de la prise de la tour Malakoff était confirmée. »

Ainsi c'était bien la prise de Sébastopol qui se trouvait de toutes parts annoncée. Le 11, la voix solennelle du canon tonna au sein de la capitale. Le soir les édifices publics et un grand nombre de maisons particulières furent illuminés. Le lendemain, 12, une nouvelle dépêche du général Pélissier établissait en ces termes la grandeur du résultat :

« Crimée, 10 septembre 1855, 11 heures du soir.

« J'ai parcouru aujourd'hui Sébastopol et ses lignes de défense. La pensée ne peut se faire un tableau exact de notre victoire dont l'inspection des lieux peut seule donner toute l'étendue.

« La multiplicité des travaux de défense et les moyens matériels qui y ont été appliqués dépassent beaucoup ce qui s'était vu dans l'histoire des guerres. La prise de Malakoff, qui a contraint l'ennemi de fuir devant nos aigles déjà trois fois victorieuses, a mis entre les mains des alliés un matériel et des établissements immenses, dont il est impossible encore de préciser l'importance. Demain les troupes occuperont Karabelnaïa et la ville, et, sous leur protection, une commission anglo française s'occupera de faire le recensement du matériel que l'ennemi nous a abandonné. La joie de nos soldats est bien grande, et c'est aux cris de *Vive l'Empereur!* que dans leur camp ils célèbrent leur victoire. »

Le soir, il y eut encore des illuminations. Le 13 un *Te Deum* fut chanté en grande pompe à Notre-Dame en présence de l'Empereur, des hauts fonctionnaires et des corps constitués. A la cérémonie assistait Abd-el-Kader. Chose merveilleuse et qui n'est pas une des moindres preuves des irrésistibles progrès de la civilisation, de voir un musulman, l'ancien ennemi de la France, grave et recueilli dans une basilique chrétienne! Le même jour des représentations gratuites eurent lieu dans les principaux théâtres de Paris. On chanta des cantates; on lut des pièces de vers qui célébraient la victoire et qui furent accueillies avec un enthousiasme indicible. La ville était pavoisée des drapeaux, fraternellement unis, des puissances alliées. Le soir, elle resplendissait d'illuminations. La nouvelle fut reçue avec le même transport dans les départements. A Rennes, à Bordeaux, à Limoges, au Havre, à Strasbourg, à Valenciennes, à Angers, à Evreux, à Elbeuf, etc., comme à Lille, à Laon, à Nantes, à Rouen, à Amiens, l'émotion était indescriptible. A Lyon, le premier acte des *Mousquetaires de la Reine* venait de commencer au Grand-Théâtre, lorsqu'on vit tout à coup le commissaire de police, auquel un pli venait d'être remis, ceindre son écharpe, quitter précipitamment sa loge, s'avancer sur le devant des premières, et réclamer du geste le silence de la scène et l'attention des spectateurs; puis il donna connaissance de la dépêche. Sa lecture était à peine terminée qu'une formidable acclamation retentit dans toute la salle. Deux mille spectateurs se levèrent dans une agitation et un enthousiasme inexprimables. Peu à peu la salle se vida; les endroits publics se remplirent comme par enchantement; des groupes se formèrent partout, et la grande nouvelle se répandit avec la rapidité de l'éclair. Dans les cafés, dans les cercles, l'émotion, les conversations animées, l'air d'allégresse empreint sur toutes les figures, disaient assez quelle part prenait la population lyonnaise à cet événement, dont la portée immense était comprise de tous, succès décisif, avant-coureur d'un triomphe complet et de la ruine définitive de l'ennemi. A Versailles, les monuments publics étaient illuminés. Les maisons particulières avaient, à tous les étages, des lanternes aux mille couleurs. Les rues de la Paroisse, Duplessis, de l'Orangerie, les boulevards offraient un aspect qui rappelait les plus grandes fêtes. Des fenêtres et d'un grand nombre de jardins partaient des feux d'artifice. Dans toutes les rues retentissaient de joyeuses acclamations. Les voyageurs, arrivés le soir par les chemins de fer, rapportaient qu'à la tombée de la nuit, toutes les villes et tous les villages de leur parcours s'illuminaient et se pavoisaient de drapeaux tricolores.

A Londres, lorsque la nouvelle fut connue, la population témoigna l'enthousiasme le plus véhément. Le 10, à onze heures du soir, les journaux avaient peine à satisfaire à toutes les demandes du public qui se pressait dans leurs bureaux. A huit heures du soir, une foule immense était agglomérée devant Mansion-House et la Bourse, dans la pensée que le lord-maire, en grande tenue, proclamerait officiellement la victoire, comme cela avait été fait lors de la victoire de l'Alma. La proclamation n'eut pas lieu, parce qu'à Mansion-House il n'était parvenu encore aucune dépêche officielle de lord Panmure. La foule, après avoir attendu un peu, se dispersa. Vers neuf heures, les canons du parc Saint-James et ceux de la Tour de Londres proclamèrent la victoire; les cloches des principales églises sonnaient à toute volée. La dépêche fut lue dans les théâtres, aux applaudissements du public; on jouait le *God save the Queen* et *Partant pour la Syrie*. A Birmingham, on sut la nouvelle par le télégraphe, à six heures, et aussitôt la ville entière fut en proie à la plus vive allégresse. L'illumination fut générale et spontanée. Il en fut de même à Greenwich, à Woolwich, à Depsford, partout. Constantinople s'illumina pendant trois jours. Turin se mit en fête. La France, la Grande-Bretagne, la Turquie, la Sardaigne resplendissaient d'allégresse. A Stockholm, la joie publique fut immense. Aussitôt que la chute de Sébastopol fut mise hors de doute, un comité choisi parmi les habitants les plus notables décida que toute la ville et les jardins seraient illuminés, ce qui eut lieu, sans qu'il en coûtât rien à la commune. La même manifestation se produisit dans la plupart des villes de Suède. A Athènes, tous les ministres se rendirent auprès de M. Mercier, ministre de France, et de M. Wyse, ministre d'Angleterre, pour les complimenter sur la victoire des alliés.

Au contraire, la nouvelle de la prise de Sébastopol plongea Saint-Pétersbourg dans une consternation générale. La population, trompée sur la situation des choses en Crimée, se croyait à la veille d'un succès. Ce revers fut un coup de foudre. La Cour seule était informée des progrès des assiégeants et pouvait s'attendre à une catastrophe. Le czar avait reçu du prince Gortschakoff l'avis du profond découragement de ses troupes, et c'est pour relever leur moral que l'empereur Alexandre s'était décidé à aller en Crimée.

En France, immédiatement après avoir reçu la nouvelle de la prise de Sébastopol, l'Empereur ordonna au ministre de la guerre de transmettre au général Pélissier la dépêche suivante: « Honneur à vous! honneur à notre brave armée! Faites à tous mes sincères félicitations. » En même temps, le ministre de la guerre écrivait au général Pélissier : « L'Empereur vous charge de féliciter en son nom l'armée anglaise pour la constante bravoure et la force morale dont elle a fait preuve pendant cette longue et pénible campagne. »

Le général Pélissier, à qui on devait ce triomphe, fut nommé maréchal de France, tandis que le vice-amiral Bruat était élevé à la dignité d'amiral. On savait que ce grand succès n'avait pas été obtenu sans des pertes douloureuses, et l'on attendait avec impatience les rapports détaillés de cette mémorable affaire. Le 25 septembre, le *Moniteur* publia un premier rapport du général Pélissier, qui n'offrait en quelque sorte qu'un tableau d'ensemble esquissé à grands traits. Le rapport détaillé et définitif, dont la rédaction ne pouvait se faire qu'après la réception de tous les rapports particuliers, qu'il devait résumer, arriva presque en même temps, et parut au *Moniteur* du 26 septembre. Nous croyons devoir le reproduire *in extenso :*

«Grand quartier général, à Sébastopol, le 14 septembre 1855.

« Monsieur le Maréchal,

« J'ai l'honneur d'adresser à Votre Excellence, ainsi que je le lui avais annoncé par ma dépêche du 11, mon rapport sur la prise de Sébastopol. Le moment de cet assaut semblait être arrivé. A la gauche, les travaux du génie étaient parvenus depuis quelque temps à 30 et 40 mètres du bastion du Mât (nº 4 des Russes) et du bastion Central (nº 5 des Russes). A la droite, nos cheminements, poussés très-activement sous la protection du feu soutenu de l'artillerie, ouvert depuis le 17, n'étaient plus qu'à 25 mètres du saillant de Malakoff et du petit redan du Carénage. L'artillerie avait achevé près de cent batteries en parfait état, parfaitement approvisionnées et présentant un ensemble de 350 bouches à feu aux attaques de gauche et de 250 aux attaques de droite. De leur côté, les Anglais, bien qu'arrêtés par les difficultés du terrain, étaient arrivés à environ

200 mètres du grand Redan (bastion n° 3 des Russes), sur lequel ils se dirigeaient, et ils avaient environ 200 bouches à feu en batterie. Les Russes, mettant le temps à profit, élevaient du côté de Malakoff une seconde enceinte qu'il importait de ne pas laisser terminer. Enfin, l'armée de secours venait d'être battue complétement, le 16, sur la Tchernaïa; elle y avait fait des pertes considérables, et il n'était pas probable qu'elle vînt de nouveau, pour dégager la place, se jeter sur ces positions, que nous avions rendues plus fortes, et où nous étions en mesure de repousser tous les efforts de l'ennemi. Il fut donc convenu entre le général Simpson et moi que nous livrerions une attaque décisive. Les généraux commandant l'artillerie et le génie des deux armées se rangèrent unanimement à cette opinion. Le 8 septembre fut le jour fixé pour cette attaque. Ainsi que j'ai déjà eu l'honneur de l'exposer à Votre Excellence, l'ennemi devait être abordé sur les points principaux de sa vaste enceinte, afin de l'empêcher de diriger toutes ses réserves contre une même attaque et de lui donner des inquiétudes sur la ville où aboutit le pont par lequel il pouvait faire sa retraite. Le général de Salles, avec le 1er corps renforcé d'une brigade sarde, dont le général de La Marmora m'avait offert le concours, devait, à gauche, attaquer la ville; au centre, les Anglais devaient s'emparer du grand Redan; enfin, à notre droite, le général Bosquet devait attaquer Malakoff et le petit redan du Carénage (bastion n° 2 des Russes), points saillants de l'enceinte de Karabelnaïa.

« Les dispositions suivantes avaient été prises sur chacune de ces attaques. A la gauche, la division Levaillant (2e du 1er corps, brigade Couston : 9e bataillon de chasseurs à pied, commandant Rogié; 21e de ligne, lieutenant-colonel Villeret; 42e de ligne, lieutenant-colonel de Mallet; brigade Trochu : 46e de ligne, lieutenant-colonel Le Banneur; 80e de ligne, colonel Laterrade), chargée de l'attaque du bastion Central et de ses lunettes, était placée dans les parallèles les plus avancées. A sa droite était la division d'Autemarre (brigade Niol : 5e bataillon de chasseurs à pied, commandant Garnier; 19e de ligne, colonel Guignard; 26e de ligne, colonel de Sorbiers; brigade Breton : 39e de ligne, colonel Comignan; 74e de ligne, colonel Guyot de Lespart), qui devait pénétrer sur les traces de la division Levaillant et s'emparer de la gorge du bastion du Mât et des batteries qui y ont été élevées. La brigade sarde du général Cialdini, placée à côté de la division d'Autemarre, devait attaquer le flanc droit du même bastion. Enfin, la division Bouat (4e du 1er corps, général Lefèvre : 10e chasseurs à pied, commandant Guiomard, 18e de ligne, colonel Dantin; 79e de ligne, colonel Grenier; 2e brigade, général de la Roquette; 14e de ligne, colonel de Négrier; 43e de ligne, colonel Broutta), et la division Paté (3e du 1er corps; brigade Beuret : 6e bataillon de chasseurs à pied, commandant Fermier de la Prévotais; 28e de ligne, colonel Lartigues; 98e de ligne, colonel Conseil-Dumesnil; brigade Bazaine : 1er régiment de la légion étrangère, lieutenant-colonel Martenot de Cordoue; 2e régiment de la légion étrangère, colonel de Chabrières), servaient de réserve à la division Levaillant; de plus, et pour parer de ce côté aux éventualités qui pouvaient se produire, j'avais fait venir de Kamiesch et mis sous les ordres du général de Salles les 30e et 35e de ligne, qui avaient été placés à l'extrême gauche et assuraient fortement de ce côté la possession de nos lignes.

« Devant Karabelnaïa, ainsi que je l'ai déjà dit, notre attaque devait se faire sur trois directions; à gauche, sur Malakoff et son réduit; à droite, sur le petit redan du Carénage; et au centre, sur la courtine qui unit ces deux ouvrages. Le système de Malakoff était évidemment le point le plus important de l'enceinte; sa prise devait entraîner forcément la ruine successive des défenses de la place, et j'avais ajouté aux troupes dont disposait déjà le général Bosquet toute l'infanterie de la garde impériale. L'attaque de gauche sur Malakoff était confiée au général de Mac-Mahon (1re division du 2e corps), 1re brigade, colonel Decaen; 1er zouaves, colonel Colineau, et 7e de ligne, colonel Decaen; 2e brigade, général Vinoy; 1er bataillon de chasseurs à pied, commandant Gambier; 20e de ligne, colonel Orianne; 27e de ligne, colonel Adam, qui avait en réserve la brigade Wimpfen (3e de zouaves, colonel Polhès; 50e de ligne, lieutenant-colonel Nicolas, et tirailleurs algériens, colonel Rose), tirée de la division Camou, et les deux bataillons de zouaves de la garde (colonel Jannin).

« L'attaque de droite sur le Redan était confiée au général Dulac (brigade Saint-Pol : 17e chasseurs à pied, commandant de Férussac; 57e de ligne, colonel Dupuis; 85e de ligne, colonel Javel; 2e brigade, général Bisson; 10e de ligne, commandant de Lacontrie; 61e de ligne, colonel de Taxis), ayant en réserve la brigade Marolles (15e de ligne, colonel Guérin; 96e de ligne, colonel Malherbe), de la division d'Aurelles, et le bataillon de chasseurs à pied de la garde (commandant Cornulier de Lucinière). Enfin, le général de La Motterouge (brigade du général Bourbaki : 4e chasseurs à pied, commandant Clinchant; 86e de ligne, colonel de Berthier; 100e de ligne, colonel Mathieu; 2e brigade, colonel Picard; 91e de ligne, colonel Picard; 49e de ligne, colonel Kerguern) commandait l'attaque du centre par le milieu de la courtine, ayant en réserve les voltigeurs (colonels Montéra et Douay) et les grenadiers (colonels Blanchard et Dalton) de la garde, sous les ordres directs du général de division de la ga et, ayant sous lui les généraux de brigade de Pontevès et de Failly.

« Pour le placement de ces troupes, nos tranchées avaient été décomposées en trois quartiers, dont chacun devait contenir dans sa partie avancée la presque totalité de la division d'attaque, et les réserves devaient trouver place tant dans les anciennes tranchées bien calculées pour les contenir, que dans les ravins de Karabelnaïa et du Carénage. Il était essentiel pour mieux tromper l'ennemi que le rassemblement de toutes ces troupes pût se faire sans être éventé ; aussi toutes les lignes de communication conduisant à nos places d'armes avancées avaient-elles été suivies avec grand soin, et, partout où l'on pouvait être vu, les crêtes couvrantes avaient été assez relevées pour donner un défilement suffisant. Aux attaques de gauche comme à celles de droite, des détachements du génie et de l'artillerie munis d'outils étaient désignés pour être placés en tête de chaque colonne d'attaque. Les sapeurs du génie devaient, avec les auxiliaires d'avant-garde de chaque attaque, être prêts à jeter des ponts, dont ils avaient appris la manœuvre et dont les matériaux étaient disposés à l'avance en première ligne. Les canonniers devaient être munis de tout ce qui est nécessaire, marteaux, égorgeoirs, étoupilles, etc., pour être prêts à enclouer ou désenclouer les pièces, selon le cas, et à retourner, si cela était possible, contre l'ennemi celles que nous aurions conquises. De plus, dans les premiers bataillons de chaque attaque, un certain nombre d'hommes devaient être munis d'outils à manche court pouvant se porter au ceinturon de cartouchière, pour ouvrir des passages, combler des fossés, retourner les traverses, accomplir, en un mot, les travaux urgents et si importants du premier moment. En outre, des réserves de batteries de campagne avaient été préparées de manière à pouvoir rapidement venir prendre part à l'action. Aux attaques de gauche, une batterie de campagne devait être placée dans une carrière voisine de l'enceinte, avec ses chevaux à portée, ses canonniers pourvus de bricoles pour endéboucher au besoin ; deux autres batteries (de la 1re division) devaient se tenir au Clocheton ; enfin une quatrième devait se porter à l'extrême gauche du Lazaret. Aux attaques de droite, une réserve de 24 bouches à feu de campagne devait être placée, savoir : 12 bouches à feu divisionnaires à l'ancienne batterie de Lancastre, et 12 bouches à feu de la garde à la redoute Victoria. Des travailleurs postés sur des points désignés devaient, au moment opportun, préparer les voies à cette artillerie. Afin d'être prêt à tout événement, la 1re brigade de la division d'Aurelles était postée de manière à repousser, avec l'aide des batteries et des redoutes existant dans cette direction, toute entreprise de l'ennemi sur les contreforts d'Inkermann.

« Du côté de nos lignes, le général Herbillon avait l'ordre de faire garnir les positions de la Tchernaïa en faisant prendre les armes à son infanterie, monter à cheval sa cavalerie, et atteler son artillerie à l'heure fixée pour l'attaque. J'avais, en outre, fait descendre près de lui la brigade de cuirassiers du général de Forton. Le général de La Marmora était prévenu de ces dispositions. Quant au général d'Allonville, il devait, dans la nuit du 7 au 8, se replier de la vallée de Baïdar pour venir prendre, près du pont de Kreutzen, une position de concentration avantageuse pour le cas où l'armée de secours aurait voulu nous menacer à l'extérieur. D'un commun accord, nous nous étions arrêtés, le général Simpson et moi, à l'heure de midi pour donner l'assaut. L'heure choisie avait plusieurs avantages : elle nous donnait des chances favorables pour espérer de surprendre brusquement l'ennemi, et, dans le cas où l'armée russe de secours aurait voulu faire une tentative desespérée pour dégager la place, il lui eût été impossible de prononcer, avant la fin du jour, un mouvement vigoureux contre nos lignes; quel que fût le résultat de notre attaque, nous avions jusqu'au lendemain matin pour aviser.

« Dans la matinée du 8, l'artillerie de nos attaques de gauche, qui, depuis le 5 au point du jour, avait entretenu un feu violent, continua d'écraser l'ennemi de ses projectiles; aux attaques de droite, nos batteries tirèrent vivement aussi, mais en continuant soigneusement les allures qu'elles avaient prises quelques jours auparavant, en vue de ce qui devait se passer.

« Vers huit heures, le génie avait lancé sur le bastion Central deux mines de projection chargées chacune de 100 kilogrammes de poudre, et à la même heure, il avait fait jouer en avant de nos cheminements, sur le front de Malakoff, trois fourneaux chargés ensemble de 1,500 kilogrammes de poudre. afin de rompre les galeries inférieures du mineur russe. La possession du système Malakoff devant décider du gain de la journée, les autres attaques lui avaient été subordonnées, et il était entendu avec le général Simpson que les Anglais ne se porteraient sur le grand Redan qu'au signal que je lui ferais que nous etions assurés de Malakoff. De même le général de Salles ne devait lancer ses troupes qu'au moment que je lui indiquerais par un autre signal.

« Un peu avant midi, toutes les troupes étaient parfaitement en ordre sur les points indiqués, et les autres dispositions étaient ponctuellement exécutées. Le général de Salles était prêt; le général Bosquet était au poste qu'il avait choisi dans la 6e parallèle, et moi-même j'étais arrivé, avec les généraux Thiry, de l'artillerie, Niel, du génie, et de Martimprey, mon chef d'état-major général, à la redoute Brancion, que j'avais prise pour quartier général. Les montres avaient été réglées. A midi juste, toutes nos batteries cessèrent de tonner pour reprendre un tir plus allongé sur les réserves de l'ennemi. A la voix de leurs chefs, les divisions de Mac-Mahon, Dulac et de La Motterouge sortent des tranchées. Les tambours et les clairons battent et sonnent la charge, et, au cri de *Vive l'Empereur!* nos intrépides soldats se précipitent sur les défenses de l'ennemi. Ce fut un moment solennel. La 1re brigade de la division Mac-Mahon le 1er de zouaves en tête, suivi du 7e de ligne, ayant à sa gauche le 4e chasseurs à pied, s'élance contre la face gauche et le saillant de l'ouvrage Malakoff. La largeur et la profondeur du fossé, la hauteur et l'escarpement des talus rendent l'ascension extrêmement difficile pour nos hommes; mais enfin ils parviennent sur le parapet, garni de Russes qui se font tuer sur place et qui, à défaut de fusil, se font arme de pioches, de pierres, d'écouvillons, de tout ce qu'ils trouvent sous leur main. Il y eut là une lutte corps à corps, un de ces combats émouvants dans lequel l'intrépidité de nos soldats et de leurs chefs pouvait seule leur donner le dessus. Ils sautent aussitôt dans l'ouvrage, refoulent les Russes qui continuent de résister, et, peu d'instants après, le drapeau de la France était planté sur Malakoff pour ne plus en être arraché.

« A droite et au centre, avec ce même élan qui avait renversé tous les obstacles et refoulé au loin l'ennemi, les divisions Dulac et de La Motterouge, entraînées par leurs chefs, s'étaient emparées du petit redan du Carénage et de la courtine, en poussant même jusque sur la seconde enceinte en construction. Partout nous étions en possession des ouvrages attaqués. Mais ce premier et éclatant succès avait failli nous coûter bien cher. Frappé d'un gros éclat de bombe au côté droit, le général Bosquet avait dû quitter le champ de bataille. J'avais confié le commandement au général Dulac qui a été parfaitement secondé par le général de Cissey, chef d'état-major au 2e corps. Le génie, qui avait marché avec les colonnes d'assaut, était déjà à l'œuvre, comblait les fossés, ouvrait des passages, jetait des ponts. La seconde brigade du général de Mac-Mahon s'avançait rapidement pour le renforcer dans Malakoff. Je fis le signal convenu avec le général Simpson pour l'attaque du grand Redan, et un peu plus tard pour l'attaque de la ville. Les Anglais avaient 200 mètres à franchir sous un terrible feu de mitraille. Cet espace fut bientôt jonché de morts; néanmoins, ces pertes n'arrêtaient pas la marche de la colonne d'attaque qui arrivait en se dirigeant sur la capitale de l'ouvrage. Elle descendit dans le fossé, qui a près de cinq mètres de profondeur, et, malgré tous les efforts des Russes, elle escalada l'escarpe et enleva le saillant du Redan. Là, après un premier engagement qui coûta cher aux Russes, les soldats anglais ne trouvaient devant eux qu'un vaste espace libre criblé par les balles de l'ennemi, qui se tenait abrité derrière des traverses éloignées. Ceux qui arrivaient remplaçaient à peine ceux qui étaient mis hors de combat. Ce n'est qu'après avoir soutenu pendant près de deux heures ce combat inégal que les Anglais se décidèrent à évacuer le Redan, ils le firent en si ferme contenance que l'ennemi n'osa s'avancer sur leurs pas.

« Cependant à la gauche, au signal convenu, les colonnes de la division Levaillant, commandées par les généraux Coustou et Trochu, se précipitaient tête baissée sur le flanc gauche du bastion Central et la lunette de gauche. Malgré une grêle de balles et de projectiles et après une lutte très-vive, l'élan et la vigueur de ces braves troupes triomphèrent d'abord de la résistance de l'ennemi, et, malgré les difficultés accumulées devant elles, elles pénétrèrent dans les deux ouvrages. Mais l'ennemi, replié derrière des traverses successives, tenait ferme partout. Une fusillade meurtrière partait de toutes les crêtes; des pièces démasquées au moment même et des canons de campagne amenés sur plusieurs points vomissaient la mitraille et décimaient les nôtres. Les généraux Coustou et Trochu, qui venaient d'être blessés, avaient dû remettre leur commandement; les généraux Breton et Rivet étaient tués; plusieurs fougasses que l'ennemi fit jouer, produisirent un moment d'hésitation; enfin, un retour offensif, fait par de nombreuses colonnes russes, força nos troupes à abandonner les ouvrages qu'elles avaient enlevés et à se retirer dans nos places d'armes avancées. Nos batteries de cette partie des attaques, habilement dirigées par le général Lebœuf, auquel le contre-amiral Rigault de Genouilly prêtait comme toujours son concours si dévoué et si éclairé, modifièrent leur tir en l'activant et forcèrent l'ennemi à s'abriter derrière ses parapets. Le général de Salles, faisant avancer la division d'Autemarre, préparait pendant ce temps une seconde et redoutable attaque; mais nous étions assurés de la possession de Malakoff, et je lui fis dire de ne pas la lancer. La possession de cet ouvrage nous était cependant énergiquement disputée. Au moyen des batteries de la Maison-en-Croix, de l'artillerie de ses vapeurs, des canons de campagne amenés sur des points favorables, et des batteries du nord de la rade, l'ennemi nous inondait de mitraille, de projectiles de toute nature, et portait le ravage dans nos rangs. Le magasin à poudre de la batterie russe de la Poterne venait de faire explosion en augmentant nos pertes et en faisant disparaître un moment l'aigle du 9e. Bon nombre d'offificiers supérieurs et autres étaient ou blessés ou tués : les généraux de Saint-Pol et de Marolles étaient morts glorieusement, et les généraux Mellinet, de Pontevès, Bourbaki, avaient été blessés à la tête de leur troupe. Trois fois les divisions Dulac et de La Motterouge s'emparent du Redan et de la courtine, et trois fois elles sont obligées de se replier devant le feu terrible d'artillerie et devant les masses profondes qu'elles trouvent devant elles. Cependant les deux batteries de campagne en réserve au Lancastre descendent au trot, franchissent les tranchées, s'établissent audacieusement à demi-portée de canon, et parviennent à éloigner les colonnes ennemies et les vapeurs. Une partie de ces deux divisions, soutenues dans cette lutte héroïque par les troupes de la garde, qui s'est couverte de gloire dans cette journée, s'établissent alors sur toute la gauche de la courtine, d'où l'ennemi ne les chassera plus. Durant ces combats renouvelés de la droite et du centre, les Russes redoublaient d'efforts pour reconquérir Malakoff. Cet ouvrage, qui est une sorte de citadelle en terre de 450 mètres de longueur sur 150 mètres de largeur, armé de 62 pièces de divers calibres, couronne un mamelon qui domine tout l'intérieur du faubourg de Karabelnaïa, prend de revers le Redan attaqué par les Anglais, n'est qu'à 1,200 mètres du port sud, et menace non-seulement le seul mouillage resté aux vaisseaux, mais encore la seule voie de retraite des Russes, le pont jeté par eux d'une rive à l'autre de la rade. Aussi, pendant les premières heures de cette lutte des deux armées, les Russes renouvelèrent-ils constamment leurs tentatives. Mais le général Mac-Mahon avait reçu successivement pour résister à ces combats incessants la brigade Vinoy, de sa division, les zouaves de la garde, la réserve du général Wimpffen et une partie des voltigeurs de la garde; partout il fit tête à l'ennemi, qui fut toujours repoussé. Les Russes voulurent faire cependant une tentative dernière et désespérée : formés en colonnes profondes, ils assaillirent par trois fois la gorge de l'ouvrage, et trois fois ils furent obligés de se retirer, avec des pertes énormes, devant la solidité de nos troupes.

« Après cette dernière lutte, qui se termina vers cinq heures du soir, l'ennemi parut décidé à abandonner la partie, et ses batteries seules continuèrent jusqu'à la nuit à nous envoyer quelques projectiles qui ne nous firent plus beaucoup de mal. Les détachements du génie et de l'artillerie qui, pendant le combat, s'étaient ou bravement battus ou activement employés à leur mission spéciale, se mirent aussitôt à l'œuvre, sous la direction de leurs officiers, pour exécuter les travaux urgents dans l'intérieur de l'ouvrage. D'après mes ordres, les généraux Thiry et Niel faisaient prendre, par les généraux Beuret et Frossard, commandant l'artillerie et le génie du

2e corps, toutes les dispositions propres à nous consolider définitivement dans Malakoff et sur la partie de la courtine restée en notre pouvoir, de manière à résister, au besoin, à une attaque nocturne de l'ennemi, et à être en mesure de lui faire évacuer le lendemain le petit redan du Carénage, la Maison-en-Croix et toute cette portion de ses défenses. Ces dispositions devinrent inutiles. L'ennemi, désespérant de reprendre Malakoff, venait de s'arrêter à un grand parti : il évacuait la ville. Vers la fin du jour, j'en avais eu le pressentiment ; j'avais vu de longues files de troupes et de bagages défiler sur le pont, en se rendant sur la rive nord ; bientôt des incendies se manifestant sur tous les points levèrent tous nos doutes. J'aurais voulu pousser en avant, gagner le pont et fermer la retraite à l'ennemi ; mais l'assiégé faisait à tout moment sauter ses défenses, ses magasins à poudre, ses édifices, ses établissements ; ces explosions nous auraient détruits en détail et rendaient cette pensée inexécutable ; nous restâmes en position, attendant que le jour se fît sur cette scène de désolation. Le soleil, en se levant, éclaira cette œuvre de destruction, qui était bien plus grande encore que nous ne pouvions le penser ; les derniers vaisseaux russes mouillés la veille dans la rade étaient coulés ; le pont était replié ; l'ennemi n'avait conservé que ses vapeurs, qui enlevaient les derniers fugitifs et quelques Russes exaltés qui cherchaient encore à promener l'incendie dans cette malheureuse ville. Mais bientôt ces quelques hommes ainsi que les vapeurs furent contraints de s'éloigner et de chercher un refuge dans les anses de la rive nord de la rade. Sébastopol était à nous !

« Ainsi s'est terminé ce siége mémorable, pendant lequel l'armée de secours a été battue deux fois en bataille rangée, et dont les moyens de défense et d'attaque ont atteint des proportions colossales. L'armée assiégeante avait en batterie, dans les diverses attaques, environ 00 bouches à feu, qui ont tiré plus de 1,600,000 coups, et nos cheminements creusés pendant 336 jours de tranchée ouverte, en terrain de roc, et présentant un développement de plus de 80 kilomètres (20 lieues), avaient été exécutés sous le feu constant de la place et par des combats incessants de jour et de nuit. La journée du 8 septembre, dans laquelle les armées alliées ont eu raison d'une armée presque égale en nombre, non investie, retranchée derrière des défenses formidables pourvues de plus de 1,100 bouches à feu, protégée par les canons de la flotte et des batteries du nord de la rade, disposant encore de ressources immenses, restera comme un exemple de ce que l'on peut attendre d'une armée brave, disciplinée et aguerrie.

« Nos pertes, dans cette journée, sont de 5 généraux tués, 4 blessés et 6 contusionnés ; 24 officiers supérieurs tués, 20 blessés et

2 disparus; 116 officiers subalternes tués, 224 blessés, 8 disparus, et 1,489 sous-officiers et soldats tués, 4,259 blessés, et 1,400 disparus: total, 7,551. Comme vous le voyez, monsieur le maréchal, ces pertes sont nombreuses; beaucoup d'entre elles sont bien regrettables; mais elles sont moins grandes encore que je ne pouvais le craindre. Tout le monde, depuis le général jusqu'au soldat, a fait glorieusement son devoir, et l'armée a bien mérité de la patrie. J'aurai bien des récompenses à demander, bien des noms à faire connaître à Votre Excellence: ce sera l'objet d'un travail qui ne peut trouver place ici. Les flottes des amiraux Lyons et Bruat devaient venir s'embosser devant l'entrée de la rade de Sébastopol et opérer une diversion puissante. Mais il faisait un vent violent du nord-est, qui, déjà très-gênant pour nous à terre, rendait la mer furieuse et empêchait de songer à quitter le mouillage. Les bombardes anglaises et françaises purent néanmoins agir et tirèrent avec grand succès sur la rade, la ville et les différents forts maritimes. Comme toujours, les marins débarqués et les artilleurs de marine furent les dignes émules des canonniers de l'armée de terre, et se firent remarquer par la vigueur et la précision de leur tir. L'armée anglaise s'est conduite avec son intrépidité habituelle. Elle préparait une seconde attaque qui aurait sans doute triomphé des obstacles inattendus qu'avait rencontrés la première. Mais la position de Malakoff, qui était assurée, devait décider avec raison à contremander cette seconde attaque. La brigade sarde du général Cialdini, que le général de La Marmora avait bien voulu mettre à ma disposition pour renforcer le 1er corps, a supporté, avec l'aplomb de vieilles troupes, le feu terrible qui se croisait dans nos tranchées. Les Piémontais brûlaient du désir d'en venir aux mains; l'attaque sur le bastion du Mât n'ayant pas dû avoir lieu, il n'a pas été possible de satisfaire l'ardeur de ces braves troupes. Comme toujours, nos blessés, et même ceux de l'ennemi, ont reçu les soins les plus empressés, les plus intelligents et les plus complets. Nous devons à la bonne organisation de tous nos services hospitaliers, et au dévouement du personnel qui en est chargé, la satisfaction d'en sauver un grand nombre. Je ne veux pas terminer ce rapport sans dire combien dans cette circonstance, comme dans toutes les autres, j'ai eu à me louer de M. le major général Hugh Rose et de M. le lieutenant-colonel George Foley, commissaires de Sa Majesté Britannique auprès du commandant en chef de l'armée française, pour les nombreuses relations que j'ai eues à entretenir durant l'action avec M. le général en chef James Simpson. Veuillez agréer, etc. »

Voici maintenant le rapport du général Niel. On y remarquera une lucidité, une netteté parfaites, en même temps qu'une rare modestie, car, encore bien que le commandant du génie de l'armée d'Orient puisse à bon droit s'attribuer une notable part du succès des laborieux et pénibles travaux imposés aux valeureux officiers de tous grades, aux sous-officiers et soldats de cette armée d'élite, on ne trouvera dans ce rapport qu'un hommage continuel rendu au dévouement, à l'abnégation de ces instruments intelligents d'une pensée qui s'oublie elle-même :

« Sébastopol, le 11 septembre.

« Monsieur le maréchal, l'assaut a été donné à la place de Sébastopol le 8 septembre. Il nous a rendus maîtres de l'ouvrage de Malakoff, dont l'occupation rend la défense du faubourg à peu près impossible, et permet de couper la communication de la ville avec le nord de la rade. L'ennemi a reconnu que cette conquête était décisive. Après avoir fait plusieurs retours offensifs avec un courage auquel nous devons rendre hommage, voyant que ses efforts restaient sans résultat, il a commencé, dans la soirée, à évacuer la ville; dans la nuit, il l'a incendiée, et il a employé ses poudres à détruire lui-même ses travaux de défense et les grands établissements que depuis tant d'années la Russie accumulait dans cette forteresse. Il a coulé tous ses vaisseaux, frégates et autres bâtiments à voiles, ne conservant que ses bateaux à vapeur; enfin, il a replié le pont de radeaux par lequel il communiquait avec le fort du Nord, nous abandonnant ainsi la ville, le faubourg et tout ce qui se trouve au sud de la rade. La défense a été énergique; sur plusieurs points nos attaques ont été repoussées; mais la principale, celle qui nous assurait le succès, n'est jamais restée douteuse. La 1re division du 1er corps, commandée aujourd'hui par le général de Mac Mahon, a enlevé de prime abord l'ouvrage de Malakoff et s'y est maintenue héroïquement, comprenant qu'elle avait dans les mains les clefs de la place. Je vais vous rendre compte des dispositions qui avaient été prises pour diminuer le plus possible les nombreuses difficultés que présentait ce terrible assaut, donné, non à une place investie, à une garnison limitée, mais à une vaste forteresse défendue par une armée aussi nombreuse peut-être que celle qui l'attaquait. Aux attaques de la ville, nos cheminements étaient arrivés à 40 mètres du bastion Central (bastion n° 5 des Russes), et à 30 mètres du bastion du Mât (bastion n° 4). Aux attaques du faubourg de Karabelnaïa, les Anglais, arrêtés par les difficultés du terrain et par le feu de l'artillerie ennemie, n'avaient pu arriver qu'à environ 200 mètres du saillant du grand Redan (bastion n° 3), sur lequel se dirigeaient leurs cheminements.

« Devant le front de Malakoff, nous étions arrivés jusqu'à 25 mètres de l'enceinte qui entoure la tour Malakoff, et nos cheminements nous portaient à la même distance du petit redan du Carénage (bastion n° 2). Ce beau résultat était dû à l'incontestable supériorité que notre artillerie avait prise sur celle de l'ennemi. Les généraux en chef des armées alliées avaient arrêté les dispositions suivantes : L'attaque générale de la place était fixée au 8 septembre à midi. Le 5 au matin, l'artillerie des attaques de la ville et celle des attaques anglaises, qui jusque-là avaient ménagé leur feu, devaient le reprendre avec une grande vivacité. Jamais canonnade semblable n'avait été entendue : nous avions en batterie, dans les deux attaques, plus de 800 bouches à feu, les Anglais en avaient environ 200, et les Russes plus que nous. Le feu de l'ennemi endommageait nos tranchées, mais il nous faisait peu de mal. Le nôtre, malgré la grande étendue de la place, convergeait sur elle, et il a dû faire éprouver de très-grandes pertes à l'armée russe. Pendant les derniers jours qui ont précédé l'assaut, les travailleurs d'infanterie étaient principalement employés à agrandir les places d'armes les plus avancées, à élargir les défilés et à transporter sur place les moyens de passer les fossés. Le but de tous nos efforts, c'était la prise de l'ouvrage construit en arrière de la tour Malakoff. Cet ouvrage (redoute Korniloff des Russes), qui est une immense redoute, une sorte de citadelle en terre, occupe un mamelon qui domine tout l'intérieur du faubourg Karabelnaïa. Il prend de revers le Redan, attaqué par les Anglais, et n'est qu'à 1,200 mètres du port du sud, sur lequel les Russes avaient construit un pont de radeaux devenu leur unique communication entre le faubourg et la ville. Le fort de Malakoff a 450 mètres de longueur et 150 mètres de largeur; ses parapets ont plus de 6 mètres de relief au-dessus du sol, et en avant d'eux se trouve un fossé qui, devant nos attaques, a 6 mètres de profondeur et 7 de largeur. Il est armé de 62 pièces de divers calibres. Dans la partie antérieure se trouve, enveloppée par le parapet, la tour Malakoff, dont les Russes n'ont conservé que le rez-de-chaussée, qui est crénelé. A l'intérieur de l'ouvrage, les Russes ont élevé une multitude de traverses sous lesquelles sont d'excellents blindages, où la garnison trouvait des abris et des couchettes disposées de chaque côté sur deux rangs de hauteur. Un officier du génie russe, qui a été fait prisonnier, port à 2,500 hommes la garnison du fort de Malakoff, dont j'ai cr devoir vous donner la description pour vous faire juger des difficultés que nos soldats avaient à surmonter.

« Le front de Malakoff, qui a 1,000 mètres de longueur, est limité à notre gauche par le fort Malakoff, à notre droite par le redan du Carénage. Ce dernier ouvrage, qui n'était au commencement du siége qu'un simple redan, s'était transformé peu à peu en redoute fermée à la gorge et fortement armée. Les fronts extérieurs des deux redoutes de Malakoff et du Carénage étaient reliés par une courtine armée de 16 pièces, et, en arrière de cette enceinte, les Russes en élevaient une seconde qui réunissait les fronts de gorge des deux redoutes. Cette seconde enceinte, déjà en partie armée, n'avait pas encore de fossé présentant un obstacle sérieux. Quant au fossé de la première courtine et du redan du Carénage, la nature rocheuse du sol avait empêché l'ennemi de le creuser partout également, et sur plusieurs points on pouvait le passer sans trop de difficulté. Pour franchir les fossés, qui avaient une grande profondeur, nous avions imaginé un système de ponts se jetant en moins d'une minute par une manœuvre ingénieuse à laquelle nos sapeurs et des soldats d'élite avaient été exercés; ces ponts nous ont été fort utiles. L'artillerie française avait pris sur celle des Russes une si grande supériorité, qu'elle avait éteint presque tous les feux qui voyaient directement nos attaques; les embrasures comblées ne laissaient plus la crainte que nos colonnes fussent assaillies par la mitraille à la sortie des tranchées; les parapets étaient déformés et une partie des terres avait roulé dans les fossés; enfin, le fort Malakoff avait reçu une si grande quantité de bombes, envoyées par nos batteries et par celles des Anglais, que les pièces qui n'étaient pas vues directement avaient aussi leurs embrasures comblées, et que partout les terrassements avaient perdu leur forme primitive. Mais, en arrière des défenses situées en première ligne, les Russes avaient conservé beaucoup de pièces qu'on ne pouvait contre-battre qu'imparfaitement, et les colonnes de l'attaque Malakoff étaient exposées au feu de nombreuses batteries que les Russes avaient élevées au nord de la rade et dont les coups, quoique tirés à grande distance, ne laissaient pas que d'être dangereux.

« Vous savez, monsieur le Maréchal, que dès mon arrivée devant Sébastopol je n'ai pas hésité à penser que le véritable point d'attaque était la tour ou le mamelon de Malakoff, et que, cette opinion ayant été adoptée par le général Canrobert, on entreprit les attaques de droite qui ont été exécutées par le 2e corps. Du côté de la ville, on s'est contenté d'étendre vers leur gauche les cheminements exécutés par le 1er corps. Prenant les choses au point où elles se trouvaient lorsque l'assaut a été résolu, il n'était pas douteux que la possession du fort Malakoff amènerait un résultat décisif, et, d'un autre côté, il était à présumer que si l'on échouait sur ce point, le succès obtenu ailleurs serait sans grandes conséquences. Cependant on ne pouvait pas attaquer une place si étendue par un seul point; il fallait nécessairement maintenir dans les forces de l'ennemi la division qui résultait du grand développement de l'enceinte qu'il avait à défendre, et surtout lui donner de l'inquiétude sur la ville, où aboutit le pont par lequel il pouvait faire sa retraite. C'est pour satisfaire à ces diverses considérations, c'est pour assurer le succès, tout en économisant le plus possible le sang de nos soldats dans la terrible lutte qui se préparait, que le général en chef décida qu'on donnerait d'abord l'assaut au front de Malakoff; que si cette attaque, qui se ferait sous ses yeux, réussissait, à son signal les Anglais attaqueraient le Redan et le 1er corps la ville, afin d'empêcher l'ennemi de venir concentrer tous ses efforts sur les troupes qui auraient pris possession du fort de Malakoff. Le front de Malakoff devait être attaqué par trois colonnes : celle de gauche, commandée par le général de Mac-Mahon, se portant directement sur le fort Malakoff par le front qui nous fait face et en le tournant un peu par la droite, avait pour mission de s'en emparer et d'y tenir à tout prix; celle de droite, division Dulac, devait marcher sur le redan du Carénage, l'occuper et détacher une brigade sur sa gauche pour tourner la seconde enceinte; enfin, celle du centre, division La Motterouge, partant de la sixième parallèle, ayant plus de chemin à parcourir, et arrivant un peu plus tard, devait enlever la courtine, se porter ensuite sur la seconde enceinte, et envoyer une de ses brigades à l'aide de la première colonne, si celle-ci ne s'était pas encore emparée du fort Malakoff. L'importance de ces positions était telle qu'on ne pouvait pas mettre en doute que l'ennemi, s'il les perdait, ferait de grands efforts pour les reprendre. En conséquence, les troupes de la garde impériale étaient données pour réserve au 2e corps. Le chef de bataillon du génie Ragon, ayant sous ses ordres plusieurs brigades de sapeurs, marchant avec la première colonne, devait faire jeter des ponts sur les fossés, rechercher les mines, ouvrir partout le passage aux colonnes, et, dès qu'on serait maître du fort, le fermer à la gorge, et, pour s'opposer aux retours offensifs, ouvrir en arrière de grands passages pour l'arrivée des troupes et de l'artillerie.

« Le chef de bataillon du génie Renoux, attaché à la colonne de droite, et le capitaine Schœnnagel, attaché à celle du centre, ayant aussi des brigades de sapeurs sous leurs ordres, avaient à remplir une mission analogue. Toutes les dispositions concernant le service du génie aux attaques de Malakoff avaient été prises par les soins du général Frossard, commandant le génie du 2e corps. A l'attaque de la ville, afin d'éviter les obstacles accumulés par l'ennemi au saillant du bastion du Mât, il avait été décidé que l'assaut principal serait donné au bastion Central entre son saillant et la lunette de gauche; que la colonne d'assaut, dès qu'elle serait établie dans l bastion Central, porterait une partie de ses forces vers la gorge du bastion du Mât, dont la face droite serait alors assaillie par une brigade sarde qui était venue prendre part aux opérations du 1er corps. Le général de division Dalesme, commandant le génie du 1er corps, avait pris pour les attaques de la ville des dispositions analogues à celles que je viens d'indiquer pour les attaques du faubourg de Karabelnaïa. Le 8 septembre, à huit heures du matin, on lança sur le bastion Central deux mines de projection chargées chacune de 100 kilogrammes de poudre. L'explosion se fit vers le milieu du bastion et parut y causer un grand désordre. A la même heure, nous fîmes jouer en avant de nos cheminements sur le fort de Malakoff trois fourneaux chargés ensemble de 1,500 kilogrammes de poudre, afin de rompre les galeries inférieures des mineurs russes et de rassurer nos soldats, qui venaient se masser dans les tranchées sous lesquelles les déserteurs annonçaient que le sol était miné. A midi précis, nos soldats s'élancèrent des places d'armes avancées du front de Malakoff. Ils franchirent les fossés avec une agilité surprenante, et, montant sur les parapets, ils abordèrent l'ennemi au cri de *Vive l'Empereur!* Au fort de Malakoff, les talus intérieurs ayant une grande hauteur, les premiers arrivés s'arrêtèrent un instant pour se former, puis ils montèrent sur le parapet et sautèrent dans l'ouvrage. La lutte qui avait commencé par des coups de feu, se continuait à la baïonnette, à coups de pierre et à coups de crosse; l'écouvillon était une arme entre les mains des canonniers russes; mais partout les Russes étaient tués, pris ou chassés, et il n'y avait pas un quart d'heure que l'attaque avait eu lieu, que déjà le drapeau français flottait sur la redoute conquise. Le redan du Carénage avait aussi été enlevé, après une lutte très-vive; la colonne du centre était arrivée jusqu'à la seconde enceinte. Par tout nous avions pris possession des ouvrages attaqués. Le général en chef fit le signal convenu pour l'attaque du grand Redan, et un peu plus tard pour l'attaque de la ville.

« Les Anglais avaient 200 mètres à franchir sous un terrible feu de mitraille. Cet espace fut bientôt jonché de morts; mais ces pertes n'arrêtaient pas la marche de la colonne d'attaque, qui arrivait en se dirigeant sur la capitale de l'ouvrage; elle descendit dans le fossé, qui a environ 5 mètres de profondeur, et, malgré tous les efforts des Russes, elle escalada l'escarpe et leur enleva le saillant du Redan. Mais après une première lutte qui coûta cher aux Russes, les soldats anglais ne trouvaient devant eux qu'un vaste espace entièrement découvert, criblé par les balles de l'ennemi qui se tenait abrité derrière des traverses éloignées. Ceux qui arrivaient remplaçaient à peine ceux qui étaient hors de combat. Ce n'est qu'après avoir soutenu pendant près de deux heures ce combat inégal que les Anglais se décidèrent à évacuer le Redan. L'attaque du bastion Central présenta le même résultat. Nos soldats du 1er corps franchirent tous les obstacles et abordèrent franchement l'ennemi auquel ils firent éprouver de grandes pertes dans le premier moment; mais bientôt, criblés de feux et ne trouvant pas d'abri contre les coups qui les frappaient dans plusieurs directions, ils renoncèrent à une attaque dans laquelle le général en chef avait prescrit de ne pas s'obstiner.

« Au front de Malakoff, les Russes firent de grands efforts pour reconquérir les ouvrages qui leur avaient été enlevés. Revenant sur le Redan avec des colonnes nombreuses soutenues par l'artillerie de campagne, ils parvinrent à le reprendre et à nous faire abandonner la seconde enceinte; mais les premières colonnes d'attaque, soutenues par la garde impériale, restèrent inébranlables derrière le talus extérieur de la première enceinte.

« Plusieurs retours offensifs furent aussi tentés, mais inutilement, contre l'ouvrage de Malakoff; les cadavres de l'ennemi s'entassaient devant le front de gorge, mais la première division restait inébranlable, et à la chute du jour nous étions maîtres de cette citadelle, sans laquelle les Russes ne pouvaient plus continuer leur défense que pendant peu de jours, et encore en sacrifiant une partie de leur armée, qui, après la rupture du grand pont de radeaux, serait restée sans communication avec le nord de la rade. Aussi ont-ils pris un grand parti. Ils avaient tout préparé pour détruire la place de leurs propres mains, dans le cas où ils seraient forcés de l'abandonner. Pendant la nuit du 8 au 9, de fortes explosions nous ont annoncé que cette grande lutte était arrivée à son terme. L'ennemi abandonnait Sébastopol, mais il ne voulut nous laisser que des ruines.

« Nos pertes sont grandes; mais l'armée, dont l'Empereur peut être fier, a bien mérité du pays. Les travaux si longs et si pénibles du siége n'ont jamais lassé sa patience. Toutes les fois qu'ils ont abordé l'ennemi, nos soldats ont fait preuve d'une grande bravoure, et l'assaut du 8 septembre est un fait d'armes dont la France peut s'enorgueillir. Dans cette dernière épreuve, le corps du génie a encore éprouvé des pertes, mais moins nombreuses que je pouvais le craindre. Le capitaine Schœnnagel (Jean-Alfred), excellent officier, a été tué; le chef de bataillon Fournier, le capitaine Ansous, aide de camp du général Dalesme, le capitaine Laruelle et les lieutenants Joyeux et Pradelle ont été blessés. Parmi les sous-officiers et soldats, il y a eu 24 tués et 122 blessés. Les chefs de bataillon Renoux et Ragon, qui ont donné l'exemple d'une grande bravoure, ont été parfaitement secondés par les officiers et les sapeurs placés sous leurs ordres. Dans ce dernier assaut, comme pendant toute la durée du siége, chacun a fait noblement son devoir. Je ne puis vous citer ici les noms de tous ceux qui ont mérité de vous être signalés et pour lesquels j'aurai à demander des récompenses : ce sera l'objet d'un travail particulier dont je vais m'occuper. Ainsi s'est terminé ce siége mémorable dans lequel les moyens de la défense et ceux de l'attaque ont atteint des proportions colossales. Les Russes avaient plus de 800 bouches à feu en batterie et une garnison dont ils faisaient varier à volonté la force et la composition. Après l'immense quantité de projectiles qu'ils nous ont envoyés, on est surpris de voir qu'ils en étaient encore largement approvisionnés, et j'ai lieu de croire qu'ils ont laissé plus de 1,500 pièces dans la place.

« L'armée assiégeante avait en batterie, dans les diverses attaques, environ 700 bouches à feu qui ont tiré plus de 1,600,000 coups. Nos cheminements, exécutés en grande partie dans le roc au moyen de la poudre, présentent un développement de plus de 80 kilomètres (20 lieues). On a employé 80,000 gabions, 60,000 fascines et près d'un million de sacs à terre. Jamais le corps du génie n'avait eu à exécuter des travaux aussi difficiles et aussi multipliés, et dans aucun siége il n'avait éprouvé d'aussi grandes pertes. 31 officiers ont été tués, 33 ont été blessés. Parmi les tués, on compte le général Bizot, dont le nom ne saurait être passé sous silence au jour du triomphe; le digne lieutenant-colonel Guérin, 6 chefs de bataillon, 20 capitaines et 3 lieutenants. Cette rude épreuve n'a jamais ébranlé la constance de nos officiers, et les troupes du génie ont suivi ce noble exemple. Deux compagnies de sapeurs en sont à leur quatrième capitaine, les trois premiers ayant été tués à leur tête, et elles n'en ont pas moins d'ardeur. Dans les travaux de sape et de mine, les sous-officiers et les soldats sont toujours restés inébranlables, et dans les actions de vigueur ils ont fait preuve de la plus grande intrépidité.

« En terminant ce rapport, je dois vous dire, monsieur le Maréchal, que la plus grande harmonie n'a jamais cessé d'exister entre l'artillerie et le génie. Chaque fois qu'un des deux services pouvait venir en aide à l'autre, il le faisait avec empressement, et cette communauté de vues et d'action nous a donné le moyen de vaincre bien des difficultés. J'ai eu aussi à me louer en toute circonstance de mes rapports avec le général Harry Jones commandant le génie de l'armée anglaise. Notre but était le même et nous n'avons jamais différé d'opinion sur les moyens à employer pour l'atteindre. Déjà, au siége de Bomarsund, j'avais pu apprécier la loyauté et le noble caractère de cet officier général. J'ai été heureux de me retrouver avec lui au siége de Sébastopol. »

Ces rapports sont complétés par celui de l'intendant général de l'armée ainsi conçu :

« La glorieuse journée du 8 a fait entrer dans nos ambulances 4,472 blessés français, dont 212 officiers; elle y a fait entrer aussi 554 blessés russes. Il a fallu l'activité, l'expérience et le dévouement du personnel placé sous mes ordres pour que le service ait pu être convenablement fait dans cette circonstance tout exceptionnelle. L'enlèvement des blessés a été effectué avec toute la promptitude qu'il était possible d'y mettre dans un dédale de tranchées labourées par une grêle de projectiles. 3,000 hommes environ avaient été rapportés dès le 8. Aux attaques de gauche, où le terrain permettait d'envoyer les mulets de cacolets presque jusqu'au lieu du combat, l'enlèvement a été très-rapide; il était beaucoup plus difficile à droite, dans des ravins profonds et presque inaccessibles; là, les blessés devaient être forcément transportés sur des brancards à une énorme distance, et les bras manquaient; la nuit venue, le combat durait encore, et les derniers soldats tombés sont arrivés à l'ambulance le 9 dans la matinée. Le soir, tous, malgré leur grand nombre, avaient reçu un premier pansement, les opérations les plus urgentes avaient été faites. Nos médecins se sont multipliés; cinq d'entre eux ont été blessés; ce sont MM. Didiot, Daga, Huard, Darcy et Goinard.

« Nous avons aujourd'hui dans nos ambulances de Crimée 10,520 hommes dont 372 officiers. Le service y est assuré d'une manière complète, et nous effectuerons nos évacuations sans précipitation et avec le plus de régularité possible. Dans la prévision des événements qui se sont produits, j'avais fait augmenter considérablement les moyens de l'ambulance de Kamiech, qui avait reçu à l'avance le trop-plein des ambulances divisionnaires, et sur laquelle il a été possible de diriger encore 1,000 blessés après le combat : le chiffre de ses malades s'élève aujourd'hui à 1,500, très-convenablement installés sous des baraques, et le service s'y trouve parfaitement assuré grâce au concours de M. le vice-amiral commandant l'escadre, qui, sur ma demande, avait bien voulu faire débarquer à l'avance et mettre à ma disposition 12 chirurgiens de la marine.

MM. Bondurand et Le Cauchois-Feraud, intendants des 1er et 2e corps d'armée, m'ont admirablement secondé. Ils avaient pris les dispositions les meilleures. Officiers de santé, fonctionnaires de l'intendance, officiers d'administration, officiers et soldats du train des équipages, infirmiers, tous ont fait leur devoir avec le dévouement le plus louable et le plus complet; et dans cette journée si glorieuse pour nos armes, le service hospitalier et le service administratif ont dignement rempli la tâche qui leur était confiée. Je suis avec respect, etc., Blanchot. »

Aux documents officiels français nous ajouterons, pour terminer ce chapitre, le rapport du général en chef de l'armée anglaise.

« Devant Sébastopol, 9 septembre.

« Milord, j'ai eu l'honneur de faire savoir à Votre Seigneurie, par une dépêche du 4 courant, que les officiers du génie et de l'artillerie des armées alliées nous avaient soumis, au général Pélissier et à moi, un rapport concluant à ce que l'assaut fût livré le 8 courant, après un feu violent de trois jours. Ce projet a reçu mon agrément, et j'ai maintenant à féliciter Votre Seigneurie des glorieux résultats de l'attaque d'hier, qui s'est terminée par la prise de la ville, des docks et des édifices publics, et par la destruction des derniers vaisseaux de la flotte russe de la mer Noire. Il ne reste plus que trois vapeurs, qui ne tarderont pas à être pris, si on ne les coule également. Il avait été convenu que les colonnes françaises d'assaut quitteraient leurs tranchées à midi et prendraient possession de Malakoff et des ouvrages adjacents. Après le succès des Français et leur établissement dans les ouvrages, le Redan devait être attaqué par les Anglais en même temps que les Français devaient assaillir à gauche le bastion Central et le fort de la Quarantaine. A l'heure indiquée, nos alliés ont quitté leurs tranchées, ont envahi et pris les défenses en apparence imprenables de Malakoff, avec cette valeur impétueuse qui caractérise l'attaque française, et, une fois installés, ils n'ont jamais pu être délogés.

« Le drapeau tricolore, planté sur le parapet, fut pour nos troupes le signal d'avancer. J'avais confié les dispositions de l'attaque au lieutenant-général sir William Codrington, qui en a concerté les détails avec le lieutenant-général Markham. J'avais résolu de donner à la deuxième division et à la division légère l'honneur de l'assaut, parce que ces deux divisions avaient, depuis tant de mois, défendu les batteries et les approches contre le Redan, et qu'elles avaient une connaissance approfondie du terrain. Le feu de notre artillerie ayant, autant qu'il était possible, fait brèche dans le saillant du Redan, j'ordonnai que les colonnes d'assaut fussent dirigées de ce côté, où elles devaient être moins exposées aux redoutables feux de flanc qui protégeaient cet ouvrage.

« Il était convenu entre sir W. Codrington et le lieutenant-général Markham qu'une colonne d'assaut de 1,000 hommes serait formée d'un nombre égal d'hommes des deux divisions, la colonne de la division légère pour ouvrir la marche et celle de la seconde division devant suivre. Elles sortirent des tranchées au signal convenu et traversèrent le terrain, étant précédées d'un détachement de 200 tirailleurs et d'un autre détachement de 200 hommes portant des échelles. En arrivant au couronnement du fossé et après avoir placé les échelles, les hommes escaladèrent immédiatement le parapet du Redan et pénétrèrent dans l'angle saillant. Une lutte sanglante et acharnée fut soutenue pendant près d'une heure, et bien que les troupes eussent déployé le plus grand courage, il leur fut impossible de conserver la position. Votre Seigneurie pourra voir, par la triste et longue liste des morts et des blessés, avec quel courage et quel dévouement les officiers ont vaillamment marché à la tête de leurs soldats pendant cette sanglante lutte. Les termes me manquent pour exprimer comme je le voudrais le sentiment que me font éprouver le courage et la conduite des troupes en cette circonstance, bien qu'un succès mérité n'ait pas couronné leurs efforts.

« Je ne dois à personne plus qu'au colonel Windham de justes louanges pour le courage avec lequel il a dirigé la colonne d'attaque, et pour le bonheur avec lequel il a pénétré et est resté avec ses troupes dans le Redan, pendant tout le temps qu'a duré cette sanglante lutte. Après cette attaque, les tranchées se trouvaient tellement encombrées qu'il m'a été impossible d'organiser un second assaut, que je me proposais d'exécuter avec les highlanders, sous les ordres du lieutenant-général sir Colin Campbell, qui avait jusqu'à ce moment formé la réserve; il devait être appuyé par la 3e division, commandée par le major-général sir William Eyre. J'avais donc fait appeler ces officiers et pris avec eux des dispositions pour renouveler l'attaque le lendemain au matin. La brigade des highlanders occupa les tranchées avancées pendant la nuit. Vers onze heures, l'ennemi commença à faire sauter ses magasins, et sir Colin Campbell ayant donné ordre à un petit détachement de s'avancer, avec précaution, pour examiner le Redan, on trouva que l'ouvrage était abandonné; il jugea cependant qu'il n'était pas nécessaire de l'occuper avant que le jour fût venu. L'évacuation de la ville par l'ennemi devint manifeste pendant la nuit. On vit de toutes parts d'immenses incendies accompagnés de fortes explosions, à la faveur desquels l'ennemi réussit à faire retirer ses troupes sur la partie du nord, au moyen d'un pont formé de radeaux récemment construits, qu'il rompit ensuite et transporta de l'autre côté. Ses vaisseaux de guerre furent tous coulés pendant la nuit. Le temps, qui était fort mauvais, ne permit pas aux amiraux de faire, comme ils en avaient l'intention, porter les bordées des flottes alliées sur les batteries de la Quarantaine; mais un excellent effet fut produit par le feu vigoureusement soutenu et parfaitement dirigé de leurs bombardes; celles de S. M. étaient sous la direction du capitaine Wilcox, de l'*Odin*, et du capitaine Digby, de l'artillerie royale de marine.

« Je suis heureux, Milord, d'avoir à exprimer ici le profond sentiment d'admiration que m'inspire la conduite de cette armée depuis que j'ai l'honneur de la commander. Les fatigues et les privations qu'ont endurées beaucoup de régiments pendant une longue campagne d'hiver sont trop connues pour que je m'étende sur ce sujet. Officiers et soldats les ont supportées sans murmurer, avec une patience digne des plus grands éloges, qui leur a mérité les justes applaudissements et la sympathie de leur pays. La brigale navale, sous les ordres de l'honorable capitaine Henry Keppel, avec le concours du capitaine Moorsan, ainsi que de plusieurs braves officiers et marins qui ont servi les pièces depuis le commencement du siége, mérite mes plus chaleureux remercîments. La coopération prompte, énergique et efficace de la marine de S. M., commandée par le contre-amiral sir Edmund Lyons, et habilement secondée par sir Hornston Stewart, a puissamment contribué au succès de notre entreprise. Il me sera peut-être ici permis de dire que, s'il avait plu à Dieu que mon prédécesseur, à jamais regrettable, dans le commandement de cette armée, eût fait le rapport de l'heureux résultat de ce siége mémorable, je suis sûr qu'il eût éprouvé le plus vif plaisir à exprimer combien il appréciait, et je sais que tel était son sentiment, les excellents conseils et le précieux concours qu'en toute occasion il a reçus de sir Edmund Lyons. Quand les affaires quelquefois prenaient une triste apparence, et que le succès paraissait douteux, il était là pour encourager et ranimer les esprits, et toute espèce d'assistance qui pouvait tendre à faire avancer les opérations du siége était donnée avec ce cordial empressement qui caractérise le marin anglais. Rien n'a plus contribué au succès de la présente entreprise que la franche coopération qui, depuis le commencement, a si heureusement existé entre la marine et l'armée.

FIN DU TOME PREMIER.

# TABLE DES MATIÈRES

## CONTENUES DANS LE TOME PREMIER.

Paris — Imprimerie Walder, rue Bonaparte, 44.

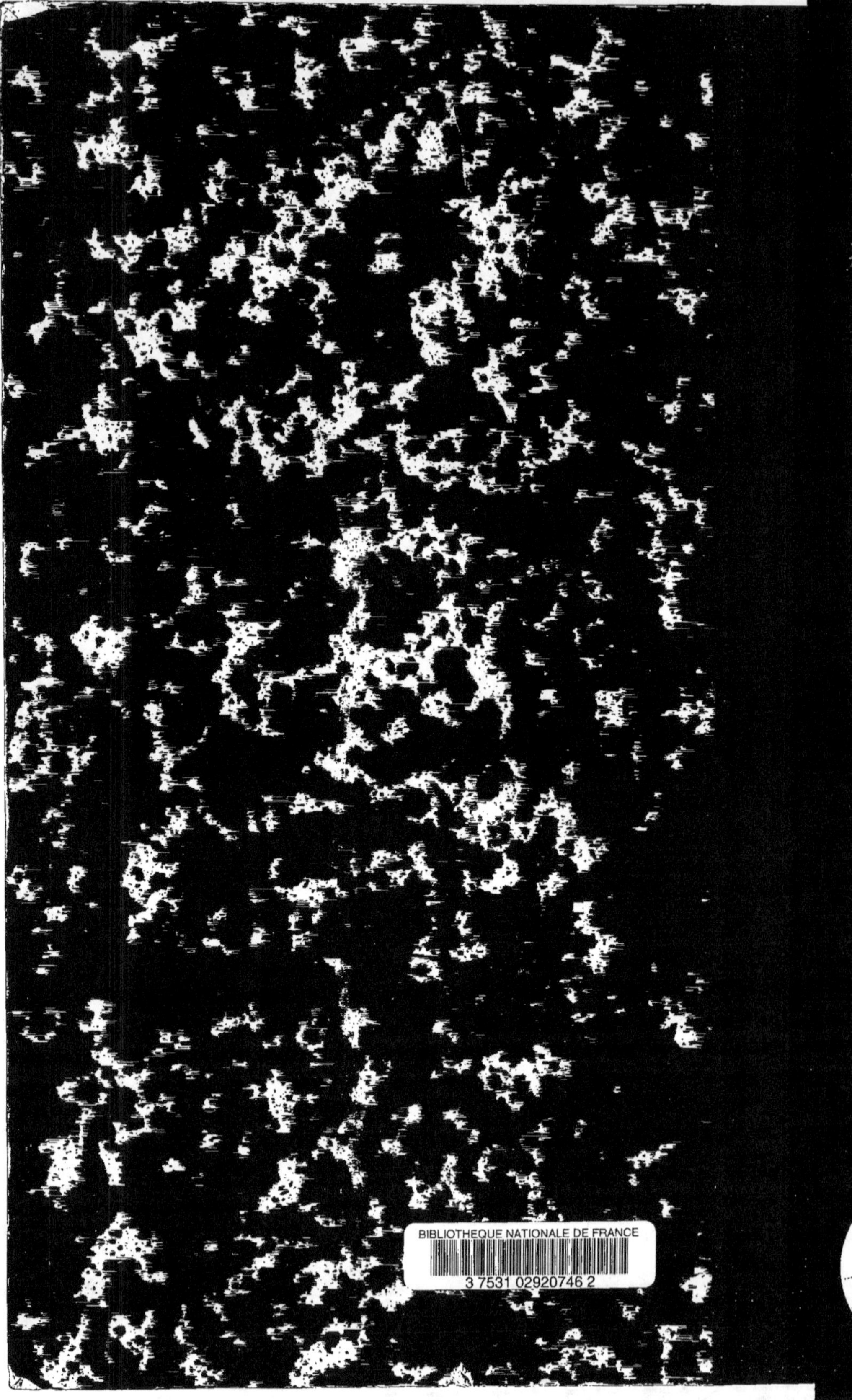
BIBLIOTHEQUE NATIONALE DE FRANCE
3 7531 02920746 2